羅光全書 冊五

中國哲學大綱

臺灣學生書局印行

修訂版自序

這本《中國哲學大綱》，出版已經三十五年。初版在香港付印，正值中共佔據大陸時期。民國五十六年，余到台北任職，乃將這本書交由台灣商務印書館發行。

《中國哲學大綱》一書，是當時我在羅馬傳信大學教中國思想史時，所用的講義。當時傳信大學有三十多位中國學生，學校特爲他們開設中國思想史一科，每週一小時，課程爲五年。我用系統化的方法，將儒釋道三家的思想，不由發展的歷程，而由內容的系統，予以講述。

用內容系統講中國哲學，困難很多，缺點也不少。中國古代哲學思想，雖早已分家，每家的學者則各有所見，大家並沒有一個顯明的系統。但是每一家的思想既成爲一家，必定有共同之點，由共同之點，每位學者發揮各自的特點。把這些特點，按照邏輯推理法和共同點結合起來，再將共同點，按照內容的次序，結合一系統。我用這種方法，寫成了這本書。

在羅馬時，我手頭和大學圖書館可以供參考書不多，對中國哲學的研究，我還是在開始的時期。民國五十年來到台灣，常在輔仁大學和文化大學教授中國哲學與西洋形上學，後來寫了一套《中國哲學思想史》，一共九厚冊，同時對中國哲學各項重要問題，又作專文研究，對於中國哲學的認識，可以說是深入堂奧了，因此，對這本《中國哲學大綱》的內容，早想修改。在民國五十六年時，曾經略爲修改形上學思想和宗教思想兩章，對於佛學也略爲加增論禪和論心的兩段，其餘都未改動。現在我的重要著作《生命哲學》的修訂本已經完稿付印，《儒家哲學的體系》續編也在排版，目前不會有他種著作要寫，因此，便靜靜地將這本書的儒家思想和佛教思想，予以修改。對於道家思想，則少有更動。再在全書開端，加一篇中國哲學思想發展史，由我的《中國哲學思想史》第一冊的緒論，和第九冊結尾的後記編纂而成。

民國七十七年六月

再版自序

《中國哲學大綱》出版已經十五年了，當時我在羅馬傳信大學教中國哲學，積十餘年的教書經驗，寫成了這本書。托思高聖經學會主任雷永明神父在香港出版，我自已爲發行者。後來我繼續在羅馬又教了十年中國哲學，用這本書作教科書。民四十六年，因張曉峰先生之請，爲現代國民基本知識叢書，又寫了一冊《儒家形上學》。民五十年，我由羅馬來台灣任台南教區主教，教務甚忙，又常赴羅馬開會，僅只第一年在輔仁大學哲學研究所講授形上學，第三年在台南碧岳神哲院講授儒家思想，曾由香港寄來幾十冊《中國哲學大綱》。去年我調任台北總主教，教務更形忙碌，然于斌總主教堅請赴輔大擔任形上學一科，張曉峰先生屢邀赴中國文化學院擔任儒家思想一科。我於是在百忙中，把這本書，稍加修改，交商務印書館發行再版，版權歸商務所有。

這本書再版和初版不同之點，在上冊是加入了儒家形上學和宗教思想。在初版裡，儒家形上學思想，夾在第二章人性論，因爲儒家的人性善惡論，是以形上學爲基礎，可是既是夾在裡面，當然所說的不很多。這次再版，我特別寫了形上學一章，列爲本書第一章。第二章則爲儒家宗教思想，這一章也完全是新的。在初版裡，儒家的宗教思想，是分散在第一章和第七章裡面，論儒家敬天和祭祖。再版的第二章，則包括儒家全部宗教思想的大綱。再版的第三章儒家倫理標準，是集合初版的第一章和第二章而成。

本書下冊，再版和初版所不同的，是在下編講佛教的定、慧，兩章裡加入了兩段，一段論禪的哲學，一段論心的哲學。這兩段所講的，是佛教哲學最重要又最艱深的兩點。這次我簡單予以說明，使讀者可以領悟佛教哲學的精髓。

本書雖屬再版，實際則是初次和社會人士見面。初版的書在台灣沒有代售處，故少有人見到，這次再版，正期復興中華文化運動之時。本書將中國儒道佛以及法墨各家的哲學思想，系統地予以述說，使國人可以了解我國的傳統哲學，對於中華文化的復興，想來應該可以有一分的貢獻罷！

民五十六年二月二十三日序於天母

初版自序

寫完了這本《中國哲學大綱》，我很想寫一篇書後，發表我對於各家思想的意見。但是我躊躇了很久。拿我的主張去批評中國古代的哲學，不論說的對不對，中國的學者許多都不會贊成。那麼寫書後就等於白費工作。更好還是把中國古代哲學思想，明白地講一遍，讓讀者自己去評判罷！

可是我真能把中國古代哲學思想，明明白白地講了一遍嗎？寫中國哲學史的人按時代按家按人，去述說中國哲學，容易說的明白。不過，因爲分的太明白了，讀者則只能知道某某學者有甚麼主張。但是若問他們中國儒家或道家的思想怎樣，他們卻不知道怎樣答覆了。因爲他們所讀的既是哲學史，他們便沒有一個系統的中國哲學觀念，他們所有的中國哲學智識，多是支離破碎，缺而不全。

我並不是說哲學史不該讀！研究哲學思想的人，必定該讀哲學史，爲知道一家思想的變遷，爲知道每位哲學家所有的主張。但是研究哲學的人，若僅僅只讀哲學史，結果則不但是對於哲學不能有系統的觀念，就是對於哲學史也不能有正確的認識。好比一個沒有讀過聲光物理學的人，讀聲光物理學史。一些物理學的術語名詞都不懂，他怎樣會懂得清楚物理學史呢！近代中國許多大學的文哲學院，講授哲學，除論理學外，則只講哲學史。這是因爲講哲學的教授，自己沒有哲學系統。

我在羅馬傳信大學，教授中國哲學，已經十五年了。每星期一小時向中國學生講，一小時向外國學生講。外國學生的中國哲學課爲兩年，中國學生的中國哲學課爲五年；但是每週一小時，授課的時間還是很少。而且向外國學生講中國哲學，若專講哲學史，則爲解釋人名朝代和中國哲學名辭，費時不少。若講的哲學家稍多，他們便分不清，記不住。因此我只好把中國哲學的代表思想，儒釋道三家，用系統的方法，選出各家思想的重要點，前後連貫，作成三個有系統的學說，寫成講義，印成書。

爲中國學生，我本來採講中國哲學史的教授法，每年講一家，一家裡只選幾位重要的哲學家，詳細討論他們的思想。但結果我理會到中國學生對中國哲學所有的認識，多是破碎不全，於是我近年也改用系統教授法。把給外國學生講的教材，多加擴充，特別是多引經據典，成系統的研究，免去膚淺的流弊。這兩冊《中國哲學史大綱》，即是由歷年教學的經驗所積成的。

用系統研究法，去講中國哲學，困難很多，所能有的缺點也不少。中國古代哲學思想，雖早已分成家系；但是各家裡，並沒有一個顯明的哲學系統。而且各家學者，彼此所說的，多不相同，甚至還有互相衝突的。於今要把這些學者的話，彼此連貫起來，作成系統，很能夠失去他們的本來面目。尤其是各家思想的變遷，都分辨不出，容易以古混今。

然而一家的思想，既自成一家，必有自己的特點；一些學者，既都屬於一家，他們的思想，必有共同之處。把各家的特點和各家學者的共同處，選擇出來，作爲這家思想的原素。哲學重推理，一種主張，不能單獨存在，必有前因後果。若能找到了一家思想的原素，把原素按論理的原則排列起來，於是便有這家思想的線索。有了線索，然後便可以再去研究線索上的各點的變遷，和各位學者在這一點上的主張。

中國哲學思想，《漢書・藝文志》雖分有九流，其實後代則只有儒釋道三家。法家墨家，曾有過一時之盛，然繼承無人，在中國社會上，沒有發生影響。

儒釋道的思想，各有各的門徑；但是所走的方向，卻都相同。三家的目的，都在解決人生問題，三家的哲學，都是人生哲學。

中國古人，讀書求學，不在於求單純的學識，是在求知道做人。無論怎樣高深的玄理，也都對於人生有關係。《易經》本是講宇宙變易的玄理，但也應用這種玄理於人事。理學家講太極，講性，講理；他們的目的，是在於修身養性。老子的《道德經》，講一個不可言的道，但是他也以道爲人生的最高標準。佛教講唯識，講真如；唯識真如，便是佛教人生觀的根本。

因此研究中國哲學，必定該從人生一方面去研究。若以孔子的正名，只是一種單純的論理學，談名談觀念，那便是誤解了孔子。若以莊子的〈齊物論〉，僅僅是一種名學，那又是誤解了莊子。儒釋道三家裡，有名學，有玄學，但都用爲講人生哲學。

我爲理出中國各家哲學的系統，便從人生哲學一方面去研究。所求得的各家系統觀念，在綱目上，我自信一定不違各家的本旨。在解釋上，在發揮上，有些人或許不同意；然而我以爲按照這書的講法，中國哲學的意義，很可以表現清楚，而且爲研究中國哲學的人，能有一整個的認識。

所可抱歉的，就是我所寫的，多是掛一漏萬，缺而不全，這也是因爲在海外，不能找到參考書。在羅馬的圖書館中，所藏的中文書很少。傳信大學中國學生同學會的圖書室，雖有不少中國近代研究中國哲學的書，但缺少中國歷代經學家的著作。我希望他日回國，再版這本書時，能夠補正這些缺點。

在中國現今的大變亂時期，而且我又身居海外，我能夠印出這本書，全靠朋友們的幫助，我特別向他們，誠心致謝。

一九五二年正月十三日於羅馬

中國哲學大綱

目錄

第一章 形上學

第二章　宗教思想……六七

第三章 倫理標準……………………一二五

第五章　親民——仁……二二七

第八章　孝

第二編 道家

第三章 人

第三編 佛教

第一章　因明學……六〇一

第七章 定（禪）……七八三

附錄二 法家思想大綱

第一編 儒 家

緒 論

一、中國哲學思想的發展

中華民族的思想史，從現在所有保留下來的文獻去研究，最初的思想是保留在甲骨文中的宗教思想。但是甲骨文字只是殷商朝代的遺物，中華民族的歷史則遠起於甲骨文字以前。假使我們認爲《書經》中記述堯、舜、禹的文字，雖然寫在甲骨文字以後，卻代表甲骨文字以前的事，中華民族的思想史應以《書經》爲最初的史料。《書經》爲藏於官府的文獻，民間生活的文獻則是《詩經》。《詩經》的時代爲周朝；若是我們想像古代民間生活的變遷非常緩慢，則商朝時民間的生活，甚至於夏朝時民間的生活，都可以在《詩經》裡反映出來。

因此《書經》和《詩經》可以視為中華民族思想史的最古文獻。

《書經》和《詩經》所記述的生活，為具體的生活。由具體生活進入抽象思想的最古文獻則是《易經》。《易經》的卦象，為具體的圖型；但是具體圖型所代表的觀念，則是抽象的觀念，即是宇宙變易的原則。《易經》用為卜筮吉凶，為能卜筮吉凶，《易經》有一套理論。這一套理論的根據為自然界的現象。《易經》的〈繫辭〉說明伏羲造卦，先觀察天上現象的變化，又觀察地上鳥獸草木的變化，然後得到了卦象的理論。這種理論在卦辭和爻辭裡表明出來。後來經過彖辭、象辭、〈文言〉和〈繫辭〉加以伸說。所以《易經》乃是中華民族的第一冊哲學書。雖然「十翼」的作者和時代，為考據學上的大問題；但是《易經》的思想，影響了中國古代的一切思想派系。

《易經》的思想由卜筮而達到人生，由吉凶而轉到善惡，思想的起點來自宗教信仰。甲骨的用途專為卜筮，甲骨文所代表的思想，完全為宗教思想。《書經》思想的中心點，在於政治，政治思想中心，則在於天命，天命為皇天上帝的意旨。《詩經》的思想為日常生活，日常生活的最大困擾為天災人禍，天災人禍的最大問題在於為什麼緣故而發生？緣故的根由仍舊在於天意。綜合這幾冊最古文獻的思想，都以宗教信仰為中心點。

中國古代沒有宗教，只有宗教信仰。中國古代的宗教信仰以「天」和「帝」的信仰為中心。附有天神地祇的信仰。這種信仰在春秋戰國時沒有被消滅，就是在後代佛教道教興盛的時候，仍舊繼續存在，仍舊爲中華民族生活的根本原則。

堯、舜、禹、湯、文、武歷代聖王，所給人們規定的生活之道，簡單樸素。到了周朝，文物鼎盛，周公乃制禮；到了春秋，天下紛亂，禮法崩頹，孔子乃修《詩》、《書》、《禮》、《樂》，收徒設教。周公和孔子沒有以自己的禮法和人性天理去代替上天之意，而是以禮法和人性天理去解釋天意，給複雜的人生，制定更完滿的人道。孔子自稱「述而不作」，「信而好古」，沒有拋棄堯、舜、禹、湯的遺傳，而是加以發揚。

周公制禮，孔子以禮爲人生規律；但是孔子在禮以上，提出了「仁」，「仁」爲禮的精神。「仁」的來源，出自《易經》的天道。六十四卦的變化，代表宇宙的變化，宇宙的變化在農業社會裡，由一年四季作代表，一年四季所代表的變化，目的在使五穀生長，於是《易經》乃有「生生之謂易」。「十翼」的作者和時代，可以是考據學的問題，「十翼」的中心思想則是代表孔子的思想。

宇宙的變易爲「生生」，儒家乃以天地有好生之德。人心得天地之心而爲心，人心乃有「仁」。天地好生之德不是塊然無靈的自然之天的善德，而是上天在天地變化中所表現的天意。人由上天所造化，人心便有好生之德的「仁」。

好生之德的「仁」，在《中庸》稱爲「天命之性」，在《大學》稱爲「明德」。天道爲自然界的規律，禮法爲聖人所制的規律，天命之性和明德則是在人以內。《易經》講聖人法天，孔子講守禮，《中庸》和《大學》則講盡性，盡性即是《中庸》的誠。人性乃成爲儒家思想的中心點。

儒家倫理的第二個重要觀念爲「中」，「中」來自《書經》，《書經・洪範》講王道，王道則是中道，《易經》發揮了這種思想，以時位兩觀念解釋「中」，合於時，合於位，即是「中」。

八卦以三爻而成卦，重卦重三爻而兩卦。三爻的上爲天，下爲地，中爲人，八卦象徵天地人，代表整個宇宙。《易經》探索宇宙的變易，變易以太極爲起點，以陰陽兩氣爲成素，以生生爲目的。

陰陽的變易，繼續循環，沒有一刻的停息。在循環之中，陰陽有自己的位，有自己的時。按照時位而行，宇宙形成一大協調，像似一曲天籟的音樂，和樂泱泱。

孔子從易卦裡，欣賞宇宙的奧義，自己嘆息說：「天何言哉！四時行焉，百物生焉，天何言哉？」（論語 陽貨）宇宙變化，化生萬物，孔子由生而到仁，發揚《易傳》所說：「天地之大德曰生，聖人之大寶曰位。何以守位？曰仁。」（繫辭下 第一章）在天曰生，在人曰仁；仁代表全德。《中庸》乃說「天命之謂性，率性之謂道。」（第一章）《大學》乃說

「大學之道，在明明德」（第一章）《孟子》說「仁者，人也。」又說：「仁，人心也。」（告子上）人若盡人的性，便能發揮仁心，《中庸》以至誠的人，贊天地的化育。《易經・乾卦文言》以大人的心，和天地合其德，《中庸》稱聖人之道，「洋洋乎發育萬物，峻極于天。」（第二十七章）化育和發育，都是發揚「天地好生之德」。

孔子從《易經》時位的思想，推到人的生活，應該有中庸，中庸就是在此時此地適當的行動。爲守中庸，乃有禮樂。禮以天道爲本，使人的活動適當而不偏倚。樂以人情爲則，使人心相融洽。

漢朝易學家創卦氣的學說，雖含有迷信的色彩；但在哲學上則是繼承了《易經》生生的思想。宇宙的變易在於生生，變易的成就在時間和空間以內，宇宙的時間爲一年，宇宙的空間爲四方。《易經》象徵宇宙變易，畫有六十四卦。漢朝卦氣說就是把象徵宇宙變易的六十四卦，配合到一年和四方裡。一年的變易，由春到夏，然後到秋到冬。春夏秋冬配合四方，東爲春，南爲夏，西爲秋，北爲冬。卦氣說以陰陽的變易稱爲消息，六十四卦無非是陰陽的變易。於是以震離兌坎四卦配東南西北和春夏秋冬，稱爲四正卦。以十二消息卦配十二月，再以四正卦的每一爻配一年的二十四節氣，以十二消息卦的每一爻配一年的七十二候。卦氣說又有納甲，把天干地支也配入卦裡，又把五行配合四季四方。這樣整個宇宙的一切，都和卦，和五行發生關係。

人物。

老子思想的新奇點，不在於厭世和避世的思想。從《論語》一書中，就能看到春秋時代有些厭世而避世的隱者，這些隱者或是老子同時的人，或是較比老子更早的人，而且這些隱者多是南方楚地的人。《莊子》一書裡有許多厭世而避世的真人，這些人都是寓言式的假想人物。

莊子的哲學，把老子的簡陋人生哲學，提升到高妙的神秘主義。在形上本體論，莊子接受老子的「道」，沒有多加發揮。莊子所發揮的思想，乃是人生哲學。

在莊子的思想裡，「道」不是一個塊然無靈之「道」，而是富有生活幸福之「道」，莊子乃稱爲「造物者」。

莊子不以人生的幸福，在於返歸愚昧的初民生活，人生的幸福在於同化於「道」，「與造物者遊」。

在「道」的變化中，「道」化而有氣，氣爲萬物之元，故稱爲元氣。元氣週遊萬物，常存不息。人身的元氣爲精神，由元氣的精神人能和萬物相通，而同化於「道」。因此，莊子主張墮形骸以全神，不以心知而以氣知。人若能達到全神的境界，人的氣和宇宙的氣相連，人和萬物和宇宙化而爲一，絕憂慮，絕貪慾，不受任何事物的擾亂，同化於「道」之中，享受人生的至樂，成爲一個真人。

墨子的思想，以「天」爲中心。墨子的天，即是《書經》和《詩經》的皇天上帝。《書經》和《詩經》對於天的信仰，表現在皇帝的誥諭和祭祖的祭詞裡，這些文獻強調上天造生人民，給人民選立君主，代天行道。君主行善，天賜百祥；君主行惡，上天另立賢王，弔民伐罪。這種信仰，表示君權來自上天。墨子接受這種信仰，以天爲最高的倫理標準，又接受《易經》天地好生之德的思想，建立了他的兼愛之義。上天泛愛世人，不分等級，人的生活便以兼愛爲目標：兼相愛、交相利。墨子且爲一位實行家，自己一生爲助人而奔走。墨子的人生哲學，爲一種動的人生哲學，也是一種爲他人而動的人生哲學，把愛和利相結合，愛人即是利人，使愛字不流爲空虛的名詞，而是具體的行動。

墨子還有一種特長，即善於說理，以一種理則法的三表法，作說理的證明，且教訓自己的門徒，用心研究理則方式，因此，在《墨子》一書裡，保留一些中國古代理則的思想。也因這個緣故，墨家和名家發生連帶的關係，有些名家的學者，被列在墨家一派裡。墨子的思想，關於理則學的一部分，保留在名家中，關於兼愛的一部分，則沒有傳人。因此，許多研究古代思想史的學者，都以墨子以後的墨家爲別墨，別墨中則都屬於名家。

名家不像儒、道、墨三家，有各家的領導人，儒有孔子、道有老子、墨有墨子，名家沒有領導人，這派的學者也不互相師承；他們的共同點，在於都注重「名」，所以稱爲名家。儒家本很重名，儒家重名，在於倫理方面的價值；名家重名，則以理則方面的意義爲重。理則學乃各種學術入門的門徑，然而中國古代的名學，卻被看爲詭辯，名家也被稱爲詭辯家，原因在於戰國時的名家，研究了理則方法，卻不用於研究學術，而用於辯論，且以遊戲的心理，造成新奇的論證以自炫，招來學者的輕視。

漢朝雖然可以說沒有哲學家，所有的只是一班講論《易經》的學者，然而漢朝的易學，對於宋朝的理學留有許多種子。我們只要看宋朝理學開山人物周敦頤的《太極圖說》，便可知這種傳授的脈絡。漢朝易學爲象數的卦氣說，承接戰國末年鄒衍等人的五行思想，一方面有呆板的數理，一方面有民間的迷信，在哲學上具有一分的價值，因爲卦氣說把《易經》的宇宙論思想，從六十四卦的範圍裡，擴展到宇宙的空間和時間以內，使陰陽五行由八卦而到一年四季，再到人生的一切事物裡。宇宙的萬物，都是陰陽五行，人生的事故，也都是陰陽五行。漢朝可視爲具有哲學思想的書，如董仲舒的《春秋繁露》和王充的《論衡》，便表現了這種趨勢。魏晉南北朝的道教，繼承了漢朝象數的易學，變爲煉丹和內功的方術。道教方術的易圖，流傳到宋朝的周敦頤和邵康節，啓發了宋朝的理學。

魏晉南北朝時代的另一派思想，爲道家的清談派。他們的思想爲厭世而逃避現實，爲鄙棄禮法而放浪形骸。這種人生觀沒有形上的根基，沒有高尚的目標，所有的唯一積極點，在於尊重自己的人格，不爲權勢所屈服，不爲名利所誘惑。例如：陶淵明寧受飢受寒，不願意爲五斗米而折腰。這種精神爲宋朝理學家的修身之道；但是後來卻流爲宋明的朋黨之爭。

佛教從漢朝末期，傳入中國，在魏晉南北朝時，傳遍各州縣，建立寺院，翻譯經典。寺院爲佛教宗教生活的中心，經典爲佛教思想的根據。佛教在中國乃發生兩種很大的作用：第一發展了中國民間的宗教生活，第二加深了儒家的修心養性之道。

中國古代的宗教信仰，雖以上天爲主；然而民間的宗教生活則在於祭神敬祖。佛教本不信天，也不敬神；傳入中國以後，敬佛的禮相等於中國古代神的祭典；輪迴之說，則改變了中國古代敬祖的意義，由思念亡親流入了超渡亡魂，由社會的祭奠儀禮變成了宗教的禱告。佛教寺院的僧尼遵守戒律清規，較比道家的厭世避世，更徹底更深入，造成了中國的出世生活。禪宗的禪觀，明心以見性；性爲真如，心爲虛空，心空一切，乃見真性。天台宗和華嚴宗，主張圓融一切，諸事無礙，萬法皆空，唯有真如。佛教的哲理，對於普通民間的信徒，並不發生影響，只有高僧主講，少數僧尼入門爲徒。儒家學者多與高僧爲友，佛教心性的思想，乃流入儒家以內。宋明理學家都受了影響。

宋朝的理學由周敦頤開端，敦頤作《太極圖說》，上追《易經》，下傳道教易圖。《太極圖說》大意爲：太極而無極，太極動而生陽，靜而生陰，動靜繼續，互爲根源，陰陽生五行，五行生男女，男女生萬物。周敦頤說明《易經》生生的哲學。

張載改太極爲太和，太和爲氣的本體，氣分陰陽而生育萬物。在《西銘》裡，張載說：

「乾稱父，坤稱母，民吾同胞，物吾與也。」宇宙萬物共成一體，因著生命而相連。

二程創理氣說，朱熹繼承二程之學，且集理學之大成。他主張宇宙只有一個生命之理，萬物又各有生命之理，所以說「理一而殊」。又說天地間只有一個太極，萬物又各有一太極。同一的理，乃是同一生命之理，在萬物中都同一；但是每物有理有氣，理相同，氣則有清濁，清氣使生命之理能完全顯露，濁氣使生命之理遭蔽塞。他說：「人得理之全，物得理之偏。」生命之理即是物性，人性有完全的生命之理，完全的生命乃是人心的生命，人心爲神爲靈，統攝人性人情。朱熹主張人爲萬物之靈，得天地之心爲心，天地以生物爲心，人心乃是仁。仁的第一個意義是生命；仁的第二個意義乃是好生，因爲天地有生之德，人心乃有仁，仁便是好生。朱熹乃說仁是「愛之理」。人愛自己的生命，便愛別人的生命，也愛物的生命。這就是孔子所說的「己立而立人，己達而達人」，孟子所說的「仁民而愛物」。

宋朝理學家也都註解《易・繫辭》所說：「一陰一陽之謂道，繼之者善也，成之者性也。」爲陰陽運行，化生萬物。

王陽明由陸象山的心學，走進良知的一路。陽明以人心爲良知，良知爲天理，良知又爲明德。自己看自己的良知，對於自己的心和性，得有直接的體驗。良知的體驗來自禪宗的明心見性，然不是直接體驗人生命的真諦，而是體驗人生命的本體。生命即是人的本體，在生命上萬物結成一體，他在《大學問》裡，主張一體之仁。陽明的弟子，承認人的本體爲善，本體自然流露，不僅在良知，而也在情慾。他們後來走到極端，便一面是空疏，一面又是狂妄。清初學者乃罵陽明學說爲疏狂。

王夫之反對王陽明，而採納張載的氣說。宇宙爲一氣，氣有陰陽，陰陽運行不息化生萬物。陰陽且在每一物中，雖在成物時成物的性，仍舊繼續運行，因此王夫之主張乾坤陰陽並建，每一物常是「命日降而性日生」。宇宙是生動，每一物也生動，天地沒有不動之物。

顏元、李塨反對理學爲空疏，主張實學。戴震以訓詁方法而解釋孟子，統情欲爲性，排擠抽象的性。萬物生生不息，有條有理，乃有仁義禮智。

清末譚嗣同著《仁學》，以仁爲通，宇宙萬物相通，天地有「以太」，仁就是精神的以太，貫通萬物。

從《詩》、《書》開始中國生命的哲學，《易經》予以形上的哲學基礎，歷代儒者予以發揮，成爲儒家思想的脈絡，上下連貫，從古到今。道家佛家也在生命的哲學上和儒家相通，生命乃是中國哲學的精神。

中國哲學將來的展望，便在生命之仁的哲學上往前走。

二、經籍的沿革

儒家的思想，是中華民族的正統思想。在中華民族開始有歷史時，便開了儒家的端緒。但在春秋戰國以前，中國思想界尚沒有分門別戶，所以沒有儒家的名目。到老子、墨子各家都有各自的學系時，孔子的學系，遂稱爲儒家。《莊子・天下篇》和《墨子・非儒篇》已明明說儒者爲一家。後來司馬談和班固論各家的學術時，儒家已居正宗首席。

儒家在《說文》裡，「儒，柔也。術士之稱。」儒爲受了教育的人。《論語》裡孔子說有君子之儒和小人之儒（雍也），儒字指的是知識才藝。孔子的學系稱爲儒家，大約因孔子設學授徒，習事六藝，故稱儒者。

孔子「述而不作，信而好古。」（述而）以古代的經書授徒。因此儒家的思想不以孔子爲創始人，乃溯源到堯、舜、禹、湯、文、武、周公。經書更成爲儒家的基本典籍。再加上孔子和他的徒弟，併孟子的著作，合成儒家的四書五經，幾千年來，中國讀書人，沒有一個人不讀這幾本書的。

可是幾千年之久，並不是一天或一年。在幾千年裡，中國歷史，有了多少變更！中國的經籍也便不能不受影響。經書的第一次編訂據說是成於孔子。刪《詩》《書》，訂《禮》

《樂》，作《春秋》。司馬遷說：「孔子之時，周室微而禮樂廢，詩書缺。追跡三代之禮，序書傳。……周監二代，郁郁乎文哉，吾從周。故書傳禮記，自孔氏。孔子語魯太師，樂其可知也。……吾自衛反魯，然後樂正，雅頌各得其所。古者詩三千餘篇，及至孔子，去其重，取可施於禮義，……三百五篇，孔子皆弦歌之，以求合韶武雅頌之音。禮樂自此可得而述，以備王道，成六藝。孔子晚而喜易，序彖繫象說卦文言。……子曰：弗乎！弗乎！君子病沒世而名不稱焉。吾道不行矣，吾何以自見於後世哉！乃因史記作春秋，上至隱公，下訖哀公十四年。」（史記　孔子世家）

許多考據家反對司馬遷所述的孔子訂經；但是所說的理由，尚不足把《史記》的話完全推翻。我臆測古代的《詩》《書》必定該有一個編定的本子。若沒有編定於孔子以前，孔子以經書授徒，則就要親自編定一下；若已有編定的本子，孔子爲授徒，很可以加以刪除。後代的學者，都是追尊孔子的，便奉孔子所用的經書爲定本，也是很自然的事。

戰國時，兵革雖然不息，學者的著作反而很盛。就因爲太盛了，秦始皇一統天下後，認爲書多則思想雜亂，天下不容易治理，乃下令焚燒一切非宮廷所藏的書。李斯請燒書的奏議說：「臣請史官非秦記，皆燒之。非博士官所職，天下敢有藏詩書百家語者，悉詣守尉雜燒之。有敢偶語詩書，棄市。以古非今者，族。吏見知不舉者，與同罪。令下三十日火燒，黥爲城旦。所不去者，醫藥卜筮種樹之書。若欲有學法令，以吏爲師。制曰：可！」（史記秦始皇本紀）民間的書既被燒，博士官所職守的書，在項羽入咸陽時，縱火焚阿房宮，都遭了火。所以漢初時，陰陽術數的雜說很盛行，儒家和道、墨各家，幾乎沒有傳繼的人。

漢孝惠帝除挾書的法令，民間昔日所隱藏的書，漸漸出現。武帝下令求書，置寫書之官，罷百家，一尊儒學。成帝遣陳農求遺書於天下，命劉向校對篇籍。班固在《漢書・藝文志》說：「至成帝時，以書頗散亡，使謁者陳農求遺書於天下，詔光祿大夫劉向校經傳諸子詩賦，步兵校尉任宏校兵書，太史令尹咸校數術，侍醫李柱國校方技。每一書已，向輒條其篇目，撮其指意，錄而奏之。會向卒，哀帝復使向子侍中奉車都尉歆卒父業。歆於是總群書而奏其七略。故有輯略、有六藝略、有諸子略、有詩賦略、有兵書略、有術數略、有方技略。」

《七略》中的《六藝略》，即《六經》之提要。《六經》自漢孝惠帝除挾書的法令以後，講習傳誦的人，漸漸多了。因爲社會上普通流行的典籍，既都遭秦始皇、項羽所燒，講習的人只能憑私人的藏書，或本人的記憶，於是六經的講習人乃分家，司馬遷《史記》記漢武帝時的情況說：「言詩，於魯則申培公，於齊則轅固生，於燕則韓太傅。言尚書，自濟南伏生。言禮，自魯高堂生。言易，自菑川田生。言春秋，於齊魯自胡母生，於趙自董仲舒。」（史記 儒林傳）

司馬遷所說的《六經》各家，後代稱爲今文。在漢武帝末年魯恭王毀孔子宅，從間壁裡得些古籍，有《尙書》、《禮記》、《論語》、《孝經》數十篇。《禮記》較漢時所傳的多三十九篇，《尙書》也多十六篇。魯恭王所得經籍，皆爲古文。古文書由孔安國獻之朝廷，頗被採用，劉歆復又上奏，請皇帝立古文書於學官，儒者群起反對。於是《六經》有今文古文的爭議了。光武中興，很重儒學，置五經博士，共十四人。他們十四人，便宗十四家：《易經》宗施讎、孟喜、梁丘賀、京房，《書經》宗歐陽、夏侯勝、夏侯建，《詩經》宗魯申公、齊轅固、韓韓嬰，《禮記》宗戴德、戴聖，《春秋》宗嚴彭祖、顏安樂。光武帝所宗的都是今文家。他又大收典籍，藏在石室、蘭台。屢次召集儒者，在白虎觀考論經文，命班固、傅毅校訂群書，班固按照劉歆的分類法，作《漢書‧藝文志》，收書一萬四千卷。

漢末董卓專政，逼著獻帝遷都長安，洛陽的藏書，大半被拋棄了。遷到長安的書，後來因著兵亂，也大都散亡。魏文帝素好文學，乃收集遺書。晉朝荀勗撰《中經》，用甲乙丙丁的分類法，甲乙丙丁代表經子史集，開後代藏書四分制之例。著作郎李充編纂書目，改爲經史子集，遂決定了四分制的次序。南北朝時兵荒馬亂，國家藏書，收了又散，散了又收，梁朝侯景的叛變，把梁朝建康藏書幾乎都燬盡了。隋開皇中，搜求佚書。唐初，魏徵編《隋書‧經籍志》，收書五萬卷。

唐玄宗時宮廷藏書，凡五萬三千九百餘卷，再加唐朝學者的著作兩萬多卷。安祿山焚燒兩京時，這些書都付之一炬了。唐代宗遣苗發到江南各郡，採購書籍，但是後來因黃巢作亂，藏書又失。五代時藏書的情形，跟南北朝時相彷彿，時收時散。宋朝時，廣收圖籍，又命抄書。宋仁宗命翰林學士張觀等編定書目，成崇文院藏書總目，稱《崇文總目》，書凡三萬六百六十九卷。宋神宗以崇文院爲秘書省祕閣，乃作《秘書總目》。《宋書》有〈藝文志〉專欄，仿《隋書．經籍志》的四分制，編定經史子集書目，凡兩萬九千九百二十九卷。明清兩朝，國家治平頗久，而且印刷已行，藏書乃更易了。清乾隆四十七年，編定《四庫全書》，收書凡七萬九千三百三十九卷。明永樂時，本編有《永樂大典》，但沒有刊行。清康熙帝令編《圖書集成》，書成於雍正三年。

上面所說的，是中國經籍收藏編目的經過。但爲研究中國學術思想的發展，我們還應該知道歷代怎麼研究經籍。中國經書，既然遭過多少次的火燬，而且又有今古文之爭。加之宋以前的書都用抄本，所以經籍裡的文字，有不少是僞做的，也有不少抄錯了的。歷代研究經書的學者乃有訓詁和考訂兩種研究工作。

訓詁的工作，又分兩個段落。在清朝以前，學者訓詁古書，都只是作注疏，多憑自己的意見，去注解古書。中國歷代所有的經書註疏，真不愧汗牛充棟這個形容詞。但是註疏愈多，意見愈複雜，研究經書的人更不容易找得門徑。所以歷代經學家常有所宗。在宋朝以前，學者所宗的註家，是漢朝的馬融、盧植、鄭玄、許慎、何休、服虔、王弼和晉朝的杜預。其中尤以鄭玄所作的《易》、《書》、《詩》、《禮》、《論語》、《孝經》等書註疏，和王弼的《易註》爲最著。宋朝時，理學家朱熹、程頤等對於四書五經，都寫有註疏。元朝仁宗皇慶三年制定四書五經的集註。四書以朱熹的集註爲主，《詩經》也以朱註爲主，《書經》以蔡沈的註釋爲主，《易經》以程註、朱註爲主，《春秋》用《左傳》和胡安國的註，其餘的《禮書》，則用古註。

訓詁到了清朝，別開生面。清朝學者從古音古字方面去研究經書的字義，又從旁的古書上所有同義同聲字，去互相發明。這樣一來，經書和子書的字義便明白的多了，也確定的多了。清朝從事這類工作的，很有些著名的學者。其中最著的，在古聲韻學方面，有顧炎武、江永、錢大昕、孔廣森、段玉裁；在訓詁方面，則有惠棟註《易》、孫星衍註《書》、馬端辰註《詩》、孫詒讓註《周禮》。

但在訓解古書時，同時對於古籍還該做一種考訂校勘的工作，考訂出那篇是僞書，那些字是錯字。這工作較比訓詁更難，因爲經書、子書的原本既失沒了，爲考訂真僞，須要從多方面去追索對照；從書中史事，從作者思想，從旁書的引證，去考訂一文一字是否有錯誤，費的精力多，而結果不一定就能令人滿意。清朝的考訂專家，最著的有王念孫、王引之、孫星衍、顧廣圻、俞樾、孫詒讓、汪中、畢沅、戴震。（參考鄭鶴聲 中國文獻學概要 商務

民國十九年版）

清朝學者的這一段工作，在中國學術史上，確實有很大的貢獻，我們研究中國哲學思想的人，便不可不借用他們的著作。

第一章 形上學

按照歷史方面去講儒家哲學思想，應該先講倫理思想，然後談宋明理學。四書五經，是儒家思想的根基，孔子是儒家的大師，他們都在理學以先。可是按照思想的系統說，先應該講形上學，然後講倫理思想，因爲儒家常以形上學作爲倫理思想的基礎。因此，我講儒家哲學思想，在第一章便講儒家的形上學。

一、形上的意義

形上形下的名詞，出自《易經》，《易經•繫辭》說：

「形而上者謂之道，形而下者謂之器。」（繫辭上　第十二章）

什麼叫做形而上，什麼叫做形而下呢？宋明理學家的解釋頗不一致。張載說：

「形而上為無形體者也，故形以上者，謂之道也。形而下，是有形體者，故形以下者謂之器。」（易說下）

朱熹則說：

「問形而上者理也，何以不以形言？曰：此言最的當。設若以有形無形言之，便是物與理相間斷了，所以程子謂攔截得分明者，只是上下之間，分別得一個界止分明。器亦道，道亦器，有分別而不相離者也。」（朱子語類）

清朝戴東原說：

「形而上者，無形無影是此理，形而下者，有情有狀是此器。」（朱子語類）

「形謂已成形質。形而上，猶曰形以前；形以下，猶曰形以後。」（孟子字義疏證）

《易經》本是以道和器相對，道是理，器是物，物則是包括萬物。理學家則以形爲形色，或形質。形上形下，成形未成形，都從形色可見的方面去講。

但是我們若就朱子所說：形上爲理，理爲萬物所以成之理。研究萬物所以成之理，稱爲形上理，便和普通西洋哲學所有的形上學相同了。

研究萬物所以成之理，《易經》一書就是研究這種哲理的。《易經》講宇宙生生之理，陰陽相變之道。由陰陽之變而生萬物。

《中庸》一書，也是講形上之理，「天命之謂性，率性之謂道。」以至誠者能通天，能參天地之化育。乃是講人生的形上大道。

宋朝理學乃是講理性之學。講理性之學，就是研究萬物的性理，便是形上學。

西洋形上學，研究物的本體，本體最後爲「有」，我們普通稱爲萬有，西洋形上學便研究「有」，「有」必須存在，形上學就研究「存」，爲能存在須要有物性，因此，也就研究存在和性的關係。中國的《易經》，以宇宙萬有爲變易，每一「有」就是變；因此中國的形上學研究宇宙萬物的變易。

二、宇宙萬物的變易

西洋的形上學，起源於希臘，希臘古代哲學，以宇宙論爲起點。儒家的形上學，也啓發於宇宙論。《易經》一書，本爲占卦之書，然而占卦的理論，是以宇宙變易爲基礎。《易經》乃講宇宙的變易。

「是故易有太極，是生兩儀，兩儀生四象，四象生八卦。」（繫辭上 第十一章）

「剛柔相推，變在其中矣。」（繫辭下 第一章）

宇宙構成之理，宇宙變化之道，《易經》都以卦爻去推演。《易經》的宇宙論，雖然和老子《道德經》所說：「道生一，一生二，二生三，三生萬物。」（道德經 第四十二章）

有些相同；可是《易經》的宇宙論，較比《道德經》的宇宙論，更爲詳細，更爲明瞭。《易經》以太極爲本，以陰陽爲二元，陰陽互相變化，乃有八卦和六十四卦，以成萬物。宇宙的變化，具有變化的原則，稱爲天道、地道。這些原則又成爲人類生活的規律，所以又稱爲人道。

《易傳》說：「一陰一陽之謂道，繼之者善也，成之者性也。」（繫辭上　第五章）宇宙的變化，由陰陽兩元素作爲兩種動力，兩種動力，一剛一柔，一進一退，一動一靜，遂有各種變化。

宇宙的變化，取循環式，週而復始，猶一年四季，繼續不斷。陰陽兩元素，雖是性質相反，陽剛陰柔，然而陰陽的變化，不是互相否定，而是互相配合，互相結合，例如《易經》泰卦的彖辭說：「泰，小往大來吉亨，則是天地交而萬物通也，上下交而其志同也。」天地上下都是代表陽陰，兩者要相交，萬物才能夠化生。

陰陽的交結，都要適合時和位，而得中正，按易卦的原則，每卦的第二爻和第五爻爲卦之中，第二爻爲陰，第五爻爲陽，則爲卦之正，這樣的卦，稱爲中正的卦，是最吉利的卦。

陰陽的變化，不僅在宇宙中繼續不停，使萬物繼續發生，所以說「繼之者，善也，成之者，性也。」陰陽繼續變化，結成物性，化生萬物，一物化生以後，陰陽在物體內，仍舊繼續變化。宇宙間沒有一件物體是靜呆不動的，因此，物性並不是一成不變，而是時時在變化，性雖變化，但物性不改成另一物性或各種物性，則是王夫之所說「性日生而命日降」，性按天命而成，一物的天命不變，物性乃不變易，再者物性之變化，即是物性之發育，《中庸》說至誠的人能夠盡性，就是說能夠完全發揮自己的人性。

物體既有內在的變化，變化又是發展自己的物性，《易經》乃稱這種變化為「生生」，即化生生命。

三、宇宙的結構

1. 太　極

《易經》說：

「是故易有太極，是生兩儀，兩儀生四象，四象生八卦。」（繫辭上　第十一章）

「易始於太極，太極分而為二，故生天地，天地有春夏秋冬之節，故生四時。四時各有陰陽剛柔之分，故生八卦。八卦成列，天地之道立，雷風水火山澤之象定矣。」（乾鑿度）

《易經》以太極爲天地萬物之元，元是根源，是根本，是出發點，也可說爲元素。老子以道爲天地萬物之元，萬物由道而生，而道又在萬物，道便是萬物的元素。《易經》以太極爲天地萬物之元，是以天地萬物由太極而生。

「謂一元者，大始也。」（春秋繁露 玉英）

「元猶原也，其義以隨天地終始也。……故元者，為萬物之本。」（春秋繁露 重政）

太極究竟是什麼呢？《易經》沒有解釋。漢朝學者，以太極爲太一，太一爲元氣，太極便是太初之氣。董仲舒說：

「天地之氣，合而為一，分為陰陽，判為四時，列為五行。」（春秋繁露 五行相生）

大的爭論。

周敦頤在《太極圖說》裡謂無極而太極，是以太極爲無極。關於這一點，後來發生了很大的爭論。

朱熹《太極圖說解》謂：「上天之載，無聲無臭，而實造化之樞紐，品彙之根柢也，故曰無極而太極，非太極之外，復有無極也。」朱子以太極是無聲無臭，故可稱爲無極。無聲無臭，便是無形狀，便是形而上，形而上，按照朱子的主張乃是理，朱子乃以太極，爲極至之理。朱子說：

「太極只是天地萬物之理。在天地言，則天地中有太極，在萬物言，則萬物中各有太極，未有天地之先，畢竟是先有此理。」（朱子語類 卷一）

陸象山兄弟反對朱子的解釋，認爲太極不能稱爲無極，周敦頤的《太極圖說》必沒有無極兩字，假使有這兩字，這兩字也沒有意義。

陸九韶說：

「太極二字，聖人發明道之本源，微妙中正。……今於上又加無極二字，是頭上安頭，過為虛無好高之論也。」（梭山陸九韶致朱熹書）

陸九淵說：

「太極圖說，以無極二字冠首，而通書終篇，未嘗一及無極字。二程言論文字至多，亦未嘗一及無極字。假令其初實有是圖，觀其後來，未嘗一及無極字，可見其道之進，而不自以為是也。……」（象山陸九淵致朱熹書）

《太極圖說》源出道家，老子以有生於無，無爲有的根源。太極既爲天地萬物的根源，因此可稱爲無極。但是周子雖取無極二字，但不以無極爲老子之道，而以無極爲《易經》的太極，無極便不能解爲空虛渾淪之道。

張載不談太極，只講太虛。太虛爲氣，氣未成形，氣成形而有天地萬物。

「太虛無形，氣之本體。」（正蒙　太和篇）

按照《易經》的思想去推測，張子講太極爲太虛之氣，較比朱子所講太極爲極至之理，更合原書的意義。

2. 氣

中國古代的哲學，無論道儒，都以氣爲宇宙萬物的元素，萬物由氣而成。這可以說是中國宇宙論的一元論。

司馬光說：

「萬物皆祖於虛，生於氣。氣以成體，體以受性。」（潛虛）

張載說：

「太虛者，氣之體，氣有陰陽，屈伸相感之無窮。」（正蒙 乾稱篇）

黃宗羲說：

「天地之間，只有氣，更無理。以氣自有條理，故立此名耳。」（明儒學案卷五十）

李塨說：

「以陰陽之氣之流行也謂之道，以其有條理謂之理。今乃分理道別為一物，曰理道善而氣惡，不亦誕乎？」（周易傳註）

劉蕺山說：

「盈天地間，一氣也，氣即理也。……或曰：『虛生氣夫虛即氣也，何生之有？』吾溯之未始有氣之先，亦無往而非氣也。」（劉子全書 卷十一）

歷代儒家都以宇宙萬物由氣而成，宇宙間都是氣。《易經》不講氣，講陰陽；春秋戰國時學者講氣；漢儒講五行。五行更是陰陽二氣的變化。因此儒家始終是以氣爲萬物的元素。

氣是在太極之先，或是太極之後呢？《易經》只說太極分陰陽，陰陽爲氣。陰陽之氣是由太極所生，那是不成問題的。然而太極本身是不是氣呢？《易經》沒有說明，按照朱熹的解釋，太極是形而上，氣是形而下，太極當然不是氣。但是張載則以宇宙之原始，爲太虛之氣。太虛之氣，爲未成形之氣，爲本然之氣。

「太虛無形，氣之本體。」（正蒙 太和篇）

「太虛者，氣之體，氣有陰陽，屈伸相感之無窮。」（正蒙 乾稱篇）

司馬光也說：

「萬物皆祖於虛，生於氣，氣以成體，體以受性。」（潛虛）

張載以形而上，爲無形體，太虛之氣沒有形體，太虛便是形而上，便可以是太極，可以是天地之源始。

通常所說的氣，乃是構成形體之氣，氣有形體，就成陰陽五行，然後再成物體。

3. 陰陽

「是故易有太極，太極生兩儀。」

兩儀爲乾坤，乾坤就是陽陰；乾卦因而是陽卦，坤卦便是陰卦。陰陽的思想，是中國最古的思想，在中國思想裡，也是最有影響的兩個觀念。

氣分陰陽，陰陽是兩種氣呢，還是一種氣呢？朱熹以爲只是一個氣，陰陽是一個氣所有的兩種狀態：

「天地間，只有一箇陰陽。……陰陽雖是兩個字，然卻只是一氣之消長。一進一退，一消一長，進處便是陽，退處便是陰，……只是這一氣之消長，做出古今天地間無限事來。所以陰陽做一箇說亦得，做兩箇說亦得。」（朱子語類 卷七十四）

陰陽爲一氣的消長進退，消長進退不僅是兩種狀態，乃是兩種能力，陰陽所以是氣之良能。

氣進退的良能，在《易經》稱爲剛柔動靜。

「動靜有常，剛柔斷矣。」（繫辭上 第一章）

周濂溪說：

「太極動而生陽，動極而靜，靜極生陰。」（太極圖說）

動靜剛柔是《易經》的思想，宋代理學家雖常引用，可是理學家所最注意的，則是清濁。

「氣分清濁，儒家從荀子以後，都有這種主張。陰陽分類，是從氣的變動一方面說。清濁分類，是從氣的本體方面說。」（羅光 儒家形上學 頁五七）

氣的清濁由甚麼而來呢？由凝聚而來。朱熹說：

「陰陽只是一氣，陰氣流行即為陽，陽氣凝聚即為陰，非直有二物相對也。」（全集 卷四十九 答楊元範書）

但是從理學家所講清濁兩氣的特性，清濁兩氣互相對立，有如兩物。張載說：

「太虛為清，清則無礙，無礙故神。反清為濁，濁則礙，礙則形。」（正蒙 太和篇）

清氣爲神，濁氣爲物；神是精神，物爲物質。精神和物質，當然該是兩物不可。理學家的清濁之分，很不清楚，清中有濁，濁中有清；因此中國哲學裡，精神和物質之分，也是很不明顯清楚。

因著氣的清濁，人的明悟有聰明有愚蠢，聰明人的氣爲清，愚蠢人的氣爲濁。因著氣的清濁，朱熹更以此而將人分善惡，得氣之清者爲善人，得氣之濁者爲惡人。

清氣爲陽，濁氣爲陰。這種分別在理論上似乎很明顯，在實際上，清濁之分不明，陰陽之分也不明了，這是因爲陰陽的運行，互相循環互相滲透。理學家乃以動中有靜，靜中有動；陰中有陽，陽中有陰；清中有濁，濁中有清。

4. 五行

五行的學說，起於戰國，盛行於漢代。《易經》的宇宙論，主張由太極有陰陽兩儀，由兩儀有四象。四象是太陽、少陽、太陰、少陰。四象乃是陰陽的第一種變化。由四象有八卦，由八卦有六十四卦。一切卦象，都是陰陽的結合。漢朝學者則主張陰陽五行由氣分陰陽，由陰陽分五行。五行的名字爲金木水火土。五行的意義，爲陰陽的變化。

董仲舒說：

> 「天之道，終而復始，故北方者，天之所終始也，陰陽之所合別也，冬至之後，陰俛而西入，陽仰而東出。出入之處，常相反也。多少調和之適，常相順也。有多而無溢，有少而無絕，春夏陽多而陰少，秋冬陽少而陰多。多少無常，未嘗不分而相散也。」（春秋繁露 陰陽終始）

陰陽在宇宙間流行不息。「陽氣起於東北，盡於西南；陰氣起於西南，盡於東北。」（淮南子 詮言訓）東爲春，南爲夏，西爲秋，北爲冬。可是宇宙是圓的，陰陽的運行取圓週形，在四方之中，有一中央，於是由四而成爲五。東爲木，南爲火，西爲金，北爲水，中央爲土。五行的意義，便因此而明顯了。

四　象：	太陽	少陽	太陰	少陰	
四　方：	南	東	北	西	（中央）
四　季：	夏	春	冬	秋	
五　行：	火	木	水	金	土
陰陽變化：	陽盛	陽初盛	陰盛	陰初盛	陰陽之和

春時，陽始長，陰始消，萬物得陽而萌生，故春配東，似乎太陽初出；又配木，似乎木生芽。夏時，陽極盛，陰極衰，萬物因陽而暢茂，故夏配南，似乎南方多熱；又配火，似乎火盛熱氣強。秋時，陽始衰，陰始長，萬物遇陰而零落，故秋配西，似乎西方太陽將落；又配金，似乎金屬的冷殺。冬時，陽極衰，陰極盛，萬物遭陰而凋殘，故冬配北，似乎北風的冰冽；又配水，似乎水的陰暗向下。陰陽至歲末，在中央相會合，中央爲土，土代表陰陽相隱，不動不顯。所以五行與四時五方相配，便看得出是陰陽相交的方式了。

《易經》以陰陽而生四儀，四儀可以跟四時相配，也可以和五行相配。少陽配春配木，陽始盛。太陽配夏配火，陽極盛。少陰配秋配金，陰始盛。太陰配冬配水，陰極盛。中央則爲陰陽之和，配土，稱爲和氣。董仲舒說：

「金木水火，各奉其主，以從陰陽，相與一力而並功。其實非獨陰陽也，然而陰陽因之以起，助其所主。故少陽因木而起，助春之生也。太陽因火而起，助夏之養也。少陰因金而起，助秋之成也。太陰因水而起，助冬之藏也。」（春秋繁露 天辨在人）

金木水火土，代表陰陽的變化，變化是流動的，而又是有次序的。漢代儒者，便有五行相生相剋之說。五行相生，是一行生一行，五行相剋，一行勝一行。

「木生火，火生土，土生金，金生水，水生木，此其父子也。」（春秋繁露 五行之義）

「天地之性，衆勝寡，故水勝火也。精勝強，故火勝金。剛勝柔，故金勝木。專勝散，故木勝土。實勝虛，故土勝水也。」（班固 白虎通義 五行）

五行相生相勝，本是人生的日常經驗，漢朝的儒者卻以爲天地之大道都盡於此了。宇宙萬物，既都由五行而來，於是萬物也有相生相勝之道。人間的事件，那一件又不是氣所作成呢？那麼，按著五行相生相勝之道，人事的吉凶，可以預睹了。因此漢朝的讖緯術數，無一不是用五行去組織。不僅人事吉凶禍福，可用五行去推，即是天文地理和醫學，也莫不受五行的支配。人的四肢百體，配於五行；天上的星宿，配於五行；地面的山水，配於五行；一切的智識，全可以由五行之道去推了。

四、萬有

宇宙的萬有，由陰陽二氣的變化而結成。周敦頤說：

「乾道成男，坤道成女，二氣交感，化生萬物。」（太極圖說）

可是怎麼樣由陰陽二氣的交感，產生這麼多的萬物呢？物與物不相同，理由究竟在那裡呢？

朱熹答覆了這個問題。他說：

「天地之間，有理有氣。理也者，形而上之道也，生物之本也。氣也者，形而下之氣也，生物之具也。是以人物之生，必稟此理，然後有性；必稟此氣，然後有形。」（朱子語類）

萬物稱爲萬有，每個有是由理氣合成的。每個物之成，先有這個物之理，然後有這個物之氣。但是理氣是不相分離的，在實際上，也沒有先後。

「天下未有無理之氣，亦未有無氣之理。」（朱子語類）

「理無先後之可言；然必推其所從來，則須說先有是理。然理又非別為一物，即有乎是氣之中。無是氣，則理亦無掛搭處。」（朱子語類）

朱子把每個物，分成兩部：一部分爲物性，一部分爲物形。物性成於理，物形成於氣。物一爲有，同時有性有形，所以理氣沒有先後，而且理氣也不能相分。那麼在天地間，沒有一個單獨的純理，也沒有一個單獨的純氣，不過在抽象方面，理氣可以相分，理在氣以先。

物與物的分別，在於理氣的結合。理氣的結合，常不相同，因爲氣有清濁，氣限制理，因此物性物形便不相同了。

1. 理與氣

中國古代先秦的典籍中，不多用理學，而常用道學。道學在經書裡，表示天地和人的行爲原則，所謂天道，天地之道，人道。宋朝理學家常用理學，理爲形上學的一個專門名詞，代表天地所以成爲天地之理由，代表每一物所以成爲此物之理由。

道，是行動之理：理，是本體之理。一物如此，有其理由，一種行動，該當如此，有行動之道。

「天地有天地的行動，因此有天地之道；聖人有聖人的行動，因此有聖人之道；君子有君子的行動，因此有君子之道；小人有小人的行動，因此也有小人之道。聖人和君子小人都是人，在本體方面，都有人所以為人之理。」（羅光　儒家形上學　頁四七）

理爲物之所以爲物之理。

「天地間的萬物，都是由陰陽之氣，凝聚而成。陰陽怎樣凝聚而成一物呢？因為有凝聚成此物之理。理是指定氣的凝聚的，是這物所以成這物的所以然。」（同上，頁五一）

理爲形而上。朱熹明明說：「理也者，形而上之道也。」理學家對於這一點沒有爭執；所爭執的，乃在於「氣之者，形而下之氣也。」理學家中，有人主張氣也是形而上的。理爲形而上，因爲理是無形的；而且理和形是彼此對立的。

天地間之理是一，宋明理學家都是這樣的主張。人物的分別，固然是人物之性各不相同。人物之性之所以不同，乃是因爲氣的清濁不同。朱熹說：

問：「人物皆稟天地之理以為性，皆受天地之氣以為形，若人品之不同固是氣有昏明厚薄之異。若在物言之，不知是所稟之理不全耶，亦是緣氣稟之昏蔽故如此耶？」曰：「惟其所受之氣只有許多，故其理亦只有許多。」（朱子語類 卷四）

朱子因此常說天地間只一太極，然而每一物又各自有一太極。「太極只是天地萬物之理。在天地言，則天地中有太極；在萬物言，則萬物中有太極。」（朱子語類）

可是到底怎樣講呢？朱子舉一個譬喻，譬如天上有一個月亮，月亮光照地球。地球上的物體所得月亮的光明，有多有少；然而月亮則同是一個，只是所得的月明，可多可少。又如月亮反映在水裡，各處水裡同有一月亮，實際上月亮則是一個。天地間之理，只是一個，理在物體裡則可多可少。多少雖不同，但對於每個物體，則是所該有之理都有了。因此可說：「人人有一太極，物物有一太極。」（朱子語類）「本只是一太極，而萬物各有稟受，又自各全具一太極爾。如月之在天，只一而已。及散在江湖，則隨處而見，不可謂月已分也。」（朱子語類）「不是割成片去，只如月映萬川相似。」太極之理，爲生生之理，整個宇宙之理，爲生生之理，所以說「理一分殊」。同一生生之理，因物所稟受之氣，有清濁不同，所得之理乃有多少的分別，所有生命，也有高下的不同。（朱子語類）

每個物體內所有之氣。爲凝聚之氣。天地間只有一氣，氣凝聚而成物，天地間乃有萬物。

理屬於形而上，氣屬於形而下。理成物性，氣成物形。在同一類的物體中，物性都是一樣；凡是人，都有同樣的物性。然而這樣的一個人性，實際上則不存在。因爲天地間所有的人，都是一個一個的人，而不是一個單純的人性。一個一個的人，彼此各有不同，彼此在同樣的人性上，帶有各自不相同的形器。這個形器，便是每個人的氣。理不能離氣，人性便不能離形器。人性是抽象的，抽象要成了具體，纔能成爲實有。人性要有了形器，纔能成爲一個一個的人。

氣成形器，形器屬於形而下，所以有跡，稱爲器。有跡，物體纔可爲人所知；有了器，物體纔有形象。因著形象，物體便成爲具體之物。朱子所以說氣爲生物之具；生物因著氣纔具形器。

氣成萬物，由於氣之凝聚。氣凝聚時，便分清濁。清濁的程度，高低不同，萬物的形器因此不同。氣因分清濁，因而又有偏正。氣濁則偏，偏則塞。氣清則明，明則正。理因氣之偏正，也有偏正。朱熹說：

「理固不可以偏正言。然氣稟既殊，則氣之偏者，便只是得理之偏。氣之塞者，便自與理相隔。是理之在人，亦不能無偏塞也。」（朱子全書　卷四十九　朱子答廖子晦）

氣是不是物質？按照朱子的主張，以氣爲形而下，有形跡，氣應該是物質了。難怪有些學者批評朱熹是唯物論者。但是精神的名詞，在中國古代典籍裡有，在宋代理學家的著作中有，在朱子自己的著作中也有。中國歷代儒家都以清則神。《易經》說：

「陰陽不測之謂神。」（易 繫辭上第五）

「神無方而易無體。」（易 繫辭上第四）

張載說：

「散殊而可象為氣，清通而不可象為神。」（正蒙 太和）

「太虛為清，清則無礙，無礙故神。反清為濁，濁則礙，礙則形。凡氣清則通，昏則壅，清極則神。」（正蒙 太和）

理學家以清氣爲精神，濁氣爲物質，但是清氣和濁氣的分別，不是本體上的分別，而是程度上的分別。中國古人以精神和物質之分，也是程度之分。

2. 性

理成物性，物性爲每一物爲此物之理。每一物有自己的物性，人也有自己的人性。張載說：

「有無虛實，通為一物者，性也。……感者，性之神。性者，感之體，惟屈伸動靜，終始之能一也。故所以妙萬物者謂之神。通萬物而謂之道，體萬物而謂之性。」（正蒙 乾坤篇）

性，是「通爲一物者」之理。一物之所以爲一物，是因自己的物性；馬之爲馬，牛之爲牛，人之爲人，都因各自的性。各自的性，都由理而成。

「體萬物而爲之性」，性是使每一物能成一體。每物之性，是整個而不可分的，性分則不成爲一物了。同時，「體萬物而爲之性」，性是使一物而爲人所知。我們爲能知道一個物體，應該知道牠的物性。體，是體念，體貼，體味，知道很清楚。

性，爲物體行動或變動的根基。人物的行動和變動，都以自己的本性爲標準。無靈之物，自然而然隨性而動，如水之就下，如鳥之高飛。人爲有靈之物，具有理性，能知，能自己作主，本來應該按照人性而行動，人卻有時背著人性而動了。但是人身也有自然而然之行動。

孟子曰：「口之於味也，目之於色也，耳之於聲也，鼻之於臭也，四肢之於安佚也，性也。」(盡心章下)

口目耳鼻四肢，自然而然傾向自己的對象，這是人性的傾向，也是人性的良能。孟子便以爲人心傾向於善，也是天性使然。可是人心是自己的主宰，能夠選擇，人心便不一定傾於善了。

人物之性，雖各不相同，然有相同之點。相同之點，是人物都是本之於陰陽二氣；不相同之點，是二氣五行的結合，萬變不齊。

「某有疑問呈先生曰：人物之性，有所謂同者，又有所謂異者。知其所以同，又知其所以異，然後可以論性矣。夫太極動而二氣形，二氣形而萬化生，人與物俱本乎此，則是其所謂同者；而二氣五行，絪縕交感，萬變不齊，則是其所謂異者。同者，其理也；異者，其氣也。必得是理，而後有以為人物之性；則其所謂同然者，固不得而異也。必得是氣，而後有以為人物之形，則所謂異者，亦不得而同也。……先生批云：此一條，論得甚分明。」（朱子語類）

這又是上面所說，理一而殊，天地同一太極，人物又各有一太極。太極在天地，爲天地之性，太極在人物，爲人物之性。

宋明清理學家講人性，是由倫理方面去談人性，談人性之善惡，以人性爲人的行動標準。爲能使倫理標準在學理上有根據，乃從人的本體去研究人性的來源。朱子以人性來自理，以人情來自氣。許多理學家反對朱子的學說，以理氣不分，清朝顏習齋說：「蓋氣即理之氣，理即氣之理。烏謂理純一善，而氣質偏有惡哉。」（顏氏學記 卷二 存在）但是理學家中，沒有人不主張人物有人物之性和人物之形。

對於「性」的意義，歷代學者的解釋不完全相同，普遍的說，是「生之謂性」，孟子將天生之性分爲兩部分，一部分爲感官的性，君子不以爲性；一部分由心靈的仁義之性，君子以爲性。

3. 形

形字在儒家的哲學思想裡，代表質，代表器，或者代表象。儒家常說形質、形器、形象。

質，是質料，象，是形象。一是內，一是外。形象由質料而成；沒有資料，便不成形器，便沒有象。有質有料，乃有體。所以說物有性，有體。形爲質，質是物的本質。形又是形象，象是物的外形。

「物生而形形焉。形者，質也。形生，而象象焉，象者，文也。形則必成象矣，象者，象其形也。……請覯之物。白馬之異於人也，非但馬之異於人也，亦白馬之異於白人也，即白雪異於白玉也，……人之與馬，雪之與玉，異之質也，其白則異以文也。……故文質不可不分，而弗俟合也，則亦無可偏為損益矣。」（王夫之　尙書引文　卷六）

王夫之以形有文質。質爲實體，文爲附加。質爲物的本質，象爲物的文飾。本質不是物性，因是王夫之說質可由目視。

質由氣而成，這是儒家的共同主張。朱熹分理和氣。以理成物性，氣成物形。不分理氣的理學家，也主張形由氣而成。張載說：

「凡可狀者皆有也，凡有皆象也，凡象皆氣也。」（正蒙　乾稱篇）

司馬光說：

「萬物皆祖於虛，生於氣，氣以成體，體以受性。」（潛虛）

形由氣而成，氣有清濁，每人所稟受的氣，清濁不同，形質便也不同。

凡是物，都由物性物形而成。有性，乃有一物所以成爲一物之理由：有形，乃有一物成爲一物之形體。物體有質有形，可以用器字去代表。器，有材質也有形狀。不過，在理學家的著作中，器字用得較比形字少。

精神體，則是無形器的；因爲精神體不能以感官去知覺。張載說：

「散殊而可象為氣，清通而不可象為神。」（正蒙 太和）

氣可象，神則不可象，《中庸》第十六章論鬼神的特性說：「視之而弗見，聽之而弗聞，體物而不可遺。」

弗見弗聞，並不是虛無，而是功能更高的實體；因爲能夠體物而無遺。

精神體無形器，是由什麼而成呢？儒家沒有說明。細心加以研究，可以說儒家以上帝或天，不是由氣而成；鬼神和人心人魂，是由氣而成。

五、人

儒家的哲學以天地人爲三才，人和天地，併立爲三。人爲天地之中最高尚的。人所以爲萬物之秀，是因爲人所稟受之氣爲清氣，爲秀氣；人乃能有靈性。人既有靈性，便高於一切萬物了。

1. 人的本體

人的本體，爲氣所成。人本體之氣，爲五行的秀氣。所謂秀氣，即是清氣。

「故人者，其天地之德，陰陽之交，鬼神之會，五行之秀氣也。」（禮記禮運篇）

漢儒董仲舒講天人合一，從人身體的構造方面，去看人身和天地，完全相合，以證明人的貴重。

「天地之精，所以生物者，莫貴於人。人受命乎天也，故超然有以倚。物疢疾莫能為仁義，唯人獨能為仁義。物疢疾莫能偶天地，唯人獨能偶天地。人有三百六十節，偶天之數也。形體骨肉，偶地之厚也。上有耳目聰明，日月之象也。體有空竅理脈，川谷之象也。心有哀樂喜怒，神氣之類也。……天地之符，陰陽之副，常設於身，身猶天也，數與之相參，故命與之相連也。天以終歲之數，成人之身，故小節三百六十六，副日數也。大節十二分，副月數也。內有五藏，副五行數也。外有四肢，副四時數也。乍視乍瞑，副晝夜也。乍剛乍柔，副冬夏也。乍哀乍樂，副陰陽也。心有計慮，副度數也。行有倫理，副天地也。此皆暗膚著身，與人俱生，比而偶之，弇合于其可數也。」（春秋繁露 人副天數）

這種比配法，很物質化，很呆板，而且很空想。可是在中國古代思想裡，這種思想，算是很普遍的思想。人之高出於萬物，是因人有靈性。靈性之表現，在於能知，邵康節說：

「人之所以能靈於萬物者，謂其能收萬物之色，耳能收萬物之聲，鼻能收萬物之氣，口能收萬物之味。」（觀物篇 四十二）

但是獸類也都能見，能聽，能嗅，能食。人不見到比他們高。人的高貴，在於能有靈性之知。周濂溪說：

「二氣交感，化生萬物，萬物生生。而變化無窮焉。惟人也得其秀而最

靈。形既生矣，神發知矣，五性感動而善惡分，萬事出矣。」（太極圖說）

人和禽獸有相同的地方，有不相同的地方，不相同的地方，乃是使人高貴而別於禽獸。孟子說人有大體和小體。人的小體和禽獸相同，是感官；人的大體是人所特有的，是心官之知。

「公都子問曰：鈞是人也，或為大人，或為小人，何也？孟子曰：從其大體為大人，從其小體為小人。曰：鈞是人也，或從其大體，或從其小體，何也？曰：耳目之官，不思而蔽於物，物交物，則引之而已矣。心之官則思，思則得之，不思則不得也。此天之所與我者。先立乎其大者，則其小者不能奪也。此為大人而已矣。」（孟子　告子上）

大體小體，在人只是一個本體。人的本體包括感官和心思。人所以有感官和心思，是因爲人有人之理和氣。人之氣，爲五行的清秀之氣。人有清秀之氣，因人有人該有清秀之氣之理。人之理氣相合乃成爲人。

人之本體，由理氣合成。理成人之性，氣成人之體。人之體有心，有情，有感官。心爲大體，情和感官爲小體。

人能反映整個之理（宇宙之理），《中庸》：「至誠明」。《大學》：「在明明德」，《中庸》：「至誠之人能盡人性，盡物性。」

2. 人性

儒家對於人性，討論很多也很久，從孟子到清朝，儒家常說性。儒家說性，常從倫理方面，談性的善惡只有理學家朱熹，從本體方面論性，以說明人性善惡的根基。

性字在儒家的思想裡，意義不大清楚，總括說來，有下面的幾種意義：

甲、生之謂性

告子主張「生之謂性」，孟子不贊成。後來理學家程朱卻有這樣的主張。程明道曾主張「生之謂性，生之謂也。」朱熹註說：

「天之付與萬物者，謂之命。物之稟受於天者，謂之性。」（朱子全集 卷六十七卷 明道論性說）

生，即天生的。人在生時所有的，稱爲性。這種解釋當然是過於籠統。人所有天生的東西很多，不能都稱爲性。但若把人所天生的東西都集合爲一，作爲人之所以爲人的理由，或作爲人之所以爲人的表現，則「生之謂性」，也可用爲人性的解釋。

乙、天命之謂性

《中庸》第一章第一句就說：「天命之謂性」。性，朱熹解釋就說是「生之謂性」。生是天生，天命便是天所生的。但是在「生之謂性」一句話，生字不必一定要解釋爲天命，生字很可以解爲「自然而生」。天命兩字應當解釋爲上帝或上天的命令。人出生時，天在人內所命令的，便稱爲性。程頤說：「天所賦爲命，人所受爲性。」（近思錄 卷一）

丙、人之良能

人天生所有的行爲規模，由良知良能以表現。

孟子常以人的自然傾向爲性。自然傾向，不必學就能夠做，所以稱爲良能。良能是不學而能的能。

孟子說：「天下之言性者，則故而已矣。故者，以利爲本。」（離婁下）朱子註曰：「故也，其已然之跡，若所謂天下之故者也。利，猶順也，語其自然之勢也。」孟子主張性善，因爲，孩提之童，生來就知道愛父母，不必學習，愛父母乃是人的良能，是人的天性。但是人的口味和眼目，所有天生嗜好，孟子不以爲性。

荀子主張性惡，也是以人之良能爲性。他說：「凡性者，天之就也，不可學，不可事。」（性惡篇）人做惡事比做善事容易；做惡事的人多，做善事的人少；做惡事便是人的良能。

3. 心、情、感官、才

甲、心

心字在中國的哲學裡，佔一個很重要的位置。儒家和佛教的修身論，都以心爲出發點，儒家和佛教的認識論，也以心爲中心。心，是人之一身的主宰。

荀子說：

「心者，形之君也，而神明之主也。出令而無所受令。」（解蔽）

張載說：

「心統性情。」（語錄）「合性與知覺，有心之名。」（正蒙 太和篇）

程伊川說：

「在天為命，在義（物）為理，在人為性，主於身為心，其實一也。」（遺書 十八）

「自理言之謂之天，自稟受言之謂之性，自存諸人言之謂之心。」（遺書二十二上）

上面這些話都不大明顯，心和性和天命，同是一物的三方面。可是心既統性情，怎麼又是天命和性呢？心既統性情，當然就不是性了，因爲是心加上了情。朱子的解釋，則較爲明顯清楚，朱子以心統性情，心不是性，性只是心之理，情則是心之動。

心，是具體的性。抽象的性，是理，具體的性，則是心。《二程遺書》說：

「性之本謂之命，性之自然者謂之天，自性之有形者謂之心，自性之有動者謂之情，凡此數者，皆一也。聖人因事以制名，故不同若此，而後之學者，隨文析義，求奇異之說，而去聖人之意遠矣。」（二程遺書 二十五）

「性之有形者謂之心」，即是性和氣相連而有形，成爲具體。但是性成具體便是人，怎麼樣只是心呢？性爲人成人之理，在具體上人之所以爲人，孟子說是大體，大體即是心，即是理性之知。

心的本質。爲靈爲虛，因爲心之氣清。氣清則明，明則靈而能知。假使心爲物質之物，則知識便不能進去。

「問靈處是心，抑是性？曰，靈處只是心，不是性，性是理。」（朱子語類 卷五）

「心是神明之合，為一身之主宰。性便是許多道理，得之於天而具於心者。發於知識念慮皆是情。故曰心統性情也。」（朱子語類 卷九十八）

心的本質虛靈因此能知；心之知，不是感官之知，而是思。孟子所以說心思之知，儒家也說德性之知。張載說：

「見聞之知，非德性所知，德性所知，不萌於見聞。」（正蒙 太心篇）

程頤說：

「見聞之知，非德性之知。物交物則知之，非內也；今所謂博物多能者是也。德性之知，不假見聞。」（遺書 二十五）

心之知，知物之理。理無形，不可見聞；心之知，乃不假見聞。物之理，即天理。心能知天理，以知爲人處世之大道。

「故治之要，在於知道。人何以知道？曰心。心何以知？曰虛壹而靜。」

（荀子 解蔽）

心知天理，乃儒家一致的主張。心怎樣知道天理呢？格物致知。格物致知本是《大學》的話，到了宋朝，朱熹和陸象山，後來又有王陽明，對於這個問題，互相爭論。這一個問題，在後面我們要加討論。

心爲主宰。人的行動，由心作主宰，「心者，形之君也，而神明之主也。」

乙、情

情，稱爲心之動。心，動時有所向，或是喜、或是怒、或是貪、或是惡，心動所向，稱爲情。

情，爲氣所成，反映出氣的清濁。氣清者，情慾清；氣濁者，情慾重。程伊川說：

「天地儲精，得五行之秀者為人。其本也眞而靜，其未發也，五性具焉，曰：仁、義、禮、智、信。形既生矣，外物觸其形而動其中矣。其中動而七情出焉，曰喜怒哀樂愛惡欲。」（見濂洛關閩書 卷之四 涵養之動）

心不動時，沒有情慾：心地光明見到天理。心動，則情生。情不激，心的天理可現，心就中正不偏；情慾激烈，心便昏迷，不見天理，心便偏了。《中庸》第一章說：

「喜怒哀樂之未發，謂之中。發而皆中節，謂之和。」

情慾未發時，爲心之本來面目。心的本來面目是理。然而在心的本來面目裡，也包括有七情的本能。

情爲什麼緣故而動呢？即是問心爲什麼動呢？感於物而動。「外物觸其形而動其中矣，其中動而七情出焉。」

「人生而靜，天生之性也。感於物而動，性之欲也。」（禮記 樂記篇）

「人心之動，物使然也。」（禮記 樂記篇）

外物感心，藉著感官；外物由耳目之官而感人。孟子說：「物交物，則引之而已矣。」（孟子 告子上）外物和感官相接觸，是物與物相交，感官自然被外物所引動，同時感情也隨著而起。看見可愛之物，聽見可愛的聲音，自然而然就起喜歡之心。感情之發不發，不由心作主。但是發時，中節不中節，即是合理不合理，心是可以主宰，而且應該主宰，使情感發而皆中節以有中和。

丙、感官、才、命

情動於中是因心受外物的感動。外物並不能和心直接相交，乃是透過感官。外物和感官直接相接觸。

感官為人的五官：口、耳、鼻、舌、手足，或稱為耳目之官。孟子說人的感官，性質相同，因為人是同類的。

「故凡同類者，舉相似也，何獨至於人而疑之。……故曰：口之於味也，有同耆焉；耳之於聲也，有同聽焉；目之於色也，有同美焉。」（告子上）

耳目之官，用以吸取形色，形色爲氣所成，感官也就爲氣所成。感官吸取形色的能力，即是感覺力，出自人的天性。清儒顏元說：

「譬之目矣，眶皰睛，氣質也，其中光明能見物者，性也。將謂光明之理，專視正色，眶皰睛，乃視邪色乎？余謂光明之理，固是天命，眶皰睛，是天命，更不必分何者是天命之性，何者是氣質之性。只言天命。」（顏氏學記 卷二 存在）

感官和外物相交，感官取得印象。同時人的心就自己知道自己有了感覺，自己或是在看，或是在聽，或是在嗅，或是在嚐，或是在觸。不但自己有自己感覺的意識，而且還能綜合五官的感覺而認識物的整體。

才——才字出自《孟子》，孟子說「若夫爲不善，非才之罪也。」（告子上）朱子註說：「才猶才質。人之能也。人有是性，則有是才。」程伊川則說「性出於天，才出於氣。氣清則才清，氣濁則才濁。」

程子和朱子的話，似有不同。程子說：才出於氣；朱子說：才出於性。實際上，兩人的話並不相衝突。才，是人的才能，人的才能出於人性。人有人的才能，犬有犬的才能，牛有牛的才能。因此說：「人有是性，則有是才。」可是人彼此中間，才能也不相等，有的才能高，有的才能低；這種分別則來自氣。才是氣所成，氣清則才清，氣濁則才濁。因此說：「性出於天，才出於氣。」

人由理氣而成，由理有性，由氣有質，性質相合爲一個具體的人。具體的人，有心，有情，有感官，有才。人乃是萬物之靈。

命——天所定，壽夭，貧富，禍福，不可抵抗；但對於人之所以爲善，爲惡，則無不可抗之力，仍由心爲主宰。

第二章　宗教思想

講中國宗教史的人，常講中國儒釋道三教。釋道兩教，按照宗教的意義說，確實是兩種宗教，有信仰，有寺觀，有僧道，有信徒。可是儒教，則按宗教的意義說，不足稱爲宗教，既沒有宗教的組織，又沒有一貫的信仰。然而誰也不能說中國古人沒有宗教信仰，誰也不能說中國古代沒有宗教。中國古代的宗教信仰，當然是儒家的宗教思想和宗教傳統。這種宗教思想流傳爲中國的宗教傳統，雖沒有一般宗教的嚴密組織，然而對於中國人民生活的影響，則不下於任何宗教。因此我們研究儒家的哲學，便要研究儒家的宗教思想。

儒家的宗教思想，以敬天敬祖爲中心，由敬天敬祖而有法天法祖。法天，乃是儒家倫理思想的基礎。研究儒家的人生哲學則不能不研究儒家敬天的信仰。

《易經》開首講乾卦，第二講坤卦。乾爲天，坤爲地。《中庸》開章說：「天命之謂性，率性之謂道。」《大學》第一章開端是「大學之道，在明明德。」朱子註說：「明德者，人之所得乎天，而虛靈不昧，以具眾理而應萬事者也。」儒家這三冊有系統的經書，都是從天字開始。可見天字在儒家的思想裡，是一個很重要的樞紐。在實際上，儒家的道德，以法天爲根基。儒家的孝，根本的理由，是因父母配天。儒家的忠，也是因爲人君代天行道。撇開天字，去講儒家的人文主義，那不是儒家的傳統思想了。

一、天

1. 天在經書中的意義

天字在中國的最古經籍裡，意義是中華民族在文化開始時所敬的尊神。尊神的稱呼，在最古的經籍裡，也稱爲帝。帝與天，都指古代中國人所敬的唯一尊神。這一點，從甲骨文和《書經》《詩經》，都可證明。

「帝」字代表唯一的尊神；這個字義的來源怎樣？考據學者各有其說。帝字在金文中，作爲[illegible]（周窓鼎）、或[illegible]（戟狄鼎）、或[illegible]（聃敦）。在甲骨文裡，作爲[illegible]、[illegible]、[illegible]、[illegible]、[illegible]、[illegible]、[illegible]。在《說文》裡，作爲帝。吳大澂說帝像花蒂的古蒂字，（見古史辨 第二冊 頁三十 北平城書局民十九年版）說的很對；帝字有根本的意思。另一方面，帝字也有些像中國古代皇帝的冕旒，我們便不妨以帝字在最初的字義，表示根本，後來轉爲表示尊者而代表唯一尊神，最後纔表示皇帝。胡適從民族語言學一方面去看，說商朝的帝字，跟印度梵文Deva、希臘的Zeus、拉丁的Deus，及中文的天字，大概是同出一源。（見古史辨 第一冊 頁一九九）劉復則以爲帝字跟巴比崙表示天帝，或人王的＊字（讀爲ingin或 dim-mei）同一語源。（見古史辨 第二冊 頁二六）

到了周朝，中華民族已有文據。這些文據是中國的《五經》。《五經》書裡，最高明雖也稱爲帝，然稱爲天的次數更多。《書經》在二十九篇中用天字，在十二篇中用上帝，在四篇中用帝，在三篇中用皇天，在一篇中用皇帝及皇天上帝。《詩經》則在十九首詩裡用天字。在十二首詩中用昊天，在九首詩裡用帝，在八首詩中用上帝，在四首詩裡用昊天。在一首詩裡用昊天上帝。這些不同的名稱，同是指的最高的神，即甲骨文的帝。

帝字爲甚麼變成了天字?有人說這是因爲商朝的民族跟周朝的民族，是兩個不相同的民族。世界人種學者史密特（W.Schmidt）且以爲周民族來自土耳其斯岡，跟土耳其人同源。土耳其的古人，稱最高神明爲Tengeri（Tengera），意即謂天；所以周代民族也稱最高神明爲天。（W.Schmidt' 'L'idee de Dieu Pansles huit premiers classiques chinois"Tien-tcheu kang Fridourg.1942.p.11.）可是這一點尚待人種學的證明。

天字在金文中，寫作天（頌鼎）、天（毛公鼎）；在甲骨文作爲天、天、天；在《說文》作爲宂。（見劉復 帝與天 古史辨 同上）《說文》解釋字義「天者，顛也。至高無上也。從一從大。」最初的字義，天是象形，一個人頭上頂著東西。人們頭上頂著的，當然是天。後來轉爲從一從大，指示至大的尊神。

馮友蘭在他的《中國哲學史》上說：「在中國文字中，所謂天有五義。曰物質之天，即與地相對之天。曰主宰之天，即所謂皇天上帝，有人格的天地。曰運命之天，乃指人生中吾人所無奈何者，如孟子所謂：『若夫成功則天也』之天是也。曰自然之天，乃指自然之運行，如荀子天運篇所說之天是也。曰義理之天，乃謂宇宙之最高原理，如中庸所說『天命之謂性』之天是也。詩、書、左傳、國語中所謂之天，除物質之外，似皆指主宰之天也。論語中孔子所說之天，亦皆主宰之天也。」（馮友蘭 中國哲學史 上冊 頁五五 商務 一九三五年版）

這五個意義，總括起來，可說爲三個意義：蒼蒼的形天，人格的主宰者天，自然的性理，天字的原義，指的人頭上的蒼蒼形天。形天極大極高，很可象徵造物的至上神明，於是天字便用爲主宰者天，意義同於帝字，由造生萬物的神明而轉到萬物的自然律和得於天的物性，天字乃用之於性理。經傳的天字，雖有這三種意義，然而最普通的是指的主宰者天。

《書經》和《詩經》以帝和天稱呼中華民族所敬的唯一尊神。唯一尊神的稱呼：多爲帝，或天，但也有他種稱呼。在《書經》裡，有上帝、皇天、皇天上帝、上天；在《詩經》裡，還有昊天、蒼天。

上帝——〈舜典〉：「肆類於上帝。」

皇天——〈大禹謨〉：「皇天眷命，奄有四海，爲天下君。」

天——〈皐陶謨〉：「天敘有典，……天秩有禮，……天命有德。……」

皇上帝——〈湯誥〉：「惟皇上帝，降衷於下民。……上天孚佑下民，罪人黜伏。……」

上天——〈泰誓上〉：「今商王弗受，弗敬上天，降災下民。……皇天震怒，命我文考，肅將天威。……」

〈康誥〉：「聞于上帝，帝休，天乃大命文王。」

皇天上帝——〈召誥〉：「皇天上帝，改厥元子，……天既遐終大邦殷之命……」

蒼天——《詩經•黍離》：「悠悠蒼天，此何人哉！」

〈黃鳥〉：「彼蒼者天，殲我良人。」

旻天——〈小旻〉：「旻天疾威，敷于下土。」

皇矣上帝——〈皇矣〉：「皇矣上帝，臨下有赫：監觀四方，求民之莫。」

昊天上帝——〈雲漢〉：「天降喪亂，饑饉薦臻，……昊天上帝，則我不遺。」

明昭上帝――〈臣工〉：「明昭上帝。……」

2. 天――惟一尊神的特性

甲、天為無形的神體

「鬼神之為德，其盛矣乎！視之而弗見，聽之而弗聞，體物而不可遺。使天下之人，齊明盛服，以承祭祀，洋洋乎如在其上，如在其左右。詩曰：神之格思，不可度思，矧可射思。」（中庸 第十六章）

「上天之載，無聲無臭。」（大雅 文王）

乙、天爲至尊

皇字，上字都是尊稱。

「惟皇上帝，降衷於下民。」（湯誥）

「籲俊尊上帝」（書經 立政）

「皇天上帝，改厥元子。」（召誥）

「上帝是皇」（詩 執競）

「皇矣上天，臨下有赫。」（詩 皇矣）

「獲罪於天，無所禱也。」（論語 八佾）

「巍巍乎唯天為大，唯堯則之。」（論語 泰伯）

丙、天至大無限

蕩蕩，浩浩等字，形容至大無限。

「浩浩昊天，不駿其德，降喪饑饉，……昊天疾威。」（詩經 雨無正）

「蕩蕩上帝，下民之辟。」（詩 蕩）

丁、天爲一有位稱之神

因天具有理智意志，發命立法。

「天降割于我家，……天降威，……不敢替上帝命，……迪知上帝命，……天命不易。」（書 大誥）

「天生烝民，有物有則。」（詩 烝民）

戊、天無所不知

「昊天孔昭。」（詩經 抑）

「明昭上帝。」（臣工）

「皇矣上帝……監觀四方，求民之莫。」（皇矣）

「敬之敬之，天維顯思。命不易哉。無曰高高在上，陟降厥士，日監在茲。」（敬之）

己、天無所不能

「民今方殆，視天夢夢，既克有定，靡人弗勝。有皇上帝，伊誰云憎。」（

正月）

「藐藐昊天，無不克鞏。」（瞻卬）註「惟天高遠，雖若無意於物，然其功用神明不測，雖甚亂之極亦無不能鞏固之者。」

庚、天無終常存

「維天之命，於穆不已，於乎不顯，文王之德之純。」（維天之命）註「此亦祭文王之詩，言天道無窮。……」

「……迪知上帝命，……天命不易。」（書 大誥）

3. 天與人的關係

甲、天對於人

A、天生人生物

「天生蒸民，其命匪諶。」（詩 蕩）

「天生蒸民，有物有則。」（蒸民）

「天作高山，大王荒之。」（天作）

B、天監臨人物

「上帝監民。……」（書 呂刑）

「皇矣上帝，臨下有赫，監觀四方，求民之莫。」（詩 大明）

「子畏於匡。曰：文王既沒，文不在茲乎！天之將喪斯文也，後死者不得與於斯文也！天之未喪斯文也，匡人其如予何？」（論語 子罕）

「行或使之，止或尼之，行止非人所能也。吾之不遇魯侯，天也；臧氏之子，焉能使予不遇哉。」（孟子 梁惠王下）

C、天立人君

「夏王弗克庸德，慢神虐民，皇天弗保，監于萬方，啓迪有命，眷求一德，俾作神主。惟尹躬曁湯，咸有一德，克享天心。受天明命，以有九之師，爰革夏正。」（書 咸有一德）

「天佑下民，作之君，作之師。惟其克相上帝，寵綏四方。」（書 泰誓上）

「萬章問曰：堯以天下與舜，有諸？孟子曰：否！天子不能以天下與人。然則舜有天下，孰與之？曰：天與之。」（孟子 萬章上）

「萬章問曰：人有言，至於禹而德衰，不傳賢而傳於子，有諸？孟子曰：否！

天與賢，則與賢，天與子，則與子。」（孟子 萬章上）

D、天操賞罰

「有夏多罪，天命殛之」（書 湯誓）

「惟上帝不常，作善，降之百祥；作不善，降之百殃。」（書 伊訓）

天的賞罰，及於人的子孫：

「曾孫，壽考，受天之祜。」（南山）

乙、人對於天

A、敬 天

「伊尹作書曰：先王顧諟天之明命，以承上下神祇，社稷宗廟，罔不祇肅。」（太甲上）

「先王克謹天戒，臣人克有常憲。」（書 胤征）

「商罪貫盈，天命誅之，予弗順天，厥罪惟鈞。予小子夙夜祗懼，受命文考，類于上帝，宜于冢土，以爾有眾，底天之罰。」（泰誓上）

「天降威，……不敢替上帝命，……迪知上帝命，……」（大誥）

「我非敢勤，惟恭奉幣，用供王能祈天永命。」（召誥）

「敬之敬之！天維顯思。」（詩 敬之）

「敬天之怒，無敢戲豫。敬天之渝，無敢馳驅。昊天曰明，及爾出王。昊天曰旦，及爾游衍。」（大雅 板）

「孔子曰：君子有三畏，畏天命，畏大人，畏聖人之言。小人不知天命而不畏也，狎大人，侮聖人之言。」（論語 季氏）

B、祭 天

祭祀是人對於神靈的敬禮，人既敬天，便該祭天。

中國古代因爲最尊敬天，因此敬天的祭祀，只由皇上一人主禮。

祭天的祭祀，稱爲郊祀。

《書經》上已說到皇帝祭天。

「肆類於上帝。」註「郊祀者祭昊天之常祭。非常祀而祭告于天，其禮依郊祀為之，故曰類。」（舜典）

「予小子夙夜祇懼，受命文考，類于上帝。」（泰誓上）

「肆台小子，……敢用玄牡，敢昭告于上天神后。」（湯誥）

「天子將出征類乎上帝。……天子祭天地。」（禮記 王制）

「郊特牲。」（禮記 郊特牲）

C、守天命

天命是天意，是天的規律，人該遵守奉行

「今商王受，弗敬上天，降災下民。……商罪貫盈，天命誅之。予弗順天，厥罪惟鈞。……」（書 泰誓上）

「上帝弗順，祝降時喪。」（泰誓下）

D、法 天

「天生神物，聖人則之。天地變化，聖人效之。」（易 繫辭上 第十一章）

「天垂象，聖人則之。」（禮記 郊特牲）

4. 後代儒家對天的信仰

甲、後代儒家都敬天

A、孔孟對天的思想和《五經》對天的思想完全相同

孔子、孟子都看重祭祀。孔子尤其看重祭祀。

孔孟都信負有天命，自己的一生，由天作主。

孔子明明說不能得罪於天，不能欺天。

孔子主張法天。

孟子主張人君由天所立。

B、荀子對於天的思想

荀子重禮。祭禮，也是他所看重。

荀子談天時，以天爲理性之天，繼承《易經》的思想。兼受莊子和惠施的影響。莊子的天，指的宇宙，或更好說宇宙之氣。惠施以天爲天地，談天地一體，氾愛萬物。不再說墨子的天志。

荀子的天，多指自然，和自然法。

C、董仲舒的敬天已加上陰陽術士的迷信

「其實仲舒思想的主要淵源，是戰國晚年的陰陽家鄒衍，更使仲舒思想，由附會而轉入怪異。」（錢穆 中國思想史 頁八二）

董仲舒主張天人相應。天人相應之天，爲自然界之天象，但董仲舒在自然天象之後面，信有一尊神之天。

D、王充

「王充所首先攻擊者，即是天有意志與天人相應之說。」（錢穆 中國思想史頁八五）

「天地合氣，萬物自生，猶夫婦合氣，子自生矣。」（論衡 自然篇）

E、理學家程伊川朱子

朱子以天爲自然，以天爲蒼蒼者天。但他又不完全否認有一主宰者天。

「蒼蒼之謂天，運轉周流不已，便是那箇。而今說天有箇人在那裡批評罪惡，固不可說，道全無主之者，又不可。這裡要人見得。」（朱子語類）

「或問伊川說以主宰謂之帝，孰為主宰？曰：自有主宰。蓋天是個至剛至陽之物，自然如此運轉不息。所以如此，必有為之主宰者，這樣處，要人自見得，非言語所能盡也。」（朱子語類）

「問天與命，性與理，四者之別。天，則就其自然者言之。」（朱子語類）

程伊川：

「性之本謂之命，性之自然者謂之天。」（二程遺書）

乙、後代天一尊之思想

A、天 地

天和地是否平行？地是否和天同尊。天帝是獨尊。

a、祭 祀

郊祀爲祭天，爲最大最尊之祭祀。祭地，即是社稷之祭。

「傅斯年曰：邦社，相土，實則一事，相傳社始於祀共工氏之子句龍曰后土者，稷始於祀烈山氏之子柱者，經三代之交替，祀禮存而所祀者因代而異，一若社稷為兩事者。然社稷之稱，在左傳、國語、論語等書中，或單稱社，或稱社稷，從來不單言社。……相土即邦社，當可為定論。蓋夏商周

同祀土，而各以其祖配之，夏以句龍，殷以相土，周以棄稷。」（甲骨學商史 上冊 六篇 頁一〇、一一）

但是《禮記》以祭地和祭社稷不同。

「天子祭天地，諸侯祭社稷。」（禮記 王制）

《書經》對於天地的祭祀，大略如下：

〈舜典〉沒有祭地的祭祀，「肆類于上帝，禋于六宗，望于山川，徧于群神。」

〈湯誥〉有祭地的祭祀，「敢用玄牡，敢昭告于上天神后。」（註：神后，后土也。）神后稱后土，祭土，則是社稷。

〈武成〉：「底商之罪，告于皇天后土。」

《禮記·王制》說：「天子祭天地，諸侯祭社稷。」這裡祭地，和祭社稷不同。實際祭地，即是天下的祭社稷。

祭地的祭祀，從來在祭天以下。祭天的郊祀，乃中國歷代祀典中最尊的。

b、哲　理

天地並稱，在哲學上，由《易經》開始。《易經》以天地代表乾坤，代表陰陽，這裡的天地，已經不是宗教上的上帝和后土。

《易經》的思想，有似戰國末期的思想。戰國末年鄒衍盛談陰陽五行。漢儒董仲舒繼續這種思想。常以哲理和迷信相混。因此他的天地陰陽。有點混亂了宗教上的惟天獨尊的思想。

B、五　帝

a、哲　理

鄒衍談五行，乃談五天帝。

「他講五天帝，（根據當時天文學金木水火土五行星之新知識）講大九州，講上古五人帝。他想把天文地理歷史用一公式來配搭在一起，是極富想像與組織精神的。」（錢穆　中國思想史　頁八三）

「鄒衍學說之最大影響，在其重建古代天帝的舊信仰，但他別創新說，認為天帝有五（青黃赤白黑）循環用事，以之配合四方與五色，四時與五行。」（同上）

「鄒子之徒，論著終始五德之運，……鄒衍以陰陽主運，顯於諸侯。」（史記 封禪書）

鄭玄以五帝合於五星，金、木、水、火、土。——天帝爲北斗星。

b、祭祀

「漢興，……二年，東擊項籍而還，入關。問故秦時上帝祠，何帝也。對曰：四帝。有白青黃赤帝之祠。高祖曰：吾聞天有五帝，而有四，何也？莫知其說。於是高祖曰：吾知之矣，乃待我而具五也。乃立黑帝祠。命曰北時。」（史記 封禪書）

「有司皆曰：古者天子，夏，親郊祠上帝於郊。故曰郊。於是夏四月，文帝始郊見雍五時祠，衣皆上赤。其明年趙人新垣平，以望氣見上，言長安東北，有神氣成五采，若人冠絻焉。或曰，東北，神明之舍，西方，神明之墓也。天瑞下，宜立祠上帝，以合符應。於是作渭陽五帝廟。同宇，帝一殿，面各五門，各如其帝色。祠所用及儀，亦如雍五時。夏四月，文帝親拜霸渭之會，以郊見渭陽五帝。」（同上）

西元前一六五年祭五帝，儒者上書曰：「天一而已，而曰有五帝焉，非古也。……夫帝一而已，安得有五。」

西元前一一三年，儒者又上書：「五帝太一之誤也，宜在立太一而上親郊之。」

西元後二二六年，儒者王肅又上書：「五帝即天帝也。王氣時異，故名號有五，自今明堂南郊，宜除五帝座。」

宋神宗於西元後一〇六七年下諭：「歷代以來，合宮所配，雜以先儒六天之說，朕甚不取。將來祀英宗皇帝於明堂，惟配上帝，餘從祀群神悉罷。」

「按周禮有稱昊天上帝，有稱上帝，有稱五帝者一帝而已，自鄭氏之學興，乃有六天之說，而事非經見。」

二、鬼神

1. 神的存在

甲、經書證明中國古人信有神，神分爲上下神祇，天上爲神，地下爲祇。

《書經》——

〈舜典〉：「肆類于上帝，禋于六宗，望于山川，偏于群神。」

〈湯誥〉：「夏王滅德作威，……爾萬方百姓，罹其凶害，弗忍荼毒，並告無辜于上下神祇。天道福善禍淫，降災于夏，以彰厥罪。」

〈伊訓〉：「古有夏先后，方懋厥德，罔有天災，山川鬼神，亦莫不寧。」

〈泰誓上〉：「觀政于商，惟受罔有悛心，乃夷居，弗事上帝神祇。遺厥先宗廟弗祀。」

〈武成〉：「予小子其承厥志，底商之罪，告於皇天后土，所過名山大川。」

〈金縢〉：「予仁若考，能多材多藝，能事鬼神。乃元孫，不若旦多材多藝，不能事鬼神。」

《詩經》——

〈卷阿〉：「爾土宇昄章，……百神爾主矣。」

〈瞻卬〉：「天何以刺？何神不富？……人之云亡，邦國殄瘁。」

《禮記》——

〈王制〉：「天子祭天地，諸侯祭社稷，大夫祭五祀，天子祭天下名山大川。五嶽視三公，四瀆視諸侯。諸侯祭名山大川之在其地者。」

五祀：《左傳・家語》以爲重、該、脩、熙、句龍五官，〈月令〉以爲門、行、戶，竈中。

〈禮運〉：「是故夫政必本於天，殽以降命，命降于社之謂殽地，降于祖廟之謂仁義，降於山川之謂興作，降於五祀之謂制度，此聖人所以藏身之固也。故聖人參於天地，並於鬼神，以治政也。」

〈禮器〉：「禮也者，合於天時，設於地財，順於鬼神，合於人心，理萬物者也。」

〈祭法〉：「山林川谷丘陵，能出雲爲風雨見怪物，皆曰神，有天下者祭百神。」

孔子——

《論語·八佾》：「祭如在，祭神如神在。子曰：吾不與祭，如不祭。」「王孫賈問曰：與其媚於奧，寧媚於竈，何謂也。子曰：不然獲罪於天，無所禱也。」

〈雍也〉：「樊遲問知，子曰：務民之義，敬鬼神而遠之，可謂知矣。」

《中庸》：「子曰：鬼神之爲德，其盛矣乎。……」（中庸 第十六章）

《春秋》《左傳》——

卷二十七〈襄公〉：「十一年四月，諸侯伐鄭。……鄭人懼，乃行成。秋。七月，同盟於亳。……乃盟。載書曰：凡我同盟，毋蘊年，毋壅利，毋保姦，毋留慝，救災患，恤禍亂，同好惡，獎王室。或閒茲命，司愼、司盟、名山、名川，（二司，天神）群神、群祀，先王、先公，七姓十二國之祖，明神殛之。」

卷十三〈僖公〉：「僖公，二十有八年。晉侯將伐曹，假道於衛。……衛侯聞楚師敗，懼，出奔楚，遂適陳，使元咺奉叔武以受盟。癸亥，王子虎盟諸侯於王庭。要言曰：皆獎王室，無相害也，有渝此盟，明神殛之，俾隊其師，無克祚國，及而玄孫，無有老幼。」

同上：「初楚子玉自瓊弁、玉纓，未之服也。先戰，夢河神謂己曰：畀余，余賜女孟諸之麋。」

同上：「六月，晉人復衛侯，甯武子與衛人盟于宛濮，曰：天禍衛國，君臣不協，以及此憂也。今天誘其衷，使皆降心以相從也。不有居者，誰守社稷。不有行者，誰扞牧圉。不協之故，用昭乞盟于爾大神，以誘天衷。自今日以往，既盟之後行者無保其力，居者無懼其罪。有渝此盟，以相及也，明神先君，是糾是殛。」

卷七：「莊公三十二年。秋，七月，有神降于莘，惠王問諸內史過曰：是何故也？對曰：國之將興，明神降之，監其德也。將亡，神又降之，觀其惡也。故有得神以興，亦有以亡，虞夏商周皆有之，王曰：若之何。對曰：以其物享焉。其至之日，亦其物也，王從之，內史過往，聞虢請命。反曰：虢必亡矣，虐而聽於神，神居莘六月，虢公使祝應，宗區、史嚚，享焉，神賜之土田。史嚚曰：虢其亡矣乎，吾聞之，國將興，聽於民；將亡，聽於神。神，聰明正直而壹者也，依人而行。虢多涼德，其何土之能得。」

《易經》——

〈乾文言〉：「夫大人者，與天地合其德，……與鬼神合其吉凶。……」

《楚辭》——

〈九歌〉：「九歌者，屈原之所作也。昔楚國南郢之邑，沅湘之間，其俗信鬼而好祠，其祠必作歌樂鼓舞，以樂諸神。屈原放逐，竄伏其域，懷憂苦毒，愁思沸鬱，出見俗人祭祀之禮，歌舞之樂，其詞鄙陋，因爲作九歌之曲，上陳事神之敬，下見己之冤結，託之以風諫。」

〈九歌〉：東皇太一、雲中君、湘君、湘夫人、大司命、少司命、東君、河伯、山鬼。

東皇太一：「穆將愉兮上皇，撫長劍兮玉珥。」

雲中君：「龍駕兮帝服，聊翱遊兮周章。」

湘君：「美要眇兮宜修，沛吾乘兮桂舟。」

湘夫人：「帝子降兮北渚，目眇眇兮愁予。」

大司命：「廣開兮天門，紛吾乘兮玄雲，令飄風兮先驅，使涷雨兮灑塵。」

少司命：「入不言兮出不辭，乘回風兮載雲旗。」

東君：「暾將出兮東方，照吾檻兮扶桑，……靈之來兮蔽日，青雲衣兮白霓裳。」

河伯：「魚鱗屋兮龍堂，紫貝闕兮朱宮，靈何爲兮水中。乘白黿兮逐文魚。」

山鬼：「若有人兮山之阿，被薜荔兮帶女羅。……乘赤豹兮從文狸，辛夷車兮結桂旗。」

《離騷》：《離騷》一詩中，神話很多，詩中所說到的神靈，計有：羲和（日御）、望舒（月御）、飛廉（風伯）、雷師、豐隆（雲師）。

總結以上所言，我們可以肯定，中國古代在信天的信仰下，也信鬼神，《五經》《四書》的神明，是沒有人名的神，《楚辭》則已多有人名人事而成神話了。然而《楚辭》的神話，和《山海經》的神話，性質相同，屬於文人的想像。中國人對於神靈，信有人名人事，則自神仙之說和道教神明降凡之說，發生以後，纔盛行於民間，神話乃成爲宗教的信仰。

乙、五經裡的神，分爲天神地祇。

天神：有日、月、星辰、風、雷、雨，《書經》稱「六宗」。〈舜典〉云：「禋于六宗。」注云：「宗尊也，所尊祭者，其祀有六。」《禮記・祭法》曰：「埋少牢於泰昭，祭時也。相近於坎壇，祭寒暑也。王宮，祭日也。夜明，祭月也。幽宗，祭星也。雩宗，祭水旱也。」六宗，便是時、寒暑、日、月、星、水旱。

地祇：分爲名山、大川、社稷和五祀八蜡等。名山有五嶽。大川有四瀆。社稷：皇帝所祭者爲地神，諸侯所祭者爲本封地之土地神。五祀：《左傳・家語》以爲重、該、脩、熙、句龍；《禮記・月令》以爲門、行、戶、竈、中霤、八蜡，《禮記・郊特牲》云：「天子大蜡八。」註云：「先嗇一，司嗇二，農三，郵表畷四，貓虎五，坊六，水庸七，昆蟲八。」

2. 神字的意義

甲、神字在宗教上的意義

A、上帝不稱爲神。

古代爲稱至尊之神，稱帝稱天，稱上帝，但不單稱爲神，可見神是指在天以下的神明。古代對於地，也多不稱爲神，只稱地，或稱后土。但有時則稱「神后」（湯誥）。

B、神爲天帝以下的神明。

天地自成一階級，天尤其在上。神是在天地以下的神明，爲天地兩界最大物體的主理者。如日、月、星辰、風、雨、雷、電、四季、名山、大川。

C、神不是人。

儒家經書上的天神地祇，都沒有人名。祭地雖稱祭契或祭稷，但並不以契稷爲神。《楚辭》和《山海經》所載的神話，不代表正派的宗教思想。

D、神能給人禍福。

《左傳》上的盟誓，明明說背盟的諸侯，將遭神明的罰。

E、祖宗的魂，也稱爲神。

《詩經》上有這種稱呼，《禮記》上也有這種稱呼，後代所說的鬼神，通常都指已亡的人的魂靈。

「先祖是皇，神保是饗。」（小雅　楚茨）

「惠于宗，公，神罔時怨，神罔時恫，……」（大雅　思齊）

神字用爲形容字，形容一種非物質的特性。又用爲名詞，指一種實體。

孔子也說：「祭神如神在。」

乙、神字在哲學上的意義

A、經書子書和理學家書籍中，神字多爲一形容詞，形容非物質的特性。

a、形容動作的靈妙，靈妙所在，在於不見動作而見效果，效果且非常之大，非常之速。

「易，無思也，無爲也，寂然不動，感而遂通，天下之故。非天下之至神，其孰能與於此。」（易 繫辭上第十）

「惟神也，故不疾而速，不行而至。」（易 繫辭上第十）

「利用出入，民咸用之，謂之神。」（易 繫辭上第十一）

「神也者，妙萬物而爲言者也。」（易 說卦傳）

「神，德行者，寂然不動，莫會於萬化之感，而莫知爲之者。」（橫渠語錄）

「寂然不動者，誠也；感而遂通者，神也。」（周子 通書 聖）

b、動作之妙，在於變化之妙。變化之妙，稱爲神。

「子曰：知變化之道者，其知神之所爲乎。」（易 繫辭上第九）

楊時《易藁》說：「變化者，其神之所爲乎！無象無形，則神之所爲隱矣。」

又云：「變化者，神之所爲也。其所以變化孰從而見之？因其成象於天，成形於地，然後變化可得而見焉。」

韓康伯說：「變化之道，不爲而自然。故知變化之道者，則知神之所爲。」

蘇東坡說：「神之所爲不可知，觀變化而知之矣。變化之間，神無不在。」

張橫渠說：「惟神故能變化！以其一天下之動也。人能知變化之道。則必知神之爲也。」

「天下之動，神之鼓也，神則主動。故天下之動，皆神之爲也。」

周子：「大順大化不見其跡，莫知其然之謂神。」（通書 順化）

「動而無動，靜而無靜，神也。動而無動，靜而無靜，非不動不靜也。物則不通，神妙萬物。」（周子 通書 動靜）

「陰陽不測之謂神。」（易 繫辭上第五）

「神也者，妙萬物而爲言者也。」（易 說卦六）

C、形容知識特別高特別透澈，尤其形容對於不可感覺不可推論的知識。

「知幾其神乎！……幾者動之微。吉之先見者也。」（易 繫辭下第五）

「陰陽不測之謂神。」（易 繫辭上第五）

「神者，微妙玄通，不可測量，故能知鬼神之情狀，與天地相似。知周萬物，樂天知命。」（孔穎達 疏義）

「無知者，以其無不知也。……無知則神矣，苟能如此，則於神爲近。」（張載 易說）

「所謂神者，不學而知，所謂聖者，須學以聖。以聖人學，知其非神。」（王

充 論衡）

「神以知來，知以藏往，……古之聰明叡知，……是興神物（著龜）以前民用。聖人以此齋戒，以神明其德夫。」（易 繫辭上第十一）

「古者包犧氏之王天下也，……於是始作八卦，以通神明之德，以類萬物之情。」（易 繫辭下第二）

d、形容無形跡無方位，又能協助萬物之動作。

「神無方而易無體。」（易 繫辭上第四）

「云方體者，皆係於形器，方是處形之名，體是形質之稱。凡處所形質，皆係著於器物。……」（孔穎達 疏義）

「鬼神之爲德，其盛矣乎。視之而弗見，聽之而弗聞。體物而不可遺。」（中庸 第十六）

「發微不可見，充周不可窮之謂神。」（周子 通書 誠幾德）

B、經書子書上，神字也指著實體。

a、經書子書，既常用神字爲形容詞，形容詞則附於一種實體。

經書子書上，神字有時用爲指一實體。

經書子書說鬼神時，神字是指一實體的神。

在鬼神以外，經書和子書的神字，有時也指另外的實體。

「神無方而易無體。」（易 繫辭上第四）

「神者，微妙玄通，不可測量。」（孔穎達 疏義）

「動而無靜，靜而無動，物也。動而無動，靜而無靜，神也。」（周子通書 動靜）

「散殊而可象爲氣，清通而不可象爲神。」（張載 正蒙 太和）

「陰陽合德而剛柔有體，以體天地之撰，以通神明之德。」（易 繫辭下第六）

b、神的實體是什麼？

第一、可解爲理，可解爲易。

「知變化之道者，其知神之所爲乎。」（易 繫辭上第九）

「蓋上天之載，無聲無臭，其體則謂之易，其理則謂之道，其用則謂之神，其命於人則謂之性。」（明道 近思錄 卷一）

第二、可解爲太虛之氣。

「太虛爲清，清則無礙，故神。」（張載 正蒙 太和）

第三、可解爲一精神體，爲鬼神之神。

「夫賢聖者，道德智能之號；神者渺茫恍惚無形之實，實異，質不得同。實鈞，效不得殊。聖神號不等，故曰聖者不神，神者不聖。」（王充 論衡）

「昔者，聖人之作易也，幽贊於神明而生蓍，參天兩地而倚數。」（易 說卦）

（二）

c.神的特性

鬼神的特性，見於《中庸》第十六章：「……視之而弗見，聽之而弗聞，體物而不可遺。」

理學家的神體，特性在於」無形」，「太虛無形，氣之本體」。

d.朱熹以鬼神爲動詞，表示氣的動作。

「神，伸也；鬼，屈也，如風雨雷電初發時，神也。及至風止雨過，雷住電息，則鬼也。」（朱子語類）

「鬼神不過陰陽消長而已，……何物而無鬼神。」（同上）

「故凡氣之來而方伸者爲神，氣之往而既屈者爲鬼。陽主伸，陰主屈，此以一氣言之。故以二氣言，則陰爲鬼，陽爲神。」（同上）

但是王充和朱熹都不否認神祇的存在。

「所謂神者，不學而到。所謂聖者，須學以聖。以聖人學，知其非神。聖不能

神，則賢之黨。」（論衡）

「神祇之氣，常屈伸而不已。人鬼之氣，則消散而無餘矣。」（朱子語類）

C、神字的語根

神，語根即「申」字。

許氏《說文》：「申，神也，七月陰氣成，體自申束，從臼自持也。吏臣餔時聽事，申旦政也。」徐灝《說文解字注箋》云：「蟲部虹，籀文作[illegible]，云從申，申電也。古音電與申近，猶陳之古音讀若田，用申爲聲，其古文作[illegible]，亦以申也。鐘鼎文多作[illegible]籀文昌，即從此變，小篆整齊之作申耳。」

朱駿聲《說文通訓定聲》云：「或曰申者，古文電字作☆，象電光，故虹下云，申，電也。」

神字金文作[illegible]，[illegible]。

許氏《說文》：「神，天神引出萬物者也，從示申。」

3. 鬼

甲、鬼

A、鬼的意義

《禮記・祭法》：「人死曰鬼。」

《說文》：「人所歸爲鬼。」《釋言》：「鬼之爲言歸也。」因此鬼的意義，是人死爲鬼。然而這個鬼不是動詞，是名詞，是指一種實體，即是人之生者爲人，人之死者爲鬼。

《禮記・祭義》：「子曰：眾生必死，死必歸土，此之謂鬼，骨肉斃于下，陰爲野土。其氣發揚于上，爲昭明。焄蒿悽愴，此百物之精也，神之著也。」

鬼神並稱時，普通鬼神各有所指。神是指的神靈，鬼是指的人鬼。但有些時候，鬼神並稱，兩字合成一個名詞，單爲指的鬼。

鬼的意思，既是人死爲鬼，並沒有鄙薄或惡化的意思。而且既是鬼神並舉，鬼字是有抬舉的意思，鬼是較比常人爲高。但是經書上，爲指先人的鬼，不用鬼字而用神字，是因爲神字更是有抬舉的意思，更能表示先人死後的高超境遇。

若爲表示一個冤死的人的魂，則古書多用厲字或用鬼字。厲和鬼則有惡化的意思了。厲鬼的顯形，常取獸形，而且常是作怪作禍。

魑魅魍魎——還有一類不是人鬼的鬼，乃是一類鬼怪。古書稱爲魑魅魍魎，常是半人半獸的怪物。

B、古人信鬼

古書講鬼最多的，該是《左傳》和《國語》。

「鄭子產聘於晉。晉侯有疾。韓宣子逆客。私焉，曰：寡居寢疾，於今三月矣，竝走群望，有加而無瘳，今夢黃熊入於寢門，其何厲鬼也？對曰：以君之明，子為大政，其何厲之有。昔堯殛鯀於羽山，其神化為黃熊，以入於羽淵，實為夏郊，三代祀之。晉為盟主，或者未之祀也乎？韓子祀夏郊，晉侯有間，賜子產莒之二方鼎。」（左傳　昭公七年）

「鄭人相驚以伯有：曰：伯有至矣，則皆走，不知所往。鑄刑書之歲二月，或夢伯有介而行，曰：壬子，余將殺帶也（駟帶助子晳殺伯有）。明年壬寅，余又將殺段也（公孫段），及壬子，駟帶卒，國人益懼，齊燕平之月，壬寅，公孫段卒，國人愈懼，其明月，子產立公孫洩（子孔之子），及良止（伯有子）以撫之，乃止。子大叔問其故，子產曰：鬼有所歸，乃不為厲，吾為之歸也。（鬼有宗廟，則得其所歸）……及子產適晉，趙景子問焉，曰：伯有猶能為鬼乎？曰：能！人生始化曰魄，既生魄，陽曰魂。用物精多，則魂魄強，是以有精爽，至於神明。匹夫匹婦強死，其魂魄猶能馮依於人，以為淫厲。況良宵，我先君穆公之胄，子良之孫，子耳之子。敝邑之卿，從政三世矣。鄭雖無腆，抑諺曰：蕞爾國，而三世執其政柄，其用物也弘矣，其取精也多矣，其族又大。所馮厚矣，而強死，能為鬼，不亦宜乎？」（左傳　昭公七年）

「宣公十五年，秋，七月，秦桓公伐晉，次于輔氏。壬午，晉侯治兵於稷，以略狄土，立黎侯而還。及雒，魏顆敗秦師于輔氏，獲杜回，秦之力人也。初魏武子有嬖妾，無子，武子疾，命顆曰：必嫁是。疾病則曰：必以為殉。及卒，顆嫁之，曰：疾病則亂，吾從其治也，及輔氏之役，顆見老人，結草以亢杜回，杜回躓而顛，故獲之。夜夢之曰：余而所嫁婦人之父也，爾用先人之治命，余是以報。」（左傳　宣公十五年）

「晉侯復假道於虞以伐虢，宮之奇諫，……公曰：吾享祀豐絜，神必據（安）我。對曰：臣聞之，鬼神非人實親，惟德是依，故《周書》曰：皇天無親，惟德是輔。又曰黍稷非馨。明德惟馨。又曰：民不易物，惟德繄物。如是，則非德，民不和，神不享矣。神所馮依，將在德矣，若晉取虞，而明德以薦馨香，神其吐之乎。」（左傳 僖公五年）

4. 魂魄

甲、魂的存在

說到祭親，便不能不說一說儒家對於魂的存在，有什麼主張。這個問題有很多的疑難處，不是三言兩語，可以答覆的。我現在只就稍爲顯明的幾點，簡單說說。

中國最古的時代，在祭親的觀念裡，包含著親死猶在的信仰。《詩經》的祭詩，都以先人的魂，降來饗祭。

「於穆清廟，肅雝顯相，濟濟多士，秉文之德，對越在天，駿奔走在廟，不

顯不承，無射於人斯。」（周頌 清廟）

集註說：「此周公既成洛邑而朝諸侯，因率之以祀文王之樂歌。言於穆哉此清靜之廟。其助祭之公侯，皆敬且和。而其執事之人，又無不執行文王之德。既對越其在天之神，而又駿奔走其在廟之主。如此，則是文王之德，豈不顯乎？既不承乎信乎其無有厭斁於人也。」

「維天之命。於穆不已！於乎不顯，文王之德之純？假以溢我，我其收之，駿惠我文王，曾孫篤之。」（周頌 維天之命）

集註說：「此爲祭文王之詩，言天道無窮，而文王之德，純一不雜，與天無閒，以贊文王之德之盛也。……言文王之神，將何以恤我乎？有，則我當受之，以大順文王之道，後王又當篤厚之而不忘也。」

作集註的是朱熹，他是不信魂不滅的，他竟說這兩首祭詩都以文王之魂尙在，可見《詩經》作詩者，當時是信人死魂尙存在。

周朝末葉，這種思想很盛行於社會，而且由魂而生出了鬼。《左傳》和《國語》裡記述好幾樁人死成鬼，跟生人作亂的怪事。這怎麼解釋呢？

「子產適晉，趙晉子問焉，曰：伯有猶能為鬼乎？子產曰：能。人生始化曰魄，既生魄，陽曰魂，用物精多，則魂魄強；是以有精爽，至於神明。匹夫匹婦強死，其魂魄猶能馮依於人，以為淫厲。況良宵我先君穆公之胄，子良之孫，子耳之子，敝邑之卿，從政三世矣。鄭雖無腆，抑諺曰：蕞爾國。而三世執其政柄，其用物也弘矣，其取精也多矣，其族又大，所馮厚矣，而強死，能為鬼，不亦宜乎？」（左傳 昭公七年）

人死爲鬼，子產說是人的精氣強盛，所以不散，能夠馮依人物。但是他對於鬼，則以鬼爲厲，人死爲厲，意義就不好了。沒有一個孝子，肯說自己的父母，死後成爲鬼厲。就因著這種原因，孔子不喜歡談鬼怪。弟子們問人死後究竟怎樣，孔子也不答覆。他說祭祀，也只說祭神如神在。孔子下個如字，即是兩可的意思，不說人死魂在，也不說人死魂滅。可是在《禮記》裡，孔子解釋鬼神的話，假若真正是他的話，則是孔子也信人死魂存。

「宰我曰：吾聞鬼神之名，不知其所謂。子曰：氣也者，神之盛也；魄也者，鬼之盛也。合鬼與神，教之至也。眾生必死，死，必歸土。此之謂鬼。骨肉斃于下，陰為野土。其氣發揚于上，為昭明。焄蒿悽愴，此百物之精也。神之著也。」（禮記 祭義）

人有魂魄，魂爲氣之精。人死魄歸於地，稱爲鬼，跟著骨肉爛化了。魂氣則上升，稱爲昭明。中國哲學上的氣，有物質性，也有精神性。我曾說過，凡古人所說氣之清者，氣之盛，氣之精，大約都指的精神性之氣。那麼人魂是精神體，所以在死後，上升於天，而能昭明。朱熹說：

「氣曰魂，體曰魄。……人之所以生，精氣聚也。人只有許多氣，須有箇盡時，盡則魂歸於天，形魄歸於地而死矣。」（朱子語類）

朱熹雖有魂歸於天的話，但是他不信，魂永存不滅。他主張人死後，魂氣必散，只是散有頓有緩，有的人，一死，魂氣就散；有的人，不安心死，死後魂氣消散很慢。

「神祇之氣，常屈伸不已。人鬼之氣，則消散而無餘矣。其消散亦有久速之異。人有不伏其死者，所以既死而此氣不散，為妖為怪。如人之凶死，及僧道既死，多不散。若聖賢則安於死，豈有不散而為怪者乎？（朱子語類）

可是，中國幾千年的祭禮，朱子不能取消，便不能不加以解釋。朱子既守古禮，他自己也祭祖，門生們就問他，祖宗先人一死就完了，又何必祭呢？朱熹乃排出他的形而上學的理論，來解釋祭祖的意義。他說：人有理有氣，從理一方面說，沒有聚沒有散；而且人之所以爲人之理，父母生兒女，把這個理已傳於兒女了。從氣一方面說，有聚有散，聚則生，散則死。但是人死氣散時，氣回歸到天地公共之氣裡，所以祖先的氣，可以說是保存在天地間。加之兒女的氣，也是父母的氣。祭祖時，即是兒女的氣，去感應存在天地間的父母之氣。朱熹說祭祖的意義，就在於這種感格之理。

「夫聚散者，氣也。若理，則只泊在氣上，初不是凝結自為一物；但人分上所合當然者，便是理，不可以聚散言也。然人死，雖終歸於散，然亦未便散盡，故祭祀有感格之理。先祖世次遠者，氣之有無不可知：然奉祭祀者，既是他子孫，畢竟只是一氣，所以有感通之理。」（朱子語類）

又說：

「然吾之此身，即祖考之遺體。考祖之所具以為祖考者，蓋具於我而未嘗亡也。是其魂升魄降，雖已化而無有，然理之根於彼者，既無止息，氣之具於我者，復無間斷。吾能致精竭誠以求之，此氣既純一而無所雜，則此理自昭著而不可掩，此其苗脈之較然而可睹者也。」（答吳伯豐書）

朱熹這種解釋，連他的門生也不大信服。普通社會一般人士，則沒有一個人，在行祭祀時，會想是自己的氣，去接天地間祖先已散的氣，中國儒者雖不是都信先人的魂尙在，但空空洞洞總信不是一死就滅了。

乙、王充者否認人死魂存

「世謂死人為鬼。有知能害人。試以物類驗之，死人不鬼。無知，不能害人。何以驗之？驗之以物。人，物也；物，亦物也，物死不為鬼，人死何故獨為鬼？……人之所以生者，精氣也，死而精氣滅。能為精氣者，血脈也。人死血脈竭，竭而精氣滅，滅而形體朽，朽而成灰土，何用為鬼，……

……夫死人不能為鬼，則亦無所知矣，何以驗之？以未生之時，無所知也。人未生，在元氣之中，既死，復歸元氣。元氣若忽，人氣在其中。人未生無所知，其死歸無知之本，何能有知乎？人之所以聰明智恵者，以含五常之氣；五常之氣之所以在人者，以五藏在形中也。……」（論衡 卷二十）

三、祭 祀

1. 祭祀通論

甲、祭祀的意義

A、祭祀表示敬仰

「郊之祭，大報本反始也。」（禮記 郊特牲）

B、祭祀表示祈福

「敢用玄牡，敢昭告於上天神后，請罪有夏。」（書 湯誥）

「予小子夙夜只懼，受命文考，類于上帝，宜于冢土，以爾有眾，底天之罰。」（書 泰誓上）

「賢者之祭也，必受其福。非世所謂福也，福者備也，備者百順之名也，無所不順者之謂備。」（禮記 祭統）

C、祭祀表示禳災

D、祭祀表示禮義之教育

「故先王患禮之不達於下也，故祭帝於郊，所以定天位也。祀社於國，所以列地利也。祖廟，所以本仁也。山川，所以儐鬼神也。五祀，所以本事也。……故禮行於郊而百神受職焉。禮行於社，而百貨可極焉。禮行於祖廟，而孝慈服焉。禮行於五祀，而正法則焉。故自郊、社、祖廟、山川、五祀。義之脩而禮之藏也。」（禮記 禮運）

《禮記‧祭統》：「夫祭有十倫焉：見事鬼神之道焉。……」

乙、祭祀的種類

「肆類于上帝，禋于六宗，望于山川，徧于群神。」（書經 舜典）

《禮記‧禮運》說：「祭帝於郊，……祀社於國，……祖廟，……山川，……五祀。」

祭祀的種類有，祭天（郊）、祭地（社）、祭祖、祭神明、祭聖賢（祭孔）。

丙、祭祀的條件

A、齋 戒

「致齋於內，散齋於外，齋之日，思其居處，思其笑語，思其志意，思其所樂，思其所嗜。齋三日，乃見其所為齋者。」（禮記 祭義）

天子祭天行郊典，先三日出宮入天壇便殿，守齋罷樂。

B、敬、誠

「孝子將祭，必有齊莊之心以慮事，以具服物。以修宮室，以治百事，及祭之日，顏色必溫，行必恐，如懼不及愛然。其奠之也，容貌必溫，身必詘，如語焉而未之然。宿者皆出，其立卑靜以正，如將弗見然，及祭之後，陶陶遂遂，如將復入然。」（禮記 祭義）

2. 祭 天

甲、祭天的起源

王治心《中國宗教思想史上綱》說：「祀天是起於封禪，管子說七十二家封禪，歷舉無懷，伏羲，神農，黃帝，舜堯，以至於禹湯成王等，以明其起源的古。甚麼叫封禪？在泰山上築壇祭天叫做封，在梁父除地祭地叫做禪。古代易姓而王天下的時候，必行這種典禮。後來這種祭祀，不必一定到泰山上去，就在京城外面舉行，這就叫做郊社之祭。」（頁二九－三〇）

這種意見，不一定可靠。第一，三代的京城，距離泰山都很遠，第二，《書經》和《詩經》少見封禪兩字，天地之祭，常說郊社。第三，封禪大約始自秦始皇。

祭天稱爲「郊」，或稱爲「類」。《書經・舜典》說「類于上帝」。其餘的篇章裡，則都多提到祭天。因此在三代時，帝王已經祭天，在甲骨文裡，不見郊祭的郊字。但是甲骨文中有上帝和帝，當時已經敬天，必定也有祭天的祭祀。

乙、祭天的特點

A、祭天由天子主祭

「天子祭天地。」（禮記 王制）

B、祭禮的特點：貴質樸，貴天象。

「郊，特牲。」（禮記 郊特牲）

「郊之祭也，迎長日之至也。大報天而主日也。兆於南郊，就陽位也。掃地而祭，於其質也。器用陶匏，以象天地之性也。於郊，故謂之郊。牲用騂，尚赤也。用犢，貴誠也，郊之用辛也，周之始郊，日以至（各至後辛日）。」（同上）

丙、祭天的禮儀

歷代有所增損，元英宗至治二年（一三二二年），召群臣議祭天，群臣上一奏議，陳述歷代祭天典禮的大綱，文見《元史》。明世宗嘉靖九年又更定祭天大典。（明史紀事本末卷五十一）

A、郊典——每代三年舉行一次

B、名號——天之名號，周時爲昊天上帝。並有別號。漢用上帝，太一，皇天上帝。魏用皇皇帝天。梁用天皇大帝。陳用昊天上帝。唐用昊天上帝於中央祭壇，兩邊祭壇則用天皇大帝，太一，天一。……

C、配享者——周以祖及后稷配享，漢唐因之。

D、告廟——周末，在郊祭之前夕，告於祖廟，迎配享之神。

E、祭服——《周禮》，王內服大裘，外被龍衮，次戴十二旒冕。

F、祭器——《禮記》用陶匏。後代用玉以享配神。古代不用地氈，周始用粗毯，漢代用貴重地氈。

G、齋誓——唐於郊祭七日前，宋於郊祭十日前，帝召從祭之臣，由禮部官念齋誓。

H、齋戒——古有致齋和散齋。致齋四日，散齋三日。

I、犧牲——周用一牛，後代仍之。爲配享者則用羊，豕，馬。周代犧牲不煮，宰後分成七段以祭。或煮而分成二十一段以祭。

J、香——古代不用香，僅焚一香草，灑洒於地，元用香，用五十香爐，祭案上亦有兩小爐。

K、幔帳——古代用幔帳，以留皇上和陪祭諸臣，後代天壇有殿，以代幔帳。

3. 祭　地

甲、祭地的起源

祭地稱爲社。《書經·禮記》言郊祭時，亦言社祭。郊社之禮，爲中國古代最隆重祭禮之一。

「王國維曰：卜辭所紀祭祀者，大都內祭也。其可確知為外祭者，有祭社二事。」（朱芳圃 甲骨學商史編 上冊 第六編 頁一〇引）

《公羊》僖三十一年傳：「諸侯祭土。土爲社。按卜辭土依借爲社。」

邦土即邦社，漢人諱邦，改稱國社。

「傳斯年曰：邦社，相土，實則一事。相傳社始於祀共工氏之子句龍曰后土者，稷始於祀烈山氏之子柱者，經三代之交替，祀禮存而所祀者因代而異。若社稷為兩事者。然社稷之稱，在左傳，國語，論語等書中，或單稱社，或稱社稷，從來不單言稷祀。」（同上）

「相土即邦社，當可為定論。蓋夏商周同祀土，而各以其祖配之，夏以句龍，殷以相土，周以棄稷。」（同上）

乙　祭地的儀典

「社祭土而主陰氣也。君南鄉於北墉下，答陰之義也。日用甲，用日之始也。天子大社，必受霜露風雨，以達天地之氣也。是故喪國之社屋之，不受天陽也。薄社北牖，使陰明也。社所以神地之道也，地載萬物，天

垂象，取財於地，取法於天。是以尊天而親地也。故教民美報焉。」（禮記 郊特牲）

郊社或分或合。分祭則先郊或社，天子祭天於南郊祭地於北社。

4. 祭祖

甲、祭祖的起源

A、甲骨文——甲骨文關於祭祖，頗多有例證。如：

祊 匚，祭名，爲祭即祊祭。於門內爲藏主方函以祭也，《史記》謂：「上甲，報丁報乙、報丙。」 [匚乙][匚丙][匚丁] （[匚乙][匚丙][匚丁]）

衣 祭名，衣祀即殷祀殷本 ，讀與衣同。《書·康誥》「殪戎殷」《中庸》作「壹戎衣」。

肜 殷代祭名，即經之肜日。其義爲祭之明日又祭。甲骨文中翌日，肜日，劦日，最爲數見，彡彡伐鼓之數也，肜爲祭的伐鼓之次數，伐鼓而祭爲大祭。後流為普通祭或祭於先祖生日之前夕，或祭於先祖之生日。

翌　祭名，翌日祭，祭於先祖之生日。

咎　咎日祭名，咎來報形——開始或為肆陳耒耜而舉祭典歟？後來為既祭後王，因而上祭前代先王之專名。

歲　周代祭名——一歲舉行一次。

龠　非時而祭為龠。

B、五經

《書經》「……歲二月，東巡守，……歸，格於藝祖，用特。」註「（古者君）將出，必告於祖禰，歸，又至其廟而告之。」（舜典）

「惟元祀（年），十有二月乙丑，伊尹祠於先王，奉嗣王，只見厥祖。」（伊訓）

「……觀政于商，惟受罔有悛心，乃夷居，弗事上帝神祇，遺厥先宗廟弗祀。」（泰誓上）

《詩經》「文王在上，於昭于天。……文王陟降，在帝左右。」（文王）

「維天之命，於穆不已，於乎不顯，文王之德之純。……駿惠我文王，曾孫篤之。」（維天之命）

「我將我享，維羊維牛，維天其右之。儀式刑文王之典，日靖四方，伊嘏文王，既右饗。……」（視將）

「執競武王，無競維烈，不顯成康，上帝是皇。……」（執競）

「猗與那與，置我鞉鼓，奏鼓簡簡，衎我烈祖。……」（那）

「嗟嗟烈祖，有秩斯聽，申錫無疆，及爾斯所。既載清酤，賚我思成。……」（烈祖）

王治心在《中國宗教思想史》中說：「商人祭法，見於卜辭所記者，至爲繁複，自帝嚳以下，至於先公先王先妣，皆有專祭，祭各以其名之日，無親疏遠邇之殊也，先公先王之昆弟在位者，與不在位者，祀典略同，無尊卑之差也，其合祭者也，則或自上甲至於大甲幾世，或自上甲至於武乙二十世。或自大丁至於祖丁八世，或自大庚至於中丁三世，或自帝甲至于祖丁二世，或自小乙至于武乙五世，或自武丁至於武乙四世，又數言『自上甲至於多后衣』，此於卜辭屢見，必非周人三年一祫，五年一禘之大祭，是無毀廟之制也。雖呂覽引商書言『五世之廟，可以觀怪』，而卜辭所紀事實，乃全不與之合，是殷人祭其先無定制也。」

《紀年》「黃帝崩，其臣左徹取衣冠几杖而廟祀之。」（見澤史 卷五 引紀年及博物

紀語）

《國語》「有虞氏禘黃帝而祖顓頊，郊堯而宗舜，夏后氏禘黃帝而祖顓頊，郊鯀而宗禹。商人禘舜而祖契，郊冥而宗湯。周人禘嚳而郊稷，祖文王而宗武王。」（魯語上）

《禮記》「有虞氏禘黃帝而郊嚳，祖顓頊而宗堯，夏后氏禘黃帝而郊鯀，祖顓頊而宗禹。殷人禘嚳而郊冥，祖契而宗湯。周人禘嚳而郊稷，祖文王而宗武王。」（祭法）

王治心說：「祖與宗，原是一種祭祀的名稱，所謂『祖有功，宗有德』是也。鄭玄注：『有虞氏以上尚德，是郊祖宗，配用有德者而已；自夏以下，稍用其姓氏之先後次序。』這是說最初的祀祖，並不以血統爲標準，乃是以功德爲標準。試觀有虞氏所祖宗的人，不是有虞氏血統上的親屬。若照血統講，舜父是瞽瞍，祖是橋牛，何以不宗瞽瞍而獨宗堯，不祖橋牛而祖顓頊呢？其尚功德不尚血統可知。到夏后氏以後，方始祖宗血統『祖鯀而宗禹』。周代世祖文王而宗武王了。」（王治心 中國宗教思想史 頁三、四 中華民國二十二年版）

實際上，祭祖在開始時，是皇帝祭前代皇帝，在禹王以上，堯舜都是擇賢者爲繼位人，因此祭祖，祭前帝王，當時是祭有德者，禹以後，帝位世傳家人，祭祖祭先王便爲祭家族中的先人了。

乙、祭 禮

六、制

始於周。殷遍祀先公先王。

《禮記・祭法》：「天子七廟，諸侯五廟，大夫三廟，適士二廟，官師一廟，庶士庶人無廟，薦之於寢。」

《喪服・小記》：「王者禘其祖之所自出，以其祖配之而立四廟。」鄭玄注：以四廟實五廟；因「高祖以下，與始祖而爲五也。」

因此天子有七廟四廟之說，然實際上四廟同於七廟。《漢書・韋玄成傳》；玄成等奏：「祭義曰：王者禘其祖之所自出，以其祖配之而立四廟，言始受命而王，祭天以其祖配而不爲立廟，親盡也，立親廟四，親親也，親盡而遺毀，親疏之殺，示有終。周之所以爲七廟者，以后稷始封，文王武王受命而王，五是以三廟不毀，親廟四而七。」《公羊》宣公六年《何注》云：「禮天下諸侯立五廟，周家祖有功，宗有德，立后稷文武廟，至於子孫，自高祖以下而七廟。」

劉歆獨引《王制》說之曰：「天子三昭三穆，與太祖之廟而七，七者其正法，不可常數者也。」按親統說，親不上高祖，下不過玄孫，喪服有曾祖服無高祖服。無服亦無祭，於是禮家有四廟之說，《逸周書．世俘解》：「王克殷，格于廟王烈祖自大王尤伯，王季，虞公，文王，邑考以列升。」

《中庸》言：「周公成文武之德，追王大王，王季，上祀先公以天子之德。」

B、祭 典

「天子諸侯宗廟之祭，春曰礿，夏曰禘，秋曰嘗，冬曰烝。」

「天子礿犆祫，嘗祫，烝諸。侯礿則不禘，禘則不嘗，嘗則不烝，烝則不礿。諸侯礿犆，禘一犆一祫，嘗祫，烝祫」（禮記 王制）註「祫合也。其禮有二：時祭之祫，則群廟之主皆升而合食於大祖之廟，而毀廟之主不與。三年大祫，則毀廟之主亦與焉。天子之禮，春礿則特祭者，各於其廟也，禘嘗烝皆合食。」

「諸侯礿犆禘，一礿一祫，嘗祫，烝祫」（同上）

「有虞氏之祭也，尚用氣，血腥爓祭，用氣也，殷人尚聲，臭味未成，滌蕩其聲樂三闋，然後出迎牲，聲音之號，所以詔告於天地之閒也。周人尚臭，灌用鬯臭鬱合鬯，臭陰達於淵泉。灌以圭璋，用玉氣也。既灌然後迎牲，致陰氣也蕭合黍稷，臭陽達於牆屋故既奠，然後焫蕭合羶薌凡祭愼諸此。」（禮記 郊特牲）

第三章 倫理標準

一、天理

法天的思想是儒家倫理道德的基礎。五倫的道德是以禮法爲標準。禮法由聖人和君王所造。聖人怎樣製禮呢？聖人按照天地之道而製禮。君王怎樣立法呢？是依照禮儀去立法。天地之道乃是天理。人爲行善，雖有禮法爲標準，然而在人的心內，人已經有善惡的標準。這種標準，即是人的良心。《中庸》說：「天命之謂性，率性之謂道。修道之謂教。」天命之性，儒家稱爲天理，因此中國人常說天理良心。孟子更加說，仁義禮智性，不是外面來的，乃是在我們心內有根子。人內的根子便是天生的。孟子乃倡性善。

因此可見儒家的倫理，不能離開天理。我們在講明儒家形上學和宗教思想以後。就要講儒家的人生哲學。人生哲學，是儒家的中心思想。儒家的人生哲學，以法天爲出發點，由法天而守天理，由守天理而重禮，由重禮而講仁義，由仁義而講良知。

人爲行善應該法天。天是不可見的，人怎樣法天呢？天雖不可見，天道則可見。天道在宇宙間表現為自然法，自然法乃天地之道。人也有人道，人道出自天，因此稱為天理。按照天理製成禮法，人守禮法便是法天。而且人心也有天理，人心天理的表現，稱為良知。人若實行良知，豈不也是法天嗎？

1. 性理的天

儒家的天，本是主宰者尊神，造生神物，授以規則。天地間的規則，便是天道，天道管理宇宙的運行，儒家也稱之為天。這個天字，乃是性理的天，性理的天出《易經》，成於荀子，宋明理學家也常講性理之天。

《易經》說：

「天行健，君子以自彊不息。」（乾卦　象）

這個天字，不是指著主宰者天，乃是指的天地間的陽道，自然流行，常不停止。陰陽之說，爲中國最古的哲學思想。《易經》發揮這種思想，以陰陽配天地。天爲陽，地爲陰；因此天跟地，常相配合。後代的哲學裏常說天地，即是以天地代陰陽。《易經》說：

「大哉乾元，萬物資始；乃統天。」（乾卦）

陰陽跟天地相配，天地又跟乾坤相配。乾爲天爲陽，坤爲地爲陰。這個天字，當然跟主宰者天，相離很遠。

兩漢的學者，盛談陰陽五行。在他們的思想裏，天字常配地字，陽與陰不能分立。宋朝理學家也常有這種說法。

陰陽二氣相配的天地，雖是天字不指主宰者天，但並不與主宰者天相衝突，不過一字兩用罷了；因爲講陰陽二氣者，不一定要否認主宰者天。與主宰者天可以起衝突的，是自然性理之天。

用天字以指自然性理，朱子說在《經傳》中也有。即如《中庸》所說：「天命之謂性。」（一章）若說專用天字以代自然性理，則要以荀子爲第一人。胡適之說：「荀子在儒家中最爲特出，正因爲他能用老子一般人的『無意志的天』，來改正儒家墨家的『賞善罰惡』有意志的天；同時又能免去老子莊子天道觀念的安命守舊種種惡果。荀子的天論，不但要人不與天爭職，不但要人能與天地參，還要征服天行以爲人用。」這段稱譽荀子的話，我不敢贊成。荀子若真是儒家的特出人才，他的特點決不在於天道觀念，而在他以儒家而兼法家。荀子論天道說：

「天行有常，不為堯存，不為桀亡。應之以治則吉，應之以亂則凶，強本而節用，則天不能貧；養備而動時，則天不能病；修道而不貳，則天不能禍。故水旱不能使之飢渴，寒暑不能使之疾，妖怪不能使之凶。本荒而用侈，則天不能使之富；養略而動罕，則天不能使之全；倍道而妄行，則天不能使之吉。故水旱未至而飢，寒暑未薄而疾，妖怪未至而凶。受時與治世同，而殃禍與治世異，不可以怨天，其道然也。」（荀子　天論篇）

拿這段話去問孔子孟子，或者去問堯舜，他們也必定贊成。中國經書裏有那一處教人閒手坐著，一切靠天？或者教人作亂犯奸，可邀天佑？孔子不是周遊列國，講說仁政嗎？荀子跟孔、孟不同的地方，是他把天字解爲天道，天道又解爲自然律。天地間的事物，隨著一定的道理往前走，無所謂賞罰。這種觀念，跟《易經》「天行健，君子以自強不息」相同。荀子爲破除消極的天命論，乃更進一步說：

「大天而思之，孰與物畜而制之；從天而頌之，孰與制天命而用之；望時而待之，孰與應時而使之；因物而多之，孰與聘能而化之；思物而物之，孰與理物而勿失之也。願於物之所以生，孰與有物之所以成。故錯人而思天，則失萬物之情。」（荀子　天論篇）

荀子最重人爲。因他主張性惡，而以人爲的禮法去改正人性；所以他對於天然的事物，都主張拿人爲去成全。天地間的事情，既隨著一定的道理而動，人便循著這種道理努力去做，又何必談天命？在荀子的思想裏，世界萬物不受一位神明的主宰，只受自然性理的支配。荀子的天，因此常指的自然界的自然，理可稱爲天，物之自然者可稱爲天；因爲性理或是物的自然者，都是受之於天。這個天，很可以是主宰者天。朱子解釋《中庸》「天命之謂性」，便說：「天以陰陽五行，化生萬物，氣以成形而理亦賦焉。」誰說這裏所說的天，不能是主宰者天呢？朱子又說：

「天生之烝民，有物有則。只生此民時，便已命他以此性了。」（答陳衛

道書）

在這段文字裏，誰能說朱子不以天生烝民之天，爲主宰者天呢？朱子自己對於主宰者天，也明明的說：

「蒼蒼之謂天，運轉周流不已，便是那個。而今說天有個人在那裏批評罪惡，固不可。說道全無主之者，又不可。這裏要人見得。」（朱子語類卷一）

張載說：

「在帝左右，察天理而左右也。天理者，時義而已。」（正蒙 誠明）

朱子、程子不以天爲代表主宰者天，但承認天由一主宰所治。所以性理之天，並不完全推翻天之主宰。另一方面，理學家和中國儒家，沒有一個不主張祭天！中國歷代祭天的典禮，很明顯地表示對於至上之神的信仰。中國古代雖也祭地，但郊祀高於社祀。《禮記》上說：

「郊，特牲，而社大牢。」（郊特牲）

2. 法天

甲、天人的關係

儒家的傳授，教人敬天爲至上神明。就因爲是至上，天便被安置在至高至上的境界，叫人無法接近。

人民對於天，本來該當行禮。然因天過於崇高，人民不能直接致祭；可以祭天的，只有做天的代表之人君。在別的宗教裏，常有一班專司祭祀的司祭。猶太古教爲行祭祀上帝的典禮，全國只有一座聖殿，殿裏只有一所至聖聖所。出入至聖聖所，上香行祭的，只有全國的司祭總長。中國古代的人君，有似乎猶太的司祭總長。

在這種制度下，天的尊嚴，彰明昭著。可是人民對於天，便養成了望之唯敬的心理，一切的宗教責任都讓人君去擔負。

「萬方有事，在予一人。」（書經　湯誥）

天子代民贖罪，代民祈福，人民且不敢有祈禱於天。所敢禱的，乃是天以下的神祇。人民所可祭祀的是代表天的祖先。天既高居宇宙以上，離人很遠。在人與天之間的，有人君，有父母。人民該敬君，該敬祖。敬君爲忠，敬祖爲孝。人君統治國家，父母治理家庭。家爲國本，孝所以爲忠之本。且在天與人的關係裏，孝道便代替了敬天。而在民間的宗教生活上，敬祖就成爲敬天的表示。

但是在宗教生活以外，人民對於天卻另有一層關係。這種關係。是天的賞善罰惡；爲能賞罰，須有善惡的標準。善惡的標準，即是法天。

在賞罰一層，人是直接屬於天，不單是行善行惡的本人，他的後代子孫也分受禍福。《詩經》上說：

「曾孫壽考，受天之祜。」（詩經　南山）

不單一個私人，一個國家也受天的賞罰。人君所行善惡，可以替國家招福或招禍；一國人民的民德，或高或低，也可以招受吉凶。歷代每遇國家有天災人禍的時代，皇帝常要下詔罪己，向天求恕。

既是該當行善免惡，便該知道甚麼是善惡。儒家指出爲善的最高標準，在於法天。

乙、法　天

法天的思想，出自經書。儒家既信天爲至上之神，又爲宇宙萬物的造生者，便也信天爲至善的神明。人是天所生的，人爲行善，當然該仿效天的行動。

「天生神物，聖人則之。天地變化，聖人效之。」（易經　繫辭上　第十一章）

「天垂象，聖人則之。」（禮記　郊特牲）

「巍巍乎唯天為大，惟堯則之。」（論語　泰伯）

「子曰：予欲無言。子貢曰：子如不言，則小子何述焉？子曰：天何言哉！

四時行焉，百物生焉；天何言哉！」（論語 陽貨）

儒家的理想人格，是爲聖人。聖人的行爲模範，乃是天。所以法天一點，爲儒家所公認的原則。但是法天兩字的解釋，則隨著儒學的演變，有深淺的程度。謝扶雅研究儒家的倫理思想，對於法天的解釋，曾作了一個表。」（謝扶雅 中國倫理學ＡＢＣ 頁五三 世界書局 一九二九年版）

人	堯舜以前	三代	孔子	曾子	程朱	陽明
↑ 法						
天	上帝	全民	生	孝	理	良知

我對於這個表，只有「全民」兩字，不大贊成，而對於「生」字，主張替以「仁」，其餘則都認爲說的很對。

儒家主張法天，在根本上當然是說仿效有人格的上帝，以上帝作人的模範。可是在三代以前，中國古人從沒有說人可與上帝相接，可以觀看天的行動。三代時所謂全民，也只是在選擇人君時，民意可以代表天意。《書經・皋陶謨》上說：「天聰明，自我民聰明；天明威，自我民明威。」是指的以民意去選人君，必合天心。但決不是說民意可以代表天意，作人的善惡標準。

既然上帝不是人所能見到的，人不能親身與天相接；那麼法天兩字，怎麼解釋呢！孔、孟的解釋爲遵行天意，天雖不可見，天的行動不可知；但是天的行動之效果，有時可見。天生萬物，萬物不是可見嗎？天爲有靈明的神，則在造生萬物時，必不胡作亂爲。他造生萬物，必運生於自己的靈明；那麼宇宙萬物就附有天意。這種天意，在天一方面，是代表他的爲宇宙萬物所定的次序，次序出於天的靈明，當必盡善盡美；在萬物一方面，天意便是宇宙的法則，所以也稱爲天道。萬物在行動上，處處該守這種法則。人爲萬物的一部分，便該以天道爲行動法則。遵守天意所定的法則，履行這種天道，即是經書裏和孔、孟所說的法天。

天道在那裏可見分明呢？是在宇宙的變化中！宇宙由甚麼去代表？由天和地去代表。因此經書上常說，聖人則效天地變化之道。孔子也說願效法四時之運行。他們並不是說效法蒼蒼的天，或是說效法自然之道；乃是以宇宙之自然法則，代表天意。他們不稱自然，而稱天道。在蒼天自然法的背後，他們看到靈明的上天。

爲使這種天道，能更具體一點，孔子在天地運行中，觀察出天道的中心點，稱之爲仁。仁是好生之德，天道的運轉，都在於好生。孔子便以仁字，一貫他的學說，作爲倫理的最高標準。仁字的具體化，乃成爲禮。

可是仁字還是很高深，不易於領悟，爲能切近人心，宜有一較淺近的原則，使人人都能法天。儒家既以父母配天，以敬祖代敬天；則在倫理上，法祖也可以替法天。於是《孝經》以孝爲百行之本，而敬天法祖的原則，遂成了中國社會的格言。

中國人民，偏重實際，不愛玄想。法祖一點，很合乎人民的性格。但是在研究學理者看來，法祖一點，很缺理論。法祖究竟法祖先的甚麼呢？並不是一切的父母，都是聖賢。父母的行爲，有好有壞。在法祖以先，便該有一善惡的標準。

《中庸》一書，乃由另一條路，去解釋法天。法天在履行天道，天道存乎宇宙以內。人爲宇宙的一部分，人以內便該有天道。天道爲天所設，與生俱來；人所受於天而生來即有的，乃是人性，那麼人性以內，即有天道。順性而行，不就是履行天道嗎？《中庸》稱順性爲誠。

再往前去追求，人性中的天道，究竟是甚麼？朱子說這是理。宇宙有宇宙之理，一物有一物之理，宇宙之理，稱爲天理；人心之理，也可稱爲天理。隨天理而行，必善；反背天理，必惡。怎樣能知道天理呢？朱子主張格物以致知。研究萬物之理，以知人心之理。

王陽明認爲研究萬物以窮理，則愈走愈遠，沒有幾個人可以知道人心的天理了。他便教人一個直接簡明的方法。人心既有天理，那又何必往外求，反身而誠，格正了自己的心，就可看到自心的天理。看到自心的天理，稱爲良知。按著良知去行事，決不會違反天道了。

很簡單地，我談了一談，儒家法天思想的演變。所該聲明的，是在每一種演變裡，法天的新意義，不抹殺以前的舊意義。這幾種意義，都可互相連貫，互相發明。以後我便分章，再詳細加以解釋。

3. 天理的意義

甲、先儒的天理

在法天的演變中，古今都常有個天理。法天的實踐處，即在履行天理。天理在古今儒家的思想中，意義也有演變。

經書裏的天理，乃上天造生萬物時，給萬物定的行動規律。《詩經・蒸民》章說：「天生蒸民，有物有則。」古代的聖賢，很注意觀察宇宙間的自然現象。他們從這種觀察裏，得到結論，以宇宙萬物，絕不是偶然的隨機而動，乃是常有一定的規則。《易經》上說：

「天地以順動，故日月不過，而四時不忒。」（豫彖）

「天地節而四時成。」（節彖）

「天地之道，恒久而不已也。利有攸往，終則有始也。日月得天而能久照，四時變化而能久成。……觀其所恒，而天地萬物之情可見矣。」（恒彖）

宇宙間有一種恒久之道；日月四時，照著這種常道而行，各得其所。這種常道，或稱爲天道，或稱爲天地之道。《易經》爲中國形而上學的第一冊書。書中所說的天道，常指著宇宙間的自然法。但若以《易經》的自然法，爲一種盲目的自然律，同有靈明的上天，一點關係也沒有，那就言過其辭了。若使《易經》的天道，爲盲目的自然律，跟老子的思想，沒有分別，那又何必講仁義呢？老莊談自然，以自然作爲人的模範。自然在老莊的思想裏，沒有目的，沒有意義；所以他們主張廢除仁義。《易經》則謂聖人觀察天地之道，以立人事的規則，教人行仁義。

「古者包義氏之王天下也，仰則觀象於天，俯則觀法於地，觀鳥獸之文與地之宜。近取諸身，遠取諸物，於是始作八卦，以通神明之德，以類萬物之情。」（繫辭下 第二章）

包犧造卦，雖尚爲歷史上的大疑難，但《易經》的八卦，大家都知道是取天地之象，以表人事的。因此《易經》一書，統括天地之大道，以作人事的綱領。

「易與天地準；故能彌綸天地之道。仰以觀於天文，俯以察於地理；是故知幽明之故。原死反終，是故知死生之說。」（繫辭下 第八章）

《易經》不僅在原則上說話，而且也細細分析天地間常道的各種意義，以提出人事的倫理法則。

「天行健，君子以自強不息。」（乾象）

「地勢坤，君子以厚德載物。」（坤象）

「天道下濟而光明，地道卑而上行。天道虧盈而益謙，地道變盈而流謙，鬼神害盈而福謙，君子惡盈而好謙。謙尊而光，卑而不可踰；君子之終也。」（謙象）

法則。孔子自己說法天而不多言，即是由自然現象裡，求一行事的規律。

《易經》八卦的各種卦象，都各有一種意義，由自然現象而歸到人事，指示出一種倫理

《書經》上常說天命，有時也說天意。《書經》的天命天意，乃上天的詔命，叫湯王去伐夏桀，叫文武去伐商紂。討伐的詔命，乃一時的天意，乃一種行動的動機，不能解釋為法天。因為法天，在法天之常道。然而《書經》也說人君該行天命，以造福於民。這所謂詔命，就非一時的天命了，乃是天所授的治民之道。治民之道，乃常久之道。遵守這種常道，即是行天之道，即是法天，《書經》說：

「有扈氏威侮五行，怠棄三正，天用勦絕其命。」（甘誓）

五行三正，不可輕忽：這是天命。因為五行三正，代表天道。不守，即不法天。〈泰誓上〉篇說商紂不敬上天，並不是說他不行祭祀，乃是因為他不行天道：「沈湎冒色，敢行暴虐。罪人以族，官人以世。惟宮室臺榭陂池侈服，以殘害于爾萬姓。焚炙忠良，刳剔孕婦；皇天震怒。」

「今商王弗受，弗敬上天，降災下民。」（泰誓上）

《詩經》的詩章裡，每說天命，這種天命，也常指天道。

「維天之命，於穆不已。於乎不顯，文王之德之純。」（維天之命）

朱子的章註說：「天命即天道也。不已，言無窮也。」文王能法天道，故他的德行，丕顯於外，至全至純。

「帝謂文王，予懷明德，不大聲以色，不長夏以革，不識不知，順帝之則。」（皇矣）

上帝告誡文王，該常遵守他所定的法則，不要近聲色。三代人君的設制，如宮室，官制，祭祀，刑法，莫不仿傚天象。他們都認天象代表上帝的旨意。仿傚天象，即是法天。因此可說在《詩經》《書經》《易經》的篇章裡，天命或指上天一時的詔命，或指上天所定的法則。這種法則表之於自然現象或人事，稱之爲天道。天道即稱爲天理。

孔子、孟子和他們的弟子們，都一致信從經書的思想，以天道爲天理；但天道已經不明說爲上天之法則，而僅說爲自然之規律；然言外常假定天道爲上天所設。《中庸》說：

「天地之道，可一言而盡也！其為物不貳，則其生物不測。……大哉聖人之道，洋洋乎發育萬物，峻極於天。」（第二十六、第二十七章）

《中庸》分天地之道與聖人之道。天地之道在上，聖人之道在下。天地之道爲模範，聖人仿傚之而成人道。天地之道在外，人之道在人以內。聖人法天地之道，所以能誠於自心之道。

「誠者，天之道也。誠之者，人之道也。」（中庸 第二十章）

聖人能誠於道，故能盡自己之性。盡性，即是行天道。性生於天，故可稱爲天道，《中庸》所以說：

「天命之謂性，率性之謂道。」（第一章）

天所命於人的爲人性，率性而行即爲人道。人性既爲天所命於人的，所以也稱爲天理。荀子既以天爲性理；荀子的天道或天理，便是自然間的常道。他以這種常道，乃人的法則。

「天有常道矣，地有常數矣，吾子有常體矣。君子道其常，而小人計其功。」（荀子 天論）

聖人能知天地之常道，以這種常道去教人。因爲他是主張性惡的，他反《中庸》的話，不以人性有天理；天理在於天地之間，聖人可察見。

「虛壹而靜，謂之大清明，萬物莫形而不見，莫見而不論，莫論而失位。坐於室而見四海，處於今而論久遠，疏觀萬物而知其情，參稽治亂而通其度，經緯天地而材官萬物，制割大理而宇宙裡矣。恢恢廣廣，孰知其極？睪睪廣廣，孰知其德？涫涫紛紛，孰知其形？明參日月，大滿八極，夫是之謂大人，夫惡有蔽矣哉！」（荀子 解蔽）

大人之所以大，在乎能知天道。天道即宇宙之常道。大人得了常道，乃能經緯天地而材官萬物。到了荀子，可以把先儒的天理，作一結束。從上面所說，總結先儒所論的天理，稱爲天道。天道設自上天，處於萬物。《中庸》則以人性有天理，荀子卻以天道爲自然之常道。

乙、後儒的天理

《中庸》既分天地之道與人之道，以「天命之謂性」，便已開始把天理安置在人以內，主張人性即是天理。這種思想，在《孟子》一書裡也很明顯。孟子論人性，以人性爲天理。他把天理跟人欲相對，天理爲性，爲善；人欲爲情慾，爲惡。

「盡其心者，知其性也。知其性，則知天矣。存其心，養其性，所以事天也。」（孟子 盡心上）

知性，則知天理。順性而行，無虧於心，即是事天之道。這兩個天字既是在《孟子》書裡，當然應該解爲上帝之天。人性來自天，知性，則知天命，上天之命，稱爲天理。孟子在另一章上說：

「仁義禮智，非由外鑠我也，我固有之也，弗思耳矣！故曰：求則得之，舍則失之，或相倍蓰而無算者，不能盡其才者也。詩曰：天生蒸民，有物有則。民之秉彝，好是懿德。孔子曰：為詩者，其知道乎！故有物必有則，民之秉彝，故好是懿德。」（告子上）

仁義禮智，非由外鑠，都是人性所固有的，爲人的規則。這種規則，乃天所設。天生一物，必給這物賦一種行動的規則，即所謂天理。

董仲舒也是講天理在人以內，他的講法，卻跟孟子不同。董仲舒最重天人合一，人與天地，沒有界限可分。人雖然是個小天地，但凡大天地所有的，小天地也有。人的小天地，且包在大天地之中，小天地跟大天地合而爲一。天地之道，在人以外，又在人以內。天地之道，就是人之道；人之道，就是天地之道。因此董仲舒無論對於私人道德，對於社會制度，對於國家政治，莫不主張完全以天地之道，作爲原則：

「天地之道，以三時成生，以一時喪死。死之者，謂百物枯落也。喪之者，謂陰氣悲哀也。天亦有喜怒之氣，哀樂之心，與人相副。以類合之，

天人一也。」（春秋繁露 陰陽氣）

「為生不能為人，為人者，天也。人之生，本於天。天亦人之曾祖父也，此人之所以上類天也。人之形體，化天數而成。人之血氣，化天志而仁。人之德行，化天理而義。人之好惡，化天之暖清。人之喜怒，化天之寒暑。……天之副在乎人。人之情性，有由天者矣。」（春秋繁露 爲人者天）

董氏所說的天，第一是指的蒼蒼形天，第二是指的自然律。然有時也指的造物者天。不過在他的天人相合的學說裡，天人混合不分，天字的意義不明，天道和天理，也沒有確定的意義。

宋明理學家，傳《中庸》之學，以天地之道爲天理。但在解釋上，跟《中庸》又不相合。理學家分理和氣，天理爲天地萬物之理。人也有自己的理；人的理，即是性；人性即理。朱子註釋《中庸》「天命之謂性」說：

「命，猶令也。性即理也。天地以陰陽五行，化生萬物，氣以成形，而理亦賦焉，猶命令也。於是人物之生，因各得其所賦之理以為健順五常之德，

所謂性也。」（見中庸第一章註）

這段註釋，合乎《中庸》與否，可成問題；但與朱子自己的學說，很相吻合。性即理，乃朱子學說的中心。朱子說：

「性，即理也。在心喚作性，在事喚作理。」（朱子語類）

「性是實理，仁義禮智皆具。」（朱子語類）

萬物都各有一理，合起來又只是一理。

「問理與氣？曰：伊川說得好。曰：理一分殊。合天地萬物而言，只是一箇理。及至人，又各自有一個理。」（朱子語類）

然而人之理，就是天地之理。

「人之所以為人，其理則天理之理，其氣則天地之氣。理無跡可見，故於氣觀之。」（朱子語類）

天地之理，即所謂天理。程子說：

「天理云者，百理俱備，元無少欠，故反身而誠。」（二程遺書）

「天下物皆可以理照。有物必有則，一物須有一理。」（二程遺書）

伊川所說有物必有則，明明是引用《詩經》上的話。《詩經》以天生蒸民，有物有則；伊川把「則」解爲「理」字，說爲有物必有理。這種理，既來自天，故稱天理。程門第子謝良佐說：

「所謂格物窮理，須是認得天理始得。所謂天理者，自然底道理，無毫髮杜撰。今人乍見孺子將入於井，皆有怵惕惻隱之心。方乍見時，其心怵惕，即所謂天理也。要譽於鄉黨朋友，內交於孺子父母，美其聲而然，即人欲耳。」（上蔡語錄）

上蔡的天理，又跟孟子的良知良能相接了。所以可見理學家的天理和性理，不僅是在本體方面，指的天地人物之所以然之理，也是指的倫理方面行事之所以然之理，即所謂倫理原則。清朝戴東原說：

「天地人物事為，不聞無可言之理者也。詩曰：有物有則，是也。物者，指其實體實事之名；則者，稱其純粹中正之名。實體實事，罔非自然，而歸於必然。天地人物事為之理得矣。」（孟子　字義疏證卷上）

天地萬物，都各自有各自的理，這個理，乃每事每物的規則。這種規則，即是天理。遵守天理，便是法天。

二、禮　法

1. 禮的基本

人之法天，在乎守天理。天理或是在自然界，或是在人性，都不易爲人所知。爲能叫人知道天理究竟若何，於是乃有禮法。禮法是按天理而定的法則，公佈於天下，天下人乃可以有所遵循。故禮法可以說是天理的具體條文。

禮法雖常連用，然禮是禮，法是法。禮廣於法，法出於禮。法由於君王所製，禮則製於聖人。

天理既不是人所容易知道的，而人又該守天理，這有甚麼辦法呢？於是有聖人出，觀察天地的物象，看到天理的意義，便演爲條文，製出禮來，爲世人的法則。

「故鐘鼓管磬，羽籥干戚，樂之器也。屈伸俯仰，綴兆舒疾，樂之文也。簠簋俎豆，制度文章，禮之器也。升降上下，周還裼襲，禮之文也。故知禮

樂之情者能作，識樂之文者能述。作者之謂聖，述者之謂明，明聖者，述作之謂也。」（禮記 樂記）

「天能生物，不能辨物也。地能載人，不能治人也。宇中萬物，生人之屬，待聖人然後分也。」（荀子 禮論）

天地自然而生育萬物，天地卻不注意自然法則的意義，其餘的萬物也不知道，只有聖人知道天地法則的意義，乃製禮以分別人倫。聖人能知道天理，因爲聖人聰慧過人，心裡又沒有私慾，故容易與天理相接。荀子以聖人之心，虛壹而靜，有大清明。

「虛壹而靜，謂之大清明。萬物莫形而不見，莫見而不論，莫論而失位。坐於室而見四海，處於今而論久遠。疏觀萬物而知其情，參稽治亂而通其度，經緯天地而材官萬物，制割大理而宇宙裡矣。……明參日月，大滿八極。夫是之謂大人，夫惡有蔽矣哉。」（荀子 解蔽）

最要緊的，是聖人心上沒有私慾之蔽。人心沒有蔽塞，就能與天地相通，然後能知天理。《易經》上說：

「聖人有以見天下之賾，而擬諸其形容，象其物宜；是故謂之象。聖人有以見天下之動，而觀其會通以行其典禮，繫辭焉以斷吉凶；是故謂之爻。」（繫辭上 第八章）

《易經》八卦，即是按天理以定人事，八卦出自聖人。中國三代的聖人，都是帝王，孔、孟因此常稱先王制禮。

「孔子曰：夫禮，先王以承天之道，以治人之情。故失之者死，得之者生。」（禮記 禮運）

「禮起於何也？曰：人生而有欲，欲而不得，則不能無求，求而無度量分界，則不能不爭，爭則亂，亂則窮，先王惡其亂也，故制禮義以分之，以養人之欲，給人之求。使欲必不窮乎物，物必不屈於欲，兩者相持而長，是

禮之所起也。」（荀子 禮論）

「人生而靜，天之性也。感於物而動，性之欲也。物至知知，然後好惡形焉。好惡無節於內，知誘於外，不能反躬，天理滅矣。夫物之感人無窮而人之好惡無節，則是物至而人化物也。人化物也者，滅天理而窮人欲者也。……是故先王之制禮樂，人為之節。……禮節民心，樂和民聲，政以行之，刑以防之。禮樂刑政，四達而不悖，則王道備矣。」（禮記 樂記）

先王聖人所以要制禮，在叫人按照規律而動，彼此不爭，而能進於德；先王爲制禮，所據的標準，即是天理。

「夫禮，以承天之道。……是故夫禮，必本於天，殽於地，列於鬼神，達於喪祭射御冠昏朝聘。故聖人以禮示之，故天下國家，可得而正也。」（禮記 禮運）

「故聖人作則，必以天地為本。」（禮記 禮運）

「禮有三本：天地者，生之本也；先祖者，類之本也；君師者，治之本也。無天地惡生？無先祖惡出？無君師惡治？三者偏亡，焉無安人。故禮，上事天，下事地，尊先祖而隆君師。是禮之三本也。」（荀子 禮論）

「禮者，天地之序也。……大禮者，與天地同節。」（禮記 樂記）

「禮者，天理之節文也。」（朱子集註 論語 顏淵）

禮按天理而成。天理處置人事，以三者爲根據點，一是天地，二是先祖，三是君師；因爲這三點，是人一生的基本。由這三點再推廣到人事的各方面，禮的範圍就廣泛了。

2. 禮的意義

禮既是按照天理而製成的節目，禮的意義，即是人生的法則。人生的法則可用之於兩方面，一方面爲防人作惡，一方面是引人爲善。儒家最重禮。

「子曰：知及之，仁不能守之，雖得之，必失之。知及之，仁能守之，不莊以蒞之，則民不敬。知及之，仁能守之，莊以蒞之，動之不以禮，未善也。」（論語　衛靈公篇）

「顏淵問仁。子曰：克己復禮為仁。……非禮勿視，非禮勿聽，非禮勿言，非禮勿動。」（論語　顏淵篇）

「禮者，君之柄也，所以別嫌明微，儐鬼神，考制度，別仁義；所以治政安民者也。」（禮記　禮運）

「禮者，因人之情，而為之節文，以為民坊者也。」（禮記 坊記）

因此儒家的禮字，含義很廣，不僅是六禮或九禮的儀節，乃包括人事的一切法則。胡適之說：「按禮字从示从豐，最初本義，完全是宗教的儀節。……後來禮字範圍漸大，……不限於宗教一部分，竟包括社會習慣風俗所承認的行爲的規矩。」（胡適 中國哲學史大綱 上冊 頁一三五）

人君爲治國安民，應該守禮；每個人爲修身進德，也該守禮。禮爲人生的規矩；因爲禮乃條陳宇宙的天理。

「禮也者，理之不可易者也。」（禮記 禮運）

「理也者，義之實也。協諸義而協。則禮雖先王未之有，可以義起也。」（禮記 樂記）

3. 法的意義

理之不可易而協於義的，稱爲禮。所謂禮，不是禮的文字，乃是禮的原則和精神。從這一點說，纔能說禮不變，古禮可以用於今。從禮的原則裡，採取幾點，對於社會人生最有關係的，由治理社會的君主，製成條文，公佈天下，使人民互相遵守，如有違者，即加以刑罰。這些公佈的條文，稱爲法。法乃禮的支流，帶有刑律，禁人爲惡。儒家若把禮法兩字連用時，指的是禮；若把禮法兩字分用，法便不是禮了。胡適之說：「儒家的禮和後來法家的法，同是社會國家的一種制裁力，其中卻有些分別。第一，禮偏重積極的規矩，法偏重消極的禁制。禮教人應該做甚麼，應該不做甚麼；法教人什麼事是不許做的，做了是要受罰的。第二，違法的有刑罰的處分，違禮的最多不過受君子的譏評，社會的笑罵，卻不受刑罰的處分。第三，禮與法施行的區域不同。《禮記》說：禮不下庶人；刑不上大夫。」（胡適 中國哲學史大綱 上冊 頁一三六）

法在古代的意義，按字義去說，有模形的意思，即是人的行爲的模範；又有標準的意思，即是判獄訴訟的標準。

「法，刑也。模者，法也。範者，法也。型者，鑄器之法也。」（說文）段註云：「以木為之曰模，以竹曰笵，以土曰型。」

「灋（古法字），刑也。平之如水，廌所以觸不直者去之，從廌去。」（說文）

王充解釋說：

「儒者說云：觟䚦者，一角之羊也，性知有罪。臯陶治獄，其罪疑者，令羊觸之。有罪則觸，無罪則不觸。斯蓋天生一角聖獸，助獄為驗。故臯陶敬羊，起坐事之。」（王充 論衡 是應篇）

無論法解爲模範或解爲斷獄的標準，法字跟刑字常相連；所以儒家看法，常以爲刑法。因此以法的目的，在禁防惡事。禮本已教人爲善，禁人作惡；但是禮的制裁力，爲道德制裁力。道德制裁力，不是對一切的人，都能生效。那末爲維持社會治安，便該選出禮的規條內那些最關社會治安的規條，由政府定出刑罰，公佈於民，強逼人民去遵守。所以禮爲法的根本，法補禮的不及。

「禮者，禁於將然之前；而法者，禁於已然之後。」（大戴禮記）

「是故王法，不廢學校之官，不除理獄之吏，欲令凡眾見禮義之教。學校勉其前，法禁防其後。」（王充 論衡 率性）

法既是補禮之不足的，而且以刑罰去強逼人不作惡，儒家因此重禮輕法；因爲儒家主張德治。《禮記》上並且說：

「禮不下庶人，刑不上大夫。」（禮記 禮運）

這並不是說庶人不能行禮，大夫犯罪不用刑；而是說大夫乃受過教育的人，庶人是沒有受過教育。受過教育的大夫，有禮就可治了；沒有受過教育的庶人，則只有刑法，纔可以驅使他們避惡。理論上雖是這樣說，實際上後代儒家治國時，也很看重法的功效。

三、人性

1. 人性

陰陽五行相交，結成萬物。人是萬物之一，人也由陰陽五行而成。然每次的五行相交以成物，有其所以相交之理；陰陽五行相交以成人，有其所以成人之理。這種所以成人之理，稱爲人之性。人之理，異於別種物體之理。因著這個理，人之氣也異於別種物體之氣。人之氣清，乃五行之秀氣。

「故人者，其天地之德，陰陽之交，鬼神之會，五行之秀氣也。」（禮記禮運篇）

董仲舒講人體的結合時，完全與天象相配：

「天地之精，所以生物者，莫貴於人。人受命天也，故超然有所倚。物疢疾莫能為仁義，唯人獨能為仁義。物疢疾莫能偶天地，唯人獨能偶天地。人有三百六十節，偶天之數也。形體骨肉，偶天之厚也。上有耳目聰明，日月之象也。體有空竅理脈，川谷之象也。心有哀樂喜怒，神氣之類也。……天地之符，陰陽之副，常設於身。身猶天也，數與之相參，故命與之相連也。天以終歲之數，成人之身，故小節三百六十六，副日數也。大節十二分，副月數也。內有五臟，副五行數也。外有四肢，副四時數也。乍視乍暝，副晝夜也。乍剛乍柔。副秋夏也。乍哀乍樂，副陰陽也。心有計慮，副度數也。行有倫理，副天地也。此皆暗膚著身，與人俱生，比而偶之，弇合於其可數也。」（春秋繁露　人副天數）

這一大段文章，不全代表儒家的思想，人數天數完全相副，只有漢朝儒家很認真的去求配合，孔、孟沒有這樣說過，宋明理學家也不贊成。可是儒家歷代的思想，都以人爲貴，與天地共爲三才；又以人身的結合，有似於天地。天地有陰陽，人身有陰陽；天地有五行，人身有五行；天地爲一大宇宙，人身爲一小宇宙。

在天地的大宇宙內，有天理在；人身小宇宙內，有人性。人性便是人的天理。所不同的，天地大宇宙內的萬物，順著天理而行，萬物各得其所；人的小宇宙，卻不一定常是順性，有時竟至反性而行，所以行爲有善惡。

儒家爲解釋行爲的善惡問題，乃有人性的善惡問題。這個問題從孟子一直到宋明理學家，爭論了一千多年。

人性善惡問題，發自孟子。性字的解釋，則起自《中庸》。《中庸》說：

「天命之謂性。」（中庸 第一章）

凡人所得於天者，稱爲性。人的四肢百體，沒有一樣，不是得之於天。但是《中庸》並不是以四肢百體爲人性，所以說「天命之謂性」，即是說天在人以內所指定而不可變異的，這一點便稱爲人性。人所受於天而不可變異的，是人所以爲人之理。所以說理即是性。然這種解釋，已是後代理學家的解釋，古代儒家對於天命之謂性，都以爲人所有天生傾向，稱爲性。所以孔子說：

「人之生也直。」（論語 雍也）

人生來是正直的：生來正直即生來傾於善，不知道欺詐，欺詐是由後來的習慣沾染來的。告子說：

「生之謂性。」（孟子 告子上）

孟子嫌這句話太籠統，便加以反駁，他說：

「生之謂性，猶白之謂白歟？……然則犬之猶牛之性，牛之性猶人之性歟？」（孟子 告子上）

孟子以爲生字若等於性字，那麼天下的物性人性都相等了，那便不通了。他以爲：

「天下之言性者，則故而已矣。故者，以利為本。」（孟子 離婁下）

朱子註釋說：「故者，其已然之跡，若所謂天下之故者也。利，猶順也，語其自然之勢也。」孟子以人的自然傾向爲性。

「孟子曰：口之於味也，目之於色也，耳之於聲也，鼻之於臭也，四肢之於安逸也，性也。有命焉，君子不謂性也。」（孟子 盡心下）

荀子也說：

「凡性者，天下之就也，不可學，不可事。」（荀子 性惡篇）

理學家，則以性爲理。朱子說：

「性，只是理。」又說：「性是許多道理，得之於天，而具於心者。」（朱子語類）

2. 人性的善惡

告子的人性論，見於《孟子》書中。告子把人性譬若杞柳，任憑人們去栝棬，可以捲成圓形，可以捲成方形。他又以人性譬若流水，可以決之東，可以決之西。人性本來無所謂善惡，只看後來人的習慣怎樣，習慣行善，則善；習慣行惡，則惡。

孟子反對這種主張，他認爲人生來是傾向善，人作惡，由於後來的習慣。人的天然傾向，在人不思不索而動時，則充分表現出來。人若加了思索纔做事，便不一定順從天然的傾向，因爲已經加有各方面的利害關係了。孟子說：

> 「孩提之童，無不知愛其親也。及其長也，無不知敬其兄也。親親，仁也；敬長，義也。」（孟子　盡心上）

小孩子都知道愛父母，敬兄長；這不是由教育而學來的，乃是由天生的。天生傾向仁義，當然人性是善了。

「今人乍見孺子將入於井，皆有怵惕惻隱之心，非所以內交於孺子之父母也，非所以要譽於鄉黨朋友也，非惡其聲而然也。由是觀之，無惻隱之心，非人也。無羞惡之心，非人也。無辭讓之心，非人也。無是非之心，非人也。惻隱之心，仁之端也；羞惡之心，義之端也；辭讓之心，禮之端也；是非之心，智之端也。人之有是四端，猶其有四體也。」（孟子 公孫丑上）

一個人驟然看見一個小孩將跌入井裡，馬上會跑去救他，並用不著多加思索。這種行動乃出乎天然。救孩童不叫他跌入井裡，是椿善事；人天然而行善，人性必定是善。孟子說在人心生來有四種善端，發出來就是仁、義、禮、智。四種善端爲惻隱之心，羞惡之心，辭讓之心，是非之心。沒有這四種善端的不能算爲人；可見這四種善端是人天生不可少的。那麼這就是人性。

人性既善，那麼人爲甚麼作惡呢？人之作惡，是人摧殘了自己的善端。孟子以人有大體有小體，大體爲心思之官，小體爲耳目之官。養大體者爲君子，養小體者爲小人。（見孟子告子上）君子行善，小人行惡。可見人作惡，是因人養了小體。小體耳目之官，受情慾的驅使；大體心思之官，受理性的導引。情慾盛，人心的善端乃被摧殘；孟子因此主張節制情慾。

孟子之後，有荀子出，極力反對孟子的性善論，主張性惡，以人生來是傾於惡的。他說：

「人之性惡，其為善者，偽也。」（荀子 性惡篇）

他的主張，恰恰跟孟子的主張相反，人生性向惡，所以惡人多於善人，惡事多於善事。爲行善，人須受教育，加修養，受制裁，行善難於行惡。荀子說：

「今人之性，生而有好利焉；順是，故爭奪生而辭讓亡焉。生而有疾惡焉；順是，故殘賊生而忠信亡焉。生而有耳目之欲，有好聲色焉；順是，故淫亂生而禮義文理亡焉。然則從人之性，順人之情，必出於爭奪，合於犯分亂理而歸於暴。故必將有師法之化，禮義之道，然後出於辭讓，合於文理而歸於治。用此觀之，然則人之性惡明矣，其為善者偽也。

……今人之性惡，必將待師法然後正，得禮義然後治。……今之人化師法，積文學，道禮義者為君子。縱性情，安恣睢而違禮義者為小人。用此觀之，然則人之性惡明矣，其為善者偽也。……凡性者，天之就也，不可學不可事。禮義者，聖人之所生也。人之所學而能，所事而成者也。」(荀子 性惡篇)

孟子說人不學而知道行善，荀子說禮義須教而後能。人不受教，只知道爭奪犯分，所以作惡是人的天性，行善是人爲教育。

但是荀子的話，雖說的很近乎實情，在學理上卻難於解釋。行善爲反人性，說來太不入耳。而且人性若是惡，教育和禮法又怎能加以補救呢？教育必定無所用，只有刑法去威嚇。且獨居靜處，人有行善者，則不是怕刑罰，而另有所本了。後代儒家沒有從荀子的主張的，但也不能以他的主張完全無理，所以大都採孟荀兩家的折衷性論。漢朝儒家董仲舒、王充、揚雄的論性，便都是折衷論。

董仲舒主張人有性有情，性出於陽，發而爲善；情出於陰，發而爲惡。他說：

「身之有性情也，若天之有陰陽也。言人之質而無其情，猶言天之陽而無其陰也。」（春秋繁露 深察名號）

王充《論衡》解釋董仲舒的性情說：

「仲舒覽孫孟之書，作情性之說，曰：天之大經，一陰一陽；人之大經，一情一性。性生於陽，情生於陰，陰氣鄙，陽氣仁。曰性善者，是見其陽也；謂惡者，是見其陰者也。」（王充 論衡 本性論）

王充自己則以性分上中下三品：上品爲善，下品爲惡，中品則善惡相混。他說：

「余固以孟軻言人性善者，中人以上者也。孫卿言人性惡者，中人以下者也。揚雄言人性善惡混者，中人也。」（論衡 本性論）

揚雄主張人性善惡相混，性中有善有惡，所以人可善可惡。他在《法言》裡說：

「人之性也善惡混，修其善者能為善人，修其惡者則為惡人。」（法言 修身篇）

說：

唐朝儒家立於漢儒與宋儒之間，韓愈的性論，接近漢儒。李翺的性論，接近宋儒。韓愈說：

「性之品有上中下三。上焉者善焉而已矣，中焉者可導而上下也，下焉者惡焉而已矣。」（韓愈 原性）

韓愈的話，似乎有出於《論語》的口氣。《論語・陽貨篇》孔子說：「性相近，習相遠；惟上智與下愚不移。」不過孔子是主張人生來正直的。上智與下愚之不移，是在不受習慣的影響；並不是談人性有三品。

李翺論性，宗於董仲舒；然而他的性明情昏的話，來自佛教，漸開宋儒的性論。李翺在《復性書》裡說：

「人之所以為聖人者，性也。人之所以惑其性者，情也。喜怒哀懼愛惡欲七者，皆情之所為也。情既昏，性斯溺矣，非性之過也。七者循環而交來，故性不能充也。……情之動弗息，則弗能復其性而燭天地為不極之明。」（復性書上）

漢唐儒家的折衷性論，並沒有解決性善性惡的問題。無論主張性善，或主張性惡，或主張性有三品，都有一個根本問題，爲甚麽性是善，或是惡，或是有善有惡呢？爲答覆這個問題，宋明理學家乃有性理之學。

3. 理學家的性論

理學家對於人性，有圓滿的主張的人當推朱子，朱子根據理氣二元之說，以人性爲理，但每一個人的性，因爲理與氣和，性上便帶有氣。朱子稱人性爲「天地之性」，即是天然的抽象之性；稱一個一個人的性，爲「氣質之性」，即是帶有氣之性。朱子說：

「天地之性，則專指理言，論氣質之性，則以理與氣雜而言之。未有此氣，已有此性。氣有不存，而性卻常存。雖其方在氣中，然氣自是氣，性自是性，亦不相夾雜。至論其偏體於物，無處不在，則又不論氣之精粗，莫不有是理。」（朱子語類 卷四）

人性若從抽象一方面去說，沒有氣，可以有人性。這種人性，是一種純淨的性，是本然的性；所以稱爲天地之性，即天地間人所共有之性。這種人性即是理，理只有或全或缺，或真或僞，沒有善惡；因爲理是屬於本體，而不屬於倫理。凡是人都該有整個的人性，不然便不成爲人。人性既是全的，當然是好的，若以完好爲善，人性便是善的。

再從倫理一方面說，純淨的抽象人性，爲人所以成人之理，也便是人所以做人之理。這種做人之理，稱爲天理。凡是人，都有人性；凡是人性，都是完全的，則凡是人性，都有天理。在純淨的人性上，天理沒有隱蔽，人性必定是善的。因此朱子以「天地之性」爲善。

在每一個具體的人內，理與氣相合，人性與氣質相接。每個人所稟的氣各不相同，有清有濁。雖說人的氣，爲五行之秀，但尚有清濁的程度。氣作成人的氣質，氣的清濁不同，人所以有智愚賢不肖。氣濁的人，氣質昏，性的天理不能顯，人乃爲惡。氣清的人，氣質明，性的天理容易顯出，人乃爲善。因此人的善惡，緣因在於氣的清濁。朱子乃說氣質之性有善有惡。

「天之生此人，如朝廷之命此官。人之有此性，如官之有此職。朝廷所命之職，無非使之行法治民，豈有不善。天之生此人，無不與之以仁義禮智之理，亦何嘗有不善！但欲生此物，必須有氣，然後此物有以聚而成質。而氣之為物，有清濁分明之不同。稟其清明之氣，而非物慾之累，則為聖。稟其清明而未純正，則未免微有物慾之累，而不能克以去之，則為賢。稟其昏濁之氣，又為物慾所蔽而不能去，則為愚為不肖。是皆物慾之所為，而性之善，未嘗不同也。」（朱子　玉山講義）

又說：

「性只是理，然無那天氣地質，則此理沒安頓處。但得氣之清明，則不蔽錮，此理順發出來。蔽錮少者，發出來，天理勝；蔽錮多者，則私欲勝。便見得本原之性，無有不善，孟子所謂性善，周子所謂純粹至善，程子所謂性之本，與乎返本窮源之性，是也。只被氣質有清濁，則隔了。故氣質之性，君子有弗性者焉。學以反之，則天地之性存矣。故說性，須兼氣質說方備。」（朱子語類 卷四）

氣質的清濁，乃性的善惡。這種善惡是人從生就有了。人用修養的工夫，能夠加以修正；因爲氣質是可以變的，只有上智與下愚不可變移。氣質的表現爲情慾，人從情慾下工夫，處處加以節制，情慾便少，性的天理即可顯明於心，人即向善了。就是氣質清明的人，若處處不謹慎，情慾將隨發作，天理必遭蒙蔽，人便趨於惡。朱子因此很看重修養，勉勵弟子們認真去做。

「聖山千言萬語，只是教人存天理，滅人欲。……人性本明，如實珠沉溷水中，明不可見。去了溷水，則實珠依舊自明。自家若得知是人欲蔽了，便是明處，只是這上便緊著力主定，一面格物。今日格一物，明日格一物，正如游兵攻圍拔守，人欲自銷鑠去。所以程先生只說敬字，只是謂我自有一個明底事物在這裡，把個敬字抵敵，常常存個敬在這裡，則人欲自然

來不得。」（朱子語類 卷十七）

氣之清濁之說，用在人的氣質上，解釋得很明顯，但是又用到人與物的性之區別上，則弄得不明白了。朱子說人與物之性，所以有分別，完全在於氣之清濁。

「性如水，流於清渠則清，流入污渠則濁。氣之清者，正者得之則全，人是也。氣之濁者，偏者，得之則昧，禽獸是也。氣有清濁，人則得其清者，禽獸則得其濁者。人大體本清，故異於禽獸。亦有濁者，則去禽獸不遠矣。」（朱子語類 卷四）

這一段話，用爲解釋孟子的大體和小體，又爲解釋孟子所說：「人之所以異於禽獸者幾希！庶民去之，君子存之。」（孟子 離婁下）可是孟子所說的，在於倫理道德；朱子則說到本體了。不過若加以分析，朱子的話還可以不自相矛盾。前面說過天地萬物合爲一理，分開說則各具一理。理就是性；那麼天地萬物合起來，共爲一性，分開說則各有一性。合起來的性是抽象理想方面所說的性；具體的性，乃是自己所有的性。爲甚麼在人物以內，性有了區別呢？這都因爲氣不同。有這樣的氣，便有這樣的理。按道理說，理在氣先，則該當說有這樣的理，便有這樣的氣。然而因爲氣理本不可分。所以說理因氣而分。人物的氣，清濁分旳很明，所以人物的性，分別很明顯；人性自是人性，物性自是物性，兩不相混。在人與人之間，人的清氣又分清濁，這種清濁，不是使每個人的人性不同，因既是人，人性都同；只是使每個人的人性，在每個人內所有的表現，各有差別。這種差別不是性的差別，乃是氣質的差別。雖然朱子在說話時不加分析，究其實可以有分析，清濁的差別大者，造成類的分別；清濁的差別少者，造成個體的分別。不過，這種理由，在理學家裡，都不大明顯罷了！

清朝的儒家學者顏元、李塨都反對朱子的主張。

顏元，字有齋，生於明崇禎八年，死於清康熙四十三年（西曆一六三五——一七〇五）。他主張人性不能分爲義理之性和氣質的性，因爲理氣本不可分，義理是在氣質之中，捨形則無性。

「形，性之形也；性，形之性也。捨形則無性，捨性亦無形矣。失形者，據形求之；盡性者，于形盡之。賊其形，則賊其性矣。」（存人編 卷一頁二）

李塨號恕谷，字剛主，生於順治十六年，死於雍正十一年（西曆一六五九——一七三三），是顏元的第子，他的人性論和老師相同。他說：

「聖學踐形以盡性：耳聰目明，踐耳目之形也；手恭足重，踐手足之形也；身修心睿，踐身心之形也。形踐而仁義禮智之性盡矣。」（恕谷年譜四頁二六）

顏元以人性善惡，不在性上，性原是善的。人性的惡，不來自情或才，乃來自「引蔽習染」：

「人性非精，氣質非粗，不惟氣質非吾性之累害，而且舍氣質無以存養心性。」（存性編 卷二頁一八）

「心之理曰性，性之動曰情，情之力曰才。……宋儒不識性，並才情俱誤。」（習齋年譜 卷下頁二）

四、良知

1. 良知

有天理，這是儒家所公認的。性不能知，心能知，這也是理學家所公認的。心怎樣能知道性內的天理呢？這卻成了理學上的一大爭端。爭論的題目，是《大學》上的「致知格物」。

朱子講格物致知，在於窮理。窮究外物的天理，以反歸到心內的天理。由所知推到所不知，推到了極致，舉天地萬物之理，都能貫通，便是知之至了。朱子並不是否認人心有天理，只因人心天理常蔽於物欲，所以每遇一事，就該格致研究這事的道理，今天窮一事，明天窮一事，然後乃能貫通，因此便可以明人心的天理。這樣遇事則不推而自知道理了。

「許多道理，皆是人身自有的，雖說道昏，然又那曾頑然恁地暗，也都知道善好做，惡不好做。只是見得不完全，見得不的確，所以說窮理，便只要

理會這些了。」（朱子語類）

陸象山則以朱子的主張偏於道問學，格一事又格一事容易流於支離破碎。而且世上有多少人可以窮理呢？陸象山乃主張尊德性，直指自己的本心。他以爲人若能守住自己的心，就可明心以見性，就可致知天理。這種主張導源於《書經》：

「人心惟危，道心惟微，惟精惟一，允執厥中。」（大禹謨）

又根之於《孟子》：

「學問之道無他，求其放心而已矣。」（告子上）

但是他的近源，應該說是佛教的禪學。王陽明繼承陸象山的主張，創良知之說。對於格物致知，自有新註解。

王陽明的良知是甚麼？良知是人天生能知是非之心。一個人做事時，爲知道這事的善惡，決不能靠窮理，乃是憑天生一種辨別是非之心，不加思慮，馬上知道眼前所做之事，是對是不對。王陽明稱這種辨別是非之心，爲良知。

「夫良知者，即所謂是非之心。人皆有之，不待學而有，不待慮而得者也。」（王陽明全書　卷八）

良知的名詞出於孟子，孟子說：

「人之所不學而能者，其良能也；所不慮而知者，其良知也。」（告子上）

王陽明主張每個人生來都有這個良知，良知所發現的爲天理：

「天理在人心，亙古亙今，無有終始，天理即是良知。」（王陽明全書　卷三）

佛教本有人心該具佛性的主張，佛性乃是唯一實有的真如。人心不見佛性，乃由物欲所蔽。王陽明卻說天理都具在吾心：

「夫物理不外於吾心，外吾心而求物理，無物理矣。遺物理而求吾心，吾心又何物耶？」（王陽明全書　卷二）

既是理在吾心，吾心又能知理。那麼我的行動標準，便是吾之良知。又何必去窮理呢？

「爾那一點良知，是爾自家的準則。爾意念著處，他是便知是，非便知非，更瞞他一些不得。」（王陽明全書　卷三）

按著良知去做，一定不會錯。良知乃是天理的表現，按著良知，即是守天理。

「良知原是完完全全，是的還他是，非的還他非。是非只依著他，更無有不是處。這良知還是爾的明師。」（王陽明全書　卷三）

每個人心中，都有這麼一位高明的先生。每逢有事。明師馬上就告訴這事對不對，可做不可做，王陽明稱良知爲指南針，爲試金石：

「這些字看得透徹，隨他千言萬語，是非誠僞，到前便明。合得的便是，合不得的便非，如佛家說心印相似，眞是箇試金石，指南針。」（王陽明全書 卷三）

而且這個是非之知，用不著費氣力去求，用不著加思索，它自然而然就來。良知好比一面鏡子，一個意念剛起了，馬上就照在心頭的鏡子裡，是非立顯。

「良知常覺常照。常覺常照，則如明鏡之懸。而物之來者，自不能遁其妍媸矣。」（王陽明全書 卷三）

所以良知乃人對於是非的「直見之知」。不用眼，不用耳，只用心。但是心並不思索，對於事情的是非，好像眼對於物的顏色，一遇到就見到。所以稱爲心之直見。

2. 致良知

可是在事實上，人人所見的是非不一樣。你以爲是的，他不一定以爲是；你以爲不可做的，他卻竟做了。這樣是非不一，又是甚麼緣故？王陽明說這不是良知的錯誤，乃是因爲良知叫私慾所蒙蔽，不能顯現出來。好似一面鏡子蒙了灰塵，照出的像或者迷混不清，或者簡直沒有像了。

「良知本來自明，氣質不美者，渣滓多，障蔽厚，不易開明。質美者，渣滓少，無多障蔽。」（王陽明全書　卷二）

因爲良知能被障蔽，王陽明乃講致良知。《大學》上所說格物致知，即是致良知。

「致知云者，非若後儒所謂充廣其智識之謂也。致吾心之良知焉耳。」

（王陽明全書　卷一）

致良知的致字，不作求字解，致知不是求有良知；因是良知常在吾心，用不著求。致字作「用」字解，作「誠」字解。致良知是致用我心的良知，人對於自己的心能誠。

「意念之發，吾心之良知，既知其為善矣，使其不能誠有以好之，而復背而去之，則是以善為惡，而自昧其知善之良知矣。意念之發，吾心之良知知其為不善矣，使其不能誠有以惡之，而復蹈而為之，則是以惡為善，而自昧其知惡之良知矣。若是，則雖曰知之，猶不知也，意其可能而誠乎？今於良知所知之善惡者，無不誠好而誠惡之，則不自欺其良知，而意可誠也已！」（王陽明全書 卷一）

第一種使天下人的是非不同的原因，乃是人不誠於良知。這種人並不是沒有正確的是非心，是知了而不力行。這便是不能致用自己的良知，雖知猶不知，應在誠字上下工夫，使知行相合。

第二種不能致良知的緣故，則是人不知。良知本有，但因著私慾的障蔽，良知乃不現。無論怎樣一個惡人，他的心內仍舊存有良知，只是隱著不顯，私慾蔽塞。

「只是物欲遮蔽，良心在內，自不會失。如雲自蔽日，日何嘗失了。」（王陽明全書 卷三）

「良知在人，隨你如何，不能泯滅，雖盜賊亦自知不當為盜。喚他做賊，他還忸怩。」（王陽明全書 卷三）

良知常存人心，只因遭著私慾，或不能現，或不能有效。修身之道，便在除去私慾。王陽明稱這番工夫爲格物。格者除也，物者物慾。格物是格除物慾，以致用良知。

「孩提之童，無不知愛其親，無不知敬其兄。只是這箇靈能，不得為私慾遮隔，充拓得盡，便完全是他本體，與天地合德。自聖人以下，不能無蔽，故須格物以致其知。」（王陽明全書 卷一）

格物又解爲正事。格者正也，物者事也。王陽明說：

「我解格作正字義，物作事字義。」（王陽明全書 卷三）

格物爲正事，說把事正對自己的良知。我們爲照鏡子，應該好好看對鏡子。看對還不夠，要鏡子沒有灰塵。鏡子有灰，我們正對不了鏡子。除去了灰塵，我們纔可對鏡。

「若良知之發，更無私意障礙，即所謂充其惻隱之心，而仁不可勝用矣。然在常不能無私意障礙，所以須用致知格物之功，勝私復理。即人之良知更無障礙，得以充塞流行，便是致其知，知致則意誠。」（王陽明全書　卷一）

陽明的致良知，跟佛家的明心見性很相彷彿。佛家教人明心以見佛性，王陽明教人明良心以見人性。人性即天理，見人性即見天理。見性尚不夠，見時該致用。陽明的知良知，包含他的知行合一之說。

3. 知行合一

良知爲是非之知。這種智識，不是抽象的學識，乃是在人行動時，知道這種行動對不對，有一種取捨的標準。良知之知，乃人行動之標準，爲致用之知。

致用的良知，不像他種智識，要腦中有了一事的觀念，纔有這事的智識；良知之知，則當心有所行時，行動對著自心，心無私慾之蔽，便馬上看到行爲的是非，就有了良知。所以有良知時必有行，沒有行不能有良知。我們對於以往的事或將來的事，知道是非，這種是非之知，不是良知，是學識，是經驗。良知是對目前要行的事，知道或是或非。所以良知之知，知行合一。

但是這種知行合一，尚不是陽明學說的要點。他主張知行合一，是良知之知，要見之於行，纔算爲知。因爲良知指出目前要行之事的是非，爲著人能夠遵循。人若在行動時，違反良知之知，則是良知之知，僅只有了前一半，即指出事件的是非，而後一半做人的行動標準，則沒有實現。既缺了一半，良知之知即沒有成全，便等於沒有。所以良知之知，真爲知時，是在人能致良知於行，因此王陽明主張知行合一。是非之知要在行爲相符時，纔算完成。

「未有知而不行者。知而不行，只是未知。聖賢教人知行，正是要復那本體，不是著你只恁地便罷。故大學指箇眞知行與人看說：如好好色，如惡惡臭。見好色屬知，好好色屬行。只見那好色時，已自好了，不是見了後，又立箇心去好。聞惡臭屬知，惡惡臭屬行，只聞那惡臭時，已自惡了，不是聞了後，別立箇心去惡。如塞鼻人，雖然惡臭在前，鼻中不曾聞得，便亦不甚惡；亦只是不曾知臭。就如稱某人知孝，某人知弟，必是其人已曾行孝行弟，方可稱他知孝知弟；不成，只是曉得說些孝弟的話，便可稱為知孝知弟。」（王陽明全書 卷一）

凡是一種致用之知，都該在實踐上表現出來，知與行相合，纔算爲知。一個木匠知道做桌子，是他真真做好了桌子。一個人知道畫，是他真真畫了畫。一個小孩知道說話，是他真真說了話。良知之知，是致用之知，良知所知的是非，要見於行爲。所以知是非而不行，算不得知。知是非而又行了，纔算知。

「知之眞知篤實處便是行，行之明覺精察處便是知。……眞知即所以為行，不行不足謂之知。」（王陽明全書 卷二）

知跟行相合，由於知與行的對象都是理。良知所知之是非，即是行爲之理。普通以知在內，行在外，知行相隔。王陽明說知與行，不能有內外之分，知之真者必透於行，行之明者必發於知。他說：

「理一而已。以其理之凝聚而言，則謂之性；以其凝聚之主宰而言，則謂之心；以其主宰之發動而言，則謂之意；以其發動之明覺而言，則謂之知；以其明覺之感應而言，則謂之物。故就物而言，謂之格；就知而言，謂之致；就意而言，謂之誠。就心而言，謂之正。正者，正此也；誠者，誠此也；致者，致此也；格者，格此也；皆所謂窮理以盡性也。天下無性外之理，無性外之物。學之不明皆由世之儒者，認理為內，認物為外。」（王陽明全書　卷二）

性外無理，雖出自佛家萬法惟心的主張，宋朝理學家多主此。程朱也都贊成。但性外無物一說，則爲王陽明的新說了。他以物爲「明覺之感應」。明覺爲知感應爲果；物便是知之果。物是甚麼？物是事，事是行。那麼行便是知的果。王陽明認爲這種果並不外乎性。性者心也，心在內，行不外乎心，行便在內。既然知在內，行也在內，知行乃合一。怎樣說行不外乎心？佛家的萬法唯心，不僅是萬理在於心，萬物也在於心。法者，物也。因爲佛家以萬物爲空，一切都由心而有。王陽明多少是受了佛教的影響。他並不以外物爲空，但他對於事只注意事之發動者，外面四肢五官之動，沒有多大價值。本來在倫理上，一事的價值，都看行事者的意向若何。王陽明所以說行爲知之篤實處，這種行是指的意念之動。人的意念由知而發動，意念再發動外行，然而外行只是意念的表現。若是意念與良知相符合，外行當然也與良知相符。意念在心內，良知也在心內，兩者沒有內外之分。

行與良知相合，乃與人性之理相合。人性之理，即天理之現於人者；人合於性之理，即合於天理。合於天理乃行天命，實行法天。

第四章 明明德——誠

一、明 德

1. 心

儒家的人生哲學，在於遵守天理。天理在人性，順性而行，則爲遵守天理。因此《中庸》開端的幾句，說出儒家人生觀的綱領。「天命之謂性，率性之謂道，修道之謂教。」率性兩字，乃儒家人生哲學的中心。道家的人生哲學，也以順性爲中心；但是道家的順性，以性爲極點。老莊以自然之性如一大湖，湖水外流，只要沒有阻礙物就順流而下，用不著沿途加添其他的水源。他們的主張是勿以人殘天。儒家主張順性，是以性爲起點。孟子所說性是善端，人應使自己的善端充分發展，以成聖賢。老莊力主無爲，孔孟力主有爲。

儒家既主張充其性而用之，便注意在發揮人性之善。人性之善，自發動方面說，爲人之善行的起端；自標準方面說，爲人之行爲的規範。那麼充其性而用之，則是叫性的發動力能充分有效，使性常能規範人的行動。人若真能時時率性而行，人的一切行動都將合於性。人所以不能率性，使性的發動力減弱，以致失去規範力，是因爲人性爲私慾所蔽。人性爲私慾所蔽。人性的善端不能發展，性的善也就不能彰明昭著。人因此在行動上，常是反性而行了。率性而行，則行爲與性相合，即稱之爲誠。反性而行，行爲與性不合，乃爲不誠。誠字在儒家的人生哲學裏，所以佔很重要的位置。

然而性是一抽象之理，性之實體爲心。因此儒家講誠，便應該講心。性之善端，由心而發；性爲人所見，見之於心。那麼率性而行，便成了順心而行。王陽明因此以良知爲心之知，致良知而用之，即是按心的指示去行動。

心與性，兩個名字的意義，在上章裏已經說過。心兼性與情，心爲一身之主宰。於今則要談談心的性質。

心兼性與情，是因爲心兼理與氣。心既有氣，我們就問心之氣若何。儒家以心之氣爲清。因著氣清，人心纔是虛，因著虛，人心纔靈明。

「問靈處是心，抑是性？曰：靈處只是心，不是性，性只是理。」（朱子語

類）

靈是言變動迅速，不受物質的拘束。因此人心能夠思慮。孟子稱爲心思之官，一思一慮，在一頃間走遍天下，又因爲虛，心纔能知。人心之氣假若爲濁，濁則沉重，則滿，外物不能入；那就不能接受外物的物象，不能有觀念。沒有觀念，知便不成了。

人心因爲靈處，稱爲神，神並不是說鬼神之神，乃是說心爲精神體，變化神妙不可測。張載說：

「散殊而可象者為氣，清通而不可象為神。」（正蒙）

張子把神跟氣相對，以氣代表物質，神代表精神；物質有象，精神不可象。但是精神究其實也是由氣而成，不過神之氣，清明不濁，所以不稱爲氣了。人心的氣，即是清明不可象，人心的氣，即是清明不可象，人心乃爲神。朱子說：

「心為神明之舍。」（朱子語類）

因著神明，心所以能有動有靜。這種動靜，不是漢朝陰陽家的動靜，乃是行動之動靜。周濂溪說：

「動而無靜，靜而無動，物也。動而無動，靜而不靜，神也。動而無動，靜而無靜，非不動不靜也。物則不通，神妙萬物。」（周子通書 動靜）

心不但能動靜，而且動中有靜，靜中有動；並動而不動，靜而不靜；因此爲神，且神妙極了。動靜兩字，動指著心之用，靜則爲心之本體。心動時，當然常有自己的本體，又常有能動的本能。人心無象，動時似乎不動，靜時本體常可動，也似乎不靜。因此也可以說心無動靜。王陽明就有這種主張。

「心無動靜者也，其靜也者，以言其體也；其動也者，以言其體。」（王陽明全書 卷五）

心有動靜，乃爲動靜之主，成爲一身之主宰。朱子說：

「心，主宰之謂也，動靜皆主宰。」（朱子語類）

心既爲主宰，必定該有所知。前面曾說心因氣清而虛，虛則能知，纔可以發號施令，自作主宰。

「性雖虛，卻是實理。心雖是一物，卻虛，故能包含萬理，這箇要人自體察始得。」（朱子語類）

性爲虛，因爲是抽象之理。性理雖爲抽象，然爲一實理，並非虛理。心爲實在之物體，可是因氣清而虛，乃能知物，包含萬理。

所說心包含萬理，在解釋上又有朱王之爭了。朱子以心包萬理，第一因心內有天理，第二因心能知萬物之理；人便該格求萬物之理，以知人心之天理。王陽明以心包萬理，就是人心有天理，天理包含萬理；人只用良知便知萬理。但無論朱子和王子所執之說不同，歸根則兩人都以心爲行動的綱領，即如孟子所說：

「盡其心者知其性，知其性則知天矣。」（孟子 盡心上）

人的善惡，都在盡心不盡心。盡心爲誠，即是不自欺。自誠則率性。

2. 明德

人能盡心率性，則爲聖賢；因爲人能盡致人的良知，率性而動。性爲人心的天理，天理爲善，率性而行，即是彰明人心之天理於外，這就是《大學》所說的明明德。

《大學》一章，爲儒家人生哲學的大綱。章首開端的四句，尤其重要，章文說：

「大學之道，在明明德，在親民，在止於至善。」（大學經文）

這句話，乃儒家的人生哲學的總綱。凡是人生觀的意義，人生觀的方法，人生觀的目的，都包在這幾句話裏。明明德，是儒家人生觀的意義；親民，是儒家人生觀的方法；止於至善，是儒家人生觀的目的。明明德在於率性守天理，親民在於行天地好生之德，止於至善在於參天地之化育，天人合一。因此可見儒家的哲學，有它的一貫的系統。

心包萬理，因心包有性，性即天理。天理之在人心，像是心的天德。孟子稱性爲人的良能，這種良能是向善的傾向，可以稱爲天德。所以說理能稱爲人心之天德。

人心有理之天德；若沒有私慾之蔽，天德常昭著於心；因此，可以稱爲明德。朱子註釋《大學》的明明德說：「明德者，人之所得乎天，而虛靈不昧，以具衆理而應萬事者也。但爲氣稟所拘，人欲所蔽，則有時而昏。然其本體之明，則有未嘗息者，故學者當因其所發而遂明之，以復其初也。」

《大學》傳第一章引《書經》的話，來解釋明德：「康誥曰：克明德。大甲曰：顧諟天之明命。帝典曰：克明峻德。皆自明也。」朱子註釋「天之明命」說：「明命者，上天顯然之理，而命之我者。在天爲明命，在人爲明德。」

《大學》，朱子註爲「大人之學」。大人不是說社會上的高官貴人，是指孟子所說的大人。孟子以守人之大體者爲大人。人之大體乃心思之官，守心之規範，即成大人。大人即等於君子。《大學》即君子之學。孔門之學，是「下學而上達。」（論語 憲問）朱子註釋說：「君子日循天理，故日進乎高明；小人殉人欲，故日究乎污下。」君子在循乎天理，《大學》爲君子之學，便是教人循天理。《大學》說：「大學之道，在明明德。」因此可見大學之明德，就是人心之天理。朱子註釋《論語》所說：「夫仁者，己欲立而立人，己欲達而達人。」（雍也）以達爲達天理。他說：「以己及人，仁者之心也。於此觀之，可見天理之週流而無閒矣。」

二、誠

1. 明明德

明明德既爲人心之天理，天理在人心本來彰明，因此能有良知。一事當前，馬上就看出這事的是非。可是人心不常是清明，人心不清明，明德就不能明了。所以朱子說：「明德者：……但爲氣稟所拘，人欲所蔽，則有時而昏，……故學者當因其所發而遂明之，以復其初也。」上章講性善與良知時，曾說過性本體之善，因氣之濁，昏蔽不明。性之本體之善即是明德，明德能爲氣所成之情慾所蔽。明德既昏蔽了，人就塞了善端，失去行動的規範，人就作惡。王陽明乃主張格物以恢復性的本體之善。這便是所謂明明德。朱子也說：

「秉氣之濁者，為愚不肖，如珠在濁水中。所謂明明德，是就濁水中揩拭此珠也。」（朱子語類）

人性在人，不會因人不肖而有遷變，人性之善常存，只是隱而不顯，揩拭了情慾，人性之善便又彰明昭著了。程明道也說：

「學者不必遠求，近取諸身，只明天理，敬而已矣，便是約處。」（二程遺書 卷二）

明德爲天理，明明德即是明天理。天理在人心，學者爲修身，便不必遠求，只要反觀自心就夠了。王陽明便以明明德爲致良知。他說：

「天命之性，粹然至善，其靈昭不昧者，此其至善之發見，是乃明德之本體，而即所謂良知者也。」（王陽明全書 卷二十六 大學問）

但是良知爲是非之知，不能跟明德相混。良知乃明德之用；良知的本體乃是明德。所以然用「明」字，是從心一方面去說。心兼理與氣；心之氣清，理便昭明；心之氣濁，理便昏蔽。講本體學時；則說理與氣，性與氣質。講倫理時，則說心與欲。說心與欲，便有明不明了。不過《大學》雖有明明德一語，後代而者卻不大用這句話。他們多用的，而是《中庸》的「誠」。「誠」即是明明德。

2. 誠

「誠」字爲《中庸》一書的最重要思想。「誠」字能爲儒家的哲學術語，也出於《中庸》說：

「誠者，天之道也。誠之者，人之道也。」（中庸 第二十章）

朱子註釋說：「誠者，真實無妄之謂，天理之本然也。誠之 者，未能真實無妄，而欲其真實無妄之謂，人事之當然也。聖人之德，渾然天理，真實無妄，不待思勉而從容中道，則亦天之道也。未至於聖，則不能無人欲之私，而其爲德不能皆實；故未能不思而得，則必擇善，然後可以明善。未能不勉而中，則必固執，然後可以誠身。此則所謂人之道也。」

誠字的本義，是真實無妄，不自欺，不欺人。《中庸》的誠字，則是渾然天理。天之道爲誠，因爲宇宙的大道，自然是隨從天理。人之道爲「誠之」，即是求誠，求能處處都渾然天理。人之誠，便是人的意念，人的外行，不違背人心的天理，不反性而行，不障礙自己的良知。《中庸》說：

「自誠明，謂之性。自明誠，謂之教。誠則明矣，明則誠矣。」（中庸傳第二十一章）

「自誠明」，是說本身真實無妄而又彰明昭著，這即是性。人性乃渾然天理，沒有虛僞，若不爲私慾所蔽，常昭著於人心。「自明誠」，是說人心的天理能昭明於意念言行，則誠。使人能誠，這即是儒家的教育。《中庸》開端也說：「天命之謂性，率性之謂道，修道之謂教。」那麼「自誠明」便是天命；「自明誠」即是修率性之道。率性爲明明德，爲誠；所以誠即是明明德。

《中庸》又說：

「誠者，自成也；而道，自道也。誠者，物之終始，不誠無物；是故君子誠之為貴。」（中庸傳 第二十五章）

「誠」使人能自成，誠之道即率性之道，爲人之自成之道。誠，纔能盡性，物不盡性即性不全，物即不成。人不誠，人不盡性，即不成其爲人。因此君子最看重誠。

《中庸》以後，漢唐儒家不多談誠字，直到宋明的理學家，纔重新提出誠字，把誠字作爲修身之要道。周濂溪說：

「聖，誠而已矣！誠，五常之本，百行之源也。」（周子 通書誠下）

唐朝只有李翺，在《復性書》裏講到誠字。他以人能歸源爲復性，復性爲誠。

「是故誠者，聖人之性也，寂然不動，廣大清明，照乎天地，感而遂通天下

之故；行止語默，無不處於極也。復其性者，賢人循之而不已者也。不已則歸其源矣。」（復性書 上）

程明道把誠字解爲體貼天地好生之德，隨處加意保存：

「學者須先識仁，……識得此理，以誠敬存之而已。」（二程遺書 卷二）

王陽明以誠爲致良知，爲知行合一。因爲他解釋致良知爲復性，復性即是李翺所說誠。

「人心是天淵，無所不賅，原是一個天，只為私欲障礙，則天之本體失了。……如今念念致良知，將此障礙窒塞一齊去盡，則本體已復，便是天淵了。」（王陽明全書 卷三）

人心之性爲人之天，去私慾以恢復性之本體，人心復爲天淵。復性之本體，乃王陽明之致良知，致良知便相當於《中庸》之誠。王陽明因此最重「誠」字。

「夫天地之道，誠焉而已耳。聖人之學，誠焉而已耳。誠故不息，故久，故悠遠，故博厚。是故天惟誠也故常清，地惟誠也故常寧，日月惟誠也故常明。」（王陽明全書 卷二十四）

這段話本出自《中庸》。《中庸》以至誠則不息。聖人能誠，故聖人之德，能配天地的悠久高厚。

3. 意

《中庸》的誠字，是單獨的一個誠字，是一條廣泛的原則。《大學》的誠字，則跟意字相連，說爲誠意。《中庸》的誠，是從抽象的原則說，《大學》的誠，是從修身的實行方法說。在實際上，兩個誠字所指的對象，只是一個。《中庸》說誠，在於人能率性。人之率性，是在人的行爲，跟人性相符合。人性的表現，見之於人心，人心以良知彰明性之理。良知所彰明的是非，應見之於行爲，行爲乃人意之動；因此若人之意念跟良知相合，人便率性了，人便是誠。所以《中庸》之誠，即是《大學》的誠意。

《大學》對於人之修身，指定一個修養方法：「欲正其心者，先誠其意。」（大學 第一章）誠意是意念合於天理，正心是說心的天理正確的表現於行事，意誠，心便正。王陽明在理論上很注重正心，在實行上，則更注重誠意。他說：

> 「如今要正心，本體上何處用得工，必須就心之發動處纔可著力也。心之發動不能無不善，故須就此處著力，便是在誠意。」（王陽明全書 卷一）

心之本體渾然天理，無所謂善不善，用不著正。正心應在心之發動時纔可以講。心之發動即是意。

> 「指心之發動處，謂之意。」（王陽明全書 卷三）

但是《大學》的正心，不全在誠意上做工夫。所講正心，是說心不爲人欲所蔽，心常能夠光明。正心的正字相當於明字，誠意是個誠字。明字與誠字，實際上雖是同一對象，但是意義則各從一方面說。明明德是從心的方面說，性之理能彰明昭著於人心而見於行事；誠意是從行爲一方面說，人的行爲能符合性理。因此正心與誠意在修身上，便是兩個步驟。「意」爲心之用。心不發動時爲心，心動時爲意。朱子說：

「心者，一身之主宰。意者，心之所發。情者，心之所動。志者，心之所之。」（朱子語類）

他又解釋情與意的分別：

「情是發生恁地，意是發出要恁地。如愛那物是情，所以愛那物是意。情如舟車，意如人去使那舟車一般。」（朱子語類）

情跟意都是心之動。情屬於氣，人稟受怎樣的氣，人心動時，便也怎樣去動。所稟的氣清，人心的動則又輕又和；所稟的氣濁，人心的動則又急又亂。心動的或輕或急，或和或亂，都稱爲情。意則屬於理，心因理而定奪，對於情加以馭使。人的善惡，不在情的好壞，只在馭使的得法不得法。所以「意」字在倫理上，爲善惡的樞紐。意若是誠於性之理，則善；意若是不誠於性之理，則惡。

再往具體方面去講，《大學》說出誠意究竟怎樣：

「所謂誠其意者，毋自欺也。如惡惡臭，如好好色，此之謂自謙。故君子必愼其獨也。」（大學傳 第六章）

朱子加註說：「言欲自脩者，知爲善以去其惡，則當實用其力，而禁止其自欺。使其惡惡則如惡惡臭，好善則如好好色，皆務決去，而求必得之，以自快足於己，不可徒苟且，以殉外而爲人也。然其實與不實，蓋有他人所不反知而己獨知者，故必謹之於此，以審幾焉。」朱子的註釋，屢屢使原文反更複雜難懂。誠意爲不自欺，因爲意誠或不誠，只有自己知道。良知按性理說出一事或是或非，良知爲人心之知，良知所說是非，只本人知道清楚。意念行動該按良知而動，但是究竟按了沒有按，只有本人可以知道。不自欺的人，不偷偷地騙自己以不按良知爲按良知；這樣意必誠了。誠意的人，良知以爲是的，則好之如好好色。良知以爲非的，則惡之如惡惡臭。人對於好色惡臭，馬上發生好惡，自己不能欺騙自己。若能夠這樣不自欺，誠意的工夫算是做到了。君子們所以慎獨。慎獨的解釋，《大學》上說：

「小人閒居為不善，無所不至，見君子而後厭然，揜其不善，而著其善。人之視己，如見其肺肝然，則何益矣。此謂誠於中，形於外；故君子必愼其獨也。」（大學 傳 第六章）

小人自欺，不按良知去行事；但是怕人批評。他見了君子，便「揜其不善而著其善」，可是小人自己明明知道自己並不想行善，因爲每人看自己「如見其肺肝然」，這種見人而行善，又有甚麼益處？意念既誠，行事乃誠，那麼誠於中，形於外，纔是真正的善。君子愛真善，因此慎獨。

《中庸》上也講慎獨。《大學》說誠意，雖沒有說意誠是誠於性之理。但若不誠於性之理，誠意便沒有價值。你若說誠意只是不自欺；放膽作惡的人，想做就做，也可算爲不自欺；他這種不自欺，算是善嗎？不自欺是自知不合性之理者，決不做；合於性之理者，決做。這纔是誠意。《中庸》講慎獨便說到誠於理。

「道也者，不可須臾離也，可離非道也。是故君子戒愼乎其所不睹，恐懼乎其所不聞，莫見乎隱，莫顯乎微。故君子愼其獨也。」（中庸 一章）

朱子解釋這一段說：「道者，日用事物當行之理，皆性之德而具於心。無物不有，無時不然，所以不可須臾離也。若其可離，則豈率性之謂哉。是以君子之心，常存敬畏，雖不見聞，亦不敢忽，所以存天理之本然，而不使離於須臾之頃也。……言幽暗之中，細微之事，跡雖未形而幾則已動，人雖不知而己獨知之，則是天下之事無有著見明顯而過於此者。是以君子既常戒懼，而於此尤加謹焉。所以遏人欲於將萌，而不使其潛滋暗長於隱微之中，以至離道之遠也。」

《大學》的愼獨，跟《中庸》的愼獨，都是說君子不敢自欺；因爲心一動了，雖是外面不露形跡，自己本人明明 知道心動是否合於理，決不因爲外人不知道，自己便昧心作惡；於是自誠而誠於理。

三、正心

1. 寡欲

誠，是意誠於理；意誠於理，則人心之天理，能昭著於人事。人心之理，能昭著於人事，即是正心。正心，是說心得其正。這一段修身論，儒者都知道。可是在實行上，有幾個人，時時刻刻能夠把天理昭於自己的言行？因爲修身僅知原則，不足濟事；要緊按照實行的方法，著力去實行。誠意既是意念都合於天理；但是爲做到這一步，必定要人心不爲人欲所蔽。因此儒家，爲修身，第一便主張寡欲。

《大學》上說：

「所謂脩身在正其心者：心有所忿懥，則不得其正；有所恐懼，則不得其正；有所好樂，則不得其正；有所憂患，則不得其正。心不在焉，視而不見，聽而不聞，食而不知其味。此謂脩身在正其心。」（大學 傳 第七章）

《大學》說修身在正其心者，這是把情字包括在心字裏，因爲實際上誠意乃意誠於理，意所以能誠，第一是沒有情慾蔽塞人心之理，第二是意志的力量比情慾的魔力強。那麼爲誠意，便先該寡慾。情慾屬於心，因此可以說欲誠意者必先正心了。正心即是心居在天然的位置。心的天然位置，是光明。心明，天理乃彰明昭著。所以朱子王陽明都以人心本來如同一池清水，光明見底。心底即是天理。那麼《大學》說正心，便說心不要爲忿懥、恐懼、好樂、憂患所擾。擾，則亂；心一亂了，就不能見天理。心亂了，不僅是天理不明；而且意志管不住情慾。心之動，必不恰恰跟天理相合；不相合，心就不得其正了。忿懥、恐懼、好樂、憂患，乃人之情欲；因此使人心亂者爲人欲。想正心，便該寡欲。孟子說：

「養心莫善於寡欲。其為人也寡欲，雖有不存焉者寡矣。其為人也多欲，雖有存焉者寡矣。」（孟子　盡心下）

孟子說養心，即是保存人心的本善。寡欲的人，即使對於人心本善有所失，所失的也不多。多欲的人，即使對於人心本善有所存，所存的也很少。

情欲究竟是甚麼？孟子說情欲是耳目之官所起的傾向。耳目之官是人的感覺，感覺對於外物，常令人起一種欲得或欲避的衝動。這種衝動稱爲情欲。因著感覺沒思索，情欲便可違背理性。情欲一強了，人心即亂，行動就不正了。孟子說：

「耳目之官不思，而蔽於物。物交物，則引之而矣。」（孟子 告子上）

荀子本主張性惡，然而《荀子》書上也主張正心。《荀子》書上的正心，卻又跟《中庸》的誠很相合。他以人心正則清明，清明則可見理，見理纔能行動不錯。可是荀子說見理，不是見人心本然的天理，乃是見外面聖賢所教的道理。荀子以人本來多欲，常傾向於惡，爲能教人爲善，是在按聖賢的道理，用禮法去克制人欲。

「人心譬如槃水，正錯而無動，則湛濁在下，而清明在上，則足以見鬚眉而察理矣。微風過之，湛濁動乎下，清明亂於上，則不可得大形之正也。心亦如是矣。故導之以理，養之以清，物莫之傾，則足以定是非，決嫌疑矣。小物引之，則其正外易，其心內傾，則不足以決庶理矣。」（荀子 解蔽篇）

心爲情欲所動，則不能淸明。不淸明，則不能知理。荀子以這種理爲外面的理，宋明理學家以這種理爲人心本性之理。可是無論理在外或在內，有了情欲的刺激，心便不能居於正而合於理。因此應該寡欲。

寡欲，在中國的各家學說裏，爲一個共同的修身法，道家佛家也有同樣的主張。但是寡欲的解釋，則各有不同。道家的寡欲在使人無爲而返樸；佛家的寡欲，在使人絕欲而入禪定。儒家則以寡欲爲節欲。欲或多或少，不足爲病，只看人能不能按禮去節制它。節制得法，欲雖多也不會擾心；節制不得法，欲雖少也足亂心。荀子說：

「凡語治而待去欲者，無以道欲而困於有欲者也。凡語治而待寡欲者，無以節欲而困於多欲也。……欲不待可得，而求者從所可。欲不待可得，受乎天也。求者從所可，受乎心也。……故欲過之而動不及，心止之也。心之所可中理，則欲雖多奚傷於治？欲不及而動過之，心使之也。心之所可失理，則欲雖寡，奚止於亂？故治亂在乎心之所可，亡於情之所欲。」（荀子 正名篇）

情欲受之於天，人不能絕欲。然欲之動，則受心的指使。心若能按理節制情欲的動蕩，心必不遭情欲所亂。因此爲能寡欲，必須講求心能節欲，心能節欲否，則在心能否鎭定。若能在情欲初動時，鎭定不爲所亂，然後看理明白，指使合法。若使心不定，情欲初動時已亂，則不知道節制情欲了，於是亂而愈亂。所以儒家多講持敬主靜。

2. 持　敬

宋明理學家，在正心誠意上，特別下工夫。尤其是二程子，在這方面，不斷地教誨自己的門生。朱子受他們的影響，很重內修。王陽明雖似乎不好拘束，然也主力行，注重修養。二程子中，明道性情開拓。他的修養法，注意於仁字。主張陶情適性，心平如水。爲能心平，他主持敬。

「學者不必遠求，近取諸身，只明天理，敬而已矣。」（二程遺書　卷二）

伊川則性頗拘拗，一舉一動，不敢苟且。他的修養法，重在敬字。

「涵養須用敬，進學在致知。」（二程遺書　卷十八）

致知爲求知天理。爲知天理須用涵養工夫。涵養則以敬爲最要。朱子因此說：

「大學須從格物入，格物從敬入最好；只敬便能格物。」（朱子語類）

人若持敬，則心可保存天然的狀態，不爲情欲所擾。心既存，則理可見。朱子說：

「敬則心存，心存則理具於此而得失可驗。故曰未有致知而不在敬者。」（朱子語類）

敬字究竟有甚麼意義？敬字的普通意義，在於外貌端方，舉止有規矩。孔子的行動，常常端肅有禮，便是持敬。《論語》上說：

「不時不食，……割不正不食。……食不語寢不言。……席不正不坐。……寢不尸，居不容。……升車必立正執綏。車中不內顧，不疾言，不親指。」（論語 鄉黨）

這種持敬，後來跟守禮相混合了。後代儒家講守禮，多指著外面的舉止，常常端重。外貌端重，處處受禮的節制，則內心可以不紛亂。外面的敬，足以幫助存心。然而僅僅有外面的敬，並不算是持敬。持敬還須有內面的敬。朱子說：

「持敬之要，大抵只是要得此心常自整理，惺惺了了。」（朱子 答項平甫書）

人常整理自己的心，叫自己的心常能惺惺了了。惺惺了了，是說人心常清明，遇事即見理之所在。爲能使心常惺惺了了，朱子乃說持敬在主一。

「堯是初頭出治第一箇聖人，尚書・堯典是第一篇典籍，說堯之德，都未下別字，敬是第一個字。如今看聖賢千言萬語，大事小事，莫不本於敬。收拾得自家精神在此，方看得道理盡。看道理不盡，只是不曾專一。或云主一之謂敬，敬莫只是主一。」（朱子語類）

持敬爲主一，主一是心專於一。心專於一，是心專注在自己目前所有的事。所謂目前的事：一思一言，都稱爲目前的事；不願意作一事，也稱爲目前的事。持敬便是專注在目前，不要分心到其餘的事。朱子說：

「主一又是敬字註解。要之事無大小，常令自家精神思慮盡在此。遇事時如此，無事時也如此。」（朱子語類）

持敬便是主一，主一便是集中思慮於一事。心專於一事，等於我們普通所說的收心。收心在孟子的書裏，稱之爲求放心。

「孟子曰：仁，人心也；義，人路也。舍其路而弗由，放其心而不知求，哀哉！人有雞犬放，則知求之，有放心而不知求。學問之道無他，求其放心而已矣。」（孟子 告子上）

人心亂時，是因他把心放在許多事上。要想存心，就該把這個放出了的心收回。求放心即是收心。收心乃所以存心，存心則心主於一而能見天理。朱子說：

「人心常炯炯在此，則四體不待羈束而自入規矩。只是人心有散緩時，故立許多規矩來維持之。但常常提警，教身入規矩內，則此心不放逸而炯然在此矣。」（朱子語類）

朱子又說：

「學者為學，未問眞知與力行，且要收拾此心，令有箇頓放處。若收斂者在義理上安頓，無許多胡思亂想，則久久自於物欲上輕，於義理上重。須是教義理心重於物欲，如秤令有低昂，即見得義理自端的，自有欲罷不能之義。其於物欲，自無暇及之矣。」（朱子語類）

可是單單集中自己的思慮於一事，不足稱爲正心；務必要收拾自己的心，使在事上能看到義理。朱子所以說在義理上安頓。王陽明說的更清楚：

「陸澄問主一之功：如讀書則一心在讀書上，接客則一心在接客上。可以為主一乎？先生曰：好色則一心在好色上，好貨則一心在好貨上，可以為主一乎？是所謂逐物，非主一也。主一是專心一箇天理。」（王陽明全書 卷一）

主一解釋爲專於天理，就是說人專心在目前的事，看它是否合於人性的理。王陽明說：

「教人為學，不可執偏。初學時，心猿意馬，拴縛不定，其所思慮多是人欲一邊，故且教之靜坐息思慮。久之俟其心意稍定，只懸空靜守如槁木死灰亦無用，須教他省察克治。省察克治之功，則無時可間，如去盜賊，須有個掃除廓清之意。無事時將好色好貨好名等私，逐一追究，搜尋出來，定要拔除病根，永不復起，方始為快。常如貓之捕鼠，一眼看著，一耳聽著。才有一念萌動，即與克去。斬釘截鐵，不可姑容與他方便，不可窩藏，不可放他出路，方是眞實功夫，方能掃除廓清。……初學必須思省察克治，即是思誠，只思一箇天理。」（王陽明語錄）

人遇事知道反省，反省自己所作的事，究竟合於天理否。而且還要在沒事時，自己省察自己，是否有不合理的偏向。務必要把不合於天理者，克除了去。這樣便使心主於天理了。

朱子也說：

「敬有死敬，有活敬，若只守著主一之敬，遇事不濟之以義，辨其是非，則不活。若熟後敬便有義，義便有敬。靜則察其敬與不敬，動則察其義與不義。……須敬義夾持，循環無端，則內外透徹。」（朱子語類）

朱王兩子的說法很相同，雖是在理字上，各有各自的主張，朱子以主一，心不亂則能辨別義理所在。王子以主一，心不亂則可以致良知。但他們兩人都求行事合於人性之理，達到正心誠意。

3. 主靜

爲能主一，集中思慮，理學家教人主靜。主靜的工夫，來自佛教。佛教坐禪，力主靜定。理學家便常講主靜。可是靜字的思想源出《大學》：

「知止而后有定，定而后能靜，靜而后能安，安而后能慮，慮而后能得。」（大學經 一章）

朱子註說：「靜，謂心不妄動。安，謂所處而安。慮，謂處事精詳。得，謂得其所止。」可見《大學》已經主張心不妄動，然後心纔可以思慮。理學家拿《大學》之靜，套上佛教的禪定，乃成功儒家的主靜方法。然而他們卻最不愛人以他們的靜爲佛教的靜。佛教的的靜，是教人坐禪，屏絕一切思慮，心中空虛無物。理學家主靜，最忌心中空虛，他們教守靜，收斂心神。程伊川因此說敬不說靜：

「纔說靜，便入於釋氏之說也。不用靜字，只用敬字。」（二程遺書 卷十八）

但是理學家普通卻也用靜字。靜字的第一個意義，即是靜坐。這是初學者的第一步。靜坐脫胎於坐禪。朱子說：

「明道教人靜坐，李先生（延年）亦教人靜坐。蓋精神不定，則道理無湊泊處。」（朱子語類）

朱子自己也教人說：

「須是靜坐，方能收斂。」（朱子語類）

靜坐雖脫胎於坐禪，但是不像坐禪那樣的跏坐有規矩，更不學坐禪的空觀。儒家的靜坐，只在求心中能夠靜定。朱子說：

「靜坐非是要如坐禪入定，斷絕思慮。只收斂此心，莫令走作閑思慮，則此心湛然無事，自然專一。及其有事，則隨事而應，事已則復湛然矣。不要因一事而惹出三件兩件，如此則雜然無頭項，何以得他專一。」

（朱子語類）

靜坐乃是一種涵養工夫，教人習慣收斂心神。一個人當然不能整天靜坐；但若能每天有相當的時間，獨自靜坐，屏絕外事，自己心地清明，漸漸養成反省的習慣。即遇事情繁雜時，心中也能條理不紊。即使偶而有失，也容易察著。朱子說：

「始學工夫須是靜坐。靜坐則本原定，雖不免逐物，及收歸來也有箇安頓處。譬如人居家熟了。便是出外，到家便安。如茫茫在外，不曾下工夫。便要收斂向裏面，也無箇落處。」（朱子語類）

但是初學者靜坐，很有誤坐的危險。初學人不通義理，靜坐時不知想些甚麼，便或者是呆坐不想，或者是胡思亂想，都不能達到靜坐的目的。王陽明說：

「吾昔居滁時，見諸生多悟知解，口耳異同，無益於得，姑教之靜坐。一時窺見光景，頗收靜效。久之，見有喜靜厭動，流入枯槁之病；或務為玄解妙覺，動人聽聞，故邇來只說致良知。」（王陽明語錄）

靜坐落到空虛，便是佛教的靜了，王陽明所以棄而不講。靜坐看來很易，但若行的不得法，便生許多流弊。

理學家的靜，尙有第二層意義。這層意義不是涵養工夫，而是涵養工夫所造成的心境，即是心地清明。周濂溪說：

「聖人定之以中正仁義而主靜，立人極焉。」（太極圖說　下）

心居於中正而行仁義，則爲主靜。這種靜乃是人心無情欲之擾，中正不偏。

「聖可學乎?曰:可!曰:有要乎?曰:有!請問焉。曰:一為要。一者無欲。無欲則靜虛動直,靜虛則明,明則通。動直則公,公則溥,明通公溥,庶矣乎!」(周濂溪 通書聖學)

周子以中虛空沒有情欲,稱爲靜。因爲人心沒有情欲之擾,當然安靜,人心靜則清明,清明則見理。荀子也曾說到這種心靜。

「治之要,在於知道。人何以知道?曰:心。心何以知?曰虛壹而靜。心未嘗不臧也,然而有所謂虛。心未嘗不 兩也,然而有所謂一。心未嘗不動也,然而有所謂靜。人生而有知,知而有志;志也者,臧也。然而有所謂虛,不以已所臧,害所將受,謂之虛。心生而有知,知而有異;異也者,同時兼知之。同時兼知之,兩也,然而有所謂一,不以夫一害此一,謂之壹。心臥則夢,偷則自行,使之則謀;故心未嘗不動也,然而有所謂靜。不以夢劇亂知,謂之靜。未得道而求道者,謂之虛壹而靜。……虛壹而靜,謂之大清明。……故人心譬如槃水,正錯而勿動,

則湛濁在下，而清明在上，則足以見鬚眉而察理矣。」（荀子 解蔽篇）

荀子的虛壹而靜，虛是說沒有成見，壹是說不兼想兩事。靜是說沒有驚悖亂動。心若虛壹而靜，則清明見理。

儒家的修身法都在這裏了；心靜則專一，專一則情欲不妄動，情欲不妄動，行爲則合於天理；因此意誠。意誠則天理昭著於人事，人心常得其正了。因此儒家的精神生活，即是心的生活。王陽明說：

「聖人之所以為聖人，惟以其心之純乎天理，而無人欲。則我之欲為聖人，亦惟在乎此心之純乎天理而無人欲。」（示弱弟立志說）

人心純乎天理，人之明德即明了。

第五章 親民——仁

一、好生之德

1. 親民

《大學》講大學之道，第一在明明德，第二在親民。明明德是彰明人性之天理，表揚人心本來之善。親民，按朱子的註釋，作爲新民。因爲《大學·傳文》上也說：

「湯之盤銘曰：苟日新，日日新，又日新。康誥曰：作新民。詩曰：周雖舊邦，其命維新。是故君子無所不用其極。」（大學傳 第二章）

新民，是叫人民去舊從新。從新，即是除惡行善。一個人要想引人去惡從新，他自己一定常該自新。同時已經自新的人，一定要新別人。所以《中庸》說：「誠者，自成也。」接著後面就說：「誠者，非自成己而已也，所以成物也。」（第二十五章）真正顯明自己明德的人，自己成全了自己，還要成全旁人。《中庸》說：

「成己，仁也。成物，知也。性之德也，合內外之道也，故時措之宜也。」（第二十五章）

《朱子集註》說：「仁者，體之存。知者，用之發。是皆吾性之固有，而無內外之殊。既得於己，則見於事者，以時措之，而皆得其宜也。」誠者自誠了又去成人，稱為仁。仁是人心本來所有的。誠者，既能盡性，那麼自然推發本心之仁於人。這樣說，誠者所以能成人，根本在於仁。那麼《大學》的親民，雖改作新民，歸根還是一個親民，跟孟子的仁民相等。孟子說：

「君子之於物也，愛之而弗仁，於民也，仁之而弗親；親親而仁民，仁民而愛物。」（孟子　盡心上）

孟子不用親民而用仁民，因爲他分愛、仁、親三字爲三等。愛是愛惜，仁是推己及人，親是近而好之。對於物，只能說愛惜；對於民，只能說己所不欲，勿施於人；對於親人，則說近而好之了。《大學》的親民，雖用親字，意義則同於仁字。

仁字在孔孟的思想裏，常有推己及人的意思，而且也含著成己成人的意義。孟子說：

「仁者，以其所愛，及其所不愛。不仁者，以其所不愛，及其所愛。」

（孟子 盡心下）

仁者，從已經愛的人，再擴大心情，去愛以前所不愛的人。不仁者，則因爲不愛別人，連從前所愛的人也不愛了。所以仁者，是在於能推廣自己的愛。

「老吾老，以及人之老；幼吾幼，以及人之幼，天下可運於掌。……故推恩足以保四海，不推恩無以保妻子。」（孟子 梁惠王上）

推恩是仁，不推恩便不仁。孔子也說：

「惟仁者，能好人，能惡人。」（論語 里仁）

「夫仁者，己欲立而好人，己欲達而達人。能近取譬，可謂仁之方矣。」（論語 雍也）

從這裏便可以見到，《大學》的親民，或作親，或作新，都是說成己成人。爲能成己成人，必定要能夠推己及人。推己及人和成己成人，在孔孟思想裏都稱爲仁。所以《大學》修身的第二步，是一個仁字。親民即是仁民。

2. 天地好生之德稱爲仁

於今進一步去研究仁字的意義。研究的步驟從上往下，先從《易經》開始。《易經》說：

「天地之大德曰生，聖人之大寶曰位。何以守位？曰：仁。」（繫辭下 第

一章）

《易經》的仁，是聖人守職的方法。聖人的職責在於法天，天地的大德在於生，聖人法之稱爲仁。天地之大德曰生，因爲天地合生萬物。

「天尊地卑，乾坤定矣。……乾道成男，坤道成女，乾知大始，坤作成物。」（繫辭上 第一章）

孔子雖也講天地之道，但他不以天地爲陰陽之代表。他以天地代表上帝。天地的運行，即是上帝的功作。在上帝的功作裏，孔子看到好生之德。他讚嘆說：

「天何言哉！四時行焉，百物生焉；天何言哉！」（論語 陽貨）

天不言而行，四時因而調節寒暑，萬物能夠發生，人因此乃能生活。這不是天地好生之德嗎？

漢朝董仲舒特別喜歡發揮這種思想。他第一個說天地好生之德爲仁。

「古之造文者，三畫而連其中，謂之王。三畫者，天地與人也；而連其中者，通其道也。取天地與人之中以為貫，而參通之，非王者孰能當是？故王者，唯天之施，施其時而成之，法其命而循諸人。法其數而以起事，治其道而以出法，治其志而歸之仁。仁之美者在於天。夫仁也，天覆育萬物，既化而生之，有養而成之，事功無已，終而復始，凡舉歸之以奉人。察於天之意，無窮極之仁也。人之受命於天，則仁於天而仁也。」（春秋繁露王者通）

董仲舒以天生養萬物，又拿萬物以奉養人，天所以稱爲仁。我們人應該法天之仁以成仁。

仁不但是叫我們跟天相似，而且叫我們跟天地相通，跟天地合成一體。宇宙萬物本爲一體，一體相通的道理，即是仁。程明道說：

「天地之大德曰生。天地絪縕，萬物化醇，生之謂性，萬物之生意最可觀。

此元者，善之長也，斯所謂仁也。仁與天地一物也，而人特自小之，何哉！」（二程遺書 卷十一）

萬物的本性，傾於求生；沒有一個物體，是自願毀滅的。爲求生存，萬物都靠天地的養育。萬物求生而天養物，天之仁乃包括宇宙萬物，所以理學家稱仁爲一體之仁。

朱子以天地生物之心爲仁，以仁統攝各種善德。他說：

「天地以生物為心者也，而人物之生，又各得夫天地之心以為心者也。故語心之德，雖其總攝貫通，無所不備，然一言以蔽之，則曰仁而已矣。」（朱文公文集 卷六十七 朱子仁說）

「天地別無勾當，只是以生物為心。一元之氣，運轉流通，略無停閒，只是生出許多萬物而已」（朱子語類 卷一）

天地生物之心爲仁，仁字跟著生字緊相連。果子的核，中間發芽的一點，就稱爲仁；所以有桃仁，有杏仁。朱子說：

「仁，是箇生理，若是不仁便死了！人未嘗不仁，只是為私欲所昏。克己復禮，仁依舊在。」（朱子語類 卷六）

仁為天地生物之心，便即是愛物之愛。我們人出生時，本來帶有仁心，本來就愛人，須要克己復禮去保存這種仁心。

「百行萬善總於五常，五常又總於仁。所以孔孟只教人求仁。」（朱子語類 卷六）

因為天地之心是仁，人得天地之心以為心，人所得於天地的是仁；那麼，仁便該包括一切的善德。

「得於天者，只是箇仁，所以為心之全體。卻自仁字分四界子。一界子上是仁之仁，一界子上是仁之義，一界子上是仁之禮，一界子上是仁之智。一

個物事，四脚撐在裏面，惟仁兼統之。」（朱子語類 卷六）

人心同於天心，天心爲仁，人心也爲仁。由仁然後分爲五常諸德。這個仁字，含義當然廣於仁義之仁了。王陽明以人心之仁跟天地之仁，爲一體之仁，人若能明自己的明德，便可體天地一體之仁。

「大學者，昔人以為大人之學矣。敢問大人之學，何以在於明明德乎？陽明子曰：大人者，以天地萬物為一體者也。其視天下猶一家，中國猶一人焉。若夫間形骸而分爾我者，小人矣。大人之能以天地萬物為一體也，非意之也，其心之仁本若是其與天地萬物而為一也。豈惟大人，雖小人之心，亦莫不然，彼顧自小之耳。……是其一體之仁也，雖小人之心亦必有之。是乃根於天命之性，而自然靈昭不昧者也。是故謂之明德。……是故為大人之學者，亦惟去其私慾之蔽，以自明其明德，復其天地萬物一體之本然而已耳；非能於本體之外，而有所增益之也。曰：然則何以在親民乎？曰：明明德者，立其天地萬物一體之體也；親民者，達其天地萬物一體之用也。故明明德必在於親民，而親民乃所以明其明德也。……君臣也，夫婦也，朋友也，以至於山川神鬼鳥獸草木也，莫不實有以親之，以達吾一體之仁，然後吾之明德始無不明，而眞能以天地萬物為一體矣……是之謂盡性。」（王陽明 大學問）

人所得於天者，爲明德。然而人所得於天者爲好生之心，好生之心爲仁；所以人所得於天之明德即是仁。明明德，爲發揚本性之仁，發揚仁心自然親民。王陽明說親民乃明明德的必然結果。親民是欲民之善，欲民之善即是新民。那麼或說新民以仁，或說仁以親民，都算爲明明德的自然進域。

3. 仁爲德綱

上節我已引證朱子的話，以仁字總攝眾善。仁爲德綱，理由是在以仁爲天心。天生萬物，立有規則；這種規則稱爲天理。天理存於人性，昭於人心，爲人的行動法規。天理代表天意，天意掌握宇宙，目的所在則爲生養萬物，那麼天意所向即是仁。天理既是代表天意，天意以仁爲目的，天理便也該以仁爲宗向。天理爲人的行動規則，天理的目的爲仁，人的行動便也該以仁爲目的了。人的行動以仁爲目的，那麼人的善行都是傾於仁的。因此仁便成德綱了。

「學者須先識仁，仁者渾然與物同體，義禮智信皆仁也。識得此理，以誠敬存之而已。」（程明道 二程遺書 卷二）

「仁爲德綱」，孔子早就說了，下節將詳細加以說明。後代的儒家，雖在理學家裏；有「仁爲德綱」的主張，但在修身方面，大家都以孝爲德本。可是孝字是從實踐道德一方面說，若是從儒家精神生活的理論說，先儒後儒都假定仁爲德綱。因爲儒家思想的最高目的，在社會方面爲世界大同，在私人生活方面爲天人合一，這兩種目的都靠「仁」字去完成。這兩點，在後面我將分節討論。於今只簡單地提出。世界大同，是把仁字發展到全世界，以天地爲一家。天人合一，則是人能仰體天心，人心與天心合一。天心爲仁，人心要以仁纔能合於天心。人心與天心，具有一體之仁，人便能參天地之化了。

儒家的修身，由漸而進，一步一步往前走。所以儒家的精神生活，也是一級一級向上。因此儒家講「仁」，常主張一種「推」字。「推」爲孟子所說的「推恩足保四海」。推恩，是由近及遠，分有次第。因此儒家跟墨家兩方鬧意見，墨子主張兼愛，沒有等差；儒家則主張博愛，分有親疏。孟子痛罵墨子爲無父無君，等於禽獸。（見滕文公下）王陽明解釋這層理由：

「問：程子云：仁者以天地萬物為一體，何墨氏兼愛反不得謂之仁？先生曰：此亦甚難言，須是諸君自體認出來始得。仁是造化生生不息之理，雖瀰漫周遍，無處不是；然其流行發生，亦只有個漸，所以生生不息。……父子兄弟之愛，便是人心生意發端處，如木之抽芽。自此而仁民，而愛物，便是發幹生技生葉。墨氏兼愛無差等，將自家父子兄弟與途人般看，便自沒了發端處。不抽芽便知他無根，便不是生生不息；安得謂之仁？」（王陽明 傳習錄上）

人生來知道愛父母兄弟子女，孟子稱這種愛爲善端，把這種善端推發出去便稱爲仁。孟子所以說「老吾老，以及人之老；幼吾幼，以及人之幼。」既然父母兄弟子女爲愛之發端處，便成爲愛之範疇，愛別人的父母兄弟子女，如同愛自己的父母兄弟子女。那麼自己的父母兄弟子女，便在別人的父母兄弟子女之先。於是愛有次第，有差等。假使像墨子所說的，一味兼愛，天下人是一樣：人生來本不知道愛一切的人，務必要從愛父母兄弟出發，若把父母兄弟都看成了路人，愛便沒有發端了。雖是滿口講兼愛，兼愛卻無從出哩！

二、孔子之仁

1. 仁爲全德

仁字既爲德綱，總攝五常，因此在儒家的思想裏，位置很重要，意義也很複雜。於今我要講一講孔子《論語》的仁。

在《論語》裏，孔子多次講到仁字，弟子們也多次問夫子，仁字的意義若何。在孔子的言論裏，仁字每次另有一種意義。於今按照《論語》的篇次，我們不妨看一看：

「子曰：巧言令色，鮮矣仁。」（學而）

朱子加註說：「好其言，善其色，致飾於外，務以悅人；則人欲肆而本心之德亡矣。」

亡了本心之德，就算「鮮矣仁」；不務外而保有本心之德，則稱爲仁。

「子曰：唯仁者，能好人，能惡人。」（里仁）

朱子註云：「蓋無私心，然後好惡當於理，程子所謂得於公正也。」仁字不僅是愛人，而且是好惡都合於理，心得其正。

「子曰：苟志於仁矣，無惡也。」（里仁）

仁字的意義，可說是高極了。一個人若志於仁，則必不行惡。那麼仁字可以代表孔子倫理道德的中心。

「子曰：富與貴是人之所欲也；不以其道而得之，不處也。貧與賤，是人之所惡也；不以其道而得之，不去也。君子去仁，惡乎成名。君子無終食之間違仁，造次必於是，顚沛必於是。」（里仁）

求富貴之道，去貧賤之道，都在一個仁字。仁字是君子之所以爲君子，終生沒有一刻可以違背的。仁字，可說是爲善的標準。

「子貢曰：如有博施於民，而能濟眾，何如，可謂仁乎?子曰：何事於仁，必也聖乎！堯舜其猶病諸。夫仁者，己欲立而立人，己欲達而達人。能近取譬，可謂仁之方矣。」（雍也）

朱子註說：「譬，喻也。方，術也。近取諸身，以己所欲譬之他人，知其所欲亦猶是也。然後推其所欲以及於人，則恕之事而仁之術也。於此勉焉，則有以勝其人欲之私，而全其天理之公矣。」博施濟眾可算爲聖人的善舉，但尚不能稱爲仁。仁字是立己立人，達己達人。仁即是新民。

「子曰：回也，其心三月不違仁。其餘則日月至焉而已矣。」（雍也）

朱子註云：「三月，言其久。仁者，心之德。心不違仁者，無私欲而有其德也。日月至焉者，或日一至焉，或月一至焉，能造其域而不能久也。」仁爲心之德，仁就攝眾德了。顏回三月之久，沒有一事違仁，孔子所以很稱讚他的賢。

「顏淵問仁，子曰：克己復禮為仁。一日克己復禮，天下歸仁焉。為仁由己，而由人乎哉！顏淵曰：請問其目？子曰：非禮勿視，非禮勿聽，非禮勿言，非禮勿動。顏淵曰：回雖不敏，請事斯語矣。」（顏淵）

朱子註中有云：「仁者，本心之全德。克，勝也。謂身之私欲也。復，反也。禮者，天理之節文也。爲仁者，所以全其心之德也。蓋心之全德，莫非天理，而亦不能不壞於人欲。故爲仁者，必有以勝私欲而復於禮，則事皆天理，而本心之德，復全於我矣。」仁爲天理的總綱，爲心的全德，禮乃全德的規律，欲爲仁者，就該守禮。離禮沒有仁；失了仁，禮也失卻意義。這一段話，是孔子論仁最完滿的一段話。

「仲弓問仁，子曰：出門如見大賓，使民如承大祭，己所不欲，勿施於人。在邦無怨，在家無怨。仲弓曰：雍也不敏，請事斯語矣。」（顏淵）

朱子註說：「敬以持己，恕以及物，則私意無所容而心德全矣。內外無怨，亦以其效言之，使以自考也。」要想爲仁的人，隨處都該謹慎，事事有禮，不敢苟且。待人接物，該推己及人，不敢自私。這幾點跟上面所說立己立人，達己達人，意義相同。

「司馬牛問仁。子曰：仁者其言也訒。曰：其言也訒，斯謂之仁矣乎？子曰：為之難，言之，得無訒乎？」（顏淵）

司馬牛大約多次失言，因此孔子答以「仁者，其言也訒。」他很奇怪，怎麼一個微妙難言的仁，卻只是訒言！訒言，固然不足代表仁；然而其言不訒的人，必定不能有仁。信口雌黃，心既不收，失口傷人，離仁則遠了。事事謹慎的人，知道每樁事都不容易，發言時不輕開口。這等人，可以說是爲仁的人。

「樊遲問仁。子曰：愛人……。樊遲未達。子曰：舉直錯諸枉，能使枉者直。」（顏淵）

愛人兩字很簡單，樊遲不能不懂；他所以未達，是仁字怎樣僅只解爲愛人。孔子乃進一步解釋愛人，作爲舉直錯諸枉，意義跟新民，跟立人達人相同了。

「樊遲問仁。子曰：居處恭，執事敬，與人忠，雖之夷狄，不可棄也。」（子路）

樊遲是個講實際的人。他聽見夫子談爲政，常是空空的正名。一次他便故意問夫子怎樣去稼圃。孔子憤然叫他去問老圃老農，然後批評他說：「小人哉！樊須也。」（子路）這次他又問仁，孔子乃就實際上指點他，以恭敬忠厚爲仁。朱子註說：「恭主容，敬主事。恭見於外，敬主乎中。之夷狄不可棄；勉其固守而勿失也。」

「子曰：剛毅木訥，近乎仁。」（子路）

這是說到仁的兩方面。一方面說爲仁者，不畏強權，不怕因難，事事要誠於自己，剛毅勇爲，貫徹自己的大道。另一方面說爲仁者，遇事謹慎，謙以自持，木訥少言。

「克伐怨欲，不行焉，可以為仁矣？子曰：可以為難矣，仁則吾不知也。」（憲問）

原憲知道夫子最重仁；他便把修身之道，用四字舉出：不好勝、不自矜、不怨恨、不貪欲，人若能做全了這四點，一定可以算爲仁了罷！孔子卻答以離仁尙遠哩！做全了這四點，可以算爲難能，不足算爲仁。因爲仁不只在消極方面克慾，在積極方面該有所行。

「子張問仁於孔子，孔子曰：能行五者於天下，為仁矣。請問之。曰：恭、寬、信、敏、惠。恭則不侮，寬則得眾，信則人任焉，敏則有功，惠則足以使人。」（陽貨）

朱子註曰：「五者之目，蓋因子張所不足而言耳。」孔子因人設教。子張問仁，孔子就子張所缺的五點，舉以作答。那麼仁字的本義，則較此所舉的五德，還要廣呢！

由上面所引《論語》上孔子論仁的話，可見仁字的含義很廣泛，因此孔子每次的話，都不一樣。結果我們也就很難說出孔子的仁字，究竟有甚麼意義。把孔子的話，合起來研究一下，我只能說孔子的仁，代表一切善德的總綱。仁的精神，則爲推己及人的愛字。仁的儀表，則爲禮。孟子曾說：

「仁，人心也；義，人路也。」（告子上）

「仁也者，人也。合而言之，道也。」（盡心下）

人之所以爲人，爲仁。仁是人性的本然。人性本於天道，天道是好生之德，後人乃解仁爲好生之德。好生之德並不只是一個愛字，乃是代表人心的德性，朱子所以說仁爲心之全德。胡適之卻說：「仁者，人也。只是說仁是理想的人道。做一個人，須要盡人道。能盡人道，即是仁。後人如朱熹之流，說：「仁者，無私心而合天理之謂。」乃是宋儒的臆說，不是孔子的本意。蔡子民中國倫理學史說孔子所說的仁，乃是統攝諸德，完成人格之名。這話甚是。」（胡適 中國哲學史大綱 上卷 頁一一四）在我看來，仁字解爲統攝諸德，爲理想的人道，跟朱子所解爲無私心而合於天理，並不相衝突。仁，爲做人之道；爲人之道是甚麼？在無私心而合於天理。無私心而合於天理，當然可以算爲完人了。朱子說仁爲心之全德，不能說爲後人的臆說。

2. 一貫之道

孔子曾以自己的學說，可以集中於一點，這一點能貫通他的全部思想，他說：

「賜也，女以予為多學而識之者與？對曰：然，非與？曰：非也。予一以貫之。」（論語 衛靈公）

孔子不自以爲多學多識，只是有一貫的主張。這種一貫之道，當然爲孔子思想的中心。從這中心點，然後可以貫通其他的部分。這種中心點，究竟何在？

「子曰：參乎，吾道一以貫之。曾子曰：唯！子出，門人問曰：何謂也？曾子曰：夫子之道，忠恕而已矣。」（論語 里仁）

胡適之在《中國哲學史大綱上》說：「自從曾子把一以貫之，解作忠恕，後人誤解曾子的意義，以爲忠恕乃是關於人生哲學問題，所以把一以貫之也解作盡己之心，推己及人，這就錯了。」（上卷 頁一〇七）胡氏便引章太炎的話，以忠恕爲求學的方法，「心能推度曰恕，周以察物曰忠。」（章氏叢書檢論三）可是假使自曾子一直到清末的儒家，把忠恕都解錯了，這種錯誤的解釋，也該認爲儒家的思想。胡氏拿自己的名學，去講孔孟，殊不知孔孟都是重在人生哲學，即使講論、求學，也是爲著人生大道。所以解釋忠恕爲人生哲學並不是錯誤；解釋忠恕爲推論方法，只可以作爲忠恕的一面。而且胡適之自己也承認忠恕與人生哲學有關，引用《大學》《中庸》《孟子》的話，替恕字作註釋。

我以爲曾子既以忠恕作爲孔子一貫之道，忠恕便是仁的代名詞。忠者，心得其中，即是心無所偏，即是正心。正心則心無私欲而天理顯，這即是孔子所謂立己達己。恕者，如心，把我的心，作爲度數，去推測別人的心。這即是孔子所謂立人達人。朱子註說：「盡己之謂忠，推己之謂恕。」把忠恕合起來，便成爲仁。這種解釋，古書上也有：

「子貢問曰：有一言而可以終身行之者乎？子曰：其恕乎，己所不欲，勿施於人。」（論語 衛靈公）

「忠恕違道不遠，施諸己而不願，亦勿施於人。」（中庸 第十三章）

上面兩條解釋，跟上節我以親民爲仁民的仁字相同。仁字是立己立人，達己達人。忠字爲己，恕字爲人。

於今我就試一試，用仁字去系統化孔子的思想。孔子的仁，爲他的中心思想，統攝一切善德。仁的本體，在乎人性的天理；仁的精神，在乎法天的好生之德而爲博愛；仁的規範，在乎遵守禮法；仁的氣象，則爲中庸。

孔子談仁時，不是說，仁者立己立人，達己達人嗎！這是說仁的精神。孔子又說克己復禮爲仁，非禮則不言行；這是說仁的規範。孔子又以「剛毅木訥近於仁。」（子路）這是說中庸爲仁的氣象。孔子以爲「苟志於仁矣，無惡也。」（里仁）「君子去仁，惡乎成名。」（里仁）這便是以仁爲人性的天理。

再拿博愛的精神，禮的規範，中庸的氣象，歸併起來去解釋孔子的道德。我們便可講解孔子的智仁勇三達德，以及君臣父子夫婦兄弟朋友的五倫了。

因此仁字是孔子所理想的完人之全德，貫徹他的全部倫理道德。馮友蘭說：「故仁爲孔子一貫之道，中心之學說。故論語中亦常以仁爲人全德之代名詞。……惟仁亦爲全德之名，故孔子常以之統攝諸德。」（馮友蘭 中國哲學史 上冊 頁一〇一）

第六章　止於至善——天人合一

一、止於至善

1. 止

《大學》講大學之道的第三步，說「在止於至善。」（經一章）朱子註說：「止者，必至於是而不遷之意。至善，則事理當然之極也。」

《大學》的《傳》文解釋止於至善說：「詩云：邦畿千里，惟民所止。詩云：緡蠻黃鳥，止於丘隅。子曰：於止，知其所止，可以人而不如鳥乎？詩云：穆穆文王，於緝熙敬止。爲人君，止於仁。爲人臣，止於敬。爲人子，止於孝。爲人父，止於慈。與國人交，止於信。」（傳三章）

止，是知其所止，知其所止，並不是說到了所止之處，就停止不行動了。止其所止，是說到了所止之處便常留居在這裏。然而在這一處，仍是繼續行動。例如說：爲人子，止於孝。作兒子的，事事都要知道孝。所以止字，靜裏有動。靜是止於該止之點，動是在這一點上繼續動作。王陽明解釋止字說：

「然則烏在其為止於至善乎？曰：至善者，明德，親民之極則也。天命之性，粹然至善，其靈昭不昧者，此其至善之發見，是乃明德之本體，而即所謂良知者也。至善之發見，是而是焉，非而非焉，輕重厚薄，隨感隨應，變動不居，而亦莫不有天然之中。是乃民彝物則之極，而不容少有擬議增損於其間。」（王陽明 大學問）

陽明一貫他的良知論，把止於至善解爲致良知。良知之發見爲至善，致良知即爲止於至善了。但是我們根據《大學》的思想，明明德進而爲親民，親民進而爲止於至善；明明德既爲致良知，則止於至善就不該又解爲致良知了。

至善，乃是人生最高的目的。人的生活，常常向著這個目的。一天達到了這個目的，人就不再追求任何事物了。所以止字不僅是說知其所止。知其所止，即是說人該知道自己的目的。知道目的時，還沒有達到目的，並沒有「止」。止，應該是一種心理境界，人達到了目的時，人心不再有所追求，人心乃止。既止了，便停留在至善上，因此有「止而后定」。因著定，人心乃和。

2. 至　善

至善兩字的解釋，問題頗多。第一個問題，是人生的至善爲唯一的，或每一事物上各有一至善？朱子以至善爲事理當然之極至，這跟他的太極相同了。朱子主張：

> 「太極只是萬物之理，在天地言，則天地中有太極；在萬物言，則萬物中各有一太極。」（朱子語類）

同樣，至善既爲事理之極，在天地言，天地有一個至善；在萬物言，萬物各有一個至善。《大學》解釋止於至善的章句，看來就是這種主張。章句說：「爲人君，止於仁。爲人臣，止於敬。爲人子，止於孝。爲人父，止於慈。與國人交，止於信。」每一倫常關係，有一個至善作爲標準。但是，若把這種解釋，貫徹到底，至善就失去至善的意義了。因爲敬孝慈等德，在各自的一倫裏，算爲至善；但是在整個的人生裏，那個算是至善呢？孔子以仁爲全德，總攝各種倫理德目。朱子也以仁、義、理、智都攝於仁。似乎在各倫的至善之上，更有一個至善。這個至善稱爲仁。但是上章既然講明親民爲仁，那麼至善便該在仁以上。

若是沒有一個唯一的至善，這個至善而且是絕對的，則各倫的相對至善，失去所謂至善的意義。因爲若說：爲人君，止於仁：接著就該說爲甚麼人君該仁呢！爲人臣，止於敬；這又是爲甚麼呢？爲人子，止於孝，理由又在那裏？孔子和後代的儒家，都以爲每一倫，止於一個至善，因爲禮是這樣定的。爲人君，按禮該仁；爲人臣，按禮該敬；爲人子，按禮該孝；爲人父母，按禮該慈。這樣《大學》所謂知本（傳四章）似在禮字上了，禮可以成爲至高的至善。

但人倫之極則，雖出於禮，禮還不是至善之本；因爲禮自身有所本。荀子說：「禮有三本：天地者，生之本也。先祖者，類之本也。君師者，治之本也。」（禮論）三本之中，又以天地爲最高；先祖君師也是生於天地。總歸起來，禮的根本乃是天地。那麼各倫的至善，各追各自的理由，也都終究追到天地。因此我就可以說至善爲唯一的；這個至善是天地。

天地怎麼可以作爲人的至善呢？天地在儒家裏，佔的地位很重要。儒家常以天地作上天造物者的代表。造物者不可見，然而他的德能顯於天地，所以儒家講人的理想生活時，《易經》、《中庸》都說是與天地同德，後儒則說是天人合一。理想生活，即是止於至善。所以儒家的止於至善，乃是人達到與天地合一的境界，馮友蘭稱這種境界爲「天地境界」，或爲「同天境地」。（馮友蘭 新原人 頁三一 商務 一九四七年版）

止於至善，不單單地說一個人在某一事上，知道應守之理；例如爲人子，知道以孝之理去事親，乃是說一個人在整個的生活上，達到了當止之點。他的整個生活就安在這一點上。他的一切活動，都把這一點作爲起點，又作爲終點。上章我說明仁爲儒家的德綱；然而仁還只是一個德，德有所本。仁本於天地好生之心。一個人以自己的好生的心，與天地好生的心相合，因而與天地相合。這種境界，纔稱爲至善。到了這種至善境界，便走了儒家修身的第三步，便登了儒家生活的最高峰。

3. 定

達到了天人合一的至善境界，人的精神生活乃入於定。《大學》上說：「知止而后有定，定而后能靜，靜而后能安，安而后能慮，慮而后能得。」（經 一章）《大學》所說的，純粹是一種心理狀態，分定、靜、安、慮、得各項層次。我於此所要說的定，乃是精神生活的一種境界。精神生活的定，不單單是心理上志有所向的狀態，而是精神生活的全部，都達到安定不亂的境界。在這種安定的境界裏，不思慮就得。因爲心地常常光明，遇事即知處置之理。精神既常入定境，不亂於事物了，不擾於情慾了，人心便常靜而樂。孔子曾說：

「吾十有五而志於學，三十而立，四十而不惑，五十而知天命，六十而耳順，七十而從心所欲，不踰矩。」（論語 爲政）

有志於學，可以說是志有所止了，則已經有朱熹註釋《大學》之所謂定了。知而不惑，可以算是慮而能得了。然而這都不能算爲止於至善，只有五十而知天命，精神纔開始定了；因爲知天命，則安於天命，由安於天命，然後與天心相合，進於止於至善的境界。故以後乃有六十而耳順，七十而從心所欲，不逾矩。朱子引程子的話作註釋說：「耳順，所聞皆通也。從心所欲，不逾矩，則不勉而中矣。」這樣可見，到了耳順時，不必思慮，所聞皆通，不勉而中，則是不專心去克欲，而欲已不亂心了。這便是到了精神生活的安定境界。

朱子一味記著他的窮理盡性，格一物又格一物，應一事有一事的至善。怪不得陸象山、王陽明都批評他支離破碎。

程明道曾主定性，不分性之內外，一定則內外都定。他答應張橫渠的辨難說：

「所謂定者，動亦定，靜亦定，無將迎，無內外。……與其非外而是內，不若內外之兩忘也。兩忘則澄然無事矣。無事則定，定則明，明尚何應物之足累哉。」（明道文集 卷三 答張橫渠書）

這種定，跟止於至善之定，就相同了。人到了止於至善的境界，就內外兩忘，不再受人事的牽累。於是能明，明則事事該通。程子解釋說：

「夫天地之常，以其心普萬物而無心。聖人之常，以其情順萬事而無情。故君子之學，莫若廓然而大公，物來而順應。……苟規規於外誘之除，將見滅於東，而生於西也。非惟日之不足，顧其端無窮，不可得而除也。」（同上）

朱子解釋明道的定性說：

「問定性書所論，固是不可有意於除外誘；然此地位高者之事，在初學恐亦不得不然否？曰：初學也不解如此。外誘如何除得。有當應者，也只得順他，便看道德如何。理當應便應，不當應，便不應。此篇大綱，只在廓然而大公，物來而順應兩句。」（朱子語類 卷六）

「問天地之常，以其心普萬物而無心。聖人之常，以其情順萬物而無情。故君子之學，莫若廓然而大公，物來而順應。學者卒未到此，奈何？曰：雖未到此規模，也是恁地廓然大公，只是除卻私意。事物之來，順他道理應之。且如有一事，自家見得道理是恁地，卻有箇偏曲底意思。要為那人，便是不公，便逆了道理，不能順應。聖人自有聖人大公，賢人自有賢人大公，學者自有學者大公。又問：聖賢大公，固未敢請；學者之心當如何？曰：也只存得這箇在，克去私意。這兩句，是有頭有尾說話。大公是包說，順應是就裏面細說。」（朱子語類 卷六）

朱子把明道的定性，解爲應事得理。這離止於至善之定，相差得太遠了。朱子所說的定，好比一個人端坐不亂，來一隻蚊子，打一隻蚊子，他便可以不被蚊子所擾。可是這樣打蚊子，正犯了明道所攻擊的誤點：「苟規規於外誘之除，將見滅於東，而生於西。」打一隻蚊子，又來一隻蚊子，將打不勝打，心中終於要亂。止於至善之定，則是明道的廓然大公，跟天地同心；然後不思而應事都得當。這便是好似一個人睡在帳子裏，蚊子進不去，他便安然睡著。這種境界較比安坐打蚊子的境界，高明的多了。一勞一逸，誰都分辨得出。不過明道說定性，尚作爲修身法。

所以儒家中講「定」的，孔子之後，只有孟子，可算爲到了精神安定的境界。

「公孫丑問曰：夫子加齊之卿相，得行道焉，雖由此霸王不異矣；如此，則動心否乎？孟子曰：否，我四十不動心！」（孟子 公孫丑上）

心中不爲外面的窮達所擾，隨遇而安。孟子在四十歲時已經到了這種境界，所以他能夠養浩然之氣，參天地之常。有了天地之常，必定是常不動心了。

「富貴不能淫，貧賤不能移，威武不能屈，此之謂大丈夫。」（孟子 滕文公下）

這雖是大丈夫的講氣節，然也是精神定後，人在各種環境裏，都能不移於道，心常安定。

4. 和

止於至善的人，跟天心相合，參天地之化。這等人，心常安定，他的內外都和而樂。

《中庸》說：

「喜怒哀樂之未發，謂之中；發而皆中節，謂之和。中也者，天下之大本也。和也者，天下之達道也。致中和，天地位焉，萬物育焉。」（經 第一章）

朱子註說：「蓋天地萬物，本吾一體。吾之心正，則天地之心亦正矣。吾之氣順，則天地之氣亦順矣。故其效驗至於如何，此學問之極功，聖人之能事。初非有待於外，而修道之教，亦在其中矣。」

朱子以吾心吾氣，跟天地之心之氣同爲一體。吾心正，吾氣順，則天地之心也正了，天地之氣也順了。因爲天地之心，本來是正的；但若我的心不正，天地之心在我以內也就不正了；所以說吾心正，則天地之心亦正。天地之氣本是順的，但若我的氣不順，天地之氣在我之內也就不順了；所以說吾之氣順，則天地之氣亦順。人心的正，是七情發時都中節；人氣的順，是人內外都調和。因此中和便是人心同於天地之心，所發該能中節。人心既與天心相合，人心完全安定，不受外物的牽誘，那麼他的七情，每次發動，必定都合於理，好似音樂的聲調，高低都得其當。

中和之道，可以用儒家論樂的理論來講。儒家以樂爲調和人的七情。禮治人的外形，樂則和人的內心。

「人生而靜，天地之性也，感於物而動，性之欲也。物至知知，然後好惡形焉。好惡無節於內，知誘於外，不能反躬，天理滅矣。夫物之感人無窮，而人之好惡無節，則是物至而人化物也。人化物者，滅天理而窮人欲也。……是故先王之制禮樂，……禮節民心，樂和民聲，政以行之，刑以防之。禮樂刑政，四達而不悖，則王道備矣。」（禮記 樂記）

「是故先王本之情性，稽之度數，制之禮義，合生氣之和，道五常之行，使之陽而不散，陰而不密，剛氣不怒，柔氣不懾。四暢交於中，而發作於外，皆安其位而不相奪也。」（同上）

所謂和，即是人的七情，都能互相調協，發於外時，事事能中節。在初學修身的人，要事事謹慎，克制情感。到了止於至善的境界，人心跟天心相合了，人的感情，便常能不勉而中了。

七情能互相調協，這等人便如《書經》所說：

「寬而栗，柔而立，愿而恭，亂而敬，擾而毅，直而溫，簡而廉，剛而塞，彊而義，彰厥有常。吉哉！」（皐陶謨）

雍容中和彬彬君子之風，這等人常常能夠彰明自己的德性，乃是世上的吉人。孔子即是這等吉人，《論語》上說：

「子溫而厲，威而不猛，恭而安。」（述而）

「子絕四：毋意、毋必、毋固、毋我。」（子罕）

中和的心境，合於儒家的中庸。孔子最著重中庸，他說：

「中庸其至矣乎，民鮮能久矣！」（中庸 三章）

朱子註釋《中庸》說：「中庸者，不偏不倚，無過不及。而平常之理乃天命所當然，精微之極致也。」（中庸 第二章）中，是七情沒有發動時，各自有的天然狀態。庸，是庸常之理，即七情既發動時，都能合於常理。那麼中庸便是人的七情，動時皆能合於理。

中庸用之於普通的人事，則為中國社會的守中道，勿過或不及。但是中庸在本身的意義，則是說人心在合於天心的最高境界時，在一切的尋常事上，都中乎節。馮友蘭說：「在天地境界中的人，並不需要作些與眾不同底事。他可以只作照他在社會中所有的倫職所應作的事。……不過，因為他對於宇宙人生，有深底覺識；所以這些事對於他都有一種意義。

為對於在別的境界中底人所無者。此所謂即其所居之平，樂其日用之常。」（馮友蘭　新原人　頁一〇四）

達到了中和，人心便常怡然自樂。因為心內的七情既協調，心外必不會表示愁怨了。孔子說：「不怨天，不尤人。」（憲問）「在邦無怨，在家無怨。」（顏淵）便是說中和的人，沒有所怨了。《論語》論孔子說：

「子之燕居，申申如也，夭夭如也。」（述而）

《朱子集註》說：「申申，其容舒也。夭夭，其色愉也。」孔子平居常心境愉快。他自己也說：

「君子坦蕩蕩，小人長戚戚。」（述而）

《朱子集註》引程子的話說：「君子循理，故常舒泰，小人役於物，故多憂戚。」

「子曰：飯疏食，飲水，曲肱而枕之，樂亦在其中矣。不義而富且貴，於我如浮雲。」（述而）

止於至善的人，不以外物的有無而生喜憂，貧中也能樂，顏回所以居陋巷而樂不改。中和的人，不僅不役於外物，而且又無所愧於心，沒有憂懼。

「子曰：君子不憂不懼。曰：不憂，不懼，斯謂之君子矣乎？子曰：內省不疚，夫何憂何懼！」（顏淵）

君子既是這樣；中和的聖者，事事中節，更該無憂無懼了。孔子與門生言志時，嘆曰：「吾與點也！」曾點的志何在？他自己說：

「莫春者，春服既成，冠者五六人，童子六七人，浴乎沂，風乎舞雩；詠而歸。」（先進）

朱子註說：「曾點之學，蓋有以見夫人欲盡處，天理流行，隨處充滿，無少欠闕。故其動靜之際，從容如此，而其言志，則又不過其所居之位，樂其日用之常。初無舍己爲人之意，而其胸次悠然，直與天地萬物，上下同流，各得其所之妙，隱然自見於言外。」

人心沒有物慾的紛擾，體天地之仁而合於天心，動皆中節。故他的心情自然流露處，皆雍容和悅，與物同樂。

二、天人合一

1. 人與天地同德

儒家人生觀的理想境界，爲天人合一。到了這種境界，則是止於至善了。天人合一的境界，有甚麼意義？儒家所說的答案，不很明瞭。我綜合各家所說，加以層次，使稍有系統。

儒家講說人之能合於天地，在人心合於天心。天心爲天地好生之德，爲仁。人心怎樣能夠合於天心呢？在人能體天地之仁而有仁。人發揮仁德，即與天地同其德，就可與天心相合了。

《易經》以天地的大德曰生，聖人的大德曰仁。聖人因著仁，與天地相合：

「與天地相似，故不違。知周乎萬物，而道濟天下，故不過。旁行而不流，樂天知命，故不憂。安土敦乎仁，故能愛。」（易經　繫辭上　第四章）

《朱子集註》說：「此聖人盡性之事也。天地之道，知仁而已。知周萬物者，天也；道濟天下者，地也。知且仁，則知而不過矣。旁行者，行權之知也。不流者，守正之仁也。既樂天理，而又知天命，故能無憂。而其知益深，隨處皆安而無一息之不仁，故能不忘其濟物之心而仁益篤。」知屬天，仁屬地：這種解釋太勉強了。人心合於天心，人與天地相似，則不違於天地之道了。於是能知萬物之理，能以仁心包涵萬物。

《易經》另有一處，講人與天，兩者的德相合：

「夫大人者，與天地合其德，與日月合其明，與四時合其序，與鬼神合其吉凶。先天而天弗違，後天而奉天時。天且弗違，而況於人乎？況於鬼

神乎？」（乾卦 文言）

大人因著自己的仁德，與天德相合，因此乃通於天地。天地所有，也爲大人所有。日月長明，大人之心也常明。四時有序，大人之心也常有序。鬼神決定吉凶，大人也可先知吉凶。大人與天地，中間再沒有隔閡。

《中庸》主張以「誠」通天地。因爲天道至誠，人道也在至誠。人能至誠，則可通天地。

「唯天下至誠，為能盡其性。能盡其性，則能盡人之性。能盡人之性，則能盡物之性。能盡物之性，則可以贊天地之化育。可以贊天地之化育，則可以與天地參矣。」（傳 二十二章）

至誠的人，知道盡自己的性，盡性是完全按自己的本性去行動，能夠完全發揮自己的本性。就知道發揮自己本性的人，也就知道發揮物性。天地的工作在化育萬物，發揮萬物的本性。聖人既能發揮物性，便是作天地所作的事，便是贊助天地的化育。因此乃與天地相參，互相通和了。

天地的化育，稱爲仁；人贊天地的化育，也稱爲仁。人之仁與天地之仁相參，即是與天地同德了。《中庸》說：

「大哉聖人之道，洋洋乎發育萬物，峻極於天。優優大哉，禮儀三百，威儀三千，待其人而後行。故曰：苟不至德，至道不凝焉。」（傳 二十七章）

聖人之德，充塞天地，發育萬物，氣象很雄偉。而且不凝聚在一點，常常行動。

「故至誠無息，不息則久，久則徵，徵則悠遠，悠遠則博厚，博厚則高明。博厚，所以載物也，高明，所以覆物也，悠久，所以成物也。博厚配地，高明配天，悠久無疆。」（中庸 傳 二十六章）

至誠的人，行動不息，養育萬物；所以他的精神也可相配天地的精神。

「唯天下至誠，為能經綸天下之大經，立天下之大本，知天地之化育。夫焉有所倚。肫肫其仁，淵淵其淵，浩浩其天。苟不固聰明聖知，達天德者，其孰能知之？」（中庸 傳 第三十二章）

至誠的人，發揮自己的本性。性之全德是仁，至誠的人所以發揮仁德。因此他的仁德，淵淵其淵，峻極於天，這樣便能與天地同德。先儒的天人合一，就是這個人與天地同德。

2. 人與天地同體

後代的儒家，解釋人與天地同德，常講人與天地同體。《朱子集註・中庸》說：

「蓋天地萬物，本吾一體。吾之心正，則天地之心亦正矣。吾之氣順，則天

地之氣亦順矣。」（中庸 經一章註）

「天地萬物，本吾一體」；所說的一體，意義怎樣？儒家以宇宙萬物，合成一個大體，簡稱爲天地，或稱爲宇宙，或稱爲乾坤。人是萬物之一，因此人跟宇宙萬物，本爲一體。宇宙間的氣，同是一氣；宇宙的理，同是一理；所以說宇宙萬物，都是一體了。這裏所謂一體，並不摧毀每種物件的自體；只是各個自體，彼此相連，共成一大體。程明道論仁說：

「仁與天地一物也，而人特自小之，何哉？」（二程遺書 卷十一）

又說：

「醫書言手足痿痺為不仁。此言最善名狀。仁者，以天地萬物為一體，莫非己也。認得為己，何所不至？若不有諸己，自不與己相干，如手足不仁，氣已不貫，皆不屬己。故博施濟眾，乃聖人之功用。」（二程遺書 卷二）

人與天地萬物為一體，實際上人怎樣能體驗得出來？在於一個仁字。人修仁道，人跟天地萬物相通好似手足跟各肢體相連，彼此有血脈循環著。人若不仁，便像痿痺了的手足，跟各肢體沒有血脈的連繫，便成為廢物，稱為痲木不仁。

王陽明講說仁字，也以仁能連萬物為一體：

「大人之能以天地萬物為一體也，非意之也，其心之仁本若是，其與天地萬物而為一也。豈惟大人，雖小人之心，亦莫不然，彼自顧小之耳。是故見孺子之入井，而必有怵惕惻隱之心焉。是其仁與孺子而為一體也。孺子猶同類者也，見鳥獸之哀鳴觳觫而必有不忍之心焉。是其仁之與鳥獸而為一體也。鳥獸猶有知覺者也，見草木之摧折，而必有憫恤之心焉。是其仁之與草木而為一體也。見瓦石之毀壞，而必有顧惜之心焉，是其仁之與瓦石而為一體也。是其一體之仁，雖小人之心，亦必有之。」（王陽明全書卷二十六 大學問）

單單地有點惻隱顧惜之心，決不能證明人跟萬物為同體。鳥獸草木瓦石遭摧殘時，我有些憐惜之心，難道就可以說我跟它們是一體嗎？惻隱顧惜之心，是主觀的感情；同體，則是客觀的本體上所有的事。兩者相差太遠了，並不相從屬，憐惜萬物之心，至多只能證明人與萬物，彼此相關，人不忍見萬物遭摧毀。

但是王陽明說大人以天地萬物爲一體，不是自己所意想，乃是實在有這一樁事，因爲大人的仁，跟天地萬物爲一體。那麼這個仁字，便不能單單是一分不忍之心，而是人與天地萬物同爲一體的自覺。惻隱憐惜之心，即是這種自覺的表現。人與天地萬物本是一體；人若沒有私慾的紛擾，便可以覺得出這種關係；若有了私慾，便覺不出。覺得出稱爲仁，覺不出，稱爲不仁。

人與天地萬物怎麼同一體呢？程伊川說：

> 「一人之心，即天地之心；一物之理，即萬物之理；一日之運，即一歲之運。」（二程遺書 卷二）

一人之心，所以同於天地之心，因一人之理，即同於天地萬物之理，好似一天爲一年三百六十天的一天。這便是說一個人爲天地萬物的一分子，好比一天爲一年的一分子。合三百六十天而成一年，合種種物體而成宇宙。一年爲一體，宇宙也爲一體。

朱子繼承程子之學，主張理一而殊。《語類》裏說：「合天地萬物而言，只是一箇理，及在人則又各自有一箇理。」理在天地只有一個，分於萬物，物體各得一部分。每部的理，雖各不同；合起來，則又同是一理。

「問一理之實，而萬物分之以為體，故萬物各具一太極。如此說，則太極有分裂乎？曰：本只是一太極，而萬物各有稟受，又自各全具一太極耳。如月在天，只一而已，及散在江湖，則隨處而見，不可謂月分也。」（朱子語類）

萬物的理，雖各自不同，然既同爲一理的部分，彼此當然可以相通。朱子說：

「人與天地鬼神，本無二理，特蔽於有我之私，是以梏於形體，而不能相通。」（周易本義 文言傳 第七）

形體成於氣，氣有清濁，濁氣積爲私慾。朱子以人與天地萬物，在理上是同一的，在氣上則相分。可是理沒有氣，只是抽象的虛有物；理之成爲實有，須跟氣相結合。因此，不單在理論方面，說理不說氣，不能講明人與天地萬物爲一體，在實際方面，說理不說氣，更談不到人與天地同一體了。

張橫渠講氣不講理，由氣一面，說萬物同體，因萬物同一氣。他說：

「氣，本之虛，則湛本無形。感而生，則聚而有象。」（正蒙 太和篇）

宇宙萬物來自太虛，太虛爲氣，宇宙萬物因此同爲一氣。然氣有清濁；氣清則明，可以照見本來的來源；氣濁則昏，便不能照見本來的來源了。濁氣爲私慾；因此私慾使人看不出自己與天地萬物同一體，而只知道自私。人若能克慾，人之氣轉清，就能跟天地萬物相合。

「大其心，則能體天下之物。物有未體，則心為有外。世人之心，止於聞見之狹。聖人盡性，不以聞見梏其心，其視天下，無一物非我。孟子謂盡心則知性知天以此。天大無外，故有外之心，不足以合天心。見聞之知，乃物交而知，非德性所知。德性之知，不萌於見聞。」（張載 正蒙 大心篇）

張子以人心不可拘於見聞。見聞之知是感覺，是物與物相交。感覺乃氣之濁者，把人心拘在一物一事上。德性之知乃心之知，即是說理性之知，不拘於外物。人心隨著德性之知，纔能遍包萬物。

張子的主張，雖是以天地同一氣，因此人與天地萬物同體；但是在《西銘》裏論大同之道，以博愛爲大同之理，即是以仁爲大同之理。人能體驗出自己與天地萬物同體，在於一個仁字。

王陽明也是主張天地萬物同一氣。他的同一氣中，則包含有同一理。他說：

「風雨露雷日月星辰禽獸草木山川土石，與人原只一體。故五穀禽獸之類，皆可以養人。藥石之類，皆可以療疾。只為同此一氣，故能相通耳。」（王陽明語錄 全書 二十一）

因爲同氣，萬物彼此相通。但是人較別種物體爲高，因爲人有良知，人自己能夠知道自己與萬物同體，能夠實行同體的體驗。怎麼去體驗呢？在於仁。人以良知去發揮仁道，即通於萬物。

「或疑禽獸草木，與人異類，何亦謂之同體？則應之曰：爾只在感應之幾上看，豈僅禽獸草木，雖天地也與我同體的，鬼神也與我同體的。」（王陽明全書 卷三）

但是這種同體，在人生觀上所以能有影響，則在乎人能體驗得出。人所以能夠體驗，則在於仁。然而以仁與天地萬物同體，並不能算爲人生的至善。例如我認我與草木瓦石同體，這豈能作爲我生活的最高目的？與天地萬物同體，所以能成爲人生的至善，是人的心以仁道而能合於天地。天心泛愛萬物，人與萬物既同體，人也泛愛萬物。

3. 天人合一

先儒以天人合一爲人與天地同德，後儒則以天人合一爲人與天地同體。然而同德爲仁，同體爲同理同氣，兩者都沒有說明天人合一怎樣成爲人生的至善。所以應該把同德同體，再加以發揮。

宋明理學家既以天地與人同爲一體，他們講天人合一，就在乎人能實踐這種同體。人與天地萬物之理氣，在根本上雖然相同，然而在具體上，每個人有各自的自我。人若拘守一己的自我。他的心便止於一己的自我；這種止於自我的心，稱爲私心，不能與天地相通。假使人能克除私心，把自己的心泛包萬物；這種心，便是仁心。天地之心本爲仁；人之心既仁，人心便合於天心。所以天人合一的第一步，是人心合於天心。

張橫渠說：

「乾稱父，坤稱母；予茲藐焉，乃渾然中處。故天地之塞，吾其體；天地之帥，吾其性。民吾同胞，物吾與也。大君者，吾父母宗子。其大臣，宗子之家相也。尊高年，所以長其長；慈孤弱，所以幼其幼。聖其合德，賢其秀也。凡天下疲癃殘疾，惸獨鰥寡，皆吾兄弟之顛連而無告者也。於時保之，子之翼也，樂且不憂，純乎孝者也。」（西銘）

王陽明說：

「夫聖人之心，以天地萬物為一體，其視天下之人，無外內遠近，凡有血氣，皆其昆弟赤子之親，莫不欲安全而教養之，以遂其萬物一體之念。天下之人心，其始亦非有異於聖人也，特其間於有我之私，隔於物欲之蔽，大者以小，通者以塞，人各有心，至有視其父子兄弟仇讎者。聖人有憂之，是以推其天地萬物之仁，以教天下，使其皆有以克其私，去其蔽，以復其心體之同然。」（王陽明全書　卷三）

人心合於天心，在於人能泛愛普天下的人，以天下的人爲兄弟；但是泛愛之仁心尚不是至善，尚不算天人合一，尚該前進一步。第二步的天人合一，是人之氣接於天地之氣。

理學家已說人與天地同氣，但《易經》上早已經說陰陽相合而成物，謂宇宙是一氣的循環。中國哲學無論儒家道家，都把宇宙看成一個個體，宇宙中雖有萬物，萬物則相合而成宇宙。宇宙既是一個，理氣便也是一個，同一理氣分則成萬物，合則有宇宙。因此人心的氣，若能接於天地的氣，人心便通於天地。

爲說明人的氣接於天地的氣，董仲舒則以人是一個小天地，完全跟天地相同，在本體的構造上都是一樣。所以他說人的骨節配天地一年的日數，人的耳目配日月，人的頭配天，人的腳配地，人的空竅脈理，配宇宙山川，人的四肢，配天的四季，人的五臟，配天的五行。（見春秋繁露 人副天數）他這麼一配，人身上的一切都跟天地相配，人所以爲人，便在於跟天地相配相連了。人的動作，影響天地，天地的自然現象，影響人生。董仲舒的天人合一，竟至把人作爲天地的小體，人不能脫天地而有自體。

這種解釋，太機械化了，同時必流於純粹的物質論，或流於泛神論。後代理學家的天地同氣也不像董仲舒所主張的那樣呆板。

人的氣，接於天地的氣，按照孔孟的思想，該從精神方面去講。理學家以人心之仁合於天心之仁，這也是從精神方面說。人心的氣爲清明的氣，清明的氣爲精神。宇宙的氣，本來也是很清明，張載以太虛之氣，無形無像。那麼人的精神，不爲私慾的物質物所固，超出物質以上，便能跟天地的精神相接。於是人的氣接於天地的氣，乃覺得發展到無限。孟子因此說：

「吾善養吾浩然之氣。敢問何謂浩然之氣？曰：難言也。其為氣也，至大至剛，以直養而無害，則塞於天地之間。其為氣也，配義與道，無是餒也。是集義所生者，非義襲而取之也。」（孟子 公孫丑 上）

孟子的浩然之氣，充塞天地，由集義而生。即是說人克除私慾，行事常合於義理。人心既不困於物，精神乃與天地相接，自覺自己的精神充塞天地。所謂精神，並不是一種感情，也不是一種感覺，乃是自己的心，即統性與情的心，即能知覺的心。這種心，是人的大體。人與天地相接，是人的大體與天地的氣相接。人到了這一地步，便進到安和的境界，便是止於至善了。

然而天人合一，卻說人與天地相接，天地指著甚麼呢？理學家如程伊川、朱熹等，以天地為自然界的統稱，人與天相合，即是人與自然界打成一片，人心擴充到跟天地一般大，人的氣跟天地的氣相合，人的精神與天地而長終。但是理學家並不明白否認上帝，便是朱子，他也說：「而今說天有箇人在那裏批評罪惡，固不可；說道全無主之者，又不可。」天地有主之者，有創造者，有與以天理者。孔孟和六經上所說的天人合一，應該解釋為與上天相接。上帝高居天地以上，人不能與之合：天地則是上帝的最高代表，天地造於上帝，表現天心，人能與天地中的天心相合，人便可接於上帝。這種境界常帶幾分神祕性。孟子說：

「夫君子所過者化，所存者神，上下與天地同流。」（盡心上）

又說：

「萬物皆備於我矣。反身而誠，善莫大焉。」（盡心上）

馮友蘭說：「中國哲學中，孟子派之儒家，及莊子派之道家，皆以神祕境界爲最高境界，以神祕經驗爲個人修養之最成就。但兩家之所用以達此最高境界，最高目的之方法不同。道家所用之方法，乃以純粹經驗忘我；儒家所用之方法，乃以愛之事業去私。無我無私，而個人乃與宇宙合一。」（馮友蘭 中國哲學史 上冊 頁一六九）

儒家既以仁爲天人結合的方法，人與天相合後，乃泛愛萬物。道家卻以忘我忘物以與「道」相合，人與「道」相合後，遂遺世而獨立。這又是兩家止於至善的不同點。

第七章 達德

一、達德

1. 德

前面的幾章，從天理一直到止於至善，都在人生的原則上說話。儒家的人生哲學，基礎建立在「法天」，完成則在於「天人合一」。法天演變爲守天理，守天理演變爲守禮法，又演變爲致良知。人能致良知則能發揮人性之善德，發揮人生之善德則仁，仁則愛物仁民以接於天心，人的精神乃與天地相合，於是便達到天人合一的至善世界。

由法天到天人合一，中間的步驟很多。人要按著步驟走，以便拾級而登。拾級而登即是儒家的修身。在致良知和明明德的解釋裏，我已講過儒家的克慾和持敬主靜的修身法。由修身而成的，稱爲德。人的修身是爲的在行動上能遵守禮法。人的行動雖千變萬化，但是爲人知道應付每種行動，則不能不把行動按照彼此的相同點分若干類，每類的行動，與以應付之理。所以儒家分人的關係爲五倫。把應付每類行動之理執而實行，即是德。因此「德」字在理論方面說，爲每類行動的合於天理；在成就方面說，爲修身所成的善行。那麼德，在人生哲學上，則屬於人生原則的實行了。

《論語》上說到德字的有好幾處：

「以直報怨，以德報德。」（憲問）

朱子註說：「德者，恩惠也。」以德報德，是拿恩惠去報恩惠。

「道之以德，齊之以禮，有恥且格。」（爲政）

朱子註云：「德禮，則所以出治之本，而德又禮之本也。」這個德字不是恩惠了，是爲善的道理和爲善的美表，即是道德和德行。

「君子之德風，小人之德草，草上之風必偃。」（顏淵）

君子的德行，有引人的力量，所以稱爲風；小人的德行，因看著善表而發，便相比被風吹的草了。這個德字有德行的意思。

「德之不修，學之不講，聞義不能徙，不善不能改，是吾憂也。」（述而）

這個德字，是指的各種美德善行。不修善行以成美德，當然是椿可憂的事。

「志於道，據於德，依於仁，游於藝。」（述而）

朱子註說：「據者，執守之意。德則行道而有得於心者也。得之於心而守之不失，則終始惟一而有日新之功矣。」這一條解釋，可以說是道破了德字的意義。朱子自己講學。也常以德爲得：

「中庸分道德。曰：父子君臣以天下。為天下之達道；智仁勇，為天下之達德。君有君之道，臣有臣之道。道便是箇行道底。故為君，主於仁；為臣，主於敬。仁敬，可喚做德，不可喚做道。」（朱子語類）

「至德至道，道者，人之所共由；德者，己之所獨德。」（朱子語類）

道德兩字，普通常是連用，用爲指著善德。但在本來的意義上，道是指的應付每類行動之理，德爲實行這種理而有得於心。那麼德字，即是一個人，執行一條禮法，心有所得，乃常一致地去做。所謂心有所得，便是善習。一個人行善，養成了一種善習，善習乃稱爲德。朱子說：「得其道於心而不失，終始如一。」

德的分類，以道爲根據；因德是行道而有所得。道爲行爲的理，人行爲按行爲技能和行爲目的，可分成若干類，道也便分成若干類，連帶地德也就分成若干類，在這種分類裡，有幾種的範圍最廣泛，最普遍，對於人事也最重要，這幾種德，便成爲達德。

2. 達德

達德這個名詞，出於《中庸》。《中庸》傳第二十章說到達德。朱子註說：「謂之達德者，天下古今所同得之理也。」達德可說是共德，因關係到人的各方面。也可以說是人生最重要的善德。按照這個意思去講達德，則孔子、孟子和後代儒家，雖沒有用過達德的名詞，實際上他們也都講過達德。

達德的數目，儒家所講的，各有不同。最著的幾種，可以列舉於後。

《書經•洪範》篇講三德：「次六曰：乂用三德：……六，三德：一曰正直，二曰剛克，三曰柔克。」（洪範）

〈皋陶謨〉則講九德，九德之中，又分爲三德六德：

> 「皋陶曰：都！亦行有九德，亦言其人有德。乃言曰：載采采：禹曰：何？皋陶曰：寬而栗，柔而立，愿而恭，亂而敬，擾而毅，直而溫，簡而廉，剛而塞，彊而義，彰厥有常，吉哉！日宣三德，夙夜浚明有家。日嚴祗敬六德，亮采有邦，翕受敷施，九德咸事。俊乂在官，百僚師師，

百工惟時，撫于五辰，庶績其凝。」（皐陶謨）

〈皐陶謨篇〉的《朱子集註》說：「三德六德者，九德之中，有其三，有其六也。……三德而大夫，六德而爲諸侯。」因此三德六德並不是一個固定的分類法。〈皐陶謨〉的九德，可以簡略爲〈洪範〉的三德。〈洪範〉的三德跟《易經》的乾坤思想爲很相近。《易經》以陰陽爲乾坤，又以以陰陽爲動靜，且以陰陽爲剛柔。剛柔在《易經》的思想裏，佔有相當的地位。〈洪範〉的三德，有剛克柔克。所以考據家多疑〈洪範〉、〈皐陶謨〉爲後人的僞作。

《論語》裏孔子以三種善德爲君子所最重要的：

「子曰：君子道者三，我無能焉！仁者不憂，智者不惑，勇者不懼。」（憲問）

〈子罕章〉孔子又說：

「知者不惑，仁者不憂，勇者不懼。」（子罕）

孔子以智仁勇爲三達德。《中庸》講達德時，也明明指出這三德：

「知仁勇三者，天之達德也。」（中庸傳第二十章）

孟子不講三德而講四德，又以四德的善端爲人性的良能：

「無惻隱之心非人也，無羞惡之心非人也，無辭讓之心非人也，無是非之心非人也，惻隱之心，仁之端也；羞惡之心，義之端也；辭讓之心，禮之端也；是非之心，智之端也。人之有是四端也，猶其有四體也。」（公孫丑上）

孟子又說：

「仁義禮智，非由外鑠我也，我固有之也；弗思耳矣」（告子上）

孟子所重的，是仁義禮智，較孔子所講的，多一禮一義，缺一勇。究其實孔子的勇，頗相當於孟子的禮義。孟子於四德中又最重仁義。因此仁義在後代，竟成了道德的代名詞。漢儒董仲舒重仁義，附以智，他在《春秋繁露》的〈仁義說〉和〈必仁且智〉兩篇裏講論這三德。但董仲舒是愛陰陽五行的，他的達德應該是五德，後來班固便說明了這種思想：

「五性者何，謂仁義禮智信也。……人生而應八卦之禮，得五氣以為常，仁義禮智是也。」（白虎通性情）

因爲人得了五氣以爲常德，因此仁義禮智信稱爲五常。朱子也講五常，但他把信字作爲誠字，乃四德的必要條件，不自成一德：

「或問仁義禮智，性之四德，又添信字，謂之五性，如何？曰：信是誠實此

四者，實有是仁，實有是義，禮智皆然。如五行之有土，非土不足以載四者。」（朱子語類）

五常之外，儒家尚有三綱四維。三綱出於董仲舒，即君爲臣綱，父爲子綱，夫爲妻綱。（春秋繁露 深察名號）這三綱不算是三德，乃是人生的三種次序。四維爲四德，然出自管子，後代儒家多沿用這個名詞。管子說：

「禮義廉恥，國之四維。四維不張，國乃滅亡。」（管子 牧民）

維是繫網的四角的，張網時必定該張四角。禮義廉恥，可說是維繫國家四角的，這四維若不張，國家必紛亂無序，國必滅亡。

禮義廉恥跟仁義禮智相比，後者較比前者圓滿的多了。廉恥之心較近於羞惡之心，可以包括在義之內。所以爲講儒家的達德，以仁義禮智爲最完全。

二、仁

1. 愛

前面曾有一章，概論仁道，以仁爲心之全德。那個仁字，爲廣義的仁；四達德的仁，爲狹義的仁。狹義的仁，便是以廣義的仁之精神，作爲一種善德的特徵。廣義的仁之精神，在於仁民而愛物。所以四達德的仁，便是一個愛字。孟子說：

「孩提之童，無不知愛其親也，及其長也無不知敬其長也。親親，仁也；敬長，義也。」（盡心上）

儒家講愛，重在一「推」字，因爲愛的原則在於：

「己所不欲，勿施於人。」（顏淵　衛靈公）

推己及人，不僅是在於消極方面，在積極方面，也是一般的推恩。孟子說：「老吾老以及人之老，幼吾幼以及人之幼。」（梁惠王上）既是重在推字，儒家所以分親疏，先愛自己的老者幼者，然後纔愛別人的老者幼者，以至推恩及於四海。

2. 同情

孟子說：「惻隱之心，仁之端也。」（公孫丑上）愛人便不能不有同情心，看見人有痛苦急難，必定想法救濟。例如看見一個小孩將掉入井裏，自然而然就跑去救他。孟子又告訴齊宣王說：

> 「老而無妻曰鰥，老而無夫曰寡，老而無子曰獨，幼而無父曰孤；此四者，天下之窮民而無告也。文王發政施仁，必先斯四者。詩云：哿矣富人，哀此煢獨。」（梁惠王下）

周濟人的急難，發自我們的不忍人之心；但是周濟的範圍，則只濟有急難之人。孔子曾

說：「君子周急不濟富。」（論語 雍也）

不忍人之心，不只是同情別人的物質急難，遇有別人有精神痛苦時，也必表同情，《論語》說孔子見人有喪，自己也舉哀。

「子食於有喪者之側，未嘗飽也。子於是日哭，則不歌。」（述而）

有這種同情的人，可算是仁者了。儒家主張大同：

「大道之行也……故人不獨親其親，不獨子其子，使老有所終，壯有所用，幼有所長，鰥寡孤獨廢疾者，皆有所養，男有分，女有歸；……」（禮記 禮運）

3. 勸 善

儒家對於愛人，最注重愛人以德。愛人以德是不姑息人的不善。在通常的情形下，對於別人，你可以施恩就施恩。但若知道別人將把你的恩惠去作惡，你便不該施恩於他了。普通你是不該打擊人的。但若是你知道，不打擊人不足以警醒人改過，你就該打擊人。這是所謂愛人以德。所以儒家最看重勸善一點。孔子說：

「夫仁者，己欲立而立人，己欲達而達人。」（論語 雍也）

不僅是朋友該相勸，即是兒子對父母，臣子對於皇上，也有勸善的責任。凡是相愛的，都該愛人以德：

「子曰：愛之能勿勞乎，忠焉能勿誨乎！」（論語 憲問）

4. 慈

在儒家的仁裏，包含有父母之慈。父子一倫。子該孝，父母該慈。慈是父母愛子女之愛。慈愛之道，應是慈而有威；因爲愛子女，也該愛之以德。不慈，則傷天倫之愛；不威，則不足以成教？《顏氏家訓》說：

「父母嚴威而有慈，則子女畏愼而生孝矣。吾見世間無教而有愛每不能然。飲食運為，恣其所欲，宜誡翻獎，應訶反笑。至有識知，謂法當耳，驕慢已成，方復制之，捶楚至死而無威。忿怒日隆而增怨，逮於成長，終為敗德。……父子之嚴，不可以狎；骨肉之愛，不可以簡。簡則慈孝不接，狎則怠慢生焉。」（顏氏家訓 教子篇）

5. 恕

恕字，若解爲如心，以己之心，推人之心，則爲仁的解釋，不自成一德。恕之爲德，乃是寬恕，可以算是爲仁愛的一小枝。恕人，是不懷恨人的惡失。儒家重於責己，輕於責人。別人開罪了我，應大量寬恕。孔子說：

「君子求諸己，小人求諸人。」（論語 衛靈公）

「躬自厚而薄責於人」（論語 衛靈公）

韓愈也說：

「古之君子，其責己也重以周，其待人也輕以約。」（韓愈 辯解）

惟獨開罪於人君和開罪於父母的，臣子和兒子則不可寬恕。儒家的古訓，是君父之仇，不共戴天。

6. 忠厚

《論語》以忠恕兩字連用，忠字是居心正直，不偏不激。正直，不屬於仁，應屬於義。然而忠字若與厚字連用，指的一個人正直厚道。這等人，待人和藹，不凌人，不詐人，寧可損己，不願損人。世間稱這等人爲忠厚長者，爲仁者，爲君子。

「子貢曰：夫子溫良恭儉讓以得之。」（論語 學而）

忠厚卻不是畏縮膽怯。假使因怯懦而不敢與人爭，事事讓人，那已不算爲善德。忠厚乃是正直厚道，正直包有剛毅。

「子曰：剛毅木訥，近仁。」（論語 子路）

木訥少言，即是厚道，然而該當帶有剛毅。所以孔子說：

「鄉原，德之賊也。」（論語 陽貨）

孟子曾經解釋孔子這句話。

「萬章曰：一鄉皆稱原人焉，無所往而不為原人。孔子以為德之賊，何哉？曰：非之無舉也，刺之無刺也。同乎流俗，合乎汙世，居之似忠信，行之似廉潔，眾皆悅之，自以為是，而不可與入堯舜之道；故曰德之賊也。」（盡心下）

愿者似忠厚而又不忠厚；因爲沒有骨格，人是就是，人非就非，不願開罪人，這等人看似君子，實爲小人。

三、義

1. 正我

仁義兩字，爲儒家最重要的德目。孟子常說：「仁，人心也；義，人路也。」（告子上）仁是人的本心，義是人生的道路。一個人處世，必定有處世之道。處世之道，即是每個人自己知道自己該做的事。因此儒家以義爲正我。董仲舒說：

「春秋之所以治人與我也。所以治人與我者，仁與義也。以仁安人，以義正我。故仁之為言，人也；義之為言，我也。……義者，謂宜在我者。宜在我者，而後可以稱義。故言義者，合我與宜，以為一言，以之操之。」（春秋繁露 仁義法）

每人各得其宜，便稱爲義。歐美的哲學，以義爲對人，即給與每人所該有的權利。儒家的義，則爲對我，即盡我所該盡的義務。孔子的三德裏，雖沒有義；但他卻極注重義字，把義字作君子與小人的分界線。

「子曰：君子喻於義，小人喻於利。」（論語 里仁）

「君子以義尚。」（論語 陽貨）

「君子以義為質。」（論語 衛靈公）

「君子之於天下也，無適也，無莫也，義之與比。」（里仁）

孔子的義字，特別注重在宜於我的一點上。義利兩字的分別，即在宜於我否。我可以拿的東西，我拿，這是義。我不可以拿而拿，則爲利。

「殺一無罪，非仁也；非其有而取之，非義也。」（孟子 盡心上）

貪不義之財，便算爲貪利。貪利，是貪不宜於我的東西。但是我怎樣能知道那種東西宜於我或不宜於我？怎樣我又能知道那種義務是我的義務？這種標準，則是禮法。

2. 名分

禮的功用在於分，把社會的人分成若干的等級。一個人要知道自分的義務，就該知道自己處在一個等級裡。每一個等級給人一種名分。據名思義，每個人便可以知道自己該盡的職分。儒家分別社會人們爲五個等級，即是五倫。每一倫有相互的雙方關係，每一方有應付之理。這種應付之理，便是每個人所宜盡的義務。《中庸》以五倫爲達道：

「君臣也，父子也，夫婦也，昆弟也，朋友之交也；五者天下之達道也。」

（中庸 傳 第二十章）

《禮記》以每倫相互之理，爲人們當守的「人義」：

「何謂人義？父慈，子孝，兄良，弟弟，夫義，婦聽，長惠，幼順，君仁，臣忠；十者謂之人義。」（禮記　禮運）

每個人盡了自己的人義，便滿了自己的名分。因此名分一點，爲孔子最看重的事。孔子常主張正名。

「子路曰：衛君待子而為政，子將奚先？子曰：必也正名乎！子路曰：有是哉，子之迂也！奚其正？子曰：野哉由也！君子於其所不知，蓋闕如也。名不正，則言不順。言不順，則事不成。事不成，則禮樂不興。禮樂不興，則刑罰不中。刑罰不中，則民無所措手足。故君子名之必可言也，言之必可行也，君子於其言，無所苟而已矣。」（論語　子路）

孔子的正名，即是正名分。每個人所處的地位，都有一個名字，按照這個名字去做，便算正名。

「齊景公問政於孔子，孔子對曰：君君臣臣，父父子子。公曰：善哉！信如君不君，臣不臣，父不父，子不子，雖有粟，吾得而食諸。」（論語 顏淵）

稱君的，作人君該做的事；稱臣的，做臣下該做的事；稱父親的，作父親該作的事；稱兒子的，做兒子該做的事。名分正了，人義也就盡了。

3. 恥

孟子說：「羞惡之心，義之端也。」義在於盡各己的名分；不盡名分的，自己應該知道羞恥。恥因此屬於義。在修身方面，恥是一個助人向善的心理條件。人不知恥，當然也不講義了。孟子說：

「人不可以無恥，無恥之恥，無恥矣。」（孟子　盡心上）

又說：

「恥飲於人大矣！為機變之巧者，無所用恥矣。不恥不若人，何若人有？」（盡心上）

《論語》談恥的地方，有好幾處，而且說的都是很具體，指出君子該恥的事件。

「古者言之不出，恥躬之不逮也。」（里仁）

「君子恥其言而過其行。」（憲問）

單只有主張而不實行，以致言行不相符，算是人的大恥。後來人常譏笑這等人為大言不慚。古人知恥，乃教人慎言。

「子曰：巧言令色，足恭，左丘明恥之，丘亦恥之。匿怨而友其人，左丘明恥之，丘亦恥之。」（公冶長）

該恥而不知恥，這等人不可談仁義；但是不該恥而以爲恥，也不能算爲君子。

「邦有道，貧且賤焉，恥也。邦無道，富且貴焉，恥也」（泰伯）

「士志於道，而恥惡衣惡食者，未足與議也。」（里仁）

知道在甚麼事上該有恥，在甚麼事上該無恥，則處世有道了，常能盡自己的名份。孔子曰：

「行己有恥，使於四方，不辱君命，可謂士矣。」（論語 子路）

儒家的士，是一等講氣節的人。講氣節，則必定很講面子。講面子的人，豈能不知恥。

4. 勇

知恥，必須有幾分勇氣。孔子講義必講勇，因爲沒有勇氣的人，決不能守義。眼見一批不義之財，你若寧肯忍飢挨餓，以拿這批財爲可恥而不拿，這豈不是非常的勇氣嗎？至於說捨生取義，那更須有絕大的勇氣了。

但是勇以守義，義則以守勇。有勇而無義，勇氣用的不得其宜，那便算暴了。

「子路曰：君子尚勇乎？子曰：君子義以為上。君子有勇而無義為亂，小人有勇而無義為盜。」（陽貨）

5. 廉

還有一個廉字，也可歸於義。廉是不貪分外的不義之財。雖說不愛財，稱爲廉；然而取分內該得的錢財，並不能以爲不廉。古人所說廉潔奉公，即是盡自己的職務，不徇私利。孔子說：

「富與貴，是人之所欲也，不以其道得之，不處也。貧與賤，是人之所惡也，不以其道得之，不去也。」（里仁）

富貴貧賤，都要合於義，不合於義，則不廉，富貴不以其道，而得，君子不處。貧賤不以其道而去，君子不去。假使合於義，求富貴，也是廉；不合於義，守貧賤，也不算廉。

「子曰：富而可求也，雖執鞭之士，吾亦為之。如不可求，從吾所好。」（述而）

孔子所好的是仁義，有了仁義，雖在窮裏也快樂。

「子曰：飯疏食，飲水，曲肱而枕之，樂亦在其中矣。不義而富且貴，於我如浮雲。」（述而）

四、禮

1. 禮儀

禮字在儒家的思想裏，有廣義狹義。廣義之禮，爲禮法之禮，指的人生規律。狹義的禮，爲禮儀之禮。指的六禮九禮。儒家既重禮法，也重禮儀。

四達德的仁義，都是取之狹義；四達德的禮，也是取之狹義。禮，指的禮儀。禮儀在儒者的心目中，含有次序的意義。社會裏既是許多人共同生活，假若沒有一種次序，大家必定擾亂不安。禮儀即是人們的次序；因爲禮儀把人們分成上下尊卑的等級，給每個人定出各己的位置。大家按著次序去動，便不至於亂。

「夫禮者，所以章疑別微，以為民坊者也。故貴賤有等，衣服有別，朝廷有位，則民有所讓。」（禮記　坊記）

孔子也說：

「民之所由生，禮為大，非禮無以節事天地之神也，非禮無以辨君臣上下長幼之位也，非禮無以別男女父子兄弟之親，昏姻疏數交也。」（禮記哀公問）

六禮九禮和家禮所定的儀節，是一個人在人生各種境遇裏，行動的儀式。儀節規定著怎樣就位，怎樣進退，怎樣動作。上下次序，分的很嚴明。禮儀的精神，就在養成保持這種次序的心理。《禮記・論祭禮》說：

「故曰：祭者，數之本也。夫祭有十倫焉：見事鬼神之道焉，見君臣之義焉，見父子之倫焉，見貴賤之等焉，見親疏之殺焉，見爵賞之施焉，見夫婦之別焉，見政事之均焉，見長幼之序焉，見上下之際焉，此之謂十倫。」（禮記 祭統）

在祭禮裏，能夠有十種倫次，在別種禮儀上，也可以看出這些倫次。因此禮的意義，常注重在倫次，特別養成下對上的敬心。孟子說：

「恭敬之心，禮也」（孟子 告子上）

2. 謙讓

因爲注重敬長，禮便培養謙讓的精神。以致「讓」字，後來用爲代表有禮。要說一個人有禮，便說他謙讓有禮，彬彬有禮，文雅有禮；這都說他知道謙讓。孟子說：

「辭讓之心，禮之端也。」（公孫丑上）

行禮的時候，進退有節，揖讓相向，把這種精神用之於日常生活，便養成揖讓之風。中國人在通信上，在說話上，稱人總是尊稱，稱己總是卑稱，用的大套成語。稍微冒昧一點，便被責爲失禮。中國人接客，走路要讓人，進門要讓人，就坐要讓人，進酒要讓人，舉箸也要讓人，一不讓就失禮了。所以禮教，重在禮讓，既讓則不爭。禮的目的，也是防爭的。

「禮起於何也？曰：人生而有欲，欲而不得，則不能無求，求而無度量分界，則不能不爭，爭則亂，亂則窮，先王惡其亂也，故制禮義以分之，以養人之欲，給人之求，使欲必不窮於物，物必不屈於欲，兩者相持而長，是禮之所起也。」（荀子 禮論）

禮字若僅由讓去維持，則只是外面的儀式，儒家重禮也重謙。謙則爲讓的根基，《易經》即以陰陽之道，教人不可自滿。

「亢龍有悔，盈不可久也。」（易經　乾卦）

「謙，亨，君子有終。彖曰：謙，亨，天道下濟而光明，地道卑而上行。天道虧盈而益謙，地道變盈而流謙，鬼道害盈而福謙，人道惡盈而好謙。謙尊而光，卑而不可踰，君子之終也。」（易經　謙卦）

這種自謙的理論，作成中國歷代君子的警語，所以中國素稱有禮讓之風，爲文教禮義之邦。

3. 禮樂

儒家除禮儀禮讓以外，又說禮樂。而且樂字，在古代是可跟禮字分庭抗禮的；因爲先儒很重樂，把禮樂作爲教民的兩種工具。

禮樂的關係，是樂須禮的節制，禮需樂的幫忙。

樂須禮的節制，是奏樂須守禮。《論語》記載孔子聽說魯大夫季孫氏僭用八佾的舞樂。盛怒說：「是可忍也，孰不可忍也。」（八佾）樂的儀式有禮，樂的內容也有禮。淫亂之樂，即不合禮。

但我所要說的，是禮須樂的幫助。這不是說行禮時，須有音樂；乃是在教民時，禮須樂的幫助；因爲儒家以禮爲分，以樂爲合。社會人們只有分守次序的精神，則彼此都成了路人，須要有樂，去聯絡他們，使他們有相愛的精神。荀子說：

「夫樂者，樂也，人情之所必不免也。故人不能無樂，樂則必發於聲音，形於動靜。……形而不為道，則不能無亂，先王惡其亂也，故制雅頌之聲以道之，使其聲足以樂而不流，使其文足以辨而不諰。……故樂在宗廟之中，君臣上下同聽之，則莫不和敬。閨門之內，父子兄弟同聽之，則莫不和親。鄉里族長之中，長少同聽之，則莫不和順。故樂者，審一以定和者也，比物以飾節者也，合奏以成文者也。」（荀子 樂論）

荀子反對墨子的非樂。樂不是一種敗德的事，作樂乃人的天性，樂合於禮，便合於天道。《禮記》上說：

「大樂與天地同和，大禮與天地同節。和，故百物不失；節，故祀天祭地。明則有禮樂，幽則有鬼神。如此，則四海之內，合敬同愛矣。禮者，殊事合敬者也；樂者，異文合愛者也。禮樂之情同，故明王以相沿也。故事與時並，名與功偕。」（禮記 樂記）

禮樂的精神，都在「次序」一點。禮給人的動作，定出儀節，使進退有序。樂給人的聲音，定出節調，使高下疾徐有節奏。兩者都在教人守節制，修身養性。《禮記》上說：

「禮樂不可斯須去身。致樂以治心，……致禮以治躬，……故樂也者，動於內者也。禮也者，動於外者也。樂極和，禮極順；內和而外順，則民瞻其顏色，而不與爭也，望其容貌而眾不生慢易焉。故德輝動於內，而民莫不承聽；理發於外，而眾莫不承順。故曰：致禮樂之道，而天下塞焉，舉而措之無難矣。」（禮記 祭義）

禮樂用以教人，又可用爲德性的表示。人的善情，表於音樂，人的善行，表於禮儀。最後禮樂又成了善表。「君子之德風」，善表常可引人。禮樂所以是儒家教養的最上工具。

五、智

1. 知理、知人、自知

智和知，互相通用。知在於知是非。孟子說：「是非之心，智也。」（告子上）是非，是說一事是否合於仁義，仁義代表道德。孟子以爲「智之實，知斯二者弗去也。」（離婁上）

仁義既代表道德，便指的行爲之理，那麼知仁義，即是知理。〈大學〉講致知，也就是智者之知。孔子曰：

「知者不惑。」（子罕章 憲問章）

朱子註說：「明足以燭理，故不惑。」燭理乃是明理。人爲修身行善，先該知仁義之道，因此君子乃求知。

「君子上達，小人下達。」（論語　憲問）

「君子下學而上達」（論語　憲問）

《朱子集註》說：「君子循天理，故日進乎高明；故日究乎污下。」上達是上達乎天理，君子知天理乃識人性。

知理之外，孔子孟子又重知人知言。一個上達的人，不僅是知道天理，而且能辨別人的好歹，也能辨別言語的真僞。

「樊遲問仁，子曰：愛人。問知，子曰：知人。樊遲未達。子曰：舉直錯諸枉，能使枉者直。樊遲退，見子夏曰：鄉也，吾見於夫子而問知，子曰：舉直錯諸枉，能使枉者直，何謂也？子夏曰：富哉言乎！舜有天下，選於眾，舉皋陶，不仁者達矣。湯有天下，選於眾，舉伊尹，不仁者

遠矣。」（論語 顏淵）

善於知人的人，則能選用賢人，儒家的政治重德治，德治須有賢者纔能行得通。

「子曰：不患人之不己知，患不知人也。」（論語 學而）

知人要緊，知言也要緊。知言的人，自己說話常有尺寸，也不爲別人的言語所迷惑。子貢說：

「君子一言以為知，一言以為不知，言不可不慎也。」（論語 子張）

「何謂知言？曰：詖辭知其所蔽，淫辭知其所陷，邪辭知其所離，遁辭知其所窮。生於其心，害於其政。發於其政，害於其事。聖人復起，必從吾言矣。」（孟子 公孫丑上）

朱子註說：「詖，遍陂也。淫，放蕩也，邪，邪僻也。遁，逃避也。四者相因，言之病也。君子之人，言當得其正。正辭是不偏不淫不邪不遁。四者有一，言就不正了。孔子對於知人知言，還有兩點說明：

「子曰：可與言而不與之言，失人；不可與言而與之言，失言。知者不失人，亦不失言。」（論語 衛靈公）

「子曰：君子不以言舉人，不以人廢言。」（論語 衛靈公）

還有一種知，乃是不知之爲不知。不知道的事，應該說不知道，若強說爲知，那便不是智者了。孔子曾罵子路說：

「野哉由也！君子於其所不知，蓋闕如也。」（論語 子路）

又告誡他說：

「由！誨汝知之乎！知之為知之，不知為不知，是知也。」（論語 爲政）

不知道說不知道對於所不知道的事，算爲不知，對於修身，則算爲知；因爲既能自認不知道，則知道實行誠德了。

儒家很重自知。知人，爲能行政；自知，爲能修身，《論語》裏常反省，即是求自知。自己認識了自己，然後纔能改過。因此孔子把知過之知，作爲智者之知。

「子曰：已矣乎！吾未見能見其過而自訟者也。」（論語 公冶長）

天下能自知自己過失的人，真的很少！這是一樁可嘆惜的事。那麼修身之道，則像曾子所說，每天自省。

「曾子曰：吾日三省吾：為人謀而不忠乎？與朋友交而不信乎？傳不習乎？」（論語 學而）

自己反省，然後可以看到在那一點自己有了過失。若有了過失，則立即改了。

「過則勿憚改。」（論語 學而）

因爲在人的一生，那一個沒有過失？

「子曰：過而不改，是謂過矣。」（論語 衛靈公）

改過既爲人生的大事，則知過也是人的重要之知了。

2. 學

人怎樣能成爲一個智者？《中庸》說：

「或生而知之，或學而知之，或困而知之。及其知之，一也。」（中庸 傳

二十章）

「孔子曰：生而知之者，上也；學而知者，次也；困而學之，又其次也。困而不學，民斯為下矣。」（論語 季氏）

人的天資不同：有的人天資高，則生而知之；天資次一點的，則求學而後能知；天資低的，則困學纔能知。再低的天資，至於下愚則雖下苦功，也不能有知。孔子說：

「惟上智與下愚不移。」（論語 陽貨）

求學，乃人求知的達道。普通一般的人，既非上智，也不是下愚，爲求知，則該學。孔子談他自己說：

「蓋有不知而作之者，我無是也。多聞擇其善而從之，多見而識之。知之次也。」（論語 述而）

孔子自以爲不是「不知而作之」，他的知，非上等的「生而知之」之知，乃是「學而知之」之知，所以說：「知之次也」。他的求學，而且非常勤奮。他說：

「我非生而知之者，好古敏以求之者也。」（論語 述而）

又說：

「十室之邑，必有忠信如丘者，不如丘之好學也。」（論語 公冶長）

因爲他的經驗，以學爲最有益。

「吾嘗終日不食，終夜不寢，以思，無益，不如學也。」（論語 衛靈公）

甚麼叫做好學呢？孜孜不倦去讀書，可算爲好學嗎？孔子不以爲然。

「哀公問弟子孰為好學。孔子對曰：有顏回者好學。不遷怒，不貳過。不幸短命死矣！今也則亡，未聞好學者也。」（論語 雍也）

又有一次，

「季康子問弟子孰為好學。孔子對曰：有顏回者好學，不幸短命死矣！今也則亡。」（論語 先進）

在七十個門生裏，孔子只說顏回好學，難道別的門生，都不如顏回的博聞強記嗎？可見孔子不以博聞強記爲好學。

「子曰：君子食無求飽，居無求安，敏於事而愼於言，就有道而正焉，可謂好學也已。」（論語 學而）

孔子所謂好學，是勤於學道。學了修身之道，又勉力去實行，這纔稱爲好學。孔子所讚識顏回的，是他「不遷怒，不貳過。」子夏也講過好學：

「日知其所亡，月無忘其所能，可謂好學也已矣。」（論語 子張）

每天知道自己所缺失的，每月知道自己所學到的；這就稱爲好學。知道所缺失的，則勉力求全，知道所學到的，則力求實行；這還不算好學求道嗎？子夏又說：

「賢賢易色，事父母能竭其力，事君能致其身，與朋友交，言而有信。雖曰未學，吾必謂之學矣。」（論語 學而）

求學不在死讀書本，而在力行大道。一個人有能力行大道，即使沒拿過書本，較比拿過書本的人，還要更高明。但是「不知而作之者」，即孔子也不敢自居。所以不學而行大道的人，究竟不多；求學乃行道的達道。

「發慮憲，求善良，足以謏聞，不足以動眾。就賢體遠，足以動眾，未足

以化民。君子如欲化民成俗，其必由學乎。玉不琢不成器，人不學不知道。是故古之王者，建國君民，教學為先。」（禮記 學記）

古之王者，教學有甚麼制度？

「古之教者，家有塾，黨有庠，術有序，國有學。比年入學，中年考校，一年視離經辨志，三年視敬業樂群，五年視博習親師，七年視論學取友，謂之小成。九年知類通達，強立而不反，謂之大成。夫然後足以化民易俗，近者說服而遠者懷之。此大學之道也。」（禮記 學記）

這一大段官樣文章，雖是古代教學的制度，然而學道不能完全靠制度，須得自己下工夫。《中庸》替學者寫出一種求學的步驟。

「博學之，審問之，愼思之，明辨之，篤行之。有弗學，學之弗能，弗措也。有弗問，問之弗知，弗措也。有弗思，思之弗得，弗措也。有弗辨，辨之弗明，弗措也。有弗行，行之弗篤，弗措也。人一能之，己百之，人十能之，己千之。果能此道矣，雖愚必明，雖柔必強。」（中庸 傳二十章）

儒家歷代大儒教訓弟子，都用這個求學法。能夠實踐這個求學法的人，雖不成名儒，必不失爲學者。

儒家既重求學，又以學爲修身之道，儒家因此很敬重老師。師在儒家的思想裏，是跟父母、人君相似。同樣爲弟子們所尊敬。荀子說：「禮有三本：天地者，生之本也；先祖者，類之本也；君師者，治之本也。」（禮論）人不受教，不知修身；受教，則該從師。因此師是人該敬重的。中國古代社會乃養成敬師的習尙。家裏面所供的神位，有「天地君親師」五個字，很可看出「師」在中國社會的尊嚴。

第八章 孝

一、孝之理論

1. 父母配天

儒家的人生哲學，以法天爲標準，以天人合一爲目的。在實行上，法天即是守禮，天人合一則爲仁。再往具體生活方面走，守禮與仁，相合爲一孝字。孝乃成爲儒家倫理的中心。《六經》裏雖重孝道，但在《書經》和《詩經》裏，天的觀念居第一。在《易經》裏，乾坤的觀念最爲重要。孔子的思想，表現於《論語》、《大學》、《中庸》的，以仁爲主要觀念。孟子則處處講仁義，修養浩然之氣。荀子最重禮法，以人爲的規則去教養人性。然而在孟荀的時代，出了一冊小書，名爲《孝經》，又有《禮記》的《曾子十問》；這兩種短短文章，提倡孝道，竟把孝作成儒家實踐倫理的根本！《孝經》上說孝：

「德之本也，教之所由生也。」（開宗明義章）

人的一舉一動，凡是不合倫理的，都成了不孝：合於倫理，則爲孝。在孝字裏，包括了一切的善德。

「身也者，父母之遺體也。行父母之遺體，敢不敬乎？居處不莊，非孝也；事君不忠，非孝也；蒞官不敬，非孝也；朋友不信，非孝也；戰陣無勇，非孝也。五者不遂，烖及於親，敢不敬乎！」（禮記　祭義）

因爲《禮記》的《曾子十問》，在內容思想上，跟《孝經》很相同，所以後代學者，多以《孝經》爲曾子所作，或以《曾子十問》和《孝經》，都爲曾子門生所作。

孝字成爲儒家倫理的中心，必定有相當的理論。第一，即是因爲父母配天。儒家本來主張敬天法天，若是父母可以代表天，人便該事父母如事天，孝字便可總攝諸德了。

父母代表天，這種思想最初見之於祭禮。中國《詩經》裏，記皇帝祭天時，以先父母配祭。

「我將我享，維牛維羊。維天其右之。儀式刑文王之典，日靖四方，伊嘏文王，既右饗之。」（周頌　我將）

《朱子集註》說：「程子曰：萬物本乎天，人本乎祖；故冬至祭天而以祖配之。以冬至，氣之始也。萬物成形於帝，而人成形於父。故季秋享帝，而以父配之。以季秋，成物之時也。」這段解釋，跟《禮記》上所說的，也相同：

「萬物本乎天，人本乎祖：此所以配上帝也。郊之祭也，大報本反始也。」（禮記　郊特牲）

天爲萬物之根源，萬物因天而生。人之生，雖由乎天，但人的近源，則爲父母。天用父母以生人，父母爲人的近根本，天爲人的遠根本。因此在本字上，父母很有些似乎天；因而在祭禮上，父母乃可配天。荀子也說：

「禮有三本：天地者，生之本也；先祖者，類之本也；君師者，治之本也。無天地，惡生？無先祖，惡出？無君師，惡治？三者偏亡焉無安人！故禮上事天，下事地，尊先祖而隆君師。」（荀子 禮論）

這一段所說的三本，「生」與「出」很相近。人之敬天，在於報本。天既然生人生物，人返本思源，乃祭天敬天以報恩。那麼人的父母，在生字上，可以跟天相配，人返本思源，便也該祭父母敬父母了。因此敬事父母，有似乎敬天事天。司馬遷說：

「夫天者，人之始也；父母者，人之本也。人窮則返本。故勞苦倦極，未嘗不呼天也；疾痛慘怛，未嘗不呼父母也。」（史記 屈原賈生列傳）

人因返本而敬天，故有法天祭天的禮法。同樣人因返本而孝父母。天由父母以生人，人便由父母以返本於天。人返本於天，即是說人的生活都遵守禮法，以行天意。人由父母以返本於天，便是人的生活都歸於孝親，由孝親以敬天了。因此儒家在天與人之間，夾上了父母。天爲人生的最後終向，父母爲人生的近終向。《禮記》上樂正子春說：

「吾聞諸曾子，曾子聞諸夫子曰：天之所生，地之所養，無人為大，父母全而生之。子全而歸之，可謂孝矣。」（禮記 祭義）

胡適之因此認爲儒家的孝，成了孝的宗教。他說：「人人若能時時刻刻想著父母，時時刻刻惟恐對不住父母，便決不致做出玷辱父母的行爲了。所以儒家的父母，便和別種宗教的上帝鬼神一般，也有裁制鼓勵人生行爲的效能。」（胡適 中國哲學史大綱 上冊 頁一二六）儒家的孝成爲宗教，那是不懂宗教，而以宗教混於倫理的人，所能說的。中國近代尚有人主張美術可以代替宗教呢！儒家的父母有制裁鼓勵人生行爲的效能，那是因爲父母可以配天，兒子敬父母如敬天。

「是故仁人之事親如事天，事天如事親。此謂孝子成身。」（禮記 大昏解）

因爲事親如事天，孝字乃分有宗教的精神。《孝經》上對於後代的人便立下原則說：

「孝莫大於嚴父，嚴父莫大於配天。」（大孝經　聖治）

天下人在祭禮時，可以尊父母以配天的，只有人君；因爲只有人君，可以祭天。這樣，人若做了皇帝，則算爲最孝了。但是不做皇帝的人，也該事天如事親。這種配天，即是倫理的配天；天人能行善，恪守禮法，即是事親如事天了。

2. 父子一體

父母配天，這一層理由，已經可以建立儒家的孝道了。但是一般人，不大會想到這一層哲理，儒家乃有另一層更近於人情的孝理，以兒子爲父母的遺體。

「身也者，父母之遺體也。行父母之遺體，敢不敬乎？」（禮記　祭義）

兒子爲父母的遺體，因爲兒子生於父母，兒子的血肉，乃父母的血肉，兒子的生命，乃父母的生命。因此曾子說：

「天之所生，地之所養，無人為大，父母全而生之。子全而歸之，可謂孝矣。」（禮記 祭義）

因著兒子是父母的遺體，父母爲本，兒子爲支。支流與本源，同屬一體；但是支流應附於本源。孝道所以規定兒子一生，皆尊親榮親。在法理方面，拿遺體的思想應用於父權論，中國古代的父權，範圍乃很大，既能享受兒女的奉養，又能指定職業，且能規定兒女的婚姻。父權所不能的，就是不能殺子。因爲兒子不單是父母的遺體，也是先人的遺體，父母殺兒女，不是戮辱自己先人的遺體，違背對於先人的孝道嗎？

兒女爲先人的遺體，即是說先人的生命，存留在後人裏。古代沒有製定木主以前，父親出殯後，第一次行祭，以孫作尸。這即是以死祖的生命，存續在孫以內。孫的生命，可以代表祖的生命；因此代受祭禮。朱熹不信人死不滅，便拿這端理由，去解釋祭祖。

「然吾之身，即祖考之遺體。祖考之所以具為祖考者，蓋具於我而未嘗亡

也。」（朱子 答吳伯豐書）

孟子也以「不孝有三，無後爲大。」（離婁上）沒有了後人，便算絕了祖先的生命，豈不是最不孝嗎？普通以無後則絕了祖先的祭祀，所以是最不孝。殊不知祭祖，就是繼續祖先生命的表現呢？因爲祭祖是返本，即是子孫的精神，返歸於祖先的精神，表示祖先的精神不死。

人的身體生命，既是先人的遺體，那麼「行先人之遺體，敢不敬乎？」人的一舉一動，便都該守禮守法，不敢辱及先人的遺體。於是一切不道德的行爲，都是不孝，一切善行，都是孝了。《孝經》乃說：

「夫孝，德之本也，教之所由生也。」（開宗明義章）

〈開宗明義〉第一章，說了這端大道以後，〈天子〉、〈諸侯〉、〈卿大夫〉、〈士〉、〈庶人〉等章，都是發揮這端道理。

孝爲德之本：自父母配天一方面說，人修德守禮以敬天，爲敬父母人便也該守禮修德。

自父子一體一方面說，人身爲父母遺體，人不能爲惡，以辱父母的遺體。這樣，則凡是善德，便都由孝去發動；凡是惡行，都可因孝而阻止了。

孝既爲德之本，便可爲敬之所由生了。教育之道，在教人行善，孝既爲德本，那麼教育就該由孝字出發。而且孝道是小孩第一樁該學的事，小孩在家，開始便學敬愛父母。

「故親生之膝下，以養父母日嚴。聖人因嚴以教敬，因親以教愛。聖人之教，不肅而成。其政不嚴而治，其所因者，本也。」（孝經　聖治章）

「子曰：教民親愛，莫善於孝；教民禮順，莫善於悌。」（孝經　廣要道）

「子曰：君子之教以孝也，非家至而日見之也。教以孝，所以敬天下之為人父者也。教以悌，所以敬天下之為人兄者也。」（孝經　廣至德）

儒家的仁，是推己以及人。儒家的教育，也重在推字。推敬自己父親之心，以敬他人的父親。推敬自己兄長之情，以敬他人的兄長。《論語》上說：

「有子曰：其為人孝弟而好犯上者鮮矣。不好犯上而好作亂者，未之有也。君子務本，本立而道生。孝弟也者，其為人之本與。」（學而）

中國歷代的家庭教育，常注重在孝弟兩字。所謂家教家禮，都在教育子弟，習行事奉父母尊長。

二、孝親

1. 能養

「曾子曰：孝有三，大孝尊親，其次弗辱，其下能養。」（禮記 祭義）

這三種孝行，成了中國歷代的孝道，三千年中，中國人都以這幾點爲一生大事。三孝裏最下的，而最基本的，在於能養。西洋哲學，常以父母有養子女的天職，兒子養父母，則只是父母不能自養時，兒子纔有奉養的義務。儒家哲學根據孝道，以兒子有奉養父母的天責。父母無論貧富，有了兒子，就可受兒子的奉養。兒子若棄親不養，律法上定有刑罰。

「七曰，不孝。謂告言詛詈祖父母，父母在，別籍異財，若供養有闕。……

……」

《疏議》曰：「祖父母父母在，子孫就養無方；出告，反面，無自專之道，而有異財別籍，情無至孝之心。名義以之俱論情節，於茲並棄。稽之典禮，罪惡難容，二事既不相須，違者並當十罪。」

「禮云，孝子之養其親也，樂其心而不違其志，以其飲食而忠養之。其有堪供而闕者，祖父母父母告，乃坐。」（唐律疏議　卷一）

「諸父母在，分財異居，父母困乏，不共子職，及同宗有服之親，鰥寡孤獨，老弱殘疾，不能自存，寄存養濟院，不行收養者，重議其罪。」（大元

通制戶婚）

奉養的最低程度，在於供養父母的衣食。但這種奉養，不能算是盡了奉養的天責。

「子曰：今之孝者，是謂能養。至於犬馬，皆能有養，不敬，何以別乎？」（論語　爲政）

養親像養犬馬一樣，誰敢說這是孝道呢？在奉養父母上該有敬，即「樂其心而不違其志」。孟子解釋這種養親之道說：

「曾子養曾晳，必有酒肉。將徹，必請所與。問有餘，必曰有。曾晳死，曾元養曾子，必有酒肉。將徹，不請所與。問有餘，曰亡矣，將以復進也。此所謂養口體者也。若曾子則可謂養志也。事親若如曾子者，可也。」（孟子　離婁上）

曾子養父母，可謂「樂其心而不違其志」。「有酒肉」，以樂父母的心，「請所與」，以行父母之志。曾元就沒有曾子那樣的孝道了。曾元不知行父母之志。但曾子尚自謙爲不知行孝：

「公明儀問於曾子曰：夫子可以為孝乎？曾子曰：是何言與！是何言與！君子之所謂孝者，先意承志，諭父母於道。參直養者也，安能為孝乎！」（禮記　祭義）

對於奉養父母之道，《禮記》上定了詳細的儀則。歐美的社會風俗，以家庭之內，重在親熱，所以最不講儀則。中國儒家的社會習慣，以親而不嚴則媟，故家庭以內也重儀則。

「子事父母，雞初鳴，咸盥漱，櫛縰笄總，拂髦，冠緌纓，端韠紳，搢笏。左右佩用：左佩紛帨，刀礪，小觿，金燧，右佩玦，捍，管，遰，大觿，木燧，偪，屨著綦。婦事舅姑，如事父母。雞初鳴，咸盥漱，櫛縰，笄總，……以適舅姑之所。及所，下氣怡聲，問衣燠寒，疾痛苛癢，而敬抑搔之。出入，則或先或後而敬扶持之。進盥，少者奉槃，長者奉水，請沃盥。盥卒授巾。問所欲而敬進之，柔色以溫之。……男女未冠笄者，雞初鳴，咸盥漱，櫛縰，拂髦，總角，衿纓，皆佩容臭，昧爽而朝，問何食飲矣。若已食，則退；若未食，則佐長者視具。……父母舅姑將坐，奉席請何鄉。將衽，長者奉席請何趾；少者執床與坐，御者舉几。斂席與簟，縣衾，篋枕，斂簟而襡之。父母舅姑之衣衾簟席枕几不傳。杖屨，祇敬之勿敢近。……父母在，朝夕恆食，子婦佐餕。既食恆餕。父沒母存，冢子御食，群子婦佐餕如初。旨甘柔滑孺子餕，在父母舅姑之所，有命之，應唯敬對，進退周旋慎齊，升降出入揖遊。……五日則燂湯請浴。三日具沐。其閒，面垢，燂潘請靧。足垢，燂湯請洗。少事長，賤事貴，共帥時。」（禮記 內則）

這一套日常的家禮，不是每個家庭都能做到的。但是古代的大戶人家，則多數可以遵行這些儀則。即是普通的家庭，晨昏定省，則常是必做的。朱熹所著《文公家禮》錄有司馬溫公的《居家雜儀》，關於爲子爲婦的一條說：

「凡子事父母，婦事舅姑，天欲明，咸起盥漱櫛總，具冠帶。昧爽適父母舅姑之所，省問。父母舅姑起，子供藥物，婦具晨羞。供具畢，乃退，各從其事。將食，婦請所欲於家長，退具而供之。尊長舉筯，子婦乃各退就食。丈夫婦人各設食於他所，依長幼而坐，其飲食必均壹。幼子又食於他所，亦依長幼席地而坐，男坐於左，女坐於右。及夕，食亦如之。既夜，父母舅姑將寢，則安置而退。居閒無事，則侍於父母舅姑之所。容貌必恭，執事必謹。言語應對，必怡聲下氣。出入起居，必謹扶衛之，不敢涕唾喧呼於父母之側。父母舅姑不命之坐，不敢坐；不命之退，不敢退。」（文公家禮　頁三）

這一段日常家禮，較比《禮記》的〈內則〉雖說簡單了許多，但是古禮的大節目，都保存著。儒家對於父母，常主孝養。孝養即是說敬養。在儒家的孝道裏，敬字重於愛字。

2. 弗辱

子女乃先人的遺體，所以該自重自貴；而且子女的行動，都歸之於父母先人，假若敗名辱身，那豈不是辱及先人嗎？

孝道的弗辱，最低的條件在不犯罪遭刑。先人的遺體，豈可讓刑具去侵辱？司馬遷因冤，遭了宮刑，嘆息自己辱及了父母。

「行莫醜於辱先，詬莫大於宮刑。……僕以口語遇此禍，重為鄉黨所笑，以污辱先人，亦何面目復上父母丘墓乎！」（報任少卿書）

即使不犯罪遭刑，平居也要保重自己的身體，不要因自己的疏忽，叫身體受傷或害病；不然也是辱及先人的遺體。

「樂正子春下堂而傷其足，數月不出，猶有憂色。門弟子曰：夫子之足瘳矣，數月不出，猶有憂色，何也？樂正子春曰：善如爾之問也！善如爾之問也！吾聞諸曾子，曾子聞諸夫子曰：天之所生，地之所養，無人為大，父母全而生之。子全而歸之，可謂孝矣。不虧其體，不辱其身，可謂全矣。故君子頃步而弗敢忘孝也。今予忘孝之道，予是以有憂色也。壹舉足而不敢忘父母，壹出言而不敢忘父母。壹舉足而不敢忘父母，是故道而不徑，舟而不游，不敢以先人之遺體行殆。壹出言而不敢忘父母，是故惡言不出於口，忿言不反於身，不辱其身，不羞其親，可謂孝矣。」（禮記 祭義）

還有一種理由，叫兒女們不敢疏忽自己的身體，不敢出去冒險；爲的是不叫父母擔憂。

「孟武伯問孝。子曰：父母唯其疾之憂。」（論語 爲政）

朱子註說：「言父母愛子之心，無所不至，惟恐其有疾病，常以爲憂也。人子體此，而以父母之心爲心，則凡所以守其身者，自不容於不謹矣。豈不可以爲孝乎？」體貼父母，小心莫叫自己有病以貽憂父母，這當然是孝。

「子曰：父母在，不遠遊，遊必有方。」（論語 里仁）

朱子註說：「遠遊，則親去遠而爲日久，定省曠而音問疏。不惟己之思親不置，亦恐親之念我不忘也。遊必有方，如己告云之東，即不敢更適西，欲親必知己之所在而無憂，召己則必至而無失也。」

樂正子春在上面所說的孝道，是不辱其身，不羞其親。不辱身，乃不辱先人的遺體。不羞親，乃不污父母之令名。那麼孝子，不單單謹慎小心，莫損害自己的身體，還該謹小慎微，莫做惡事。所以曾子說：

「身也者，父母之遺體也。行父母之遺體，敢不敬乎？居處不莊，非孝也。事君不忠，非孝也。蒞官不敬，非孝也。朋友不信，非孝也。戰陣不勇，非孝也。五者不遂，烖及於親，敢不敬乎？」（禮記 祭義）

凡是一樁事，違背倫理，都將受社會人士的制裁，都將遭人的批評。自己受人的批評，連帶便牽連到父母，叫父母負著污名，這便是不孝。

「孟子曰：世俗所謂不孝者五：惰其四支，不顧父母之養，一不孝也。博弈好飲酒，不顧父母之養，二不孝也。好貨財，私妻子，不顧父母之養，三

不孝也。從耳目之欲，以為父母戮，四不孝也。好勇鬥狠，以危父母，五不孝也。」（孟子 離婁下）

孟子說這是世俗所說的五不孝，凡是社會上的人都該知道，都應避免。君子的所謂孝，較之世俗的孝，還要高一層，《禮記》上說：

「父母雖沒，將為善，思貽父母令名，必果。將為不善，思貽父母羞辱，必不果。」（禮記 內則）

君子當父母活著時，不敢叫父母憂傷；即在父母故去了以後，他們也常以父母的名聲，為行事的動機。可以貽父母令名的，便果然去做；足以貽父母羞辱的事，必果然不做。《孝經》說：

「事親者，居上不驕，為下不亂，在醜不爭。居上而驕則亡，為下而亂則刑，在醜而爭則兵。三者不除，雖日用三牲之養，猶為不孝也。」（孝經 紀孝行）

儒家素以精神重於物質，兒子徒知用三牲去養父母的身體，卻行惡以傷父母的心，以污父母的名，這絕對不能稱爲孝子。孝子必要像曾子所說：「不辱其身，不羞其親，可謂孝矣。」

3. 尊親

孝道中最上的，在於尊親。尊親不是說自己該尊敬父母，這一點乃是孝道的起點；尊親是說使自己的父母，能受人的尊敬。

按照儒家的主張，那幾種資格使一個人受人的尊敬呢？孟子說：

「天下有達尊者三：爵一，齒一，德一。朝廷莫如爵，鄉黨莫如齒，輔世長民莫如德。」（孟子　公孫丑下）

爵、齒、德爲儒家受人尊敬的三種資格。尊親的孝道，就該從這三點去做。

齒：使父母享高齡，在鄉黨裡因高齡受人尊敬。中國爲父母出訃文時，兒子們必定說某某等罪惡深重，禍延考妣。兒子們以父母的死亡，作爲自己的罪惡。因此孝子便該設法好好奉養父母，叫父母能享天年。古來傳說老萊子，七十歲還著綵衣以娛親呢！

德字一項，包括兩方面：第一方面，是說兒子自己修德，第二方面是說兒子勸諫父母。父母若有失德，就失去美名，作孝子的，便該勸諫。

「子曰：事父母幾諫。見志不從，又敬不違，勞而不怨。」（論語 里仁）

朱子註說：「此章與內則之言相表裡。幾微也。微諫，所謂父母有過，下氣怡色，柔聲以諫也。見志不從，又敬不違，所謂諫若不入，起敬起孝，悅則復諫也。勞而不怨，所謂與其得罪於鄉黨州閭，寧熟諫，父母怒而不悅，而撻之流血，不敢疾怨，起敬起孝也。」朱子這一段話，即是抄《禮記・內則》的。假使兒子不知道諫父母，而竟揚父母之惡，那便是大逆不道，罪該重罰。《隋志》：

「天監三年八月，建康女子任提女坐誘（缺）當死。其子景慈對鞫辭云：母實行此。是時法官虞僧虬啓稱：案子之事親，有隱無犯，……景慈無防閑之道，死有明目之據，陷親極刑，傷和損俗。凡乞鞫不審，降罪一等，豈得避五歲之刑，忽死母之命？景慈宜加罪辟。詔流於交州。」（見楊鴻烈 中國法律發達史 上冊 頁三一一 商務民十九年版）

無防閑之道，即是不知勸諫。母得了罪，兒子因怕連坐而實招母親的罪，法官奏爲不孝，梁武帝下詔，配景慈於交州。《唐律》也說：

「諸告祖父母父母者絞。謂非緣坐及謀叛以上而故告者。」（唐律卷二十三鬥訟）

緣坐之罪，係不忠於人君之罪。謀叛之罪，是叛國之罪。在忠孝不能兩全時，儒家主張先忠後孝。

兒子在自己本身一方面，不僅是不該行惡，免的羞辱父母，還該行善修德，叫自己有令名，父母因此也沾光彩。《孝經》說：

「立身行道，揚名於後世。」（開宗明義章）

爲著揚名，爵字也很要緊。做孝子的，便該努力求上進，謀取一官一爵。兒子得了高官，父母、祖父母也可以受封。即使父母、祖父母已經死了，朝廷也必賜以誥命，使父母、祖父母的祭禮能夠更加隆重。

在爵位裡，天子的爵位，至高無上。做了天子，即算是尊親到極點。孟子說：

「孝子之至，莫大乎尊親。尊親之至，莫大乎以天下養。為天下父，尊之至也。以天下養，養之至也。」（孟子 萬章上）

爵位雖可以揚名，但不一定就能揚名於後世！若自己的名，揚於後世，父母的名，也就可以永存不朽。不朽之道何在？《左傳》說：

「太上有立德，其次有立功，其次有立言，雖久不廢，此之謂不朽。」

（左傳）

立德的人，德名不朽；這是上一等的令名。立功的人，功名不朽，這是次一等的令名；立言的人，著書立說，文名不朽，這是下一等的令名。然而三者都是不朽，中國人常認為三者中有其一，纔算是不空活了一場。

三、祭 親

1. 祭親的意義

父母死了以後，孝道並不因此就完了，兒子的孝道還該繼續。繼續的方式，在於祭親。《禮記》說：

「是故孝子之事親也，有三道焉：生則養，沒則喪，喪畢則祭。養則觀其順也，喪則觀其哀也，祭則觀其敬而時也。盡此三道者，孝子之行也。」（禮記 祭統）

祭親爲孝道的完成，又爲孝道的繼續。子不祭親，最是大逆不道。人死了，沒有後人行祭，絕了香火，那纔是真正死亡了。

祭親的意義，即在念親。子孫思念先人，不敢忘記，便用祭禮去紀念他們，所以稱爲思恩報本。思念先人的恩，但父母已沒，不能奉養，乃用祭禮以表孝心。《禮記》說：

「祭者，所以追養繼孝也。」（禮記 祭統）

《集註》說：「追其不及之養，而繼其未盡之孝也。」祭禮是兒子繼續奉養父母。父母雖不來就食了，兒子的孝心不能不盡。

「是故賢者之祭也，致其誠信，……明薦之已矣，不求其為，此孝子之心也。」（禮記 祭統）

《集註》說：「不求其爲，無求福之心也。所謂祭祀不祈也。」祭親的宗旨，不是求先人賜福，是純淨爲表示紀念父母的孝心。

「君子反古復始，不忘其所由生也，是以致其敬，發其情，竭力奉事以報其親，不敢弗盡也。」（禮記 祭義）

孝字在儒家裡，是教之所由生；祭親既是孝道中最重的一點，祭親當然也有教民的意義。曾子說：

「慎終追遠，民德歸厚矣。」（論語 學而）

慎終追遠，即是祭親。百姓知道在祭祀裡，追念自己的先人，不敢忘先人的善言善行，民德必歸於敦厚。

「喪祭之禮，所以教仁愛也。致愛故能致喪祭。春秋祭祀之不絕，致思慕之心也。夫祭祀，致饋養之道也。死則思饋養，況於生而存乎？故曰：喪祭之禮明，則民孝矣。」（大戴禮記 盛德）

祭親爲孝道，人行孝道則愈加有孝心。對於已故的先人，尙知奉養；則對於在生的父母，更加勤心奉養了。人民都有孝心，還怕社會的民德不敦厚樸實嗎？孔、孟素主教民爲善，用祭祀去教民，很合於儒道。

2. 祭祀的條件

祭親的第一個條件，是誠心。孝子祭親，要發自內心，不僅是外面舉行儀典，心內眞要信先人在壇前受祭。《禮記》說：

「凡治人之道，莫急於禮。禮有五經，莫重於祭。夫祭者，非物自外至者也，自中出生於心也。心怵而奉之以禮。是故惟賢者能盡祭之義。……是故賢者之祭也，致其誠信，與其忠敬，奉之以物，道之以禮，參之以時，明薦之而已矣。不求其為，此孝子之心也。」（禮記 祭統）

祭祀，應該出自心中。兒子奉養父母，這種孝情，發自心坎。兒子祭親，等於奉養，便也該發自心坎。《禮記》說：

「文王之祭也，事死者如事生，思死者如不欲生。」（禮記 祭義）

《詩經》描寫周朝帝王祭天，以文王配祭說：

「伊嘏文王，既右饗。」

祭天時以文王配饗，似乎看見文王在祭壇右邊領受祭禮。所以子孫祭祖時，不單是獻外面的一些祭品，乃是獻自己的一片誠心。孔子說：

「祭如在，祭神如神在。」（論語 八佾）

祭父母先祖，就應像是父母先祖都在壇前。因此《禮記》上規定在行祭以前，應該持齋。

「致齋於內，散齋於外。」（禮記 祭統）

內齋以收致自己的心，外齋以消散外物的紛擾。孝子歛心收神，靜靜去思想父母先人。

「齋之日，思其居處，思其笑語，思其志意，思其所樂，思其所嗜。齋三日，乃見其所為齋者。」（禮記 祭義）

行祭的前三天，齋戒外物，集中心思去追念先人的聲容笑語。想念了三天，便見先親似乎活活地立在眼前，於是乃去行祭。

「祭之日，入室僾然必有見乎其位；周還出户，肅然必有聞乎其容聲；出户而聽，愾然必有聞乎其嘆息之聲。」（禮記 祭義）

孝子能夠有了這種誠心，處處都似乎再見先人的音容。他的祭祀，便不能不出生自心中了。那麼自然而然就起敬起畏，一舉一動都很端肅了。祭親的第二個條件，乃是敬。

「孝子之祭也，盡其愨而愨焉，盡其信而信焉，盡其敬而敬焉，盡其禮而不過失焉。進退必敬，如聽親命，則或使之也。」（禮記 祭義）

父母在時，孝子進退起居，都常遵守禮規，敬重父母。行祭時，既信父母在跟前，也就該當「進退必敬」。

「祭之中，顏色必溫，行必恐，如懼不及愛然。其奠之也，容貌必溫，身必詘，如語焉而未然。宿者皆出，其立卑靜以正，如將弗見然。及祭之後，陶陶遂遂，如將復入然。是故愨善不違身，耳目不違心，思慮不違親。結諸心，形諸色，而術省之，孝子之志也。」（禮記 祭義）

這些儀則，若沒有內心的真誠，便成一種虛套子，甚至可以成爲假仁假義。《禮記》以這些儀則爲孝子之志，即在使祭祀時的動作，成爲「有諸中而形於外」。

3. 宗法、守喪

因爲中國的家族，最重祭祖，因此古代乃有宗法的制度。在這裡我們不是研究中國親屬法，對於宗法，僅在此簡單地談一談。

祭祀先人的禮儀，應由亡者的兒子去行禮。亡者的兒子，可能有好幾個。究竟該由誰去主禮呢？宗法的制度，就在規定祭祖之權。奉行先人祭禮的，應該是嫡長子。若是嫡長子早死了，則是次子。次子稱爲別子，別子早死了，則是嫡長孫。沒有嫡長孫：便輪到庶子，若沒有庶子，便該爲亡者立嗣子。（唐律疏義 卷十二 户婚）

嫡長子爲正妻的長子，別子爲正妻的次子，庶子爲妾所生，嗣子則嗣養子。

在三代的時代，宗法制度尚有一種特別的意義。那時的宗法，是一種保持嫡庶系統分明的制度。班固說：

「宗者，何謂也？為先祖主也，宗人之所尊也。禮曰：宗人將有事，族人皆待。聖者何以必有宗，何也？所以長和睦也。大宗能率小宗，小宗能率群弟，通於有無，所以紀理族人者也。」（白虎通 宗族）

宗是指定祭祖的人，又是指定族人的統率人。古禮上分大宗小宗。《禮記》上說：

「別子為祖，繼別為宗。繼禰者為小宗。有百世不遷之宗，有五世則遷之宗。百世不遷者，別子之後也，宗其繼別子之所自出者，百世不遷者也。宗其繼高祖者，五世則遷者也。」（禮記 大傳）

古代諸侯，傳位是傳給嫡長子。諸侯的次子，稱爲別子。別子的長子，繼別以成大宗。大宗繼續傳於長子，百世不遷，作族人的領袖。別子若有次子，稱爲禰。他的長子繼他以成小宗，小宗五世即遷。遷了以後，即斷絕親屬關係，不互相守喪。（參考：宗法考證 見徐朝陽 中國親屬法溯源 第六章 商務民二十二年版。宗法以前及宗法見陶希聖 婚姻與家庭 第一章 商務 百科小叢書本）三代以後，宗法制度已不能實行大宗小宗的制度了。因此後人對於宗法的解釋，便多不同。

後代的宗法；可以說是見之於宗祧。宗祧即是上面所說祭祖的次序。在繼承宗祧時，必定該守禮法所定的次序，在立嗣子時，也該遵守一定的次序。嗣子雖不是所嗣的人的親生子孫，但該是同宗的，而且行輩要相當。在古代宗法制度實行的時代，只有大宗能立嗣子爲後，小宗則不能立。宗法制度作廢了以後，大宗與小宗既不分了，這種立後的限制也廢了。《禮記》的立後，即是宗法制度的立嗣子制度：

「為人後者，孰後？後大宗也。曷為後大宗？大宗者，尊之統也。尊者尊統上，卑者尊統下。大宗者，尊之統也。大宗者，收族者也，不可以絕，故族人以支子後大宗也。」（禮記 喪服）

在後代大宗小宗不分時，「宗」字則尚保存一些意義。同宗，即指的共祭一祖的人。爲一個無子的人立後，就該聽同宗的人去選。《禮記》上說：

「無子者，聽養同宗於昭穆相當者。」（禮記 月令）

昭穆兩字的原義，也出自祭禮。祭祖時，陳列先人的木主，所陳的木主，是可以受祭的先人的木主。本主的陳列，男左女右。左爲昭，右爲穆。普通士庶祭祖，只可以陳列五個木主，即父母祖父母曾祖的木主。若是母親尚在，則陳曾祖母的木主以受祭。立嗣時，應爲昭穆相當者，即應是行輩相當者，因不能立長輩或平輩爲後。所立的嗣子，該是晚輩。

跟宗法相連的，還有中國的喪服。在講儒家的孝道時，本來也該講守喪。可是守喪在實行上，多關於禮法，不關於孝的理論。在孝理方面，親死，守喪三年，表示哀悼。爲什麼要行喪三年？因爲兒子生後，三年不離父母的懷抱，多受父母的撫養。親死了兒女便守喪三年，以報親恩。

「宰我問三年之喪，期已久矣。君子三年不為禮，禮必壞，三年不為樂，樂必崩。舊穀既沒，新穀既升，鑽燧改火，期可已矣。子曰：食夫稻，衣乎錦，於女安乎？曰：安！女安則為之！夫君子之居喪，食旨不甘，聞樂不樂，居處不安，故不為也，今女安則為之。宰我出。子曰：予之不仁也！子生三年，然後免於父母之懷。夫三年之喪，天下之通喪也；予也有三年之愛於其父母乎？」（論語　陽貨）

凡是所愛的東西，驟然失了，心裡必定感覺痛苦，必定要想念所失的東西。《禮記》上說，鳥獸死了伴侶，還知道反顧悲鳴。人對於已亡的父母，憂思則必很深；若不然，則不如鳥獸了。可是憂思父母，也不能過甚，聖人制禮，乃以兒女受父母三年的提攜，兒女爲父母守喪，也便是三年。

「凡生天地之間者，有血氣之屬必有知；有知之屬莫不知愛其類。今是大鳥獸，則失喪其群匹，越月踰時焉，則必反巡，過其故鄉，翔回焉，鳴號焉，躑躅焉，踟躕焉，然後乃能去之。小者至於燕雀，猶有啁噍之頃焉，然後乃能去之。故有血氣之屬者，莫知於人。故人於其親也，至死不窮。將由夫患邪淫之人與，則彼朝死而夕忘之，然而從之，則是曾鳥獸之不若也。夫焉能相與群居而不亂乎？將由夫修飾之君子與，則三年之喪，二十五月而畢，若駟之過隙，然而遂之，則是無窮也。故先王焉為之立中制節，壹使足以成文理，則釋之矣。」（禮記　三年問）

三年之喪，用意在對於先父母，盡情盡哀。守喪時，不舉樂，不衣錦繡，不設筵宴。三年裡，思念父母，繼承父母之志。

「子曰：父在觀其志，父沒觀其行，三年無改於父之道，可謂孝矣。」

（論語　學而）

守喪以盡哀，而且也是實行儒家法祖之道。假使父母有志不遂，作事沒有作成，兒子應在守喪時，默思父母的遺志，日後繼承遺志去完成父母未完的事，這就是行孝法祖了。父母以外，別的親戚死了，也該守喪。禮法上有期年，大功，小功，等服制。《禮記・喪服》一篇特別討論守喪的法制。按照中國古代的喪制，也可推知親屬關係。

四、婚姻

1. 婚姻的意義

我們既已知道，祭祖要由親生子女去執行，我們便可推知儒家怎樣重視婚姻了。

「（哀公）公曰：寡人願有言然，冕而親迎，不已重乎？孔子愀然作色而對曰：合二聖之好，以繼先聖之後，以為天地宗廟社稷之主，君何謂已重乎？公曰：寡人固！不固焉得聞此言也。寡人欲聞，不得其辭，請少進！孔

子曰：天地不合，萬物不生，大昏，萬世之嗣也。君何謂已重乎！」（禮記 哀公問）

婚姻的意義，即在「繼先聖之後」，即是「萬世之嗣」，即是使父母能留有後人，得以常享祭祀，香火不絕。孔子以這件事，爲天地間的大事，婚禮豈能不隆重？

婚姻的結合，乃男女的結合，由男女的結合，而有兒女，以承先人之嗣。儒家以男女的結合，象徵天地的結合，象徵乾坤的結合；因爲男女是陽陰，陽與陰相合，乃天地間的大道。《易經》上說：

「彖曰：歸妹，天地之大義也，天地不交而萬物不興。歸妹，人之終始也。」

（易經 歸妹）

「天地絪縕，萬物化醇，男女媾精，萬物化生。」（繫辭下）

人承天地，施陰陽，故設嫁娶之禮，重人倫，廣繼嗣也。

《禮記》上說：

「天地合而后萬物興焉，夫婚禮萬世之始也。」（禮記 郊特牲）

孔子在《哀公問》不是說過：

「天地不合，萬物不生；大婚，萬世之嗣也。」

既然是男女相合，男女是屬於兩家的。中國古代婚姻在法理上，是兩家相合，由家長作主。這種兩家相好，也可以說是婚姻的意義。

「婚禮者，將以合二姓之好，上以事宗廟，而下以繼後世也。故君子重之。」（禮記 婚義）

婚姻還有一種意義，在於求內助。孝子爲事奉父母，爲治理家務，需要一個女子幫忙。

娶妻，便是求妻來助自己盡孝道。《禮記》上說：

「孝子之事親也，有三道焉：生則養，死則喪，喪畢則祭。……既內自盡，又外求助；婚禮是也。故國君取夫人之辭曰：請君之玉女，與寡人共有敝邑，事宗廟社稷，此求助之本也。夫祭也者，必夫婦親之，所以備外內之官也。」（禮記 祭統）

有了這幾層意義，儒家教育了中國人極著重婚姻。中國普通人都知道說婚姻爲人生的大事。婚姻成就了，男女相處之道，常該從孝字一方面去看。儒家主張婚姻有常，夫婦應偕老；因爲妻子已經共同祭祖，已經爲先人生有後嗣，則不應離棄。儒家卻又主張出妻，那是因爲妻子不孝不睦，不盡婦道。一夫一妻，本是儒家婚姻的大道，因爲夫婦代表陰陽相合，但也容許納妾，這又因爲該爲先人留嗣。妻子既不生育，便可娶妾生子。從孝道一方面去解釋中國婚姻制度，許多似乎互相衝突的地方，都可以不相衝突了。

《易經》論夫婦之道，應有恆說：

「有天地，然後有萬物；有萬物，然後有男女；有男女，然後有夫婦；有夫婦，然後有父子；有父子，然後有君臣；有君臣，然後有上下；有上下，然後禮義有所錯。夫婦之道，不可以不久也，故受之以恆。」（序卦傳下篇）

《詩經》裏的〈國風〉，也表示民間對於婚姻有恆久不變的觀念。

「穀則異室，死則同穴。」（王風 大車）

「宜言飲酒，與子偕老。」（鄭風 女曰雞鳴）

「習習谷風，以陰以雨，黽勉同心，不宜有怒。采葑采菲，無以下體。德音莫違，及爾同死。」（邶風 谷風）

至於女子，一嫁了人，則終身不改。《禮記》上說：

「壹與之齊，終身不改。」（禮記 郊特牲）

《詩經・鄘風》裏乃有女子誓死不改嫁說：

「汎彼柏舟，在彼中河，髧彼兩髦，實維我儀；之死矢靡它！母也天只，不諒人只！」

「汎彼柏舟，在彼河側，髧彼兩髦，實維我特；之死矢靡慝！母也天只，不諒人只！」（鄘柏舟）

妻子做了夫家的人，就死也是夫家的人；但爲成夫家的人，在婚禮時，妻子該廟見。

《禮記》上說：

「曾子問曰：女未廟見而死，則如之何？孔子曰：不遷於祖，不祔於皇姑；婿不杖不菲不次；歸葬於女氏之黨，示未成婦也。」（禮記 曾子問）

在這一點上，又可見到婚姻跟孝道的關係。廟見在古禮上，是拜見翁姑。古禮，新婦到了夫家，第二天清晨，拜見翁姑，稱爲廟見。若是翁姑已沒，則三月後，擇日行祭，也稱爲廟見。後代則稱新婦謁見祖先爲廟見。無論古禮或後代習俗，婚姻總是因著父母之命而定，因拜見父母之禮而得成。

2. 夫婦

「有男女，然後有夫婦。」結了婚，男女成夫婦。夫婦爲儒家五倫之一，彼此相待，各有應對之理。

「夫也者，以知帥人者也。」（禮記 郊特牲）

「女子已嫁曰婦，婦之言服也，服事於夫也。」（爾雅 釋親）

上面對於夫婦兩字的解釋，就代表儒家的夫婦應對之理。丈夫爲主，妻子爲從。丈夫發令，妻子服從。丈夫對於妻子，代表天，妻子服從丈夫，乃是服從天，於是乃有精神的價值。所以儒家的夫婦觀念，可用《易經》和《禮記》的話來說明：

「天尊地卑，乾坤定矣。……乾道成男，坤道成女。」（易經 繫辭上）

「男先於女，剛柔之義也。天先乎地，君先乎臣，其義一也。」（禮記 郊特牲）

因爲男先於女，女子便有三從四德之道。三從說明女子終生不能自主，常該服從一個男子的話：

「出乎大門，先男帥女。女從男，夫婦之義由此始也。婦人，從人者也。幼從父兄，嫁從夫，夫死從子。」（禮記 郊特牲）

四德，則說明女子該修的四種善德。儒家的仁義禮智，雖爲人類的達德，但多實用於男子，因爲四達德，都是關於社會生活的。女子居家，在閨門以內，另外有四種美德，可以表現他們的柔性。

女子的四德，《漢書》說是婦德，婦言，婦容，婦功。《漢書・曹大家女誡》稱四德爲四行。即是說在女子的視聽言動上，要特別顯出四種善德。四種善德，出自《周禮》。《周禮》謂婦德爲貞順，婦言爲辭令，婦容爲婉娩，婦行爲絲枲。這四德乃《周禮》所說九嬪教九御之道。

婦人對於丈夫，處處服從；丈夫對於妻子，該敬重，待她以禮；因爲妻子乃自己的內助。

「孔子遂言曰：昔三代明王之政，必敬其妻子也有道。妻也者，親之主也，敢不敬與。」（禮記 哀公問）

妻子在家操家政，事奉舅姑，故稱爲親之主。作丈夫的，便應對她加以敬重；而且因爲男女相合，代表天地陰陽，男女之合，便該和諧。《詩經》以琴瑟象徵夫婦的和好。

「妻子好合，如鼓瑟琴。」（小雅 棠棣）

男女相合，作成配偶，中國通俗常譬爲鴛鴦。既是配偶，則並坐並起，像《禮記》所說的相齊。丈夫看待妻子，並不能視爲妾婢。班固說：

「妻者，何謂也？妻者，齊也。與丈夫齊體。自天子至庶人，其義一也。妾者，接也。以時接見也。嫁娶者，何謂也？嫁者，家也婦人外成以出適人為家也。娶者，取也。男女，謂男者任也，任功業也；女者，如也，從如人也。在家從父母，既嫁從夫，夫沒從子也。傳曰：夫人有三從之義也。夫婦者，何謂也，夫者，扶也，扶以人道者也；婦者，服也，服於家事，事人者也。配正者何？謂相與偶也。婚姻者，何謂也？昏家行禮，故謂之婚也；婦人因夫而成，故曰姻。」（白虎通 嫁娶）

這一段解釋字義的話，包括了儒家夫婦相處的倫理原則。中國幾千年的家庭生活，都不脫經傳的訓言。司馬光曾有家教說：

「為人妻者，其德有六：一曰柔順，二曰清潔，三曰不妒，四曰儉約，五曰恭謹，六曰勤勞。……夫，天也；婦，地也。夫，日也；婦，月也。夫，陽也；婦，陰也。天尊而處上，地卑而處下。日無盈虧，月有圓缺。陽唱而生物，陰和而成物。故婦專以柔順為德，不以強辯為美也。」（司馬光 訓子孫文）

這一段家教，寫盡了中國歷代的婦道。

3. 父子兄弟

「有夫婦，然後有父子。」有了父子，然後有兄弟。父子兄弟，乃五倫中的兩倫。父子一倫的倫理，爲父慈子孝。兄弟一倫的倫理，爲兄友弟恭。

兒子事奉父母，終生盡孝。父母對於兒女，該有天倫之愛。兒子既是自己的遺體，而且也是先人之後。《禮記》上孔子說：

「子也者，親之後也。敢不敬與。」（禮記 哀公問）

因爲，儒家雖以父親對於子女的父權，非常廣大。凡是子女的身體、婚姻、職業和產業，父親都可任意支配。可是對於子女的生命，父母不能加以殺害。對於子女的貞操，父母不能與以威逼。就是出賣子女一事，也不是儒家所認可的。所以中國歷代的帝王，常出法令，禁止拋棄子女。對於已出賣的子女，出令贖回。《唐律》說：

「若略賣子孫為奴婢者，杖八十。弟妹及姪孫外孫，若己之妾，子孫之婦，杖八十，徒二年。子孫之妾減二等。」（唐律 卷二十五 賊盜下）

父母慈愛子女，乃天性使然；但愛兒女，應愛得其道。若因愛而姑息兒女，不肯教誨，那愛兒女反倒害了兒女，不能算爲愛。《顏氏家訓》謂教子應該威嚴而有慈愛。

「父母威嚴而有慈，則子女畏懼而生孝矣。吾見世間無教而有愛，每不能然。飲食運為，恣其所慾，宜誡翻獎，應訶反笑。至有識知，謂當法耳。驕慢已習，方復制之，捶楚至死而無威，忿怒日隆而增怨。逮于長成，終為敗德。」（顏氏家訓 教子篇）

朱文公《家禮》對於教育子女，錄司馬氏《居家雜儀》，說的很詳細：

「凡子始生，求乳者，必擇良家婦女，稍溫謹者。子能食，飼之，教以右手。子能言，教之自名及唱諾，萬福安置。稍有知，則教之以恭敬尊長。有不識尊卑長幼者，嚴訶禁止。六歲，教之數與方名，男子始識書字，女子始習女工之小者。七歲，男女不同席，不共食，始誦孝經、論語，雖女子亦宜誦之。自七歲以下，謂之孺子，早寢晏起，食無時。八歲出入門戶，及即席飲食，必後長者，始教之以謙讓，男子誦尚書，女子不出中門。九歲，男子誦春秋及諸史，始為之講解，使曉義理。女子，亦為之講解論語、孝經及列女傳、女誡之類，略曉大義。十歲，男子出外就傅，居宿於外，讀詩、禮、傳，為之講解，使知仁義禮智信。自是以往，可以讀孟荀揚子，博觀群書。凡所讀書，必擇其精要者而讀之。其異端非聖賢之書，傳宜禁之，勿使妄觀，以亂其志。觀書皆通，始可學文辭。女子則教以婉娩聽從及女工之大者。未冠笄者，質明而起，總角，靧面以見尊長，佐長者供食。祭祀則佐執飲食。若既冠笄，則皆責以成人之禮，不得復言童幼矣。」（朱子 家禮 頁七）

兄弟一倫，以兄爲尊長，以弟爲卑幼。兄對於弟該有友愛，弟對於兄該有恭敬。彼此既同爲父母所生，更該相親相助。《顏氏家訓》說：

「兄弟者，分形連氣之人也。方其幼也，父母左提右挈，前襟後裾。食則同案，衣則傳服，學則連業，遊則共方。雖有悖亂之人，不能不相愛也。及其壯也，各妻其妻，各子其子，雖有篤厚之人，不能不少衰也。娣姒之比兄弟，則疏薄矣；今使疏薄之人，而節量親厚之恩，猶方底圓蓋，必不合不明也。沛國劉璡嘗與兄瓛連棟隔壁，瓛呼之數聲，不應，良久方答。瓛怪問之，乃云：向來未著衣帽故也。以此事兄，可以免矣。」（顏氏家訓 兄弟篇）

弟敬兄，兄也當敬弟，彼此有禮有愛，然後纔能夠常保天倫之樂。兄弟既同居和睦，在生活上便能互相幫助。《詩經》描寫兄弟之樂說：

「棠棣之華，鄂不韡韡；凡今之人，莫如兄弟。死喪之威，兄弟孔懷，原隰裒矣，兄弟求矣。脊令在原，兄弟急難，每有良朋，況也永嘆。兄弟鬩于牆，外禦其侮。每有良朋，烝也無戎！喪亂既平，既安且寧，雖有兄弟，不如友生！儐爾籩豆，飲酒之飫，兄弟既具，和樂且孺。妻子好合，如鼓瑟琴；兄弟既翕，和樂且湛。宜爾室家，樂爾妻帑，是究是圖，亶其然乎。」（小雅　棠棣）

第九章 忠

一、君

1. 人君

儒家講道德，忠孝常連在一起，在忠孝不能兩全時，儒家則主張盡忠。孝是孝於配天的父母，忠是忠於代天治民的人君。作父母的也是人君的子民，所以在忠與孝相衝突時，則該捨孝而取忠。並不是以忠在孝之上，乃是忠的對象在孝的對象以上。若是論廣義的孝，則忠孝不能兩全而盡忠時，也是盡孝；因不忠則爲不孝，忠了則也孝了。

前面一章，講孝道，連帶講了儒家的家庭、道德，凡關於父子、夫婦、兄弟三倫的相互關係，都提綱挈要地說過。這一章講忠君報國，連帶也就要講儒家的國家觀念和政治思想。

儒家的國家觀念，以「君」字爲樞紐。雖說孟子把人民看在人君以上，可是歷代國家觀念，都建築在君權上。孟子曾說：

「民為貴，社稷次之，君為輕。」（孟子 盡心下）

儒家的國家觀念，有三個成素，即民、社稷、君。人民是國家的物質成素，積人民纔可成國。社稷則代表國家的法律成素，象徵人民的團結；因爲社稷原意雖是指的土穀之神，後來則指的國家政府。人君乃是國家的法權成素，有了人民，有了團結，若沒有統治權，國家還是不能成立。但是這三種成素，在近代的法學和政治學，分別的很清楚，在古代，則以人君代表國家。況且秦漢以後，國家看成皇帝的產業；所以有朕即天下之稱。

「人君」既然在古代爲國家觀念裏最重要的一點，我便講一講儒家對於人君，究竟有那種觀念。

從儒家的典籍裏，去研究「人君」，所能得的結論，是以人君爲代天行道，以統治天下者。這種思想，在《書經》裏幾乎篇篇皆是。

「天降下民，作之君，作之師。」（書經 泰誓）

「皇帝清問下民，……乃命三后，恤功於民。」（書經 呂刑）

人民是天生的，屬於天的統治。天爲統治人民，選擇一人，立他爲君，或者稱爲王，或者稱爲帝，叫他代天行道，駕馭百姓。君權的由來，來自上天。

「萬章問曰：堯以天下與舜，有諸？孟子曰：否！天子不能以天下與人。然則舜有天下也，孰與之？曰：天與之。」（孟子 萬章上）

「萬章問曰：人有言，至於禹而德衰，不傳於賢而傳於子，有諸？孟子曰：否！不然也。天與賢，則與賢；天與子，則與子。」（孟子 萬章上）

君權來自上天，儒家的典藉裏，說得很明顯。在事實上，中國的帝王，另外是開國之君，誰都說謹受天命，應承天運而興。《書經》裏商湯王周武王千番百遍地重覆這一點：

「昊天有成命，二后受之。」（詩經 昊天有成命）

「先王有服，恪謹天服。」（書經 盤庚中）

「夏王弗克庸德，慢神虐民。皇天弗保，監于萬方，啓迪有命，眷求一德，俾作神主。惟尹躬暨湯，咸有一德，克享天心。受天明命，以有九有之師，爰革夏正。」（書經 咸有一德）

「今商王受，狎侮五常，荒怠弗敬，自絕于天，結怨于民。斮朝涉之脛，剖賢人之心，作威殺戮，毒痡四海，崇信姦回，放黜師保，屏棄典刑，囚奴正士，郊社不修，宗廟不享，作奇技淫巧，以悅婦人。上帝弗順，祝時降喪，爾其孜孜，奉予一行，恭行天罰。」（書經 泰誓下）

可是天選擇一人作人君，怎樣去選擇呢？人民怎麼可以知道一個人是天所選的呢？孟子按照《書經》的思想說：這就看民心的向背。民心所向的，即是天所選；民心所背的，則是天所棄。民心代表天意。《書經》上說：

「天聰明，自我民聰明；天明威，自我民明威。」（書經 臯陶謨）

「天所善惡與民同，天心由於民。」（書經 甘誓）

「惟典神天，民否，則厥心違怨，厥詛祝。」（書經 逸書）

孟子引申這種思想說：

「天與之者，諄諄然命之乎？曰：否！天不言，以行與事示之而已矣。曰：以行與事示之者如之何？曰：……昔者堯薦舜於天而天受之，暴之於民而民受之。故曰：天不言，以行與事示之而已矣。曰：敢問薦之於天而天受之，暴之於民而民受之，如何？曰：使之主祭，而百神享之，是天受之。使之主事而事治，百姓安之，是民受之也。天與之，人與之！」（孟子 萬章上）

天立人君，統治人民，是叫人君作民的父母，作民的師傅，養民教民，以求人民的利益。《書經》上說：

「天子作民父母。」（書經 洪範）

「天降下民，作之君，作之師。」（書經 泰誓）

這種爲民父母，爲民師傅的思想，到了戰國大家爭霸的時候，已經不存了。秦始皇統一天下，索性便稱至尊，集天下的威權於一身。漢朝儒者，爲迎合皇帝的心理，把皇帝抬入神祕境界，董仲舒便是這種思想的代表著，他在《春秋繁露》裏說：

「古之造文者，三畫而連其中，謂之王。三畫者，天地與人也，而連其中者，通其道也。取天地與人之中以為貫，而參通者，非王者孰能當是？」（春秋繁露 王道通）

叔孫通定朝儀，所守的原則，也是這種思想，漢高祖因此從按著朝儀接見了群臣的那一天，纔知道做天子的威嚴。漢賈誼稱皇帝是「履至尊而制六合。」（過秦論）王莽稱帝，立刻詔罷孟子配祭的榮典，理由即因他說過，民爲貴，君爲輕，從此皇帝稱孤道寡，更該說自己是受命於天了。班固說：

> 「王者，受命必改朔何？明易姓示不相襲也。明受之於天，不受之於人，所以變易民心，革其明目，以助化也。」（白虎通義　三正）

既說是受命於天，天當然可以廢除他。幾時天要廢除一位人君呢？是人君不代天行道，自傲虐民的時候。這時人君便遭天的廢除，人人都可代天去罰他。因此湯王伐桀，武王伐紂，都說是執行天罰。孟子以他們做的很對。

> 「齊宣王問曰：湯放桀，武王伐紂，有諸？孟子對曰：於傳有之。曰：臣弒其君，可乎？曰：賊仁者，謂之賊，賊義者，謂之殘，殘賊之人，謂之一夫。聞誅一夫紂矣，未聞弒君也。」（孟子　梁惠王下）

怪不得王莽要廢孟子的祭典。自以爲天下獨尊的人，豈肯聽孟子這等話？但是儒家的真正君權思想，是在人君受命於天，代天牧民，若是殘賊人民，他就不成人君了，已經廢爲一夫。

2. 王道

人君代天行道；人君所行之道，便應是天道。人君應行之天道，稱爲王道。孟子特別標出這個名詞，以與霸道相對。霸道是以力服人，王道是以德服人。霸道叫人怕懼，王道叫人心服。戰國之時，各國諸侯，都忘記了是代天行道，只知增兵，只知作戰，稱雄稱霸。孟子乃極力主張王道。這也是正名，因爲既爲王，就該行王道。

王道乃人君代天治民之道。天之道爲好生，好生爲仁，王者之道，便是仁道。仁道稱爲仁政，孟子所以每見一個諸侯，必談仁政。董仲舒以王爲通達天地人三者，所以通達三者之道，就是仁。

「故王者，唯天之施，施其時而成之法，法其命而循諸人，法其數而以起事，治其道而以出法，治其志而歸之仁。仁之美者在於天。夫仁也，天覆育萬物，既化而生之，有養而成之，事功無已，終而復始，凡舉歸之以奉人。察於天之意，無窮極之仁也。……王者，亦常以愛利天下為意，以安樂一世為事，好惡喜樂而備用也。」（春秋繁露　王道通三）

天地之仁爲生，天生育萬物；王者之仁在愛民，愛民爲仁政。

「齊宣王問曰：齊桓晉文之事可得聞乎？孟子對曰：仲尼徒，無道桓文之事者，是以後世無傳焉。臣之未聞也。無以，則王乎！曰：德如何則可以王矣？曰：保民而王，莫之能禦也。」（孟子　梁惠王上）

王道在愛民，愛民則保民，保民則不殘害百姓，而以天下的人民，作爲自己的家人。

「老吾老，以及人之老。幼吾幼，以及人之幼。天下可運於掌。」（孟子　梁惠王上）

既視天下的人民，爲自己的家人，作人君的，便不獨自享福，而與民同樂了。

「齊宣王問曰：文王之囿，方七十里有諸？孟子對曰：於傳有之。曰：若是其大乎？曰：民猶以為小也。曰：寡人之囿，方四十里，民猶以為大，何也？曰：文王之囿，方七十里，芻蕘者往焉，雉兔者往焉，與民同之，民以為小，不亦宜乎。臣始至於境，問國之大禁，然後敢入。臣聞郊關之內，有囿方四十里，殺其麋鹿者，如殺人之罪。則是方四十里，為阱於國中，民以為大，不亦宜乎！」（孟子　梁惠王下）

人君若是與民同樂，人民便同他一齊樂。人民也便把人君的事情，作爲自己的事。孟子說：

「樂民之樂者，民亦樂其樂；憂民之憂者，民亦憂其憂。樂以天下，憂以天下，然而不王者，未之有也。」（孟子　梁惠王下）

若使人君不愛民保民，便沒有盡人君之道。不盡人君之道，便不成爲人君了，失去了人君的資格。

「孟子謂齊宣王曰：王之臣，有託其妻子於其友，而之楚游者。比其反也，則凍餒其妻子，則如之何？王曰：棄之！曰：士師不能治士，則如之何？王曰：已之！曰：四境之內不治，則如之何？王顧左右而言他。」

（孟子　梁惠王下）

假使齊宣王正直一點，便該繼續說下去，爽快地答曰：「廢之！」四境之內不治，王者之過。王者有四境，乃受天所託，好比是受了友人所託的妻子。王不治境使人民受凍餒，就是不盡天所付託的責任，天必廢掉他。後代的帝王，雖不喜歡孟子這段話；但若是創國換朝之君，他卻又要說是代天行道，弔民伐罪！

3. 君臣

人君代天行道，統治四境；單獨一個人，豈能夠做到？要緊用人作助手，人君的助手，都稱爲臣。儒家乃有君臣一倫。

儒家的政策，重在得人；因爲儒家以德治爲主。爲能德化人民，便應該選用賢人君子。孔子說：

「君子之德風，小人之德草，草上之風必偃。」（論語 顏淵）

居在人上的，應有善德，纔可德風化人。堯舜選股肱之臣，必擇有德的。人君既選用賢臣，天下的賢人，也願爲人君所用。人君便不愁選不著適當的人。

「孟子曰：尊賢使能，俊傑在位，則天下之士，皆願立於朝矣。」（孟子 公孫丑上）

人君選用了賢臣，一同治理國政；人君對於臣下，應接待他們以禮。有德的君子，常有點骨鯁。人君待他無禮，他們就可棄官不做。即使不棄官而走，他們對待人君，也必不肯盡心了。

「孟子告齊宣王曰：君之視臣如手足，則臣視君如腹心。君之視臣如犬馬，則臣視君如國人。君之視臣如土芥，則臣視君如寇讎。王曰：禮為舊君有服。何如斯可為服矣？曰：諫行言聽，膏澤下於民。有故而去，則君使人導之出疆，又先於其所往。去三年不反，然後收其田里。此之謂三有禮焉。如此，則為之服矣。今也為臣，諫則不行，言則不聽，膏澤不下於民，有故而去，則君搏執之，又極之於其所往。去之日，收其田里。此之謂寇讎，寇讎何服之有。」（孟子 離婁下）

在孔、孟的思想裏，賢人跟王者幾乎立在賓主的地位。王者是主人，賢者是賓客。賢者來爲臣，王者應該待之以禮。後世的皇帝，任意作威作福，要臣子活就活，要臣下死就死；這不是孔、孟的大道。而且孟子還說，在賢人中，有一等不可召的臣子，人君要用他，自己該去請他。

「故將大有為之君，必有所不召之臣，欲有謀焉則就之。其尊德樂道，不如是，不足與有為也。故湯之於伊尹，學焉而後臣之，故不勞而王。桓公之於管仲，學焉而後臣之，故不勞而霸。今天下地醜德齊，莫能相向。無他，好臣其所教，而不好臣其所受教。湯之於伊尹，桓公之於管仲，則不敢召。管仲且猶不可召，而況不為管仲者乎？」（孟子 公孫丑下）

孟子是不屑爲管仲的，所以他常不奉諸侯王者的召。後代明智的人君，也肯禮賢下士。劉備三顧草廬，拜見諸葛孔明。僅只能禮賢，尚不能算爲明主。明智的人主，知道接納忠言。臣下有諫諍的義務，人君便有接納忠言的義務。一位人君，即使是天生雄才，也不能精通萬事，措置常常得宜；他便該採納臣子們的忠言，以補自己的不足。若是一個庸才的人君，便更該知道採納人言了。諸葛亮上疏蜀後主說：

「誠宜開張聖聽，以光先帝遺德，恢弘志士之氣。不宜妄自菲薄，引喻失義，以塞忠諫之路也。」（諸葛亮 前出師表）

中國的史乘，對於殺戮諫官的皇帝，批評很嚴；因爲諫官雖有言不得其道的，但若因他進諫而殺之，那麼言得其道的人，也不言了，這便是塞忠諫之路，是人君的大失德了。

二、臣

1. 忠臣

儒家的五倫，常把責任加在爲人下的。父子一倫，責任是在兒子；夫婦一倫，責任是在妻子；兄弟一倫，責任是在弟弟。君臣一倫，責任是在臣子。君待臣以禮，臣事君以忠；乃君臣一倫的倫理。

臣字，在狹義一方面說，指的在政府做官的人；在廣義一面說，則全國人民，對於人君，都屬臣下。就在狹義一面，中國儒家教導每個男子都以治國平天下爲己志，所以全國的男子，都該知道爲臣之道。

爲臣之道，在於忠。忠字本說是心居於中，不偏不倚，能明明德，跟仁字相近。忠字用之於人君，則有忠信的意思。忠信普通說的朋友相交，不欺騙，不二三其心。忠於人君，也是說誠心事奉一位人君，不朝三暮四的改換面目。但是臣子事奉人君，不僅僅是朋友相交，乃是僕人事奉主人。僕人忠於主人，則是誠心為主人謀利。臣子忠於人君，即是誠心為人君謀利。人君的利益何在？在於好好治國。臣忠於君的忠字便有兩層意思：在治平時，佐人君行仁政；在亂時，不背主。

忠君的意義，第一是佐君行仁政。

「孟子將朝王，王使人來曰：寡人如就見者也，有寒疾，不可以風。朝將視朝，不識可使寡人得見乎？對曰：不幸而有疾，不能造朝。明日，出弔於東郭氏。公孫丑曰：昔者辭以病，今日弔，或者不可乎？曰：昔者疾，今日愈，如之何不弔？王使人問疾。醫來。孟仲子對曰：昔者有王命，有采薪之憂，不能造朝，今病小愈，趨造於朝，我不識能至否乎！使數人要於路曰：請必無歸，而造於朝。不得已而之景丑氏宿焉。景子曰：內則父子，外則君臣，人之大倫也。父子主恩，君臣主敬；丑見王之敬子也，未見所以敬王也。曰：惡，是何言也？齊人無以仁義與王言者，豈以仁義為不美也，其心曰：是何足與言仁義也云爾，則不敬莫大乎是！我非堯舜之道

，不敢以陳於王前，故齊人莫如我敬王也。」（孟子 公孫丑下）

佐君行仁政，最要的便是向人君講論堯舜之道，講論仁義。孔、孟周遊列國，向王侯們所講的，「非堯舜之道，不敢以陳於王前。」但是一般的臣子，多半是逢迎勢利，只知道捧君王，孟子很痛恨這班人。

「長君之惡其罪小，逢君之惡其罪大。今之大夫皆逢君之惡。故曰：今之大夫，今之諸侯之罪人也。」（孟子 告子下）

因爲大多數的臣子，都是逢迎上意，即不逢迎，也都不敢多言忤上。於是古代儒家的政治制度，乃設一諫官。諫官專務監察朝廷的職務，自皇上以至朝臣，凡有失職的，便直言不諱。不在諫官職位的人，普通則守「不在其位，不謀其政。」（論語 憲問）的古訓，不多言朝政。但當皇上有大失德，或法令有不利時，臣下們則都有諫諍的責任。司馬光說：

「古者無諫官，自公卿大夫至於工商，無不得諫者。漢興以來，始置官。夫以天下之政，四海之眾，得失利病，萃於一官使言之，其位任亦重矣

。居是官者，當志其大，舍其細，先其急，後其緩，專利國家，而不為身謀。」（司馬光　諫院題名記）

一個人作了諫官，便該有膽識。被謫被殺的危險，雖常擺在眼前，也不能畏縮不言。不然，即爲失職。韓愈責諫議大夫陽城說：

「今陽子在位，不為不久矣；聞天下之得失，不為不熟矣；天子待之，不為不加矣；而未嘗一言及於政。視政之得失，若越人視秦人之肥瘠，忽焉不加喜戚於其心。問其官，則曰諫議也，問其祿，則曰天下大夫之秩也。問其政，則曰我不知也。有道之士，固如是哉？且吾聞之，有官守者，不得其職則去。有言責者，不得其言則去。今陽子以為得其言乎哉？得其言而不言，與不得言而不去，無一可者也。陽子將為祿仕乎？古之人有云：仕不為貧，而有時乎為貧，謂祿仕者也。宜乎辭尊而居卑，辭富而居貧，若抱關擊柝者也。蓋孔子嘗為委吏矣，嘗為乘田矣，亦不敢曠其職，必曰會計當而已矣，必曰牛羊遂而已矣。若陽子之秩祿，不為卑且貧，章章明矣，而如此其可乎哉？」（韓愈　諍臣論）

忠君的臣子，佐人君行仁政。若不能行仁政，便棄官去職。「有官守者，不得其職，則去。」所以忠君，乃是忠於道。道不行，則不做官。

「陳子曰：古之君子，何如則仕？孟子曰：所就三，所去三。迎之致敬以有禮，言將行其言也，則就之；禮貌未衰，言弗行也，則去之。其次，雖未行其言也，迎之致敬以有禮，則就之；禮貌衰，則去之，其下，朝不食，夕不食，飢餓不能出門戶。君聞之曰：吾大者不能行其道，又不能從其言也，使飢餓於我土地，吾恥之。周之亦可受也，免死而已矣。」（孟子 告子下）

但在非常的時期，當國家危亂，或人君被弒的時候，臣子們不可任意去留；因爲忠君的第二個意義，即是忠信於所事的人君。中國歷史上，不知有多少殉國殉君的臣子。可是這種忠君，乃是忠於社稷。在同一朝代裏，一個皇帝被廢或被弒，他的兒子或兄弟繼了位，朝臣沒有殉君的責任。只有在改換朝代時，則古人有言，忠臣不事兩主了。先朝的臣子，不立於新的朝廷上，若不願身殉社稷，則應閉門謝客。朝廷上的大官，固應這樣盡忠，地方上的小官或儒生，也有這樣做的。如楊鳳苞所作《黃貞文傳》，記述貞文殉社稷的事。貞文以進士居家，清兵圍嘉定，貞文「借弟淵耀等固守。城破，兄弟並詣城西竹勝菴，將死。僧止之曰：公未仕，可勿死也。淳耀（貞文）曰：城亡與亡，此儒者分內事。今借上人一片乾淨土，死得所矣。」

儒者分內事，是城亡與亡，國滅與滅。所以這種忠君，也不是一味的不加思索而身殉。管仲不殉公子糾，孔子以爲賢。

「子貢曰：管仲非仁者歟？桓公殺公子糾，不能死，又相之。子曰：管仲相桓公，霸諸侯，一匡天下，民至今受其賜。微管仲，吾其被髮左衽矣。豈匹夫匹婦之為諒也。自經於溝瀆而莫之知也？」（論語 憲問）

但公子糾本不是人君，而且桓公也不是改朝換姓，管仲本沒有死難的義務。所以後代改換朝代時，沒有一個貳臣敢借用孔子的話以自護。

「父兄之臣，誠死宗廟；法度之臣，誠死社稷；輔翼之臣，誠死君上；守衛捍敵之臣，誠死城廓封境。」（賈誼 階級論）

賈誼這種分法，雖沒有古禮的根據，但是可算爲儒家思想的代表。跟皇帝同宗的王室臣，宗廟既毀，便應身殉宗廟。居廟堂的執政大臣，社稷傾倒了，便該身殉社稷。得人主寵用而爲輔翼之臣，人主遭弑戮，便應身殉人主。守衛疆土的官吏們，則應城亡與亡。

當明崇禎帝自縊於煤山時，明朝的臣子們，都沒有身殉者；因爲大家正謀抗清兵，再興社稷。史可法《復睿親王書》說明這種苦衷：

「法北望陵廟，無涕可揮。身蹈大戮，罪應萬死。所以不即從先帝者，實惟社稷之故。傳曰：竭股肱之力，繼之以忠貞。法處今日，鞠躬致命，克盡臣節，所以報也。」（史可法 復睿親王書）

後來清兵下揚州，克金陵，史可法便抱幼主，投江而死。但是身殉社稷，雖爲儒家的古訓；然殉社稷的人，也是有氣節之志可以作人的師表。那麼殉社稷，乃是一種豪舉，一樁善行；並不是每個臣子都有這個義務。臣子的義務，則在一身不事兩主。

2. 報國

在非常的時期，當社稷傾覆時，作臣子的都該盡忠報國，「鞠躬致命，以盡臣節。」在太平的時候，臣子們也該盡忠報國。國家在儒家的思想裏，有幾個代表名詞，或者稱爲社稷，或者稱爲朝廷，或者稱爲人民。社稷多用爲皇帝朝代，朝廷多用爲中央政府，人民則用爲全國百姓。所謂盡忠報國，在改朝換姓時，是殺身以殉社稷；在太平時代，則是不辜負朝廷的使命，知道盡職，以造福百姓。這三句話，意義雖不同，實際上每一句話，都包含其餘的兩句。一個不辜負朝廷使命的臣子，必定是盡職，盡職必定造福百姓。一個造福百姓的官吏，一定是盡職，一定是不辜負使命。

爲能在自己的職守上，不辜負朝廷的使命，以造福於民，儒家常要求臣子們做三件事。第一是守職，第二是清廉，第三是愛民。

每個官吏，都有各自的職務。職務是人君所付託的，既受託而不做，則是曠職。《書經》上說三代已有考績的制度。

「三載考績，三考，黜陟幽明，庶績咸熙。」（書經　舜典）

人臣的職務，雖各有不同；但是職務的意義，都在輔佐人主，以行天道。《書經》說：

「帝曰：臣作朕股肱耳目，予欲左右有民，汝翼。予欲宣力四方，汝為。予欲觀古人之象，日月星辰山龍華蟲作會，宗彝藻火粉米黼黻絺繡，以五采彰施於五色，作服，汝明。予欲聞六律五聲八音，在治忽，以出納五言，汝聽。予違汝弼，汝無面從，退有後言。欽四鄰，庶頑讒說。若不在時，侯以明之，撻以記之，書用識哉。欲並生者，工以納言，時而颺之，格則承之庸之，否則威之。」（書經 益稷）

這篇訓詞，無論是真是僞，總算代表古代儒家的思想。人臣乃人君的股肱耳目。股肱耳目不靈，全身就不遂了。人臣若不守職，國家就不能治理。

爲守職，便該清廉。清廉是居官不貪財，不納賄。古來許多大官退職時，兩袖清風，大家都傳爲美談。做官的人，若一旦貪財納賄，對於自己的職務，必定有虧缺；因爲納賄則心必偏，心偏了，做事便不正，不正則虧法。虧了法，還不是虧職嗎？況且儒家重義不重利，重義爲君子，重利爲小人。做了官而貪利，仍然是小人，小人則爲儒家所不齒。近人林紓作過一篇文章，論中國的廉字。

「廉者，居官之一事，非能廉，遂足盡官也。六計尚廉。漢法，吏坐贓者，皆不得為吏。鄙意此特用以匡常人，若君子律身，固已廉矣。一日當官，憂國家之憂，不憂其身家之憂，寧靜澹泊，斯名眞廉。若夫任意以右黨，積偏以斷國，督下以諉過，劫上以遷權，行固以遂禍，挑敵以市武，朘民以佐慾，屏忠以文昏。其人日沛然自直其直以為廉，此豈公孫宏盧杞之廉歟？公孫宏盧杞君子不名之廉者，國賊也。」（林紓析廉）

「非能廉，遂足盡官也。」清廉只是爲官的一個條件，另外還有一個最要緊的條件，即是愛民。人君代天治民，作民的父母。爲人臣的，輔佐人主去治民，便該愛民如赤子。況且做官乃是參天地的化育，天地的化育爲生，人臣做官便應有愛民的仁德，替人民謀幸福。儒家愛民的思想，可見之於范仲淹的幾句話裏：

「不以物喜，不以己悲，居廟堂之高，則憂其民。處江湖之遠，則憂其君。是進亦憂，退亦憂，然則何時而樂耶？其必曰：先天下之憂而憂，後天之

樂而樂。」（范仲淹 岳陽樓記）

有了這樣的心理，還怕不能盡忠報國嗎？

三、仁政

1. 德治

儒家教育每個男子，以治國平天下爲志向。這並不是教每個男子只想做官；乃是做了官，可以行仁政以治民。行仁政不僅是一種政治工作，同時且是一種精神生活。行仁政，即是行仁德，參天地的化育；這不是新民以止於至善嗎？

《大學》上說：「大學之道，在明明德，在親民，在止於至善。」親民等於仁。用仁德去待民則可以新民，所以說親民是新民。新民則是教民爲善；因此儒家的政治是德治。孔子不是極力主張爲政以正嗎？這就是說爲政的目的，在於正天下的人心。

「季康子問政於孔子。孔子對曰：政者，正也。子帥以正，孰敢不正？」（論語　顏淵）

「政者，正也。」這句話代表儒家的全部政治哲學。在這句話裏包含三個正字：第一正自身，第二正名，第三正民心。

「子曰：苟正其身矣，於從政乎何有？不能正其身，如正人何？」（論語　子路）

這是一個很普通的常識，執政以正民心，若是執政者本人不知道正自己的身，他怎樣去正人呢？儒家一貫地主張修身然後齊家，齊家然後治國。

「欲治其國者，先齊其家。欲齊其家者，先修其身。欲修其身者，先正其心。……心正而后身修，身修而后家齊，家齊而后國治。」（大學　第

一章）

原則上的話，在這一段裏，說的再明白沒有了。就實際上說，則是：

「風教之大，禮讓為先。禮讓之人，朝廷為首。朝廷者，諸方之所宗仰，群士之所楷模，覩而效之，必有甚焉。是以朝廷好禮，則俗尚敬恭。朝廷尊讓，則時恥貪競。朝廷有失容之慢，則凌暴之弊播於人。朝廷有動色之爭，則攻鬥之禍流於下。」（陸贄 論裴延齡姦蠹書）

所謂朝廷，即中央政府，皇帝爲首，朝臣次之。朝廷上有禮讓之風，全國社會順風而從。

一個正身的君子，從政做官，他必定知道守職，守職即所謂正名。因爲正名是說名符其實，做甚麼官就盡甚麼職務。自己守職，還該叫社會上的事物也都名符其實。

「子路曰：衛君待子而為政，子將奚先？子曰：必也正名乎？子路曰：有是哉？子之迂也！奚其正？子曰：野哉由也！君子於其所不知，蓋闕如也。名不正則言不順，言不順則事不成，事不成則禮樂不興，禮樂不興則刑罰不中，刑罰不中則民無所措手足。故君子名之必可言，言之必可行也。君子於其言，無所苟而已矣。」（論語 子路）

正名是名符其實，名符其實是各得其當。各得其當之道，即是禮。禮給社會上的人，都定了一定的位置，取有一定的名目，指出一定的義務。在這一個位置的人，叫這個名目，便該按禮去盡職責。若是有其名而不守禮，或是沒有名目而僭用禮，社會乃亂。

「齊景公問政於孔子，孔子對曰：君君，臣臣，父父，子子。公曰：善哉！信如君不君，臣不臣，父不父，子不子，雖有粟，吾得而食諸？」（論語 顏淵）

五倫之道，乃孔子正名的標準。每個人若不守自己的名分，大家便要不知措手足了！會弄得天下大亂，雖有粟，大家也沒法安定地去吃。孔子正名，所以重禮。用禮去治國，目的是在化民。化民便在正民心。

「子曰：道之以政，齊之以刑，民免而無恥。道之以德，齊之以禮，有恥且格。」（論語 爲政）

人民有了廉恥的心理，便知恥，格惡不做；這樣纔算眞正地治理天下；若專拿刑罰去威逼人民，人民因怕刑罰而不爲惡，民心則不能正，天下至終不能治平。

「季康子問政於孔子曰：如殺無道以就有道，何如？孔子對曰：子為政，焉用殺。子欲善而民善矣。君子之德風，小人之德草，草上之風必偃。」（論語 爲政）

用殺戮去治民，雖然殺的是無道，民心必不安，民心不安，社會怎麼能安？所以治民應該德化，叫人民心正而安。

「子曰：為政以德，譬如北辰，居其所而衆星共之。」（論語 爲政）

但是不是一切的人，都可以德化，不可以德化的頑民，則製法去約束他們，儒家以「法」爲補禮所不及的。

2. 養 民

仁政的標準，爲法天道。天道好生而仁，仁政的要務，便在養民。父母愛子女，終日辛苦，謀求子女的衣食。人君與人臣，都是民的父母，豈能不以養民爲要務嗎？

孟子痛罵不能養民而反殘民的君主，罵他們是禽獸，他對梁惠王說：

「殺人以梃與刃，有以異乎？曰：無以異也。以刃與政，有以異乎？曰：無以異也。曰：庖有肥肉，廄有肥馬，民有飢色，野有餓莩；此率獸而食人也！獸相食，且人惡之。為民父母行政，不免於率獸而食人，惡在其為民父母也？」（孟子 梁惠王上）

作民父母的，而沒有父母的心腸，則不配做君主。孟子罵桀紂：

「賊仁者謂之賊，賊義者謂之殘。殘賊之人，謂之一夫。聞誅一夫紂矣，未聞弒君也。」（孟子　梁惠王下）

行政者首在養民，養民的最低限度，在使民有衣有食。

「是故明君制民之產，必使仰足以事父母，俯足以畜妻子。樂歲終身飽，凶年免於死亡。然後驅而之善，民之從之也輕。今也制民之產，仰不足以事父母，俯不足以畜妻子。樂歲終身苦，凶年不免於死亡。此惟救死而恐不贍，奚暇治禮義哉？」（孟子　梁惠王上）

中國自古爲一農業社會，若要養民，必定該重農。重農的政策，最要的是不違農時。孟子說：

「百畝之田，勿奪其時，八口之家，可以無飢矣。」（孟子　梁惠王上）

「不違農時，穀不可勝食也。數罟不入洿池，魚鱉不可勝食也。斧斤以時入山林，材木不可勝用也。穀與魚鱉不可勝食，材木不可勝用，是使民養生喪死無憾也。養生喪死無憾，王道之始也。」（同上）

荀子也說：

「春耕夏耘，秋收冬藏，四者不失其時，故五穀不絕，而百姓有餘食也。污池淵沼川澤，謹其時節，故魚鱉優多，而百姓有餘用也。斬伐養生，不失其時，山林不童，而百姓有餘材也。」（荀子 王制）

最違農時的，是在用兵；因此儒家最不喜歡戰爭。戰爭的結果，「爭地以戰，殺人盈城。爭城以戰，殺人盈野。」漢朝桓寬反對用兵，勞民傷財：

「古者貴以德而賤用兵，孔子曰：『遠人不服則修文德以來之，既來之則安之。』今廢道德而任兵革。興兵而伐之，屯戍而備之暴兵露師以支久長，轉輸糧食無已，使邊境之士，飢寒交於外，百姓勞苦於內。」（桓寬本議篇）

但是孟子也主張仁義之師。當鄰邦或境內，有不道之君，或有不化之民，也可以用兵去討伐，桓寬說：

「古之用師，非貪壤土之利，救民之患也。民思之者，若旱之望雨，簞食壺漿以迎王師。故憂人之患者，民一心歸之，湯武是也。不愛民之死，力盡而潰叛者，秦王是也。」（桓寬 伐功篇）

不用兵，天下能安。天下安，農民可以按時工作。但若是沒有田，怎樣去工作呢？孟子說：

「夫仁政必自經界始。經界不正，井地不均，穀祿不平。」（孟子 滕文公上）

孟子的經界，乃指古代的井田制，他主張耕者有其田。

「卿以下必有圭田，圭田五十畝，餘夫二十五畝。死徙無出鄉，鄉田同井，出入相友，守望相助，疾病相扶持，則百姓親睦。方里而井，井九百畝，其中為公田。八家皆私百畝，同養公田。公事畢然後敢治私事。」（孟子滕文公上）

井田制爲中國政治史的一個大問題，從那個時代起，到那個時代廢了。實行時，制度究竟怎樣。這些難題，到如今尙沒有明確的答覆。但是我所要說的，是儒家的政治思想，常主張耕者有其田。歐陽修在宋代，主張用孟子的學說：

「昔者堯舜三代之為政，設為井田之法。籍天下之人，計其口而皆授之田，凡人之力能勝耕者，莫不有田而耕之。斂以什一，差其征賦，以督其不勤。使天下之人力，皆盡於南畝，而不暇及其他。」（歐陽修 本論）

清初，黃宗羲和王夫之對於農田，也都主張井田制。至於用兵屯田，黃宗羲則加以反對。

「屯用非土著之民，雖授之田，不足以挽其鄉土之思，一也。又令少壯者守城，老弱者屯糧；夫屯種而任之老弱，則所穫幾何？且彼見不屯者之未嘗不得食也，亦何為而任其勞苦乎？二也。古者什而稅一，今每畝二斗四升，計一畝之入不過一石，則是什稅二有半矣，三也。又徵收主自武人，而邵縣不與，則凡剝削其軍者，何所不為，四也。」（黃宗羲 田制三）

王夫之則反對滿人的指圈民田：

「天下受治於王者，故王者臣天下之臣而效職焉。若土，則非王者之所得施也。天地之間，有土而人生其上，因資以養焉。有其力者治其地，故改姓受命，而民自有其恆疇，不待王者之授之也。」（王夫之 噩夢）

王夫之反對王者授田，是反對王者任意與奪。他的主張是「有其力者治其地」。即是耕者有其田。

3. 教　民

民生包含兩方面：衣食住的物質生活，倫理道德的精神生活。前者是後者的先決條件，後者則使前者能有價值，能有保障。儒家的政治乃是教民爲善。人沒有飯吃，沒有衣穿，怎麼能教他修身？可是人豐衣足食，若沒有倫理道德，則也不能安享衣食之福，而且衣食之福也不能有高尚的意義。孟子說：

「百畝之田，勿奪其時，八口之家，可以無飢矣。謹庠序之教，申以孝悌之義。」（孟子　梁惠王上）

是古代的教育制度，孟子述說：

「設為庠序學校以教之。庠者，養也。校者，教也。序者，射也。夏曰校，殷曰序，周曰庠。學則三代共之，皆所以明人倫也。人倫明於上，小民親於下，有王者起，必來取法，是為天者師也。」（孟子 滕文公上）

教育的目的，在上面講學以求知時，已經說過，儒家的求學，是爲知人倫的大道，教育即是教人知道實行人倫之大道。王充論教育說：

「論人之性，定有善有惡。其善者固自善矣；其惡者固可教告率勉，使之為善。凡人君父審觀臣子之性，善則養育勸率，無令近惡。近惡則輔保禁防，令漸於善。……是故王法不廢學校之官，不除理獄之吏，欲令凡眾見禮義之教，學校勉其前，法禁防其後。」（王充 論衡 率性）

中國歷代的教育制度，都由儒家主辦的。三代的教育制度，已不可考。《禮記》上所說的，似乎過於理想，實際必離的很遠。《禮記》上說：

「古之教者，家有塾，黨有庠，術有序，國有學。比年入學，中年考校。一年視離經辨志，三年視敬業樂群，五年視博習親師，七年視論學取友，謂之小成。九年知類通達，強立而不反，謂之大成。夫然後足以化民易俗，近者悅服而遠者懷之。此大學之道也。」（禮記 學記）

周代末年，國立學校因戰亂作廢，私人講學的風氣乃盛。孔子、孟子既都授徒講學，墨子及其他各家學者，也都各有自己的門生。從漢朝以後，則國立學校和私人講學並行。漢武帝立太學博士，唐制於京師設國子學、四門學、弘文館、崇文館，於地方則設有府學縣學和州學。唐末，書院漸興。宋朝時，書院的聲望很盛，廬山有白鹿洞書院、衡陽有石鼓書院、河南有應天書院、潭州有嶽麓書院。

跟教民有關的，是歷代的考試制度。漢朝用辟舉之法。隋煬帝設進士科。唐朝實行科舉制，以明經取士，宋元兩朝照例行之，明清則用八股試法。科舉取士歷代都以儒家經傳的思想爲標準。這樣官吏都是儒者。儒家之道，乃成了中國的正統思想。

4. 大同

儒家的王道仁政，根之於天地的好生之德。好生之德爲仁，天地之仁包涵萬物；儒家的王道仁政，乃泛愛天下的人，志在世界大同。

儒家從事政治，以政治爲一種精神生活。從政的人，用政治去新民，發揚天地的仁道，參與天地的發育。立己立人，達己達人。到了能使普天下的人，都能明明德時，從政的人，纔是把仁道發揚到了極點，自己便算是止於至善了。因爲他的仁道，與天地的仁道相合，他的精神跟天地的精神相接，乃是止於天人合一了。

在天下大同的思想裏，是說「四海之內，皆兄弟也。」（論語 顏淵）但是儒家並不因此忘了自己的國家。孟子痛罵墨子，就因他兼愛，不分親疏。儒家的泛愛，注重一個推字，由近及遠，由親到疏。愛自己的家，然後愛別人的家；愛自己的國，然後愛別人的國。

天下大同，也是說天下太平，沒有戰爭，又沒有違法犯科的惡人。天下的人，雖有各自的國家，但都相親如兄弟，奉公守法，因而家家豐富，生活愉快。《禮記》上說：

「大道之行也，天下為公。選賢與能，講信修睦。故人不獨親其親，不獨子其子，使老有所終，壯有所用，幼有所長，矜寡孤獨廢疾者，皆有所養。男有分，女有歸。貨惡其棄於地也，不必藏於己；力惡其不出於身也，不必為己。是故謀閉而不興，盜竊亂賊而不作；故外戶而不閉。是謂大同。」（禮記 禮運）

這種大同，乃儒家的理想天下：天下承平，萬民同樂。儒家也知道這種承平的理想難於實現，乃退一步說小康之世。

「今大道既隱，天下為家，各親其親，各子其子，貨力為己。大人世及以為禮，城郭溝池以為固，禮義以為紀，以正君子，以篤父子，以睦兄弟，以利夫婦，以設制度，以立田里，以賢勇知。以功為己，故謀用是作，而兵由此起。禹湯文武成王周公，由此其選也。此六君子者，未有不謹於禮者也。以著其義，以考其信，著有過，刑仁講讓，示民有常，如有不由此者，在勢者去，眾以為殃。謂之小康。」（禮記 禮運）

這種以德衰然後有禮的思想，似乎是道家的思想。但是儒家也認爲後代的民德不及上古。因此主張拿禮法去教民，以大同爲理想，以小康爲途徑。

第二編 道家

緒論

一、道家思想的發展

道家的名目，漢朝以前，不見於史乘。《荀子・非十二子篇》裡，批評它囂、魏牟。他們兩人即是道家。荀子罵他們：「縱性情，安恣睢，禽獸之行，不足以合文通治。然而其持之有故，其言之成理，足以欺惑愚眾。」漢初，學者稱這派人爲老莊之學，或黃老之學。司馬遷作《史記》，在〈自序〉中說他的父親司馬談論六家的要旨，立有道家的名目。《漢書・藝文志》則以道家自成一家。

講論儒家的思想，我們要追索到孔子以前的經書。講論道家的思想，我們則只能起自老子。老子以前，沒有道家的典籍。可是道家的思想，必不是全部創自老子。巢父、許由的事蹟，雖不可靠；但《論語》裡接輿、桀溺，必有其人了。這些人代表中國古代一種人生觀。他們逃世隱名，以求安靜。老子的人生觀就是這一派人的。所以可說儒道兩家的精神，是中華民族的固有物。中國人一般都帶有一半儒家氣味，一半道家氣味。寫中國思想史的人，每每說儒家爲北部的思想，道家爲南部的思想。這種講法，雖能找得一些事實作根據，但不宜把南北分的太顯明。儒道兩家的生活方式，是中華民族有史以來，就遵奉實行的。

道家所以能成家，則要首推老子。老子的事蹟，《史記》所載的很簡略，而且很渺茫，說他是周朝的守藏史，生與孔子同時，後來西出函谷關，不知所終，著有《道德經》一書。後代對於老子生平的推測很多，他的姓名，他的生卒年月，都成了考據學家的難題。於今我們所能知道的，就是《道德經》這冊書。書中雖多難懂的文句，但是老子的思想，則表現的很清楚。

老子首先講玄學，拿玄學去解釋人生觀。太初有道，道極大無限，不可名，不可言，渺渺茫茫，爲萬物的起源。道的運行最自然，可以說是無爲；然而無爲又無不爲。因此人的生活，即以自然爲法，求無爲，求反樸。老子乃主張廢禮義，廢法制，讓人回到原始的渾沌時代。

老子以後有莊子。《史記》把老、莊合爲一傳，說莊子名周，曾作過蒙地的漆園吏。楚威王遣人聘他入朝，他堅辭不就。莊子的思想，較比老子更複雜了。他在玄學方面，沒有多說話，但在人生哲學方面，則發揮很多。莊子最注重養生。他把人分成形骸內心兩部分。養生之道，在於墮形骸而發揚內心。內心生活的發揚，在於不以感覺去接物，卻以心去接物。心接物，則不爲外物所拘。內心生活發揚到極點，則以氣接物。人心之氣，跟物之氣相接，人心乃接於天地的大氣，人便與道相冥合。到了這一地步，人看萬物覺到同是一樣，因此便有〈齊物論〉。人的智識，到了上知，等於無知；人的道德，到了上德，似乎無德。於是人乃成爲至人。莊子的書稱爲《莊子》，文筆靈活，氣魄盛大，對後代學者的影響，較比《道德經》「有過之而無不及」。《漢書•藝文志》說這書有五十二篇，現今所存的，則只有三十三篇。書分內篇七，外篇十五，雜篇十一。考據者認爲這三十三篇中，僞作很多。胡適之說只有內篇七篇可靠，其餘二十六篇多有僞作和攙雜的文字。各篇的作者，雖不一定是莊子，篇中的思想，必定是道家的思想。

道家的第三位大師，該推列子。列子是否真有其人，許多學者都以爲很成問題。《列子》那本書，照馮友蘭的推測，爲晉代人的作品。不過誰又能決定這本書究竟成於何代？我以爲《列子》一書，必定不是一個時代的作品，因爲書中夾有一部分思想，完全是漢朝人的思想。《列子》書中所說的，較比老、莊所說的更爲簡單，但也有老、莊所沒有說的，如列子的機械命運論，楊朱的爲我論。這些思想，乃是老莊學說推出的必然結論。

除了《列子》一書，道家沒有別的可稱爲哲學思想的書了。漢朝的道家思想，頗盛行於社會，然已經跟陰陽術數相混，而成爲方士之道。漢桓帝時張道陵創道教；後來的道家，便成了道教的空談迷信者。但是老莊的思想並不是沒有傳人。魏晉時，玄學家清談家都是老、莊的徒弟，王弼、郭象、何晏、阮籍、嵇康、劉伶、向秀等人，且頗有文名。王弼註《易》、註《老子》，郭象註《莊子》，爲後人所師尊。晉朝陶潛更可說是道家的第一詩人。

到了唐朝，老莊的思想，混於儒家中。儒家的學者，脩身齊家治國平天下，用的是孔、孟的大道，但在私人的生活裡，決定留出一些時間，求求雅興，有時也想講求養生，試試鍊丹。唐朝李白不用說，詩中充滿道教色彩。不過李白的道學，已是道學的腐化品了。唐朝王維則可以說是道家思想的代表者。陶潛、王維的清逸生活，後代文人，沒有不受影響的，所以老莊思想的繼承者，不是道教中的道家，而是儒家的高雅精神。儒家的文人學士求高雅時，則必飲酒賦詩，攜妓登山；這種精神，乃是老莊的一部分精神。

二、道家思想大綱

道家的思想，較比儒家和佛教的思想，更容易找出線索；因爲道家的思想史較比儒家和佛教稍短，所以道家思想也較爲單純。

道家以「道」爲中心思想。「道」可從兩方面去看：第一、看「道」的本體；第二、看「道」的變動。「道」的本體爲虛，然而虛中有精。「道」的變爲反，然反而復出，萬物因之生生不息。

人爲萬物之一，可是人心則虛靈不昧。人心虛乃能知。知的最上乘爲氣知，氣知即是人心之氣跟物之氣相接。人氣接於物氣，人便跟道冥合了。這是道家的生活原則。

爲能實行這種原則，道家乃講無爲，乃講靜，以順乎自然。《莊子》一書裡，充滿了這種生活的譬喻。人順乎自然，乃能反樸，反樸纔可以養生。

可是這類生活原則，在實際的生活上，不是都能實踐，於是便生出道家的各種生活方式。有隱世逃名的，有輕世遠俗的，有貧居山村爲農爲漁樵的，有的居官而只求賞玩山水的。道家的精神，在這些生活方式裡，表現的有多，表現的有少，但都能保有道家的特點。

因爲道家主張無爲以養生，於是便有人引申這種思想，以求享樂。享樂主義自然傾於肉慾，所以有魏晉劉伶一輩清談者，和唐李白等的頹廢生活，這便是道家的流弊了。楊朱爲我也出自道家，老、莊不是絕對求一己的自由嗎？即後來道教的長生論，也受莊子養生論的影響；所以道教的思想，也可看爲道家的流弊。

第一章 道

道家的第一本書，是老子的《道德經》。《道德經》開宗明義第一章，就講「道」。「道」字並不是老子造的。我們翻開《辭源》一看，道字有十三種意義。老子的「道」，不過是十三種意義裡的一種。但是在中國的思想史上，「道」字成爲一個專門名詞，則只有老子的「道」。

老子的道，代表他的中心思想。他借用一個道字，是因爲找不到更適當的另一個名詞，爲發表他的一個超乎形色的觀念。老子寫《道德經》時，他的思想早已成熟，早已結成系統。他在《道德經》的第一章裡，開場就說出他的基本觀念。這個基本觀念，超出天地萬物以上，不能名，不能言，老子勉強名之曰「道」。

「道」字便成了老子學說的代表，後來遵循他的學說的人，便稱爲道家。老子對於道，是不能說而又願說，他勉強說出了「道」的輪廓。

一、道先天地有

1. 理論上的先後

《道德經》第一章說「道」是天地之始，又說是萬物之母。「始」和「母」，都有「在以先」的意義。

「道可道，非常道。名可名，非常名。無名，天地之始；有名，萬物之母。」（道德經 第一章）

這裡所說的「無名」，是代表「常道」；所說的「有名」，是代表道之變。那麼天地始於「道」，萬物生於「道」之變。「道」便是先天地而有了。老子又說：

「有物混成，先天地生。……吾不知其名，字之曰道。」（道德經 第二

十五章）

這裡明明說，不知名，而強名之曰「道」的，先天地生。凡是物的先後，能夠有時間的先後，有理論的先後。兩種物體，因各自出生的時間不同，彼此互有先後。兩種物體，也能夠因爲在理論上，彼此有從屬的關係，雖說在事實上，沒有先後，在理論上仍舊有先後。「道」，先天地生，而爲天地之始；萬物之母。這種先後，在理論上當然很明顯。天地萬物在本體上，對於「道」都有從屬關係，先有道，然後纔有天地萬物。從另一方面看，天地萬物都是在時間以內。有天地，就有時間。從天地的時間去說，道也是先天地生。

2. 時間上的先後

從「道」的本身上說，道是超乎時間的。時間乃是物體繼續的次序。道的本身，老子稱之曰常。常字表示常在，常存。

「自古及今，其名不去。」（道德經　第二十一章）

「道」便無所謂古今。雖有變，然而變中有不變，它的本體常存。莊子解釋「道」的變而不變說：

「夫道……自本自根。未有天地，自古以固存。神鬼神帝，生天生地。在太極之先而不為高，在六極之下而不為深，先天地生而不為久，長於上古而不為老。」（莊子 大宗師篇）

一切比較度量的名詞，高、深、久、老，這套名詞。都不能用之於「道」。「道」是「固存」，便也沒有時間。但是「道」的沒有時間，又不能絕對說脫離時間；因爲「道」有變化。有變化，便就有先後。不過「道」在變化中，又不失其本體，不失「道」之所以爲「道」。

《列子》書裡有一段講物的先後：

「殷湯問於夏革曰：初有物乎？夏革曰：古初無物，今惡得物？後之人將謂今之無物乎？殷湯曰：然則物無先後乎？夏革曰：物之終始，初無極已，始或為終，終或為始，惡知其紀。然自物之外，自事之先，朕所不知也。殷湯曰：然則上下八方，有極盡乎？革曰：不知也。湯固問。革曰：無則無極，有則有盡。無極復無無極，無盡復無無盡。朕以是知其無極無盡也，而不知其有極有盡也。」（列子 湯問篇）

殷湯問物的先後，他從時間方面去問，夏革答以物無終始，「始或爲終，終或爲始。」道家的大智，齊觀萬物，不分大小，也不分先後。萬物與道爲一。循環不息。但是若問在萬物以先，有個「道」否？夏革則說不知。「自物之外，自事之先，朕所不知也。」然而不知，並不是說沒有。不過按夏革的主張，不應說太初有物，因爲說太初有物，則太初以先又有物，好比說天地之外，又有天地。以天地爲無盡，無盡之上有無無盡。這麼推下去，就沒有完了。所以說：

「大小相含，無窮極也。」（列子 湯問篇）

同樣，先後相繼續，無先後了，道家便把時間之先後打破，理論的先後，仍舊依然保存；因爲「道」生萬物。

二、道生萬物

1. 道爲萬物之根

莊子說：「夫道……神鬼神帝，生天生地。」「道」生天地萬物，這種思想在老子的《道德經》裡說的很明瞭。老子以道生萬物，稱「道」爲萬物的根源。

「道，盅而用之，或不盈，淵兮似萬物之宗。」（道德經 第四章）

稱爲萬物之宗，「道」便是萬物的根源。「道」好似一支水源，下面的江河，都由這支水源發出。「道」這支水源，深淵不盡，千古也流不竭。

「谷神不死，是謂玄牝。玄牝之門，是謂天地根。綿綿若存，用之不勤。」

（道德經 第六章）

「道」深淵若虛，又似一個無底的山谷。老子美其名曰谷神。這個谷神，乃天地的根本，所以號曰玄牝。牝者，母也。「道」爲天地萬物之母，爲母中之母，故稱爲玄牝。玄牝能生萬物，因它的本體深淵無限，裡面蘊藏著無窮的能力。老子說：

「有物混成，先天地生。寂兮寥兮，獨立而不改，周行而不殆，可以為天下母。吾不知其名，字之曰道，強為之名曰大。」（道德經 第二十五章）

「道」既曰大，因能大小相含，包含天地萬物。「道」曰大，不是質量方面的大，而是本質方面的大。這種本質方面的大，同時也是高。「道」高出萬物。因是生者和被生者，除非是同類相生，則不能並列，兩者的本質常有上下。

2. 道爲自生

「有生不生，有化不化。不生者能生生，不化者能化化。生者不能生，化者不能化，故常生常化。常生常化者，無時不生，無時不化。陰陽爾，四時爾，不生者疑獨，不化者往復。其際不可終，疑獨其道不可窮。黃帝書曰：『谷神不死，是謂玄牝。玄牝之門，是謂天地之根，綿綿若存，用之不勤。』故生物者不生，化物者不化，自生自化，自形自色，自消自息。謂之生化形色智力消息者，非也。」（列子 天瑞篇）

生者和被生者，不能同等；化者和被化者不能並列。被生被化之物，不能自動生物或化物；因爲它根本就是被動的。被生被化之物，若能生物化物，必定是被動。能夠自動生物化物者，則該是自生自化。列子引《道德經》的谷神不死一章，明明爲解釋「道」乃自生自化。萬物既是生化於道，萬物沒有一個是自生自化的。「道」既生化萬物，「道」就不應該再生於另一物，「道」該是自生自化。莊子所以也說「道」是自本自根。因爲既以「道」爲萬物之宗，爲天地之根，「道」便不能再有所本了。

「自本自根」，「道」一切所有的，都出於自己。於是「自形自色，自消自息。」這種形色消息，不同於凡物的形色消息，只不過代表「道」的特性和動作，所以說「謂之生化形色智力消息者，非也。」

「道」怎麼樣生萬物呢？儒家說天生萬物，儒家的生有創造的意思。因此中國後代文人，常稱天爲造物者，或稱天爲造化者。因爲儒家的天，是一位有靈性之神。老、莊說「道」生萬物。這個生字，必定沒有創造的意思了；因爲「道」並沒有意志理智。老、莊所說的生是化生的生，意義重在一個化字。在後面第二章裡，我們就要談一談道的生化萬物。

三、道曰無

「天下萬物生於有，有生於無。」（道德經 第四十章）

這句話是《道德經》裡最神祕的一句話。老子以「道」先天地而有，又以「道」爲萬物之母；同時卻說「道」爲無。普通都以有生於有；因爲從無中不能生有。老子竟說「有生於無」。

若使這個「無」字，完全按通常的意義去解釋，「有生於無」就成爲哲學上最矛盾的話。何況老子自己又說過：「有物混成，先天地生，……字之曰道。」這明明說「道」是「有」。那麼他說「道」是「無」時，決不是說「道」是沒有。

然而「有生於無」的無字。有甚麼意義呢？這個無字，是說「道」不能爲人所知，「道」對於人的理智，可以算是沒有。

1. 無　名

我們人爲知道一件事物，第一在能知道這件事物的名字。名字是一件事物的代表觀念。老子在《道德經》第一章便說「道」是無名：「無名天地之始」。「道」既是沒有名字，就不可說了。可說的「道」，則已不是「常道」了。

爲什麼「道」無名呢？名字是一件事物的代表觀念。我們人所有的觀念，是按我們理智力的本領而定。人的理智力有限，所有的觀念也有限。有限的觀念，只能代表有限的事物。

道則是無窮極的，便不是人的觀念所可代表；因此便不能給它一個名字。老子說：「吾不知其名，字之曰道，強爲之名曰大。」

還有一點，人的理智力，與感官相依。一切觀念，常由感官出發。「道」則不能爲人所見聞。莊子說：

「道不可聞，聞而非也。道不可見，見而非也。道不可言，言而非也。知形形之不形乎，道不當名。」（莊子 知北遊篇）

因此「道」不能而名，老子屢次道：

「道常無名。」（道德經 第二十三章）

「道隱無名。」（道德經 第四十一章）

可是並不能因爲「道」無名，就以爲「道」不是實有的。「道」曰無，是對我們人說的。在「道」本身上說，「道」是有。所謂「有生於無」，有無兩字，都是從我們認識一方面說。即是說我們認識上所謂有的，是由我們認識上所謂無的所生。並不是說在本體上所謂有的，是從本體上所謂無的而生。本體是無的，決不能生有。

2. 無爲

「道」不但無名，而且也無爲。老子說：

「道常無為而無不為。」（道德經 第三十七章）

莊子說：

「夫道有情有信，無為無形。」（莊子 大宗師篇）

這種無爲，又不能完全從消極方面去講。老子不是說無爲而無不爲嗎？「道」的無爲是一種至上的爲。若說完全不爲，則由不動裡不能發生效果，便不能說無不爲了。「道」的無爲，實在是有爲。所謂無爲，又是從我們認識一方面說。「道」常動；然而它的動，是順性而行。順性而行之動，很自然，很容易，且不消耗精力。雖動，似乎不動。這種順性而行之動，在「道」的本身當然是動，當然是爲。但是「道」無名，它的動也就不能爲人所知。所以「道」在人的認識上可算是無爲。

「道」既然無爲，「道」也就無欲。《道德經》上說

「道常無欲，可名於小。」（道德經 第三十四章）

「故常無欲以觀其妙，常有欲以觀其徼。此兩者，同出而異名。」（道德經 第一章）

凡是有理智之物，有欲則動，無欲則不動。人有理智，人動作時，都是因爲有欲。但是人有一部分動作，如消化作用，血液循環作用，不受人理智的支配，順其自然而行，不管人有欲無欲。這種動作雖然也是人的動作，然不能因此便說人有欲。「道」的動作，都是順性而行，稱之爲無爲；那麼「道」之動，都是非理性之動。既無理性，便該說無欲了。可是我

們對於沒有理智的動物，也說牠們有欲。不過動物的欲，是對於一切自性以外的行動；因爲動物身上一切天然的行動，自然而成，勿待於動物的有欲無欲。「道」的行動，既完全天然又都是自性所有的，那麼「道」必無欲。這種順性的無欲，老子稱之曰「樸」。

> 「道常無為而無不為。王侯若能守之，萬物將自化。化而欲作，吾將鎮之以無名之樸。無名之樸，夫亦將曰無欲。不欲以靜，天下將自定。」（道德經 第三十七章）

順性而行，「道」自然而化。化而不作，則是因爲「道」守樸無欲。但在無欲之中，道仍然有化。化，便無爲而無不爲。所以老子說：「常無欲以觀其妙，常有欲以觀其徼；此兩者同出而異名。」「道」從自身上去看，是無欲，「常無欲以觀其妙」。從「道」自化的效果上說，無爲而無不爲，生化萬物，則可說是有欲，「常有欲以觀其徼」。

四、道的物象

1. 道的本體爲虛

「道」曰無，不可知，不可作認識的對象。這個無字，本是認識上面所說的無。但是老子以爲「道」的本體，也有「無」的特點。因爲「道」的本體，空虛渺茫，所謂空虛渺茫，並不是空間的空洞（胡適 中國哲學史大綱 上卷 第十五版 頁五七），乃是本質上的空洞。

「三十輻，共一轂，當其無，有車之用。埏埴以為器，當其無，有器之用。鑿户牖以為室，當其無，有室之用。故有之以為利，無之以為用。」（道德經 第十一章）

拿輻轂去做車輪，輻轂便不能保全自己原來的本質。每根輻轂都要捨自己的本質而分有車輪的本質，然後車子纔能走。埏埴以爲器，當埴已經不是埴而是陶器時，纔有陶器之用。鑿戶牖去做房子，戶牖的木石變成戶牖時，房子纔能夠供人居住。

「道」曰無，即是說「道」是空虛。空虛即謂沒有本體。可是沒有本體，則不能存在，則不是實有之物。「道」卻又是先天地而有之物。所以「道」的空虛不是絕對的。老子說：

「道之為物，惟恍惟惚。惚兮恍兮，其中有象。恍兮惚兮，其中有物。窈兮冥兮，其中有精。其精甚眞，其中有信。其名不去，以閱眾甫。吾何以知眾甫之然哉，以此。」（道德經 第二十一章）

「道」雖然是空虛，但是空虛中卻恍惚有物。所以在沒有本體時又有本體。這種空虛恍惚的本體，是一種不固定的本體。恍惚有什麼意思？

「視之不見，曰夷。聽之不聞，曰希。搏之不得，曰微。此三者不可致詰，故混而為一。其上不皦，其下不昧。繩繩不可名，復歸於無物。是謂無狀之狀，無象之象。是謂恍惚。迎之不見其首，顧之不見其後。」（道德經

第十四章）

恍惚便是指的「道」的本體，無狀無象，不可見，不可聞，不可搏。這種恍惚的本體，因此稱爲空虛，這種空虛，等於道家常說的虛靈。莊子論人的知識時，以人心虛而靈，故能知。

「若一志，無聽之以耳，而聽之以心。無聽之以心，而聽之以氣。耳止於聽，心止於符。氣也者，虛而待物者也。惟道集虛。虛者，心齋也。」

（莊子 人間世篇）

心之氣爲虛，因爲氣不是物質的。物質物自身常是滿的，不能容納外物。心能知，則心不是物質。因此「道」的空虛，在不固定的意義以外，還有非物質的意義。「道」的本體不固定，因「道」的本體是非物質的。雖說「道」的本體爲空虛，「道」卻是一個實在體。實在體稱爲物，老子所以說：「道之爲物，惟恍惟惚。……恍兮惚兮，其中有物。」

2. 道之象

有了物，就可以有象。象者，指一物體的意象。每個實體，被我們認識時，我們的理智裡，有這個實體的意象。意象就代表這個實體。「道」雖然是個恍惚之物，在我們的理智裡，也該有個意象。「道」的本體既是恍兮惚兮；它是象，當然也是恍惚莫定了。說他沒有象，它又有象。說它有象，又似沒有象。因爲一物的意象，常根之於物的物象。

象在物體方面，則指的物象。物象在西洋哲學裡，稱爲Forme。物象是一物的本形，本形是一物在本體上的真面目。這個真正面目，是由物的物理而成。「道」的本體既空虛恍惚，它的物象便一定不能兩樣。老子所以說「道」的物象是「無狀之狀，無象之象。」

物象由物理而成，物理乃物的本質。本質可說是物的真髓。「道」的象固不免爲恍恍惚惚，然而「窈兮冥兮，其中有精。其精甚真，其中有信。」不過這種真精，窈冥不可知，繩繩不可名，勉強來說，強名之曰大。

因爲道的「真精」，不能夠爲人所知，於是它的象便恍惚不能言。道的象既不能言，它便不能有名。沒有名，當然不能說，結果便是「道可道，非常道；名可名，非常名。」

然而老子說無物無象，這裡的無字，跟上面所說「道曰無」的無字，意義相彷彿。老子以「道」爲無，是因著「道」不能作爲人的認識對象，同時也因著「道」的本身，虛渺不定。這裡說「道」無物無象，也是因爲「道」的爲物，渺茫無限，不能爲人所知。「道」的象，又是恍惚窈冥，不可言說。所以老子的「無」字，等於虛渺無垠，不可知，不可說。

老子又說：「無狀之狀，無象之象。」這是明明說「道」有狀有象了。不過「道」的狀象，跟普通物體的狀象不同，普通的物體都屬於有，它們的狀象，當然也是有，「道」則屬於無，它的狀象，也就是無狀之狀，無象之象。所謂無狀之狀，無象之象，我們若稍加以解釋，則應該說是超於感官的狀象。「道」是不可見，不可聞，不可捉摸的。道的物象，也便不可見聞，不可捉摸。通常一件物體的狀象，都是一定的，都有限定的輪廓。可是「道」的狀象，沒有一定的輪廓。沒有一定的輪廓，本不可稱爲狀，稱爲象。所以說是「無狀之狀，無象之象。」

第二章 道的變化

一、道之變

1. 道自化

中國哲學的宇宙論跟西洋士林哲學的宇宙論，一個根本不同之點，就在於宇宙第一實有體的本性。中國儒家所講的太極，道家所講的「道」，都是恍惚不明，本性不定。士林哲學所講的第一實有體，則本性最完全，最確定。兩種哲學的觀念所以不同，緣因是兩者對於宇宙根源與宇宙萬物的關係，所持的主張不同。士林哲學根據《聖經》，以天主——第一實有體，從無中創造萬物，中國哲學則以太極與道，化生萬物。天主創造萬物，只用他的力而不用他的質；因此說天地萬物由無中而受造，跟天主不同體質，中國哲學以太極與「道」，自有變化，生成萬物；萬物跟太極和「道」，乃同氣同質。創造萬物，用力不用質；創造者自性則最完全，常沒有變化，化生萬物者，自身常有變化。自性便絕對不固定。所以中國的宇宙論由不定者而變到固定者，士林哲學的宇宙論由極完全極固定者，造出不完全不固定者。

老子說「道」生萬物；因爲「道」的本性恍惚不定，由不定而到固定。固定時，便成一個物體。爲完成這種過程，要緊是道能自化。老子常主張這一點。

「大道氾兮，其可左右，萬物恃之而生而不辭。功成不名有，衣養萬物而不為主。」（道德經 第三十四章）

「道」的本質，無窮無極，好似氾氾的大海，因風起浪，奔左奔右。大道常是奔流不止；因著大道的奔流，萬物乃恃之而生。

「道」能變化，乃是理所當然。在天地之先的一個大道，虛渺恍惚；假使它沒有變化，終久只是一個虛渺恍惚，萬物何從而生呢？

「大道氾兮，其可左右。」大道能夠左右，這種能力，該當是自有的。「道」在天地萬物之先，「道」以先沒有另一物體。它的變化力，當然該具在自身以內，那麼它的變化，也就稱爲自化。列子稱「道」爲「常生常化」，莊子以「道」爲「自本自根」。他們便都是說

「道」的變化是自化。但是老子有時說萬物也有自化。他曾說：

「道常無為而無不為，王侯若能守之，萬物將自化。」（道德經 第三十七章）

這裡所謂萬物自化，意義是說萬物自然而變化，不必有外力的推動。老子以「道」自然而動，常無爲而無不爲，王侯若能在治國的大政上，知道無爲，天下的萬物，都將按著自然法而動。自然而動，是順性而動。順性而動，即可稱爲自化。「道」的變化，常是順性，老子曾說：

「人法地，地法天，天法道，道法自然。」（道德經 第二十五章）

「道」既是法自然，它的變化，常是按自有的本性；所以它的變化，也就稱爲自化。「道」按性而自化，自化的能力，也是出於自己。它的自化，意義非常圓滿。萬物的自化，雖是按性而化；可是自化之力，不出於自己。自化的意義，所以不完全。

2. 德

「道」在自化上，具有自化的能力，這種自化能，叫做德。老子說：

「道生之，德畜之，物形之，勢成之；是以萬物莫不尊道而貴德。道之尊，德之貴，夫莫之命而常自然。」（道德經 第五十一章）

「道」最尊，因爲先天地生，爲萬物之母。德最貴，因爲畜養萬物，萬物得之以生。畜字，有畜養的意思，也有守存的意思。萬物靠著德纔能夠保全。宇宙萬物，生生滅滅，一個單物體，只在短時期內存在著，然而宇宙則常存；這全靠「道」的生生不已。「道」一旦停止生化，宇宙萬物就歸滅亡了。「道」生生不已，是因有生生之力，這種力，即是德。因此說德畜萬物。

莊子講德字，從「道」的自然而化一面去講。他說：

「動以不得已之謂德。」（莊子 庚桑楚篇）

「道」自然而化，不得不動。動而不能任意停止，這種動力，乃稱爲德。「道」的動力是自有的，隨性而行，不得不動。

管子註解老子的德字，則從萬物一面去說：

「德者，道之舍，物得以生，生得以職道之精。故德者，得也，其謂所得以然也。以無為之道，舍之之謂德。故道之與德無間，故言之者無別也。」（管子 心術上）

德之解爲得字，是從萬物一方面說。從「道」一方面說，德，是自化的能力。「道」因德而自化，自化而生物；物乃得著自己的存在。若使沒有德，「德」不自化，萬物便不能有了。故從萬物一面說，德者得也；萬物因德而得有。由「道」一方面看，自化而成萬物，「道」寓於萬物以內；所以管子又說：「德者，道之舍。」「道」本身是虛無渺茫，自化而有氣，氣化而有物；然而道在自化時，它的本身仍舊保存原來的面目，仍舊是虛無渺茫，只是在自化時生有氣，由氣而生物。因此萬物跟「道」的關係，完全在於氣，氣之生，由於德。「道」因德而生物。但是萬物並不是「道」，道只是在萬物之內，或說「道」寓於萬物，那麼便可以說「德者，道之舍。」馮友蘭解釋德乃道之寓於萬物者，他說：「道爲天地萬物所生之總原理，德爲一物所以生之原理。」（馮友蘭 中國哲學史 上冊 商務 第二版 頁二二二）把道作爲朱熹的太極，把德作爲物之理，跟老莊的思想不大相合。

3. 自化的過程

「道」因德而變，變而生物。這中間的過程怎樣？老子說：

「道生一，一生二，二生三，三生萬物，萬物負陰而抱陽，沖氣以為和。」

（道德經 第四十二章）

這段話雖然說的很清楚，可是一二三這幾個字代表什麼呢？老子自己沒有說，後人的解釋可就多了。馮友蘭解釋一為太一，二為天地，三為陰氣陽氣和氣。（中國哲學史　頁二二二）然而太一究竟又是甚麼？而且陰、陽和三氣，通常不多見於中國的哲學。我以為應該另有一種解釋。老子所說的道生一，一為氣。一生二，二為陰陽。二生三，三或為天地人，或為氣形質。三者相合乃有萬物。

「子列子曰：昔者聖人，因陰陽以統天地。未有形者生於無形，則天地安生？故曰有太易，有太初，有太始，有太素。太易者，未見氣也。太初者，氣之始也。太始者，形之始也。太素者，質之始也。氣形質具而未相離，故曰渾淪。渾淪者，言萬物相渾淪而未相離也。」（列子　天瑞篇）

列子跟老子一樣以有生於無，有形者生於無形。無形是「道」，稱之曰太易。太易變而有太初，「太初者，氣之始也。」氣便是生於「道」。有了氣，然後有形有質。形為太始，質為太素。列子所講的，是講氣形質的開端，所以說太初，太始，太素。氣形質的開端，都藏在大道裡面，沒有分離；因此便稱為渾淪。若是氣形質已經相會而結成一物，一物的氣形質便跟另一物的氣形質相分離了。

莊子也說：

「雜乎芒芴之間，變而有氣，氣變而有形，形變而有生，今又變而之死。」（莊子 至樂篇）

「道」的自化，在第一段過程中，「道」生氣。「道」曰無，無中生有，有即是氣。然而這種「有」，仍舊是很恍惚渾淪；因爲剛是「道」的自化之第一段過程。所以氣雖然是有，卻沒有一定的形狀。

一生二，這是「道」的自化之第二段過程。一爲氣，氣生陰陽，陰陽便成二氣。老子自己說：「萬物負陰而抱陽。」陰陽之道，在中國古代哲學裡，爲各派所同有的，儒墨道各家，都講陰陽。莊子說：

「至陰肅肅，至陽赫赫。肅肅出乎天，赫赫發乎地，兩者交通成和而物生焉。」（莊子 田子方篇）

由一氣而變化爲陰陽，陰陽相合，化生萬物。老子卻說：「二生三，三生萬物。」在陰陽二氣與萬物之間還有一個「三」。儒家講陰陽生物時，在陰陽與萬物之間，夾有五行，或是夾有八卦。老子夾一個「三」。「三」字在儒家裡有所謂天地人三才。老子也重這三才。他曾說：

「大曰逝，逝曰遠，遠曰反。故道大，天大，地大，人亦大。域中有四大，人居而其一焉。人法地，地法天，天法道，道法自然。」（道德經 第二十五章）

老子明明說在「道」之下，有天地人，共爲域中的四大。那麼老子的「二生三」，三字可以解爲天地人，陰陽二氣相變化，陽氣成天，陰氣成地。陰陽相交而得中和的，爲人。天地再相合，然後生萬物。列子說：

「清輕者上為天，濁重者下為地，沖和氣者為人。故天地含精，萬物化生。」（列子 天瑞篇）

但是我們若再往下研究，一個物體，究竟怎麼成的呢？那麼「二生三」的三字，就該解釋爲氣形質了。每一個物體，都是由陰陽二氣而成的。這種氣已經不是天地開始時之氣，而是陰陽相合之氣。陰陽相合時，即結成物之質。物沒有本質，決不能算爲有。陰陽二氣有這樣的結合，便成這樣的一個物質。爲什麼陰陽二氣有這樣的結合呢？儒家說是因爲有這樣的理，道家不大講「理」，只說這是因爲自然法該如此結合，所以結成這樣的物質。物體有了本質便有一個相合的形，有了形纔算真正具體化了。物的本形也是由氣成的。莊子說：

「泰初有無無，有無名，一之所起。有一而未形，物得以生，謂之德。未形者有分，且然無間，謂之命。留動而生物，物成生理，謂之形。形體保神，各有儀則，謂之性。性反修德，德至同於初。」（莊子 天地篇）

無無，無名，指的是「道」。「有一而未形」指的是氣；因爲氣沒有一定的形狀。「未形者有分」，氣所以分爲陰陽。陰陽之化，自然而然，所以稱爲命。陰陽因著自然法而動，乃生物之理，這便是物之質。因著物質乃有適當的物形，於是便成一個成全的物體。

二、萬物跟道的關係

1. 萬物的化生

「道」生萬物，在哲理方面，是由氣而陰陽，陰陽而氣形質。但是我們若再往具體方面去講，萬物究竟怎樣化生呢？老子、莊子等不是生物學家，他們不講生物學，可是《莊子》書裡，有幾處近於生物學，說由什麼過程萬物乃得化生。莊子說：

「夫道窅然難言哉！將為汝言其崖略。夫昭昭生於冥冥，有倫生於無形，精神生於道，形本生於精，而萬物以形相生。故九竅者胎生，八竅者卵生。」（莊子 知北遊篇）

這裡莊子講萬物化生的過程，分爲道、精、形、胎生、卵生。精神生於道，形生於精神。胎生和卵生，是「形」的兩種。萬物都是以形相生；因爲萬物都有形象，要由有形相的物，生另一物。可是形象之物不能生物，除非它具有一種精。莊子常說人有形有精：

「棄事則形不勞，遺生則精不虧。夫形全精復，與天為一。天地者，萬物之父母也，合則成體，散則成始。形精不虧，是謂能移。精而又精，反以相天。」（莊子　達生篇）

莊子所說的形與精，似乎等於形與神。因爲莊子在〈達生篇〉就屢次說保全人的「神」。能夠全神的人，乃是至人。「彼將處乎不淫之度，而藏乎無端之紀，游乎萬物之所終始。壹其性，養其氣，合其德，以通乎物之所造。夫若是者，其天守全，其神無郤，物奚自入焉。夫醉者之墜車，雖物疾不死，骨節與人同，而犯害與人異，其神全也。乘亦不知也，墜亦不知也，死生驚懼不入其胸中。」莊子這個神學，他說是「純氣之守也。」（達生篇）這一點，我們在後面要討論。不過這個「神」字雖可與「精」字相通，但必不是物能生物之精。儒家《易經》也曾說：天地絪縕，男女媾精，然後生物。精是物的力。這種物力含有物的根本質素。由這種力而把物的質素傳生於另一物。老子說「道」之中，「其中有精，其精甚真。」這個精字，也可解爲道之力而可生物者。

萬物由氣而有其形與質，成爲物體。在自己以爲也具有一種能力，按照自然的法則。變化繁衍。莊子說：

「物之生也，若驟若馳，無動而不變，無時而不移。何為乎？何不為乎？夫固將自化。」（莊子　秋水篇）

莊子看著自然界萬物的化生，無聲無息，自然生長，好似甚麼動作都沒有。可是實際上萬物則不斷地生發。這種生發力藏在萬物以內，天然而化。莊子稱這種化生力爲自化。自化即是自然而化，所以也稱爲天均。他說：

「萬物皆種也，以不同形相禪，始卒若環，莫得其倫。是謂天均。」（莊子　寓言篇）

胡適之在他的《哲學史》裡，解釋莊子這段話說：「萬物皆種也，以不同形相禪。這十一個字竟是一篇物種由來。他說萬物本來同是一類，後來纔漸漸的變成各種不同形的物類。卻又並不是一起首就同時變成了各種物類。這些物類都是一代一代的進化出來的，所以說以不同形相禪。」（胡適 中國哲學史大綱 卷上 頁二六〇）我以爲把莊子的話套在達爾文的進化論上，還不如讓莊子的話仍舊保存道家的意義。道家不僅說萬物同理，還說萬物同一氣，同一之氣，因不同形不同質，乃成各種不同之物。形質的不同，不足使萬物不能相通。一物的形質既散，這物的氣可以另出一種形質，而成另一物體。所以說：「以不同形相禪，始卒若環。」萬物的變化，跟「道」的變化一樣，常是循環不息。這樣說來無怪乎《莊子》《列子》書裡都有一物化成另一物的話：

「種有幾，得水則為𢇍。得水土之際，則為鼃蠙之衣。生於陵屯，則為陵舄。陵舄得鬱棲，則為烏足。烏足之根為蠐螬，其葉為蝴蝶。胡蝶胥也，化而為虫，生於竈下，其狀若脫，其名鴝掇。鴝掇千日，為鳥，其名為乾餘骨。乾餘骨之沫為斯彌。斯彌為食醯。頤輅生乎食醯。黃軦生乎九猷。瞀芮生乎腐蠸。羊奚比乎不箰久竹，生青寧。青寧生程。程生馬，馬生人，人又反入於機。萬物皆出於機，皆入於機。」（莊子 至樂篇）

郭象在《莊子注》中說：「此言一氣，而萬物有變化，而無死生也。」又云：「物之無常形也。人之死也，亦或化爲草木，草木之精，或化爲人也。」胡適之則注意在一個幾字，他說：「我以爲此處的幾字，是指物種最初時代的種子，也可叫做元子。」（中國哲學史大綱 頁二六二）並且以爲後面的三個機字，也是幾字的誤寫。我想幾字解爲種子，已經過於勉強，若以機字爲幾字之誤，更是勉強了。幾字還不如解爲《易・繫辭傳》所說：「幾者，動之微，」即是說種能動，動不可見。這種動，便是自化。種能自化，隨處變形，遇水得水生，遇陸得陸生。然而最終萬物仍舊回於機。機乃天機。萬物怎麼來了，又怎麼而去。這就是天機。萬物由氣而來，終復反於氣。反於氣，便是「反入於機」。

2. 道在萬物

朱熹講太極時，說天地一太極，萬物又各有一太極。莊子講「道」，他也說天地之先有道，萬物之中又各有道。莊子主張「道」在萬物。

「東郭子問於莊子曰：所謂道，惡乎在？莊子曰：無所不在。東郭子曰：期而後可。莊子曰：在螻蟻。曰：何其下耶？曰：在稊稗。曰：何其愈下耶？曰：在瓦甓。曰：何其愈甚耶？曰：在屎溺。東郭子不應。莊子曰：夫子之問也，固不及質。正獲之問於監市履狶也，每下愈況。汝唯莫必無乎逃物。至道若是。大言亦然。周徧咸三者，異名同實，其指一也。」

（莊子　知北遊篇）

「道」在萬物：沒有一物沒有「道」。莊子說周、徧、咸三字可以用之於「道」。「道」周在萬物，即是說一切萬物都有「道」。「道」遍在萬物，是說「道」普遍地在一切物內，不分高下。「道」咸在萬物，乃是說各物之內咸有「道」在。因此「道」在萬物，在各物內，又在各物的每一部分內。

「道」究竟怎樣在萬物呢？在萬物之「道」，不是本來的「道」。老子明明說過：「道可道，非常道。」萬物是可道可名的，在萬物以內之「道」，必不能是不可言不可說的「道」。「道」爲無，萬物爲有；由「道」到物，有「道」之變。「道」變而生氣，氣成萬物，萬物變而歸於氣。所以說「道」在萬物，在萬物者爲由「道」而生之氣。氣既由道之變而生，氣有「道」之原質。由氣而生物，物內也有「道」之原質。而且萬物之變，是「道」的變，靠著「德」力而循環不息。因此，便說「道」在萬物。

研究西洋哲學的人，另外是西洋哲學士，對於老、莊的「道」在萬物，一定要問老、莊是否講泛神論。這個問題不是一兩句話就可以簡單地答覆，我們把問題分析來說。第一，老、莊從不說「道」是神明。老、莊本是無神論者，他們的「道」沒有一點神的特徵。第二從宇宙論一方面說，老、莊講「道」生萬物，這個生字是由變化而生。道既變而生萬物，萬物跟「道」，原質相同，然跟「道」不是同一體。若是把「道」看成神，老、莊便不免有泛神論的氣味。若認老、莊的「道」，只是宇宙的第一原素，則老、莊不算是泛神論者。這後一說，我想更近於老、莊的本來面目。

三、道之反

1. 反復

「道」的變化，在生了萬物以後，仍舊繼續不息。這種繼續，當然是使萬物加多。但是宇宙間的萬物雖說一代一代的繁殖了，可是同時也有許多的物體歸於消滅。在消滅和繁殖之間，兩者有甚麼關係？道家說這種關係，爲反復的關係。老子說：

「反者，道之動；弱者，道之用。」（道德經 第四十章）

因此「道」的變化，以反爲終究。老子也說：

「大曰逝，逝曰遠，遠曰反。」（道德經 第二十五章）

「道」的變化無窮，極大極遠，然而所以能大能遠，是因爲「道」的變化，出而反，反而出，週遊不止，乃得變化無窮。列子講「道」的反復說：

「易無形埒，易變為一，一變為七，七變為九，九者究也，乃復變而為一。」（列子 天瑞篇）

列子的這種說法，不全合於道家的語氣，中間攙有陰陽家的思想。但是在根本思想上，列子的話跟老、莊相合。易即是「道」。「道」變爲一即是氣。氣變爲七，七之名包含太易、太初、太始、太素、氣、形質。七變爲九，九者究竟，即是說歸於終極。終極爲一，便是氣。物反於氣，稱爲「道」之反復。

「道」即是出而反，天地間就沒有一個永久存在的物體；因爲天地間的萬物，都是由氣而化生。氣常變，萬物便沒有不變的，變到物體散滅時，物體之氣復歸於氣。氣復變化而生物，中國古語常說：「物極必反」。反字不單是道家的宇宙原則，儒家也有同樣的主張。《易經》上說：

「無往不復，天地際也。」（易 泰象）

不僅是每個物體，不能永存不滅；即社會上各種人事的遭遇，也不是一成不變，貧富相繼續，禍福相交替。老子說：

「禍兮福之所依，福兮禍之所伏。」（道德經 第五十八章）

就便宇宙間自然界的現象，也不是能常保固有的力量。力量越大，消失得越快。

「飄風不終朝，驟雨不終日」。（道德經 第二十三章）

關於儒家哲學，我曾說過：中國盛衰的道理，不是一正一反，採取直線的行徑，而是採取圓週的行徑，盛衰相繼。因為中國盛衰的道理，由於陰陽兩氣的流行。陰陽兩氣互相交流，而且互相溶和。所以老子說福依於禍，禍伏於福；也是因為陰陽兩氣的循環，「道」之反，也是循環。

2. 循環

循環的變化，不取正反相對立的態度，而是取陰陽相調節的道理。為表現這種循環之理，中國哲學常用「盛衰」兩字。盛衰既是彼此相繼續，而且又都是由漸而大。每樁事物，在開始時都很細微，後來漸漸盛大。到了極盛以後，便漸漸衰弱，以致於毀滅。由毀滅中又生另一新物，新物又漸漸長大。循環不已，「道」常不息。莊子說：

「夫至樂者，又應之以人事，順之以天理，行之以五德，應之以自然。然後調理四時，太和萬物。四時迭起，萬物循生。一盛一衰，文武倫經。一清一濁，陰陽調和。流光其聲，蟄虫始作。吾驚之以雷霆，其卒無尾，其始無首。一死一生，一僨一起，所常無窮，而一不可待。」（莊子 天運篇）

莊子這段話，很有些像《易經》和秦漢儒家的話。他講宇宙間的一切事，都是循環不已。人事天理，都順自然而循環。一切有生之物，生與死也只是一個循環。莊子說：

「雜乎芒芴之間，變而有氣。氣變而有形，形變而有生。今又變而之死，是相與為春秋冬夏四時行也。」（莊子 至樂篇）

既然是盛衰相繼，由漸而進。若是能夠把漸進的過程延長，而不立時達到頂點，則不至立刻就有轉變。老子所以主張謙虛，主張柔弱，都是教人不要走到極盛點，一極盛了就要衰。不到極盛，還可以保全自己的盛。這種思想，也是《易經》的思想。老子說：

「天之道其猶張弓歟！高者抑之，下者舉之，有餘者損之，不足者補之。」

（道德經 第七十七章）

那麼自居於下的，自以爲不足的，則可以被舉於上，可以被補益。這即是老子主張謙虛的用處。自以爲強，則必弱，自以爲盛，則必衰。反轉來，自以爲弱的，必強，自以爲衰的，必盛。

「天下之至柔，馳騁天下之至堅。」（道德經 第四十三章）

「曲則全，枉則直，窪則盈，敝則新，少則得，多則惑。」（道德經 第二十二章）

這些話，看來很矛盾；其中卻有至理。至理所在，即是「道」的循環。盈虛相繼續，盛衰相交替。萬物出於「道」，因著「道」的德力而動，隨著「道」的循環原則而變化。所以莊子說：「萬物皆出於機，皆入於機。」機者爲纖細始動的原素。萬物始動時，極細的原素爲氣。萬物因此皆出於氣，皆入於氣。氣爲「道」之所生。萬物之循環，即是氣的循環。

四、道之常

1. 固存

「道」的動，既是以「反」爲原則，週而復始，故「道」稱爲「常」。老子以「道」爲常道，他說：「道可道，非常道；名可名，非常名。」不可名，不可言的「道」，稱爲常道。老子說「道」無爲，必說「道常無爲」。他說「道」無欲時，必說「道常無欲」。「道」所以能爲常，那是因爲萬物都反歸於根源之「道」。

> 「夫物芸芸，各復歸其根。歸根曰靜，是謂復命。復命曰常。知常曰明。」（道德經 第十六章）

王弼注《道德經》說：「復命則得性命之常，故曰常也。」萬物之所以生，在於「道」生氣，氣生萬物。萬物反歸於根，即反歸於氣而入於「道」，這便是說反歸復命。因爲萬物反歸於根，復得重生的原素。「道」因著萬物的反歸，故常常能夠無損，常常不消失。所以老子所說的常，有常久的意思。

「知常容，容乃公，公乃王，王乃天，天乃道，道乃久，沒身不殆。」（同上）

「道乃久」，這個久字是常字的一種解釋。老子的久字又相當於莊子所說的「固存」。「道」雖自化不息，生一，生二，生三，生萬物。萬物卻又復歸於一，然後再二再三再萬物。這樣循環的變化，永遠沒有毀滅。因此「道」便常久存在。所以莊子說是「自古以固存」。固存並不是呆板的存著，沒有一點的自化力；「道」的固存，乃是在自化中，能保全自己。老子說：

「谷神不死，是謂玄牝。玄牝之門，是謂天地根。緜緜若存，用之不勤。」

（道德經 第六章）

谷神代表「道」的深虛能藏。既自藏的多，乃能出用不竭；「道」在變化時生發萬物，自爲天地之根；然而常是「緜緜若存，用之不勤。」老子又說：

「有物混成，先天地生。寂兮寥兮，獨立而不改，周行而不殆，可以爲天下母。」（道德經 第二十五章）

爲天下母的「道」，應該是「周行而不殆」。「道」周行於萬物，無所不至。假若一旦停殆了，萬物便也停殆了，宇宙再不能生生息息。因著「周行而不殆」，「道」的變化，遠而反，反而復始，循環不息，常是緜緜若存，萬物纔能繼續生發。

2. 不變

老子說「道」是周行而不殆，同時卻也是「獨立而不改」。王弼注說：「無物之匹，故曰獨立也。返化終始，不失其常，故曰不改也。」萬物既生於「道」，那麼「道」怎的又說獨立呢？王弼以無物之匹爲獨立，萬物雖有，然都出於「道」。所以「道」以外無物。無物無匹，所以爲獨立。「獨立而不改」，不改兩字，指出常字的第二種意義。

這種不改，驟看來跟「道」的變化，互相矛盾。「道」自化不息，變而反，反而不變，於今卻說「道」不改不變，這是怎樣說法呢？

「道」的不改，是說「道」的本質不變。在動作方面說，「道」有動有變；在本質方面說，「道」則不改不變。「道」化而生一，由無而化爲有，由不定而化爲定。在本質上看來，「道」也有了變化。可是這種變化，並沒有變了「道」的本質；不然，「道」生萬物，跟萬物反歸於「道」，兩個「道」已經不是同一物了。「道」也就沒有反了。「道」的自化，乃是莊子所說的小變：

「老聃曰：……行小變而不失其大，常也。」（莊子 田子方篇）

「道」自化而生一生二，生三生萬物，這些都是些小變。「道」從沒有失其大。大者，「道」之本質。「道」變而不失本質，故稱爲常。

可是在宇宙論方面，就發生好些問題了。

若使「道」生物，物反爲「道」，「道」的本質不變；那麼天地萬物的本質是不是跟「道」的本質同一個呢？假若天地萬物的本質跟「道」的本質，完全是兩事，「道」的本質怎麼能說不變呢？

老子一定不主張「道」與萬物同一質；因爲他明明說過：「道可道，非常道。」萬物之內雖有「道」，這種「道」不是本來不可言說的「道」，所以萬物跟「道」，一定不同體。然而在萬物之內的「道」，是甚麼「道」呢？在萬物之內的「道」，是「道」所生的氣。氣不是道，但是氣由「道」而生。氣的本質由「道」而出，原來包含在「道」以內。氣既在萬物，也就可以說「道」的本質在萬物了。氣的本質原先既在「道」以內，氣生發了以後，「道」的本質並沒有加多，也沒有減少，因爲氣出於「道」，又反於「道」。因此便說道雖自化而不改。

可是又有另一個問題。萬物既是同一氣，那麼萬物究竟是否個別的實體呢？還是一些偶然的現象呢？莊子曾以人生爲夢，而且主張齊物論。但是莊子的齊物，是以爲萬物同一氣，萬物的根本相同，至於各物的形與質不相同，他以爲這是小事。然雖爲小事，莊子卻承認各物爲實有體。道家從沒有像佛教倡空論。

萬物爲實有體，萬物則是在「道」以外。因爲在外，纔能反歸於道。因著萬物由始而反，由反而復始，萬物也便可說爲常了。韓非子說：

「夫物之一存一亡，乍生乍死，初盛而後衰者，不可謂常。唯夫與天地之剖判俱生，至天地之消散不死不衰者，謂常。」（韓非子 解老篇）

五、道之靜

1. 動而靜

「致虛極，守靜篤，萬物並作，吾以觀其復。夫物芸芸，各復歸其根。歸根曰靜。」（道德經 第十六章）

這一段話，把老子對於道家靜字的思想，說的簡而賅要。王弼注說：「言致虛，物之極篤，守靜，物之真正也。以虛靜觀其反復；凡有，起於虛，動，起於靜。故萬物雖並動作，卒復歸於虛靜，是物之極篤也。」靜、虛、動三個觀念，常連在一齊。因能虛能靜，萬物纔能動。而在動中，萬物仍舊反歸於虛，反歸於靜。在萬物是這樣，在「道」更是這樣。

於今我們先看動與靜的關係。

老子說：「歸根曰靜」。普通一個人的思想浮躁，心思常散在外面的事物上；我們就說這個人心亂。爲叫他心能靜下來，便教他收心，把心思收回來，自己反省反省，這豈不是歸根曰靜嗎？「道」之靜，即是「道」能反，常反歸於自己。

「道」本是無欲無爲，老子卻不說無欲無爲爲靜，卻說歸根爲靜。他以靜與動爲對待的名詞。有動纔有靜。無欲無爲，在意義上說，當然也是靜；然而在字面上說，無欲無爲是沒有動，所以不說爲靜。歸根則包含有動作，由動而靜，故稱曰靜。

儒家宇宙論裡談動中有靜，靜中有動。理學家以靜能主一。道家的靜，跟理學家的靜相似，是說「道」的行動主於一，常不混亂。

行動主於一，那必是行動有一定的法則。「道」自化的法則，在於自然。老子說：「道法自然。」（道德經 第二十五章）法自然謂守自然法。「道」的自然法即自己的本性，法自然便是順性而行。順性而行乃稱爲靜，凡是順性的，必然而行，既順乎性而自然，當然不致於擾亂了。

2. 虛而靜

道家又常把虛字和靜字連在一齊。老子說：「致虛極，守靜篤」，由虛而靜。在常識上說，一座房子裡面空虛無物，房子當然清靜極了。一個人心中，空虛無物，不牽掛一物，不貪望一物，心中當然也清靜。「道」在老子的心目中，是虛之又虛。

「道，盅而用之，或不盈；淵兮似萬物之宗。」（道德經 第四章）

老子並且以「道」爲無，無一定是虛。但是老子的無，是有中的至大的，老子的虛，也是實中之實。「道」爲虛，乃是「道」沒有重濁的物質，因爲它的本質爲清靈。清靈的本體沒有欲念所擾，則安然而靜。莊子曾講人心之靜，在於人心沒有物欲的紛擾，能照見人心的清靈本體。這種人心之靜，是取法於「道」之靜的。

「聖人之靜也，非曰靜也，善故靜也。萬物無足以鐃心者，故靜也。水靜則明燭鬚眉，平中準，大匠取法焉。水靜猶明，而況精神？聖人之心靜乎，天地之鑑也，萬物之鏡也。夫虛靜恬淡，寂寞無為者，天地之平，而道德之至，故帝王聖人休焉。休則虛，虛則實，實則倫矣。虛則靜，靜則動，動則得矣。」（莊子 天道篇）

聖人法天地，天地法「道」；聖人之靜，法「道」之靜。靜，不在於袖手無爲，而在於物得其平。寂寞無爲，天地得其平。無物鐃心，聖人之心得其平。極虛無欲，「道」得其平。「道」得其平，即是「道」之靜。

莊子說「休則虛」，休是無爲，無爲則虛。聖人之心沒有物欲，故能虛空無所求。無所求，然後心靜，故說「虛則靜」。然而聖人之無爲，是倣法道的無爲；因此道也是虛則靜。莊子卻又說「虛則實」「靜則動」。因爲虛纔能盈物，「道」因爲虛，故天下之物無不包；「道」因爲靜，故能生育萬物而不停。生育萬物爲得，故說：「動則得矣」。

第三章 人

一、人生

1. 人生於氣

上面兩章，談論「道」的本性和它的變化。在「道」的變化裡，連帶就談到宇宙，也談了「道」和宇宙的關係。於今就該談論人了。人是宇宙的一部份，他的來源，也無所異乎宇宙，莊子說：

> 「人之生，氣之聚也。聚則為生，散則為死。若死生為徒，吾又何患！故萬物一也。是其所美者為神奇，所惡者為臭腐。臭腐復化為神奇，神奇復化為臭腐。故曰：通天下一氣耳！聖人故貴一。」（莊子 知北遊）

通天下都是一氣，萬物生於氣，人也是由氣相聚而生。列子說過：

「清輕者上為天，濁重者下為地，沖和氣者為人。」（列子 天瑞篇）

因爲沖和氣，算是陰陽兩氣調和最適當的結合，因此人所得的氣，較比宇宙萬物之氣爲最優。人之氣不清不濁，適得其宜，止於沖和。儒家以人得天地之秀氣而生，與天地同爲三才。道家也有這種人爲貴的思想。老子說：

「道大，天大，地大，人大。域中有四大，人居其一焉。」（道德經 第二十五章）

2. 形體心神

人因得有沖和之氣，人的本體較比別的物體爲高；因爲人既有形體，又有心神。心神則虛靈渺渺，超於物體以上。《列子》書上說：

「亢倉子說：我體合於心，心合於氣，氣合於神，神合於無。其有介然之有，唯然之音，雖遠在八荒之外，近在眉睫之內，來干我者，我必知之。乃不知是我七孔四支之所覺，心腹六藏之所知，其自知而已矣。」（列子 仲尼篇）

人有形體有心神，形體有百骸九竅六藏。莊子說：「百骸九竅六藏，賅而存焉。」（齊物論）心神則爲人的尊貴點。心神虛靈，八荒以外之事跟眼前所有的事，一樣的能夠知道。心神的虛靈，由於所得之氣，清而和。心虛，纔能容物。容物即是說有智識。心靈，故能思。能思，纔可知「道」。心因有清和之氣，所以能與天地之氣相結，而後和於道。因此莊子以心爲人師。人的行事，隨心即可。

「夫隨其成心而師之，誰獨且無師乎？奚必知代！而心自取者有之，愚者與有焉。未成乎心，而有是非，是今日適越而昔至也。」（莊子 齊物論篇）

心爲人師，誰沒有師呢？無論智愚都可以知道是非了。是非由心而分；不求於心而想辨是非，那好比今日往越國去而昨夜到越，不辨路途。「昔至，崔云昔，夕也；向云，昔者昨日之謂也。」因此郭象注曰：「今日適越，昨日何由至哉！未成乎心，是非可由生哉！」

3. 性命

心爲甚麼能爲人師呢？因爲人有人性，心從性而動。性爲人之本然；本然應當如此，稱爲性。撇開了性，心便不足靠。

「去性而從心心與心識知，而不足以定天下。」（莊子 繕性篇）

人性爲人之本然，常不變易。在各種雜亂的人事裡，人性始終一樣。知道順性的人，行事便簡單了，簡而又簡，可至於無爲。反性而行，則必自增煩惱。

「性不可易，命不可變，時不可止，道不可壅。苟得其道，無自而不可；失焉者，無自而可。」（莊子　天運篇）

所謂命，乃人生的自化。道家主張萬物自然而化，根著自然的法則，生生死死，沒有甚麼所以然的道理。

「物之生也，若驟若馳。無動而不變，無時而不移，何為乎？何不為乎？夫固將自化。」（莊子　秋水篇）

物是自化，人也不會例外。人既隨著自然法而變化，人一生的經過，就不由人作主。這種經過，或者在生時，都已註定，或者事事處處，偶然而發；兩者都不由人的意志去左右。但老、莊的意見，似乎以事事偶然，而在偶然之中，又有反復的自然律。所以人的處事，最好是任其自然，無所掛慮。

「命曰：既謂之命，奈何有制之者耶？朕直而推之，曲而任之。自壽自

夭，自窮自達，自貴自賤，自富自貧，朕豈能識之哉。」（列子 力命篇）

4. 生死

人一生，貴賤壽夭，都聽著自然的命運，自己不能作主。人生的結局，也並不是甚麼了不得。死沒有另外的意義，只不過是人的氣散了。「聚則爲生，散則爲死。」氣一旦散了，人便完結了生命。可是氣散後，歸於大氣，然後又可重聚而爲人。所以人死了，人並不是完全消滅了。

「適來，夫子時也；適去，夫子順也。安時而處順，哀樂不能入也。古者謂是帝王之縣解，指窮於為薪，火傳也，不知其盡也。」（莊子 養生主篇）

莊子以人之生，是按著自然變化，到該生人的時候，人便適時而來；到該氣散的時候，人便順時而去。好比點火燒薪，一薪盡，火傳他薪；薪雖盡，火則常傳，不知窮盡。莊子又講這種生死相代的理說：

「日夜相代乎前，而莫知其所萌。已乎已矣！旦暮得此，其所由以生乎！非彼無我，非我無所取。是亦近矣。」（莊子 齊物論篇）

死與生，有似日夜相替代。有了生，纔有死；有了死，纔轉爲生。生死相繼續。莊子說：

「生者，假借也，假之而生。生者，塵垢也。死生為晝夜。」（莊子 至樂篇）

生者，假氣而生。氣散而死，沒有甚麼可悲可喜。因爲是一去一來，一往一反。列子說：

「子貢曰：壽者，人之情；死者，人之惡。子以死為樂，何也？材類曰：死之與生，一往一反。故死於是者，安知不生於彼？故吾知其不相若矣。吾

又安知營營求生非惑乎？亦又安知吾今之死，不愈昔之生乎？」（列子 天瑞篇）

「莊子妻死，惠子弔之，莊子則方箕踞鼓盆而歌。惠子曰：與人居，長子老身，死不哭，亦足矣，又鼓盆而歌，不亦甚乎？莊子曰：不然。是其始死也，我獨何能無慨然！察其始而本無生，非徒無生也而本無形，非徒無形也而本無氣。雜乎芒芴之間，變而有氣，氣變而有形，形變而有生，今又變而之死，是相與為春秋冬夏行也。人且偃然寢於巨室，而我噭噭然隨而哭之，自以為不通乎命，故止也。」（莊子 至樂篇）

這樣，人生沒有自己的目的，沒有特別的意義。因爲人生既然好像一架機器，機械地轉著走，那麼還有甚麼特別的意義？列子竟說人對於自己，一概不能作主。

「舜問乎烝曰：道可得而有乎？曰：汝身非汝有也，汝何得有乎道？舜曰：吾身非吾有，孰有之哉？曰：是天地之委形也。生非汝有，是天地之委和也。性命非汝有，是天地之委順也。孫子非汝有，是天地之委蛻也。故行

不知所往，處不知所持，食不知所以。天地強，陽氣也；又胡可得而有耶？」（列子 天瑞篇）

人乃天地間的一個自然現象，他的一切都屬於自然的變化；人生便不能另有其意義。可是人有自由，能在自然裡求人生的樂趣。

二、智 識

1. 不知而辯

列子以人是「行不知所往，處不知所持，食不知所以。」這是道家對於人生，所抱懷疑的態度。這種懷疑的態度，並不是說人不能有正確的智識，乃認爲人的智識都沒有確實的價值。因爲這些智識，都是局部的，膚淺的。若是人真正得到了智識，則就不談智識了。談智識的人，只是一些小成的人；惟有這些小成的人，好互相爭辯。莊子罵這班人說：

「道惡乎隱而有眞僞？言惡乎隱而有是非，道惡乎往而不存？言惡乎存而不可？道隱於小成，言隱於榮華。故有儒墨之是非，以是其所非，而非其所是。」（莊子 齊物論篇）

天下人所以有爭論，都是由於所有的智識，缺而不全，僅是小成。可是人卻以小成之知爲整個之知，拿著榮華的詞藻，粉飾出來，自以爲天下的真理都在於此了，排斥人家所說的爲非。莊子乃說：

「吾生也有涯，而知也無涯，以有涯隨無涯，殆矣！已而為知者，殆而已矣。」（莊子 秋水篇）

天地可知的對象，無涯無限；而人的精力，則屬有限，以有限的精力去追求無限的智識，那只是徒勞無功，自求疲勞。即是有所得，也是有限。若拿這一點小成的智識，自以爲了不起，這種人也就完了。

「秋水時至，百川灌河，涇流之大，兩涘渚涯之間，不辨牛馬。於是焉河伯欣然自喜，以天下之美為盡在己。順流而東行，行至北海。東面而視，不見水端；於是焉河伯始旋其面目，望洋向若而嘆，曰：野語有之曰：聞道百，以為莫己若者，我之謂也。」（莊子　秋水篇）

「聞道百，以爲莫己若者。」莊子以爲儒、墨各家的人，都是這種人。所知的很少，自以爲多，所以互相爭辯。這些學者尚不及河伯。人在宇宙間可算得個甚麼？比起天地來，渺小又渺小。

「計四海之在天地之間也，不似礨空之在大澤乎？計中國之在海內，不似稊米之在太倉乎？號物之號謂之萬，人處一焉。人卒九州，穀食之所生，舟車之所通，人處一焉。此其比萬物也，不似豪末之在於馬體乎？」（莊子　秋水篇）

知道天地之大，知道自己一身之小，那時纔可以理會到自己所有的智識，也是微小的不堪，便不至於跟人強辯了。

2. 沒有是非

不僅是因爲自己的智識，微小不堪，不可與人爭辯；即使得了真的大智，也不能與人爭辯。因爲爭辯這樁事，根本不能成立。小成的人，彼此爭辯，無論若何，不能辯出是非。大智的人，則以爲萬物相齊，是非能夠並存。莊子說：

「既使我與若辯矣，若勝我，我不若勝；若果是耶？我果非耶？我勝若，若不吾勝；我果是耶？而果非也耶？其或是耶？其或非也耶？其俱是也，其俱非也耶？我與若不能相知也。則人固受其黮闇，吾使誰正之？使同乎若者正之，既與若同矣，惡能正之？使同乎我者正之，即同乎我矣，惡能正之。使異乎我與若者正之，既異乎我與若矣，惡能正之？使同乎我與若者正之，既同乎我與若矣，惡能正之。然則我與若與人，俱不能相知也，而待彼也耶？」—（莊子 齊物論篇）

大家都是智識小成的人，彼此哏哏地爭論不休，到底誰是誰非呢？我說我是，你說你是，既不能定出是非，別人也不能替你我定出是非。我們至終就不能知道誰是誰非。

然而究其實，又何必定要求其是非呢？天下本來就沒有是非。是者爲是，非者也爲是。道家不主張矛盾律。矛盾律乃智識小成的人，各持一見，以攻人之非。其實智識大成的人，知道事物可從多方面去看，這方爲是的，在那爲非；在那方爲非的，在這方爲是。例如站在一座大樓前面的人，以樓爲方形；站在這座大樓後面的人，以樓爲橢圓形。方形與橢圓形，兩者本相衝突；但是說這座大樓爲方形爲橢圓形，並不自相矛盾；因爲這座樓前面是方形，後面是橢圓形。天下的事物，都可從多方面去看，本身上能夠消滅一切的矛盾。這種論調，即是莊子的齊物論。

莊子的齊物論，叫哲學上的矛盾定律沒有地方可用。古今都說 是非不能並立，莊子卻說，是非應該並立；因爲是非不過一椿事情的兩方面。

3. 齊物論

齊物論的意義，是說天地萬物一律相等，沒有差別。在本體論方面，莊子並不否認萬物爲實體，各自有各自的本質。可是他認爲萬物的本質，由「道」而變成，然後又歸於「道」，那麼萬物的本質，究竟同是一個「道」。所以莊子說：

「天地與我並生，而萬物與我為一。既已為一矣，且得有言乎！既已謂之一矣，且得無言乎！」（莊子 齊物論篇）

人跟天地萬物，同爲「道」所生，各自的本質，都根之於「道」；彼此便沒有差別的可言。「既已爲一矣，且得有言乎！」可是無知的人，卻多講是非；那麼便該給這班人說明萬物爲一的至理。因此「既已謂之一矣，且得無言乎？」

怎麼樣去講齊物論呢？莊子說：

「欲是其所非，而非其所是，則莫若以明。」（莊子 齊物論篇）

齊物論的講法，在於「以明」。胡適之說：「以明，是以彼明此，以此明彼。」（胡適 中國哲學史大綱 上冊 頁二六八）但是「以明」，拿甚麼東西去明呢？這一點有兩層，第一層由上往下看，便是以「道」去明物，第二層由平面去看，是以物去明物。

第一層的以明法，由「道」一方面去看萬物。老子曾說：「知常曰明。」（道德經 第十六章）常乃常道，知道了常道，纔稱爲明。所謂知道常道，即是知道在「道」的變化裡，「道」常在，「道」常不變。「道」化而生物，生了物，「道」仍舊沒有改變。那麼萬物所有的「道」，都同一個。「道」既爲一，常沒有改變，萬物也就相等了。萬物的相等，不在它們的形相，也不在於它們的本質；因爲道家不以萬物爲空幻。萬物的相等，是在於物體本質的原質；因爲萬物都是由「道」而生，而且「道」在萬物。由萬物自身去看，彼此有差別；由常道一方面去看，萬物的差別，乃「道」一時的變化過程。「道」化而爲氣，氣化而生萬物。莊子說：

「通天下一氣耳！聖人貴一。」（莊子 知北遊篇）

一者，是萬物的根本；差別，是萬物的自身。萬物在自身上說，有差別；在自身的原質說，則沒有差別。

「自其異者視之，肝膽楚越也；自其同者視之，萬物皆一也。夫若然者，且不知耳目之所宜，而游心於德之和。物見其所一，而不見其所喪；視喪其足（王駘刖足），猶遺土也。常季曰：彼（王駘）為己，以其知，得其心。以其心，得其常心，物何為最之哉！」（莊子 德充符篇）

王駘刖了足，他毫不介意。他看自己一身不因有足無足而有變化；因爲他從常道一方面去看，他看自身與天地萬物爲一，這個一字，當然不會被刖足而遭破壞。爲能得到這種萬物爲一的認識，不可用耳目去知，該當用心去知。道家所以有「心知」。

心知不用耳目，也不用心去推論，只用心去直覺。心由氣而成，萬物也由氣而成；心若能用自己之氣，與萬物之氣相接；這種相接，就是心知。莊子稱之爲「聽之以氣」。

「若一志，無聽之以耳，而聽之以心。無聽之以心，而聽之以氣。耳止於聽，氣止於符。氣也者，虛而符物者也。惟道集虛。虛者，心齋也。」（莊子 人間世篇）

馮友蘭說：「所謂心齋，所謂坐忘，皆主除去思慮知識，使心虛而同於大道。在此情形中所有之經驗，即純粹經驗也。」（中國哲學史 上冊 頁三〇一）純粹經驗，謂超於感覺的經驗。心之氣，與天地萬物之氣相接，乃直接經驗到自己與萬物爲一體，因爲氣是一個，氣乃「道」之化。

第二層「以明」，是以物明物。通常人談話，每加一種判斷，都是拿一物去比另一物。若兩人起了辯論，便是拿自己的意見，去比同辯者的意見。所以有彼此，有是非，莊子主張把這一些分別，都該打消。

「物無非彼，物無非是。自彼則不見，自知則知之。故曰：彼出於是，是亦因彼。彼是方生之說也。雖然，方生方死，方死方生；方可方不可，方不可方可。因是因非，因非因是。是以聖人不由而照之於天，亦因是也。是亦彼也，彼亦是也。彼亦一是非，此亦一是非；果且有彼是乎哉！果且無彼是乎哉！」（莊子 齊物論篇）

莊子以彼此對立的名詞，是非也是相對的名詞；有此纔有彼，有是纔有非；所以說：「彼是方生之說也」。彼此與是非，都是對生；好比有生纔有死，有死必有生。世界上人的評斷，沒有不是相對的。所謂小與大：小是一件事物對於一件較大的事物，相比而得的名

詞；大是一件事物對於一件較小的事物，相比而得的名詞。那麼天下的事物，

「以差觀之，因其所大而大之，則萬物莫不大；因其所小而小之，則萬物莫不小。知天地之為稊米也，知豪末之為丘山也；則差數覩也。」（莊子秋水篇）

從大一方面去看，天下的東西沒有不是大的；因爲每一件東西，都可以跟一件更小的東西去比。從小一方面去看，天下的東西，沒有不是小的；因是每一件東西，都可以遇到一件較大的東西。因此說天地等於稊米，豪末等於丘山。天地爲大，稊米也算大；在大一方面，「天地之爲稊米也」。豪末爲小，丘山也算小；在小一面，「豪末之爲丘山也」。這樣人們所說的差數名詞，便失去了意義。

「以功觀之，因其所有而有之，則萬物莫不有；因其所無而無之，則萬物莫不無。知東西之相反，而不可以相無，則功分定矣。以趣觀之，因其所然而然之，則萬物莫不然；因其所非而非之，則萬物莫不非。知堯桀之自然

而相非，則趣操覩矣！」（莊子　秋水篇）

有無是非，也都是相對待的名詞。有不是無，是不是非；這是對的。若說有了個有，就不能有個無；有了個是，就不能再有個非；那就說的不對了。例如東方不是西方；這是對的。但卻不能說這方既是東方，便不能再是西方；因是東與西，要看說話的人自己所站的地點而定。一個人站在這方的西面，便說這方是東；一個人站在這方的東面，便說這方是西。這一方便可又是東又是西了。所以說「東西相非而不相無」。懂得了這一點，便不會跟人去爭辯了。是非也不過事件的兩面；你所說的是，他所說的非，在這一樁事上，都可存在。那又何必爭辯呢？莊子說：

「彼是莫得其偶，謂之道樞。樞始得其環中，以應無窮。是亦一無窮，非亦一無窮也。故曰：莫若以明。」（莊子　齊物論篇）

知道彼此是非爲對待的名詞，並不是不能並立，則得了道樞，得了道樞，則四通八達，天下無窮，再不受彼此是非等名詞的限制了。莊子說：

「可乎可，不可乎不可；道行之而成，物謂之而然。惡乎然？然於然；惡乎不然，不然於不然。物固有所然，物固有所可。無物不然，無物不可。故為是舉莛與楹，厲與西施，恢詭譎怪，道通為一。其分也，成也。其成也，毀也。凡物無成與毀，復通為一。唯達者知通為一。」（莊子　齊物論篇）

我以爲可的爲可，我以爲不可的爲不可。我所以有可或不可，因爲物體本有可或不可，莛不是楹，厲不是西施。可是莛與楹，厲與西施，在本性的「道」，同是一個，「道通爲一」。那又何必有分別呢？物體在能分別時，物體乃成；可是物體自成一物體而不與「道」相通，適足以毀滅自體。物與物不相分，沒有成與毀，於是「復通爲一」。然而這只有「達者知通爲一」。

通於一的結果，則近於愚了。是非都是一樣，便不必留心於是非，久而就不分是非。而且是非可以並立，是非已不能說了。

「子列子聞而笑，曰：言天地壞者亦謬。言天地不純者亦謬。壞與不壞，吾所不能知也。雖然，彼一也，此一也；故生不知死，死不知生；來不知去，去不知來。壞與不壞，吾何容心哉。」（列子 天瑞篇）

到了自己以爲不知的境界，算是得了大智。老子以爲「大智若愚」，也是這種道理。莊子則喻言說：

「知北謂黃帝曰：吾問無為謂，無為謂不應我。非不應我，不知應我也。吾問狂屈，狂屈中猶告我，而不我告。非不我告，中欲告而忘之也。今予問乎若，若知之，奚故不近？黃帝曰：彼其眞是也，以其不知也。此其似之也，以其忘之也。予與若終不近也，以其知之也。」（莊子 知北遊篇）

眞眞有道的人，自知不知；似乎有道的人，能忘自己的知識；終不近「道」的人，纔以爲有知。

三、仁義

1. 仁義為下德

「故曰：失道而後德，失德而後仁，失仁而後義，失義而後禮。禮者道之華而亂之首也。」（莊子 知北遊篇）

莊子的這一段話，是引老子的。《道德經》上也說：

「上德不德，是以有德，下德不失德，是以無德。……故失道而後德。失德而後仁，失仁而後義，失義而後禮。夫禮者，忠信之薄而亂之首。」（三十八章）

老、莊的這段話，直截了當地表明道家對仁義的態度。道家並不否認仁義的價值；但以仁義爲天下已經沒有道德時的救濟法。仁義就像一種藥；藥的價值在醫病。沒有病的人，用不著藥。天下人不失德時，也用不著仁義。

「至德之世，不尚賢，不使能。上如標枝。民如野鹿。端正而不知以為義，相愛而不知以為仁，實而不知以為忠，當而不知以為信，蠢動而相使不以為賜。是以行而無跡，事而無傳。」（莊子　天地篇）

至德之世，大家自然而然都做好事，用不著人向他們去講仁義。有人講仁義，那就表示世風日下，民心不古了。

「老聃曰：小子少進！余語汝三皇五帝之治天下。黄帝之治天下，使民心一，民有其親死不哭，而民不非之。堯之治天下，使民心親，民有為其親殺其殺，而民不非也。舜之治天下，使民心競。民孕婦十月生子，子生五月而能言，不至乎孩而始誰，則始有夭矣。禹之治天下，使民心變，人有心而兵有順，殺盜非殺，人自為種而天下矣。是以天下大駭，儒墨皆起。」（莊子　天運篇）

老聃嘆惜中國社會，一代不如一代。黃帝治民之術，只有一個自然。民任自然，人不知有是非。堯則教人孝親，於是人乃知道「親親之殺」，親人各有等級。舜更教民競爲善，小孩剛生了五月，已受教而說話，不會走路，已知道辨別誰是誰。禹王竟教民隨環境而行，心中遂生了機變。從這裡可以看出，仁義只是民心不善時的一種教民法。

2. 仁義隨時而變

仁義既是救時之法，時代常變，仁義便不能一成不變，更不能說天地之大道。每個時代的人心不同，每個時代的禮義也便不同。道家所以非笑儒家的遵守古制。

「孔子西遊於衛，顏淵問師金曰：以夫子之行為奚如？師金曰：惜乎而夫子其窮哉！顏淵曰：何也？師金曰：夫芻狗之未陳也，盛以篋衍，巾以文繡，尸祝齋戒以將之。及其已陳也，行者踐其首脊，蘇者取而爨之而已。將復取而盛以篋衍，巾以文繡，遊居寢臥其下？彼不能夢，且必數眯焉！今而夫子，亦取先王已陳芻狗，聚弟子寢臥其下；故伐樹於宋，削跡於衛，窮於商周，是非其夢耶？圍於陳蔡之間，七日不火食，死生相與鄰，是非其眯焉？夫水行莫如用舟，而陸行莫如用車。以舟之可行於水也，而求推之於陸，則沒世不行尋常！古今非水陸與？周魯非舟車與？今蘄行周於魯，是猶推舟於陸也，勞而無功，身必有殃。彼未知夫無方之傳，應物而不窮者也。……故禮義法度者，應時而變者也。今取猨狙而衣以周公之服，彼必齕齧挽裂，盡去而後慊。觀古今之異，猶猨狙之異乎周公也。故西施病心而矉其里，其里之醜人，見而美之，歸亦捧心而矉其里。其里之富人見之，堅閉門不出；貧人見之，挈妻子而去之走。彼知矉美，而不知矉之所以美。惜乎而夫子其窮哉。」（莊子 天運篇）

道家以仁義道德爲人爲的制度，便該應時而變。儒家雖然主張守古，但並不主張社會制度一成不變；可是他們不以仁義道德完全爲社會制度。仁義道德有它內在的理，有它外在的形式。內在的理不是制度，千古不變；外在的形式算是制度，可以隨時而變換。「道」家不承認道以外，尚有不變之理；仁義禮法處在「道」以外，沒有千古常存的可能，必定該隨著宇宙而變。

3. 上德

仁義是人爲的制度，適應環境時，可救一時的人心；但在救治人心時，又腐化了人心。因爲仁義教人作僞，叫人忘了本來的善。老子因此對於仁義，攻擊得很激烈。

「大道廢，有仁義；慧知出，有大偽；六親不和，有孝慈；國家昏亂，有忠臣。」（道德經 第十八章）

「絕聖棄智，民利百倍。絕仁棄義，民復孝慈。絕巧棄利，盜賊無有。此三者，以為文不足。」（道德經 第十九章）

教人去做一樁事，必是那個人本來不知道這樣做。知道做的，不用人教。教人行仁義，仁義便不是人生性所行的；那麼人越行仁義，不是越離人性越遠嗎？真真的道德，在乎不講究道德，而人自然會去做。老子說：

「上德不德，是以有德；下德不失德，是以無德。」（道德經 第三十八章）

道家在智識方面，主張上智在於不知。不知即是對於事物的分別，不知分別，只知萬物與「道」為一。在道德方面，他們的主張，也是一樣。上德在於不知道講究仁否義否，只知道順性去做。所以說上德不講究德，是以有德。下德的人，只怕自己失了德，事事去求仁義，反弄的沒有德了。因此「黃帝之治天下，使民心一。民有其親死不哭，而民不非也。」上德即是自然，即是天真。仁義乃是時髦的衣服。女人們愛隨時髦去裝飾，以致妖媚百出，失去了天真。越講仁義，越不道德。真真的道德，超乎世所謂仁義以上。世所謂仁義，常拘拘於一件事；真真的道德，則只是任性。任性為自然，為反樸。老子以聖智仁義利巧，「三者，以為文不足，故令有所屬。見素抱樸，少私寡欲。」

「夫至德之世，同與禽獸居，族與萬物並，惡知乎君子小人哉！同乎無知，其德不離；同乎無欲，是謂素樸；素樸而民性得矣。及至聖人，蹩躠為仁，踶跂為義，而天下始疑矣。澶漫為樂，摘僻為禮，而天下始分矣。故純樸不殘，孰為犧尊；白玉不毀，孰為珪璋？道德不廢，安取仁義？性情不離，安用禮樂，五色不亂，孰為文采？五聲不亂，孰應六律？夫殘樸以為器，工匠之罪也。毀道德以為仁義，聖人之過也。」（莊子 馬蹄篇）

莊子這種主張，根之於人性善。若以人性爲惡，絕對不能任性而行，便爲上德。爲保全人民的道德，不在於講仁義，而在於保全人民的天性。

「聞在宥在天下，不聞治天下也。在之也者，恐天下之淫其性也。宥之也者，恐天下之遷其德也。天下不淫其性，不遷其德，有治天下者哉？昔堯之治天下也，使天下忻忻焉人樂其性，是不恬也。桀之治天下也，使天下人瘁瘁焉人苦其性，是不愉也。夫不恬不愉，非德也。非德也而可長久者，天下無之。」（莊子 在宥篇）

堯與桀在同等的地位了！堯教民爲善，桀驅民爲惡，兩人都是殘賊人性，同樣是不知道治天下。治天下之道，以在以宥。郭象注說「宥使自在，則治。治之則亂也。人之生也直，莫之蕩，則性命不過，欲惡不爽。」人生性爲善，那麼便該使這種善性常保全常存在。保存性善，稱爲反樸。

4. 天眞自然

人的道德標準，便是天真自然。儒家的倫理原則，在於法天；道家則以法自然，爲倫理原則。

「人法地，地法天，天法道，道法自然。」（道德經 第二十五章）

凡是一切物體，幾時能天真自然，必定美好；幾時若不自然而加修飾，便必醜惡了。

「老聃曰：夫水之於汋也，無為而才自然矣。至人之於德也，不修而物不能離焉。若天之自高，地之自厚，日月之自明，夫何修焉。」（莊子 田

子方)

天自然而高，地自然而厚，日月自然而明；同樣人自然向善，不必加以修養，知道了這一點，纔算知乎大道。

「孔子問於老聃曰：今日晏閒，敢問至道。老聃曰：……夫道窅然難言哉，將為汝言其崖略。夫昭昭生於冥冥，有倫生於無形，精神生於道，形本生於精，而萬物以形相生。……其來無迹，其往無崖，無門無房，四達之皇皇也。邀於此者，四肢彊息，思慮恂達，耳目聰明。其用心不勞，其應物無方。天不得不高，地不得不廣，日月不得不行，萬物不得不昌：此其道歟，」（莊子 知北遊）

老、莊既然把至德跟自然相配合了，自然就是至德。那麼便該讓人自然而行動，不要因為要修道德，把人的行動加以限制，叫人的精力不能自然發展。人若有至德，自性要做甚麼就做甚麼，人的精力常能自然流暢，於是人的「四肢彊息，思慮恂達，耳目聰明。」因此至德不單是道德的至上點，而且也是養生的「至道」。

「廣成子南首而臥，黃帝順下風膝行而進，再拜稽首而問曰：聞吾子達於至道，敢問治身奈何而可以長久？廣成子蹶然而起曰：善哉問乎。來！吾語女至道。至道之精，窈窈冥冥，至道之極。昏昏默默，無視無聽，抱神以靜，形將自正。必靜必清，無勞女形，無搖女精，乃可以長生。」（莊子 在宥篇）

至德同乎至道，都在於自然，自然則天真。天真即是道家的嬰兒，嬰兒代表人的無思無慮，也代表因無思無慮，人的生理常如嬰兒。

「知其雄，守其雌，為天下谿。常德不離，復歸嬰兒。」（道德經 第二十八章）

「南榮趎曰：……趎願聞衛生之經而已矣。老子曰：衛生之經，能抱一乎，能勿失乎，能無卜筮而知吉凶乎，能已乎，能舍諸人而求諸已乎，能翛

> 然乎，能侗然乎，能兒子乎。兒子終日嗥而嗌不嗄，和之至也。終日握而手不挽，共其德也。終日視而目不瞚，偏不在外也。行不知所之，居不知所為，與物委蛇而同其波，是衛生之經已。」（莊子 庚桑楚篇）

人能到了這種嬰兒境界，可算是得了養生之術。一事不要管，一念不要慮，想吃便吃，想臥就臥，「與物委蛇而同其波」。但是這還不是道家養生的目的，道家的至德至道，在成至人。老子教南榮趎再進一步：

> 「南榮趎曰：然則是至人之德已乎？曰：非也！是乃所謂冰解凍釋者能乎。夫至人者，相與交食乎地，而交樂乎天，不以人物利害相攖，不相與為怪，不相與為謀，不相與為事。翛然而往，侗然而來，是謂衛生之經已。曰：然則是至乎？曰：未也！吾固告汝曰：能兒子乎！兒子動不知所為，行不知所之，身若槁木之枝，而心若死灰矣。若是者，禍亦不至，福亦不來，禍福無有，惡有人災也。」（莊子 庚桑楚篇）

人若能使禍福無有了，人就真正幸福了。這種人，道家稱之曰至人或真人。下章我們再談至人的特點。

第四章 人生哲學

一、精神與形骸

1. 精神與形骸之分

上面三章，談的是道家的玄學，或說形而上學。玄學的作用，在替人生哲學打下基礎。我們就上面三章所說的，於今來研究道家的人生哲學。

爲講道家人生哲學，第一要看看精神和形骸的分別；因爲老、莊的人生觀完全根據在這一點。

在中國哲學裡，精神跟物質的分別，常是一個不能徹底的問題。儒家以氣爲萬物的元素，道家也以氣爲萬物的元素。同是一氣，雖有清濁之分，清者爲精神，濁者爲物質；然而這種分別，只能是程度深淺的分別，不能是氣質上質素的分別。可是中國哲學卻把清濁的分別，作爲質素的分別。

道家的人生哲學，把人的生活分成內外兩種，內爲內心，外爲外形，心屬於精神，形屬於物質。莊子另外是把精神和形骸，分的清楚。

「老聃曰：……夫道窅然難言哉，將為汝言其崖略。夫昭昭生於冥冥，有倫生於無形，精神生於道，形本於精，而萬物以形相生。」（莊子 知北遊篇）

按著「道」的變化程序，先有精神，後有形體，宇宙萬物都因形體而生成。人有自己的形體，形體即是外面可見的形骸。人也有自己的心，心乃人的精神。莊子講養生說：

「抱神以靜，形將自正。必靜必清，無勞汝形，無搖汝精，乃可以長生。目無所見，耳無所聞，心無所知，女神將守形，形乃長生。愼汝內，閉汝外，多知為敗。」（莊子 在宥篇）

這裡所說的神與形，即是精神與形骸，兩者分的很清楚。養生之道，是精神以養形骸。從另外一方面說，形骸也影響精神，形骸若合於養生之道，精神也可合於養生之道。

「執道者，德全。德全者，形全。形全者，神全。神全者，聖人之道也。」（莊子 天地篇）

道家不分倫理與生理；在人的生活裡，人在倫理上能到至德時，同時在生理上也必得到養生的至道。因爲倫理和生理，所有最高原則，同是一個，即是順乎自然。所以老、莊的養生論，就是他們的人生哲學。上面所引莊子的話，雖屬於養生，同時也屬於道德。在這些引語裡，形骸與精神互有分別。形骸在外，精神在內；形骸有耳目，精神有心；形骸有形色，心無形色；形骸有時地的限制，心則可飛翔於宇宙；形骸爲氣之濁，心爲氣之清。因著精神與形骸的分別，道家的人生觀乃常講內外。

內外之分，在人的生活上，可以有兩種意義。第一是指內心與外形，第二是指物內與物外。兩種意義，互相關連；即是內心超於外形，外形居於物內。所謂形，是天地間一切事物，心雖在人以內，然能超出事物以外；因爲心是精神。形骸雖是人的外部，卻常被外形所包圍；因爲形骸是物質。

至樂。

道家人生觀的中心點，即在超於物外，超於物外，纔能合於「道」，合於「道」，乃得

「天根遊於殷陽，至蓼水之上，適遭無名人而問焉。曰：請問為天下，無名人曰：去！汝鄙人也，何問之不豫也？予方將與造物者為人，厭則又乘夫莽眇之鳥，以出六極之外，而遊何有之鄉，以處壙垠之野，汝又何帛以治天下，感予之心為！又復問，無名人曰：汝遊心於淡，合氣於漠，而無容私焉，而天下治矣。」（莊子 應帝王篇）

這一段話，全盤托出道家的人生觀，道家的生活，在遊於六極之外，不與事物相接。怎樣能達到這一點呢？方法在於心無牽掛，氣不爲物所阻，「遊心於淡，合氣於漠。」

2. 坐　忘

怎麼稱爲「遊心於淡，合氣於漠？」莊子稱這種境界曰「坐忘」。

「墮肢體，黜聰明，離形去知，同於大通。此謂作忘。」（莊子 大宗師篇）

「坐忘」是把自己的形骸忘了，形骸是物質，人若一心貼念著形骸，人的心就要被形骸所困。形骸傾於外物，人心困於形骸，也就要困於外物，便不能遊於六極之外了。

「子列子問關尹曰：至人潛行不窒，蹈火不熱，行乎萬物之上而不慄，請問何以至此？關尹曰：是純氣之守也，非知巧果敢之列。居！吾語女！凡有貌象聲色者，皆物也。物與物何以相遠？夫奚足以至乎先？是色而已。則物之造乎不形，而止乎無所化。夫得是而窮之者，物焉得而止焉。彼將處乎不淫之度，而藏乎無端之紀，遊乎萬物之所終始。壹其性，義其氣，合於德，以通乎物之所造。夫若是者，其天守全，其神無郤，物奚自入焉。」（莊子 達生篇）

人的形骸有貌象聲色，所以稱爲物。形骸跟外物，同是形色，形色本不可相遠。若能相遠，則全在乎心。人用自己的心，纔能「造乎不形，而止乎無所化。」「不形」和「無所化」指的是「道」；人能通於「道」，則「天守全，其神無郤」了。

「坐忘」的人，對於世事，完全不管。不求知識，不求道德，不求名爵，他所有的事，只在養心。所以說「養心忘形」。

「扁子曰：子獨不聞夫至人之自行耶？忘其肝膽，遺其耳目，芒然彷徨乎塵垢之外，逍遙乎無事之業。」（莊子 達生篇）

《莊子》書上關於至人的登雲駕霧的話，當然是譬喻。譬喻的意義，即是說至人超出世物之外，無論甚麼事都不能動他的心，好比一個人，風雨水火都不能傷他，翔遊於天際。

3. 凝神——物化

心爲人性，養心即是養性，養性乃是保全天真。保全天真的人跟外物相接觸，馬上透過外物的形骸，一眼看到物的天性。這種看法，稱爲「凝神」。凝神是把人的精神，凝聚起來，專心看一物的天性。

「梓慶削木為鐻，鐻成，見者驚猶鬼神。魯侯見而問焉曰：子何術以為焉？對曰：臣工人，何術之有。雖然有一焉。臣將為鐻，未嘗敢以耗氣也，必齋以靜心。齋三日，而不敢懷慶賞爵祿。齋五日，不敢懷非譽巧拙。齋七日，輒然忘吾有四肢形體也。當是時也，無公朝，其巧專而外骨消，然後入山林，觀天性，形軀至矣，然後成見鐻，然後加手焉。不然則已，則以天合天，器之所以疑神者，其由是與。」（莊子 達生篇）

「疑神」稱爲「以天合天」，是說不以耳目去接觸外物的形色，乃是以人心的天真，去神會外物的天性。莊子曾說不以耳目聽而以心聽，不以心聽而以氣聽。（見人間世篇）氣聽即是以天合天，即是神會。人若能以神會物，作事沒有不得法的。

「庖丁為文惠君解牛，手之所觸，肩之所倚，足之所履，膝之所踦，砉然嚮然，奏刀騞然，莫不中音，合於桑林之舞，乃中經首之會。文惠君曰

：譆！善哉！技蓋至此乎？庖丁釋刀對曰：臣之所好者道也，進乎技矣。始臣之解牛之時，所見無非牛者。三年之後，未嘗見全牛也。方今之時，臣以神會而不以目視，官欲止而神欲行，依乎天理，批大郤，導大窾，因其固然；技經肯綮之未嘗，而況大軱乎？……文惠君曰：善哉！吾聞庖丁之言，得養生焉。」（莊子　養生主篇）

養生的人，要知道以神會，即在於知道人之天性和物之天性，行事都要「依乎天理」。這樣便不多加思慮，不多遭磨折，不多傷精神。精神不傷乃可長久。庖丁解牛，十九年解了數千頭牛，刀仍舊跟新的一樣，一點沒有傷損，就在於能依乎牛身之天然去解牛。

「良庖歲更刀，割也。族庖月更刀，折也。今臣之刀，十九年矣，所解數千牛矣，而刀刃若新發於硎。彼節者有閒，而刀刃者無厚，以無厚入有閒，恢恢乎其於遊刃必有餘地矣。」（養生主篇）

依乎天理去行動，人就事事都覺得自然。莊子所謂天理，不是從倫理道德上講，是從自然的生理上講。但是道家的生理，就是倫理。所以養生就是修德。人能事事都覺得自然，便到「物化」的境地。

> 「工倕旋而蓋規矩，指與物化，而不以心稽；故其靈台一而不桎。忘足，履之適也。忘腰，帶之適也。知忘是非，心之適也。不內變，不外從，事會之適也。始乎適而未嘗不適者，忘適之適也。」（莊子　達生篇）

「物化」並不是說與物同化，乃是人生活之理與天地萬物之理相通。相通則天然無礙，天然無礙則似乎不覺得有外物。譬如穿靴子，靴子合乎腳，則不覺得腳上穿有靴子。靴子不合腳，一步一痛，那就覺得腳上有靴子了。這樣，人的生活，若能一切都天真自然。人的行動完全合於大道，人在宇宙間來往，雖隨處有外物，也不覺有物，於是便得了物化。《莊子》書上說：

> 「鴻蒙曰：意！心養汝徒處無為而物自化。墮爾形體，吐爾聰明，倫與物忘，大同乎涬溟，解心釋神，莫然無魂。萬物云云，各復其根。各復其根而不知，渾渾沌沌，終身不離。若彼知之，乃是離之，無問其名，無

闔其情，物故自生。」（莊子 在宥）

「物化」是「坐忘」的進一步工夫。坐忘在忘形骸，「物化」則忘形骸，忘外物，且忘心。莊子所說以「忘適之適」「解心釋神，莫然無魂。」又在〈齊物論篇〉、〈庚桑楚篇〉、〈徐無鬼篇〉都說：「形可使若槁骸，心可使若死灰。」因爲道家的人生觀在養生，不在傷生。人的形或心，常用必傷。郭象注上段鴻蒙所言心養說：「夫心以用傷，則養心者，其唯不用心乎。」

道家的人生哲學，在養心忘形。養心是以天合天，純乎自然，物我兩忘。

二、無為

1. 順乎自然

道家既主張不用形骸，又不用心，以保養精神，不用形不用心，當然是無所爲；道家所以一口講無爲。無爲，對於「道」的自變，是一條根本的原則，老子的八十一章書裡，常重覆這一點。

「大道氾兮，……常無欲，可名於小。萬物歸焉而不為主，可名為大。」（第三十四章）

「道常無為，而無不為。侯王若能守之，萬物將自化。化而欲作，吾將鎮之以無名之樸。無名之樸，夫亦將無欲。不欲以靜，天下將自定。」（第三十七章）

「上德無為而無以為。」（第三十八章）

「道」既是無爲，人當然也該無爲；因爲人是該法「道」的。「道」所以無爲，是因爲「道」法自然。老子說：

「人法地，地法天，天法道，道法自然。」（道德經 第二十五章）

無爲從字面上講，說的是不動作。勞心勞力，都是道家所禁止的。無論你的志向怎樣高，你的勞動，都不可取。你說爲修身而勞動，道家說那不是修身，乃是敗德。你說爲治國而勞動，道家說那適足以害民。無爲纔能修身，纔能治國。爲圃的丈人，責備子貢，說他不知修身。

「為圃者曰：子奚為耶？曰：孔丘之徒也。為圃者曰：子非夫博學以擬聖，於于以蓋眾，獨弦哀歌，以賣名聲於天下者乎？汝方將忘汝神氣，墮汝形骸而庶幾乎！而身之不能治，而何治天下乎。」（莊子 天地篇）

忘神氣，是不思不想；墮形骸，是安坐不動。這種生活，照儒家看來，一定是偷閒好懶，一事無成；道家卻以無爲是至理。《莊子》書上說：

「天地雖大，其化均也。萬物雖多，其治一也。人卒雖眾，其主君也。君原於德，而成於天。故曰：玄古之君天下，無為也，天德而已矣。以道觀言，而天下之君正；以道觀分，而君臣之義明；以道觀能，而天下之官治；

> 以道汎觀，而萬物之應備。故通於天下者德也，行於萬物者道也，上治人者事也，能有所藝者技也。技兼於事，事兼於義，義兼於德，德兼於道，道兼於天。故曰：古之畜天下者，無欲而天下足，無為而萬物化，淵靜而百姓定。……無為為之之謂天，無為言之之為德。」（莊子 天地篇）

這裡所謂天，不是天地之天，乃是「自然」。所以說「道兼於天」，意義等於老子的「道法自然」。《莊子》書上又說：

> 「天在內，人在外；德在乎天。知天人之行，位乎得，蹢躅而屈伸，反要而語極。曰：何謂天？何謂人？北海若曰：牛馬四足，是謂天；落馬首，穿牛鼻，是謂人。故曰：無以人滅天。」（莊子 秋水篇）

牛馬自然是有四足，這稱爲天。天者，物之自然。老、莊的無爲，真正的意義，即是順乎天、順乎物之自然。

順乎物之自然，在消極方面，教人不要在人之天性上，再加一些人爲的法則。即是說

「無以人滅天」。道家跟荀子完全相反，荀子以人的天性向惡，爲善完全靠人爲的禮法；道家以天性爲善，人爲爲不道德。人的天性只要飽食煖衣就夠了，而人卻加上一些金銀貴物，珍玉寶飾，高爵大名，禮義廉恥。道家認爲這一切人爲的東西，都是教人作僞，應該根本摧滅，然後人纔能恢復本然之善。

「不尚賢，使民不爭；不貴難得之貨，使民不為盜；不見可欲，使民心不亂。是以聖人之治，虛其心，實其腹，弱其志，強其骨，常使民無知無欲，使夫智者不敢為也。為無為，則無不治。」（道德經 第三章）

金子所以貴，因爲人都貴重它。在不認識金子的人，必不以金子爲貴。金子爲人所貴，大家便都想要金子，於是有爭奪之事。若使大家都不貴重金子，還有誰去爭金子呢？生活上少了一樁麻煩！其餘一切爲人所爭的東西，都是因人看重它。假使人只知道食以果腹，衣以蔽體，世界上不是免除了爭奪，人們不是能安居嗎？老子說：

「五色令人目盲，五聲令人耳聾，五味令人口爽，馳騁田獵令人心發狂，難

得之貨令人行妨；是以聖人為腹不為目，故去彼取此。」（道德經 第十二章）

道家的無爲，第一步叫人從天性方面去評判物件的價值。一椿物件爲人性所必需的，人就用它；不然，都一概摒棄不用。就是對於人性所需要的物件，也要力求簡單。

在積極方面，順乎自然，是順性而行。人若順乎自己天性的傾向去行動，自然能有幸福。

「天地有大美而不言，四時有明法而不議，萬物有成理而不說。聖人者原天地之美，而達萬物之理。是故至人無為，大聖不作，觀於天地之謂也。」（莊子 知北遊篇）

至人和大聖，都知道觀天地的至理，順乎自然。文惠君看著庖丁解牛時候的悠閒無爲，聽了他的依乎天理的解釋，便嘆說：

「善哉！吾聞庖丁之言，得養生焉。」（莊子 養生主篇）

2. 虛

人性天然純樸，不求文飾。順性而行，道家稱之爲守眞抱樸。老子說：

「見素抱樸，少私寡欲。」（道德經 第十九章）

在衣食住三方面，人若抱樸守素，則只要安生就足了，不求逸樂，不求華麗。在智識方面，人若抱樸守素，則不求多知多辯。在應接人事上，抱樸則不求機巧；在修身養性上，抱樸便不講枝枝節節的仁義。人若眞眞正正回到了素樸，自己的要求，只是本性的要求。本性的要求是任性所趨，立刻能有滿足，人心便無所欲了。無欲便無爲。老子說：

「知足不辱，知止不殆，可以長久。……罪莫大於多欲，禍莫大於不知足，咎莫大於欲得。故知足之足，常足矣。」（道德經 第四十四章、第四十六章）

人心無欲，人心乃虛。虛字有兩層意義：第一是說人心之氣輕妙，人心不是物質物，而是精神體，故能虛靈有知。第二是說人心沒有欲望的充塞，心常虛靜。

「虛者，心齋也。顏回曰：回之未始得使，實自回也。得使之也，未始有回，可謂虛乎？夫子曰：盡矣！吾語若！若能入遊其樊，而無感其名，入則鳴，不入則止，無門無毒（壔），一宅而寓於不得已，則幾矣。絕跡易，無行地難。為人使易以偽，為天使難以偽。」（莊子 人間世篇）

虛字，不僅是用爲虛靜無欲，而且兼用爲虛靈有知。莊子以人心無欲，人心便能不受感覺的牽連，可以與天地相接。人心無欲時有所欲，也好似一個人悄悄進入一座宅院，進去了，不擾亂宅中人，絕不留行跡。

「心者，一身之主，神之帥也。靜而生慧矣，動則生昏矣。學道之初，在於收心離境，入於虛無，則合於道焉。……毀譽善惡，不入於心，其名曰虛。心虛則安，安則道自來矣。」（至游子 卷上 坐忘篇上）

道怎麼自來呢？人心不受感覺的紛擾，專以精神跟物的天性相接。精神與物相接，這種心境稱爲虛，也稱爲心齋。

「回曰：敢問心齋？仲尼曰：若一志，無聽之以耳，而聽之以心。無聽之以心，而聽之以氣。聽止於耳，心止於符。氣也者，虛而待物者也。」（莊子 人間世篇）

人心以氣與物相接，是說人與物相觸，不以形體而以氣。世物的形體跟我們的形體能相接觸，若使我們繫戀物件的形體，即是說物件在我們的感覺上所起的感觸。我們與物體的接觸，便只限於物件的形體，我們的心便拘於物件的形體了。若使我們心中不貪戀物的形色，而只注意物的本性，我們便用精神跟物的本性相通。我們的心，即不拘於形體，便可以有遨遊世界的幸福了。而且心中虛無，則可以容納天下的萬物；因爲我們取物，不是形體，形體塞心；我們取物，是物的本性，物性無形，進入人心，人心仍舊空虛。老子說：

「江海所以能為百谷王者，以善下之，故能為百谷王。」（道德經 第六十

六章）

老子很推崇「道」的淵虛。真正有德的人，就該像「道」一般的深淵。深淵的人，纔能不被物擾，自己纔能爲物之主。

「道，盅而用之，或不盈，淵兮似萬物之宗。」（道德經 第四章）

有這種精神的人，必定不跟人去爭了。他有甚麼可爭的呢？沒有一樁事可動他的心。然而就因他不爭，旁人就爭不過他；因爲旁人找不出可以攻擊他的地方。旁人從物質方面去傷他，他卻立在精神界。旁人從精神方面去攻他，他則反歸於「道」，得失無關於心。

「以其不爭，故天下莫能與之爭。」（道德經 第六十六章）

這種不爭的精神，好似乎水。水看來很虛弱，沒有大風，常是平平沒有聲息，一件小東西，都可以阻住牠。可是水平平地流，倒可以蓋過一切的阻礙物。

「天下莫柔弱若水，而攻堅強者，莫之能勝，其無以易之。弱之勝強，柔之勝剛，天下莫不知，莫能行。」（道德經 第七十八章）

3. 靜

人心虛，則靜。靜字的意義，是說人心沒有欲望的激動，心平如鏡，能夠順從自己的天性。莊子說：

「無為名尸，無為謀府，無為事任，無為知主，體盡無窮，而遊無朕。盡其所受乎天而無見得，亦虛而已。至人之用心若鏡，不將不迎，應而不藏，故能勝物而不傷。」（莊子 應帝王篇）

這是列子由壺子所學的養生法。無爲，諸物自當於所有的名詞；無爲，萬物知道各自爲謀；無爲，萬物自己知道各任其事；無爲，心也自然會知道萬物的物性。人若無爲，萬物便將自爲，人心可以安然無事，不被擾亂了。莊子論靜說：

「聖人之靜也，非曰靜也，善故靜也。萬物無足以鐃心者，故靜也。水靜則明燭鬚眉，平中準，大匠取法焉。水靜猶明，而況精神？聖人之心靜乎，天地之鑑也，萬物之鏡也。夫虛靜恬淡，寂寞無為者，天地之平，而道德之至，故帝王聖人休焉。休則虛，虛則實，實則倫矣。虛則靜，靜則動，動則得矣。靜則無為，無事也，則任事者責焉。」（莊子 天道篇）

萬物不撓於心，心就靜了。道家教人避世，就在求靜。心靜乃可成爲萬物的鑑鏡，能夠照見萬物的天性。然後按照物性而動，無事不成。因此道家曰無爲而無不爲。這便是道家的至道。

「廣成子蹶然而起曰：善哉問乎！來吾語女至道。至道之精，窈窈冥冥，昏昏默默，無視無聽。抱神以靜，形將自正，必靜必清，無勞女形，無

搖女精，乃可長生。」（莊子 在宥篇）

得了至道的人，他不勞形體，不勞精神。他必常抱神以靜，用靜而無爲去保養自己的精神。

道家、儒家、佛教三家都講靜。儒家的理學家講靜，是以靜爲致知的方法，而求靜的門路，則採自佛教。佛教講靜，以靜爲成佛的唯一途徑，故僧尼都參禪。靜字在佛教裡，爲人生必到的心境。道家講靜，以靜爲至道的自然境界，也是人生最可希望的福境，道教的靜似乎成了人生的目的。

三、合於道

1. 最高境界的意義

道家生活的最高境界，在於與「道」相合。這種境界的意義是怎樣，道家說的渺渺茫茫，不容易捉摸。到了這種境界的人，稱為至人，莊子談至人或真人，常用譬喻，神妙莫測。

道家教人，開始時忘形骸，然後忘心。心中虛靜了，人的氣乃與天地之氣相接。天地之氣是「道」之變，是「道」由無而有；人的氣既與天地之氣相接了，人便與「道」相合了。莊子說：

> 「性修反德，德至同於初。同乃虛，虛乃大，合喙鳴。喙鳴合，與天地為合。其合緡緡，若愚若昏。是謂玄德，同乎大順。」（莊子 天地篇）

物之性，「形體保神，各有儀則，謂之性。」（天地篇）德是「物得以生，謂之德。」（同上）人能修自己的性，保全自己所得於「道」的德，然後纔可以同於泰初。「泰初有無無，有無名」，泰初即「道」。同於泰初，便是同於「道」。人若同於「道」了，心乃虛，心虛了，便遊於萬物之上，不言而自然有聲，跟天地萬物的聲相和。所謂物的聲，是指萬物的天然，人的生活既天然了，跟萬物相和，好比一段樂曲的和音。

人的氣跟天地的氣相接的境地，《莊子》書上說了好幾次。講人的知識時，莊子以人的至知為用氣去知物：

「一若志，無聽之以耳，而聽之以心。無聽之以心，而聽之以氣。」（人間世）

講至人能合於天地時，也談到氣。

「汝遊心於淡，合氣於漠，而無容私焉，而天下治矣。」（應帝王篇）

「子列子問關尹曰：至人潛行不窒，蹈火不熱，行乎萬物之上而不慄，請問何以至此？關尹曰：是純氣之守也，非知巧果敢之列。……壹其性，義其氣，合其德，以通乎物之所造。」（達生篇）

合於「道」的境界，實際是合於氣。氣爲萬物的因素，是「道」生物的第一種變程。氣周遊於萬物，藏在每種物體以內。在人，氣是人的精神，萬物的氣，雖不相同，有清有濁，然總是一氣。每種物體有形象，有氣。氣與氣相接，乃是脫出自己的形體，彼此由氣相接合。然而知道脫出形體者，只有人；因爲人的心，虛靈不昧，能知能動。可是人以心，使自己的氣與物氣相接，相接時則不是用心，而是用氣；人之氣雖清，然不是理智，也不是意志；因此道家的「合於道」，常爲渺茫不可說。「其合緡緡，若愚若昏。」又說：「在道之精，窈窈冥冥，至道之極，昏昏默默。無視無聽，抱神以靜。」（在宥篇）莊子也說至人無知，以氣與氣合，自覺好似身入洪流中，不知其所以然。洪流即有循環之氣。人之氣合於循環之氣，便通於萬物。

道家以這種境界爲最神妙的境界：

「若夫乘天地之正，御六氣之辨，以游於無窮者，彼且惡乎待哉。故曰：至人無己，神人無功，聖人無名。」（莊子　逍遙遊）

至人乘天地之氣，遊於無窮，這不算是天地間最神秘的事嗎？

「至人神矣！……若然者，乘雲氣，騎日月，而遊於四海之外，死生無變於己，而況利害之端乎？」

這種說法，雖是譬喻法，但在莊子的心目中，至人必能超出世物以上；死生對於他都沒有影響。

爲能達到這種理想境界，在知識方面，應該無知，以萬物爲一，取消一切的分別。在意志方面，應該無欲，完全順性而行。擺脫了知與欲，人便回到素樸，回到天真，然後乃與天地之氣相接。

2. 至樂境界

在人與道相合的境界裡，人對於天地萬物，都從「道」一方面去看，萬物便沒有特殊的價值。人因此無知無欲，轉入嬰兒的境界。不思不慮，無憂無懼。老子最看重嬰兒的境界。

「常德不離，復歸於嬰兒。」（道德經 第二十八章）

「專氣致柔，能嬰兒乎！」（道德經 第十章）

老子描寫自己，說自己就是一個嬰兒，昏昏悶悶：

「眾人熙熙，如享太牢，如登春台。我獨泊兮其未兆，如嬰兒之未孩。儽儽兮若無所歸。眾人皆有餘，而我獨若遺。我愚人之心也哉！沌沌乎，俗人昭昭，我獨昏昏，俗人察察，我獨悶悶。澹兮其若海，飂兮若無止。眾人皆有以，而我獨頑似鄙。我獨異於人而貴食母。」（道德經 第二十章）

老子貴食母，是說他能抓到精神的中心點。老子曾說「道」爲萬物之母；他「貴食母」，也可以說看重與「道」相合的境界。

這種境界算是道家最快樂的境界。《莊子》一書中有〈至樂〉一篇；但是篇中並沒有說至樂的境界何在，只說一說生死不足爲憂喜，無爲纔能得到至樂。

「吾觀夫俗之所樂，舉群趨者，誙誙然如將不得已，而皆曰樂者。吾未之樂也，亦未之不樂也。果有樂無有哉？吾以無為誠樂矣；又俗之所大苦也。故曰：至樂無樂，至譽無譽。」（莊子 至樂篇）

了。以爲德，而去求；這已是下德了。以爲樂，而去求；這又是世俗之樂了。至知，是以「道」去齊物；上德，是以「道」去廢仁義；至樂是合於「道」而忘萬物。人若能忘掉萬物，心合於「道」；他的心便能合於天地，跟天地的氣相協，他於是享有天樂。

「至樂無樂」意義跟「至知無知」、「上德不德」相同。以爲知，而去求，這已是小知

> 「靜而聖，動而王，無為也尊，樸素而天下莫能與之爭矣。夫明白於天地之德者，此之謂大本大宗，與天和者也。所以均調天下，與人和者也。與人和者，謂之人樂；與天和者，謂之天樂。」（莊子 天道篇）

「無爲」使人跟天地同德。人心乃與天相合。天地之間，萬物的動作，有一定的紀律。這種紀律叫萬物互相調協，相像一曲很妙的音樂。這曲音樂，莊子稱爲天樂。

> 「若混逐叢生，林樂而無形，布揮而不曳，幽昏而無聲，動於無方，居於窈冥，或謂之死。或謂之生，或謂之實，或謂之榮。行流散徙，不主常聲。世疑之，稽於聖人。聖也者，達於情而遂於命也。天機不張，而五官皆備

，此之謂天樂，無言而心說。」（莊子 天運篇）

天樂，乃宇宙間自然界的調協。在荒山深夜裡，你似乎可以聽到古木小草，星月清風，互奏一種樂曲。合於「道」的人，他的氣跟萬物的氣相通，旋流於天地；他的心便與宇宙自然界的協律相和，四通八達，乃「無言而心悅」了！

「莊子曰：吾師乎，吾師乎！齏萬物而不戾，澤及萬世而不為仁，長於上古而不為壽，覆載天地刻彫眾形而不為巧；此之謂天樂。故曰：知天樂者，其生也天行，其死也物化，靜而與陰同德，動而與陽同波。故知天樂者，無天怨，無人非，無物累，無鬼責。故曰：其動也天，其靜也地，一心定而王天下，其鬼不祟，其魂不疲。一心定而萬物服，言以虛靜推於天地，通於萬物，此之謂天樂。天樂者，聖人之心以畜天下也。」（莊子 天道篇）

天樂的境界，即是完全自然的境界。人跟「道」合而爲一，把自己的自由意志廢棄不用，任聽自身自然生長，於是「其生也天行，其死也物化，……無天怨，無人非，無物累」，常常嬉嬉地快樂了。

四、至　人

道家理想的人格，稱爲至人，或稱爲眞人。這等人是已達到人與「道」合的境界，無爲無知無欲，具有上德，至人的精神，通於天地，達於萬物。莊子爲描寫至人的生活，常用很神秘的言辭，拿譬喻去說他們的超於物上之境界。

「古之眞人，其寢不夢，其覺無憂，其食不甘，其息深深。……古之眞人，不知説生，不知惡死，其出不訢，其入不距。翛然而往，翛然而來而已矣。不忘其所知，不求其所終。受而喜之，忘而復之。是之謂不以心捐道，不以人助天，是之謂眞人。」（莊子　大宗師）

至人的心境，一切都任其自然，絲毫沒有掛慮，決不願以人助天，以心捐道。

「子列子問關尹曰：至人潛行不窒，蹈火不熱，行乎萬物之上而不慄。請問何以至此？關尹曰：是純氣之守也，非知巧果敢之列。居，吾語汝。凡有貌象聲色者，皆物也。物與物何以相遠，夫奚足以至乎！先是色而已。則物之造乎不形，而止乎無所化。夫得是而窮之者，物焉得而止焉。彼將處乎不淫之度，而藏乎無端之紀，遊乎萬物之所終始，壹其性，義其氣，合其德，以通乎物之所造。夫若是者，其天守全，甚神無郤，物奚自入焉。」（莊子 達生）

這段話就很神秘了。莊子要說的是至人的精神生活，而所說的卻都是形體的生活，他拿形體去譬精神。至人的心境，超於物上，人世的榮辱，都不能傷他。莊子便說至人的形體，入火入水，都不受害；因爲他的元氣滿足。後代的道教，便根據這些話去求仙。

「南榮趎曰：然則是至人之德已乎？曰：非也，是乃所謂冰解凍釋者能乎。夫至人者，相與交食乎地，而交樂乎天，不以人物利害相攖，不相與為怪，不相與為謀，不相與為事。翛然而往，侗然而來，是謂衛生之經已。曰：然則是至乎？曰：未也？吾固告汝曰：能兒子乎！兒子動不知所為，行不知所之，身若槁木之枝，而心若死灰矣。若是者，禍亦不至，福亦不來。禍福無有，惡有人災也。」（莊子 庚桑楚）

至人絕似嬰兒，不思不慮。老子、莊子都把嬰兒當作理想人格的代表。後來道教便又根據這一點，講求胎息，轉老還童。

「至人神矣！大澤焚而不熱，河漢沍而不寒，疾雷破山，飄風振海，而不能驚。若然者，乘雲氣，騎日月，而游乎四海之外，死生無變於己，而況利害之端乎！」（莊子 齊物論）

若真是這樣，莊子的真人便同於道教的仙人了。但是莊子所說，乃是譬喻至人，不爲物役，死生如一，心遊於萬物以上，跟「道」相合，再「無變於己」了。

第五章 實際的生活方式

一、輕世

1. 避世

上章所說的人生哲學，乃道家的最高理想。然而人世間，理想跟實際，中間常有很遠的距離。老、莊雖極力主張無爲，脫離形骸，可是在實際上，他們自己也不能完全做到；因爲人類社會，只有往複雜的生活裡走，決不會再回到樸素的初民生活。因此在實行上，道家多少應該牽就實際環境，把他們的理想，降低多少倍。

道家的人生原則，包括在無爲兩個字。把無爲的原則應用到實際的生活，便作爲道家的各種實際生活方式。

第一種道家實際生活方式，乃是輕世。

一事一物，在道家的觀點上，都沒有價值，道家教人脫離形骸，跟外面的事物，離的越遠越好。那麼道家對於人世的爵位，金錢，和肉體的享受，自然而然加以輕視。由輕視而加以厭惡，由厭惡乃實行避世，隱居埋名以自娛。《史記》說：

「（老子）其學以自隱無名為務。……著書上下篇，言道德之意，五千言而去，莫知所終。」（史記 老莊申韓列傳）

老子的人格，是道家的標準人格，逃世隱名，世人不知道他生平怎樣。莊子、列子的書裡，載有許多這等的隱者但《莊》《列》兩書，譬喻很多。書中的人名，大都是假造的。我們不能斷定書中的隱者，究爲虛構，究爲史事。然在孔子的《論語》裡，我們也遇到這類隱君子，可見古代的道家思想，並不是創自老、莊。

《論語・微子章》，載有幾椿隱君子的事：

「楚狂接輿歌而過孔子曰：鳳兮鳳兮，何德之衰！……孔子下，欲與之言，趨而避之，不得與之言。」

這豈是一個普通的瘋子？假若是瘋子，孔子何必下車欲與之言？楚狂接輿乃是一個隱者。在楚地子路一次迷了方向，乃向長沮、桀溺問路。長沮聽說他是孔丘的弟子，不肯答覆，桀溺只是掉頭嘆息說：

「滔滔者天下皆是也，而誰以易之！且而與其從辟人之士也，豈若從辟世之士哉！」

子路一天因逢人多言，跟不上孔子，竟不知孔子走向了那條路，他因問一個耕田的老漢，是否見了夫子，老漢說：

「四體不勤，五穀不分，孰為夫子？」

在這個老漢的眼中，孔子乃是一個不懂事的人；因爲老者也跟長沮等人一樣，都是逃世的隱者。爲甚麼要避世呢？晉葛洪有一篇文章論逸民說：

「太上無己，其次無名，能振翼以絕群，馳跡以絕軌，為近人所不能為，割近才所不能割。少多不為凡俗所量。恬粹不為名位所染。涼風足以濯百代之穢，高標足以激將來之濁，何以紆朱曳紫，服冕乘軺，被犧牛之文繡，吞詹何之香餌，朝為張天之炎熱，夕成冰冷之委灰？」（抱朴子 外篇 卷一 逸民）

中國歷代的君子和社會之士，都很看重隱逸之士。這等隱士也自以爲清高，不但輕看世物，連世人也在輕看之列。

2. 不求聞達

然而社會的人，並不是每個人都可以做隱者；況且大家若都成了隱士，隱士便不是隱士了。老子避世，莊子就沒有避世隱居。可是莊子雖沒有遠走避世，然而他究竟是輕世之士。

「楚威王聞莊周賢，使使厚幣迎之，許以為相。莊周笑謂楚使者曰；千金重利，卿相尊位也。子獨不見郊祭之犧牛乎？養食之數歲，衣以文繡，以入太廟，當是之時，雖欲為孤豚，豈可得乎？子亟去，勿污我！我寧遊戲污瀆之中自快，無為有國者所羈，終身不仕，以快吾志焉。」（史記老莊申韓列傳）

道家決不贊成孔、孟周遊列國的精神，也不以屈原不遇而自殺爲高尙，高尙的人，是巢父、許由一輩的人，聽說人家要他做官，認爲這話污了他們的耳朵。莊子所以便向楚使者曰：「子亟去，無污我！」

做官一事，在道家眼中，既是自苦，又無益於世。儒家常是以治天下爲己任，而且還要揚名顯親。道家最看不起這個「名」，人一死就復歸於「道」，那裡用得著美名！若說治天下，那就是亂天下。天下沒人治，則歸於太平；有人治，則越治越亂。老子說：

「古之善為道者，非以明民，將以愚民。民之難治，以其智多。故以智治國者，國之賊；不以智治國，國之福。」（道德經 第六十五章）

又說：

「故聖人云：我無為而民自化，我好靜而民自正，我無事而民自富，我無欲而民自樸。」（道德經 第五十七章）

既然是無爲而天下治，那還用著一班自命以救天下爲己任的人呢？老、莊最恨這等人，他們相信天下是這班人弄糟了的。

「余語汝，三皇五帝之治天下，名曰治之，而亂莫甚焉。三皇之知，上悖日月之明，下睽山川之精，中墮四時之施。其知憯於蠆之尾，鮮規之獸，莫得安其性命之情者，而猶自以為聖人，不可恥乎？其無恥也！」（莊子 天運）

痛罵古代聖人，有甚於這些話的嗎？道家既這樣輕視治國的人，當然自己不願去作這樣的人了。便常棄官不做，不求聞達。

二、退

1. 無才

道家講「道」的自化時，以「反者，道之動。」在人生一方面，道家也主張以「反」爲原則。這種反，就是退。

「道」的動爲反，反的程序爲循環，凡一事達到了極盛的程度，必趨衰敗。爲能不衰，則只有不極盛。人生的極盛，是人得時，盡顯自己的本領，事業成功。道家最忌這種盛況，認爲是傷生。養生之道，則在退居無才的地位，不求有所建樹。

《莊子》書裡〈人間世篇〉，說了好些譬喻，發揮無才足以養生的思想。一個木匠，周遊各國求有用之木，到了曲轅，見櫟社樹「其大蔽數千牛，絜之百圍。」木匠的弟子們都以爲這棵樹一定中用了，木匠卻不顧而去。弟子們問他怎麼看不中這株樹，木匠說：「散木也！以爲舟則沈，以爲棺槨則速腐，以爲器則速毀，以爲門戶則液樠，以爲柱則蠹；是不材之木也！無所可用，故能若是之壽。」櫟社神當夜在夢裡告訴木匠說：

「夫相梨橘果蓏之屬，實熟則剝，剝則辱，大枝折，小枝泄。此以其能苦其生者也。故不終其天年，而中道夭，自掊擊於世俗者也，物莫不若是！且予求無所用久矣，幾死，乃今得之。」（人間世）

南伯子綦遊於商丘，見一大樹蔭庇千乘。他以爲必是一株異樹，近去一看，則是「仰而視其細枝，則拳曲不可爲棟樑，俯而見其大根，則軸解而不可爲棺槨；咶其葉，則口爛而爲傷；嗅之，則使人狂酲三日而不已。子綦說：

「此果不材之木也，以至如此其大也！嗟夫！神人以此木材。宋有荆氏者，宜楸柏桑，其拱把而上者，求狙猴之杙者斬之。三圍四圍，求高名之麗者斬之。七圍八圍，貴人富商之家，求樿傍者斬之。故未終其天年，而中道已夭於斧斤，此材之患也。故解之以牛之白顙者，與豚之亢鼻者，與人之有痔病者，不可以適河，此皆巫祝以知之矣，所以為不祥也，此乃神人之所以為大祥也。」（人間世）

沒有才，俗人認爲不祥，神人則以爲大祥；因爲這樣纔容易保全身體。一個形體不全的人，名叫「支離疏」，像貌醜極了。別人都以爲他可憐，他卻自以爲幸；因爲國家徵兵徵役，都徵不到他。

「上徵武士，則支離攘臂於其間。上有大役，則支離以有常疾不受功。上與病者粟，則受三鐘與十束薪。夫支離其形者，猶足以養其身，終其天年，又況支離其德者乎。」（人間世）

莊子在《人間世》一篇的結論上，慨嘆過人只知道有用爲用，不知道無用爲用。

「山水自寇也，膏火自煎也。桂可食，故伐之。漆可用，故割之。人皆知有用之用，而莫知無用之用也。」（人間世）

但是，有時無才，卻適足以殺身；莊子自己就遇著這麼一回事。

「莊子行於山中，見大木枝葉盛茂，伐木者止其旁而不取也。問其故曰：

無所可用。莊子曰：此木以不材得終其天年。夫子出於山，舍於故人之家。故人喜，命豎子殺雁而烹之。豎子請曰：其一能鳴，其一不能鳴，請奚殺？主人曰：殺不能鳴者。明日弟子問於莊子曰：昨日山中之木，以不才得終其天年；今主人之雁，以不才死。先生將何處？莊子笑曰：周將處乎材與不材之間。材與不材之間，似之而非也，故免乎累。若夫乘道德而浮游，則不然，無譽無訾，一龍一蛇，與時俱化，而無肯專為。一上一下，以和無量，浮游乎萬物之祖。物物而不物於物，則胡可得而累耶。此黃帝神農之法則也。」（莊子 山水）

「材與不材」的境界，較比不才還要好；這樣心更無所拘。退於不材，心尚拘於不材；材與不材，則心無所拘，任憑怎樣都可以。這種境界，乃是逍遙的境界。

退以保身，退也可以爲進取，「道」之動，以反爲進；人事的進退，也以進爲退。老子說：

「將欲歙之，必固張之。將欲弱之，必固強之。將欲廢之，必固興之。將欲奪之，必固與之。」（道德經 第三十六章）

2. 不求滿足

「退」的精神，用之於人事，第二種表現，在於不求滿足。社會的人士，不是個個人都知道退居不才之地，但是不求滿足的精神，則個個都該有。因爲一滿了，必要衰亡。

「持而盈之，不如其已。揣而梲之，不可常保。金玉滿堂，莫之能守。富貴而驕，自遺其咎。功遂身退，天之道。」（道德經 第九章）

功遂身退，也是儒家所主張的。「滿招損，謙受益。」乃是中國的古格言，不過道家來的更徹底，主張的更堅決。老子說：

「君子去甚，去奢，去泰。」（道德經 第二十九章）

道家的不求滿，並不是自謙。自謙乃自認不及人，讓人走在以先。道家的不求滿，只是一種保身之術；骨子裡則是輕看一切的人。

3. 不爭

「退」的另一種表現是不爭，不爭比不求滿又低一級。然而不爭也要算爲一個重要的生活原則；因爲不爭是保持清靜的要道。而且老子以不爭爲取勝的捷徑。

「天之道，不爭而自勝。」（道德經 第七十三章）

「夫唯不爭，故天下莫能與之爭。」（道德經 第二十二章）

「以其不爭，故天下莫能與之爭。」（道德經 第六十六章）

不爭的人，天下的人沒法跟他爭。相爭，必須有對方，一方不爭，便爭不起來。不單是天下的人沒法跟不爭的人相爭，而且也勝不過他。他不爭，你可以拿他的東西，你自以爲勝了。殊不知你勝了，心中驕矜，有了東西，心牽於物，你既驕又牽於物，你必敗。那麼那個不與你爭的人，不是不爭而自勝嗎？

「古之善為士者，不武；善武者，不怒；善勝敵者，不與；善用人者，為之下。是謂不爭之德，是謂用人之力，是謂配天之極。」（道德經 第六十八章）

不爭，在道家的思想裡，還有不露鋒芒的意思。遇事不急著顯本領，讓人走在前頭，結果必定事無不成。善勇的人，不在於見敵即怒，奮身殺敵，乃在於堅忍不搖，沈靜應敵，卒以致勝。老子說：

「塞其兌，閉其門，挫其銳，解其分，和其光，同其塵，是謂玄同。」（道德經 第五十六章）

玄同即是自己能同於眾人，不自命不凡，把自己的才鋒，掩飾一點，不招人疑忌。老子教人要做到：

「大成若缺，其用不弊；大盈若盅，其用不窮。」（道德經 第四十五章）

4. 明哲保身

以退爲進，這是道家的原則。若不能進，則以退爲守。後世道家，把這一點，作爲明哲保身的方法。若遇亂世，則隱晦以自全。魏晉時的清談玄學家，就是用掩鋒同塵的手段，去保全自己的身家。當時從政做官的人，都不得好死。清談家便拿道家的引退精神，作護身盾，自己扮瘋子。何晏、王弼、阮籍、嵇康都是這派清談的主腦人。嵇康說：

「君子者，心不措乎是非，而行不違乎道者也，何以言之？夫氣靜神虛者，心不存於矜尚。體亮心達者，情不繫於所欲。矜尚不存乎心，故能越名教而任自然；情不繫於所欲，故能審貴賤而通物情。物情順通，故大道無違，越名任心，故是非無措也。」（嵇康 釋私論）

魏晉的清談，並不是真正的道家。他們那裡是甘心地棄世逃名！乃是因爲當時社會環境太壞，爲保全性命，不能不佯爲瘋狂，傲慢禮法。其實他們心中都是滿腹牢騷。阮籍有詩云：

「王業須良輔，建功俟英雄。元凱康哉美，多士頌聲隆。陰陽有舛錯，日月不常融。天時有否泰，人事多盈沖。園綺遯南岳，伯陽隱西戎。保身念道真，寵耀為足崇。人誰不善始，尠能克厥終。休哉上世士，萬載垂清風。」（阮籍 詠懷詩）

道家引退的精神，跟儒家的明哲保身，看來都是一樣。只細加以分析，兩家各有特點。儒家素抱積極主義，明哲保身雖爲退，而仍舊爲積極。儒家的明哲保身，重在保全已成的名譽和事業。身敗名裂，是儒家所最不取的。所以儒家在引退時，還要遵循禮法，事事都守先聖的遺則。道家素重消極，引退時即以消極爲主，退則不理世事，輕蔑社會拋棄禮法。阮籍又有詩云：

「危冠切浮雲，長劍出天外。細故何足慮，高度跨一世。非子為我御，逍遙遊萊裔。顧謝西王母，吾將從此逝。豈與蓬户士，彈冠誦言誓。」（阮籍 詠懷詩）

儒家身退，像顏回的居陋巷，三月不違仁。道家阮籍則以誦先聖之言爲恥！

三、閒　靜

1. 樸　素

在「道」的自化和人生哲學裡，老、莊非常注重「靜」字。把靜字用到人的日常生活上，第一是樸素。

老子在《道德經》常說反樸。反樸即是反回到人本性的樸素。人性所要求的急需物，本來很簡單；餓了想吃，渴了想飮，冷了想衣。滿足了人性的這種需要，再沒有別的慾望，人心便樸素了。

然而人的慾望都是無窮的！慾望怎樣起來呢？是世所謂聖者智者所教導的。老子所以說「棄聖絕智，民利百倍。」最好的求樂方法，即是無知無欲。老子說：

「見素抱樸，少私寡欲。」（道德經 第十九章）

凡是一切非人性所急需的，都令人心昏意亂，該一概摒棄。老子曾說：

「五色令人目盲，五音令人耳聾，五味令人口爽，馳騁畋獵令人心發狂，難得之貨令人行妨。是以聖人為腹不為目，故去彼取此。」（道德經 第十二章）

儒家的禮法，本非仁義，又使人拘束不安，失去天真。道家便主張蔑棄禮法，魏晉清談家變本加厲。「阮瞻、王澄、謝鯤、胡母輔之徒，皆祖述於籍，謂得大道之本。故去巾幘，脫衣服，露醜惡，同禽獸。甚者謂之通。次者謂之達。」（見世說新語 卷一 德行類 劉孝標注）所謂通達，謂能看透人世的稱譽，不爲禮法所拘，阮籍曾著《大人先生傳》，極口詆毀君子人的守禮法：「世之所謂君子，惟法是修，唯禮是克。手執圭璧，足履繩墨。行欲爲目前檢，言欲爲無窮則，少稱鄉黨，長聞鄰國。上欲圖三公，下不失九州牧。獨不見群蝨之處褌中，逃乎深縫，匿乎壞絮，自以爲吉宅也。行不敢離縫際，動不出乎褌襠，自以爲繩墨也。然炎丘火流，焦色滅都，群蝨處於褌中而不能出也。君子之處域內，何異乎蝨之處於褌中乎？」

2. 無爲之治

可是誰能夠真正廢除社會制度，取消一切禮法呢？國家已經有了，政府已經成了；難道還能夠反回去，再度沒政府時代的生活嗎？那麼在這種不可倒退的情形下，應該怎麼辦呢？道家主張人君最高的政策，在無爲而治。

儒家主張標榜仁義，激勵民心，道家則說民心絕對不可激勵。治民的上策，在使民休息相安。中國歷代君王，稍能實行這政策的，只有漢文帝。《史記》上說：

「孝文皇帝臨天下，通關梁，不異遠方。除誹謗，去肉刑，賞賜長老，收恤孤獨，以育群生。減嗜慾，不受獻，不私其利也。罪人不孥，不誅無罪，除肉刑，出美人，重絕人之世。」（史記 孝文皇帝本紀）

雖然孝文皇帝，事事稱堯、舜、孔子；但是他的政策，必是受了道家的影響；因爲在文景之世，黃、老之學很得勢呢！

在中國政治史上，大家都可以看到，凡是當一次大亂以後，朝臣必勸皇帝與民休息相安，省賦省役。但是亂後，民生凋敝，國家的財政也必空虛，若說完全不騷擾百姓，那是辦不到的。倒是承平日久，國家財政充裕了，那時反能稍行無爲之治。

3. 安逸

皇帝無爲以安民，人民也就無爲以安心。既然只要有粗衣粗食就夠了，不再有他種嗜欲，人當然沒有事可做了。況且老、莊都說多爲傷生，誰還不求安逸呢？中國歷代所謂達士，都握有道家求安逸的精神，即使在政府做官，身爲儒家，也必要覓求幾分安閒的時候，享享清福。若是因故去官，那更要安閒而高雅了。陶淵明在中國詩人中，最可代表道家的這種精神。他的詩，篇篇都是安逸瀟灑：

「結廬在人境，而無車馬喧，問君何能爾，心遠地自偏，採菊東籬下，悠

然見南山。山氣日夕佳，飛鳥相與還。此中有眞意，欲辯已忘言。」（陶淵明　飲酒詩）

「孟夏草木長，遶屋樹扶疏。眾鳥欣有託，吾亦愛吾廬。既耕亦已種，時還讀我書。窮巷若深轍，頗迴故人車。歡言酌春酒，摘我園中蔬。微雨從東來，好風與之俱。汎覽周王傳，流觀山海圖。俯仰終宇宙，不樂復何如。」（陶淵明　讀山海經詩）

淵明讀書不求甚解，處事不求人知，度日則是「豈期過滿腹，但願飽粳糧。御冬足大布，麤絺以應陽」（陶淵明　雜詩）所以他在窮困裡，也能安閒自樂。

王維也算一位富有道家氣味的詩人，他的詩中，多「閒」與「靜」。他雖做過官，他的心卻常繫念著山村的樂趣。

「晚年惟好靜，萬事不關心。自顧無長策，空知返舊林。松風吹解帶，山月照彈琴。君問窮通理，漁歌入浦深。」（王維　酬張少府）

「紗帽烏皮几，閒居嬾賦詩。」（王維 慕容承攜素饌見過）

「中歲頗好道，晚家南山陲，興來每獨往，勝事空自知。行到水窮處，坐看雲起時，偶然值林叟，談笑無還期。」（王維 終南別墅）

這種幽閒自足的精神，造成了中國文人騷客的高雅風氣。凡自命爲文人的，處世接物都守儒家倫理，但必要尋出一些時間，爲表現自己的雅興；不然將被視爲俗客。王禹偁〈黃岡竹樓記〉云：「公退之暇，被鶴氅衣，戴華陽巾，手持《周易》一卷，焚香默坐，消遣世慮。江山之外，第見風帆沙鳥，煙雲竹樹而已。待其酒力醒，茶煙歇，送夕陽，迎素月，亦謫居之勝概也。」

閒靜的精神，可算是道家思想影響最大的一點。

四、山水

1. 自然美景

道家閒靜的精神，造成中國人的高雅習氣。這種習氣的表現，第一在乎賞玩山水。儒家的君子，在自己守禮的生活裡，也常滲入這種道家的習氣。風氣所成，以致凡不知道賞玩山水的人，便不能成爲雅士。而中國社會所敬重的，又正是這等雅士呢！因此中國人，普通骨子裡，都帶有這一點道家氣味。實際上，這點氣味，也可以說是儒道所共有的，只不過儒家不像道家那般認真地主張罷了。孔子不是也曾說過：「吾與點也？」（論語 先進）曾點則是說暮春出遊。但孔子、孟子生當亂世，都以救世爲己任，不願在家閒靜。後代的儒家，沒有孔、孟的積極精神，於是在公餘之暇，或是在被讁謫的時候，必定尋點山水之樂。

道家主張自然；求山水之樂，即是與自然相親。身入偉大奇麗的山水中，人就自覺與天地相接。人心這時能夠脫離俗慮，消遣世外。蘇東坡並非道家，他也以爲賞玩山水，可以用物而不爲物所用，能遊於物以外：

「以見余之無所往而不樂者，蓋遊於物外也。」（超然臺記）

人若知道遊於物外，心中便沒有名利的慾望，能夠享安靜福。他又說：

「君子可以寓意於物，而不可留意於物。寓意於物，雖微物足以為樂，雖尤物不足以為病，留意於物，雖微物足以為病，雖尤物不足以為樂。」（寶繪堂記）

寓意於物所以無所往而不樂；因爲山水隨處可有。

「惟江上之清風，與山間之明月，耳得之而為聲，目遇之而為色。取之無禁，用之不竭。是造物者之無盡藏也。」（前赤壁賦）

蘇東坡雖不是道家，但是他這幾段話，正是道家所要說的話。他遊赤壁，或許是同佛印，可是他作夢卻夢一道士。蘇東坡真也有幾分道家氣。

中國的道士，固然住在幽靜的道觀裡；中國的文人，那一個沒有閒居山林的願望呢？白居易曾說：

「匡廬奇秀甲天下，山北峰曰香鑪峰，北寺曰遺愛寺。寺介峰間，其境勝絕，又甲廬山。元和十一年秋，太原人白樂天見而愛之，若遠行客過故鄉，戀戀不能去。因面峰腋寺，作為草堂。……待余異日弟妹婚嫁畢，司馬歲秩滿，出處行止，得以自遂。則必左手引妻子，右手抱琴書，終老於斯，以成就我平生之志。清泉白石，實聞此言。」（廬山草堂記）

中國各處的名勝地，那一處沒有先賢的遺跡？或是一座塔，或是一個亭子，或是一間高樓。這些遺跡，都是先賢們為滿足自己雅興的。

歐陽修乃儒家的巨子，但當他被謫時，便雅興橫溢，遊山玩水，建亭築樓。

「修既治滁之明年，夏，始飲滁水而甘。問諸滁人，得於州南百步之近。其上則豐山，聳然而特立；下則幽谷，窈然而深藏。中有清泉，滃然而仰出。俯仰左右，顧而樂之。於是疏泉鑿石，闢地以為亭；而與滁人相遊其間。……修之來此，樂其地僻而事簡，又愛其俗之安閒。既得斯泉於山水之間，乃日與滁人仰而望山，俯而聽泉，掇幽芳而蔭喬木。風霜冰雪，刻露清秀。四時之景，無不可愛。又幸其民，樂其歲物之豐成，而喜與予遊也。」（豐樂亭記）

歐陽修不僅是有道家的山水雅興，而且也有道家無爲而治的政治色彩。

2. 田園之樂

但是道家詩人陶淵明，就不滿意公餘之暇去遊山，他寧願棄官不做，終生活在鄉裡，耕田種園。他唱〈歸去來辭〉說：

「田園將蕪胡不歸？……園日涉以成趣，門雖設而常關。策扶老以流

　　憩，時矯道而遐觀。」

歸家以後，他雖然很窮；但常能怡然自樂。

「少無適俗韻，性本愛邱山，誤落塵網中，一去三十年。羈鳥戀舊林，池魚思故淵。開荒南野際，守拙歸田園，方宅十餘畝，草屋八九間。榆柳蔭後園，桃李羅堂前。曖曖遠人村，依依墟里煙。狗吠深巷中，雞鳴桑樹顛。户庭無塵雜，虛室有餘閒。久在樊籠裡，復得返自然。」（歸田園居詩）

王維在陶潛以後，算得是第二位田園大詩家。他的詩中有畫，畫中有詩，很足表現道家精神。

「中歲頗好道，晚家南山陲。」（終南別墅）

「寒山轉蒼翠，秋水日潺湲。倚杖柴門外，臨風聽暮蟬。」（輞川閒居贈裴

秀才）

這班家居野村的道家雅士們，不能成天只坐著看白雲。像陶淵明那般悠閒的人，也該作事以謀衣食。他們的事業，便是農耕。農耕是在自然的景色中工作，有心人常可在工作裡領略到自然之樂。陶淵明的詩，便充滿這種樂趣。

「野外罕人事，窮巷寡輪鞅。白日掩荊扉，虛室絕塵想。時復墟里中，披草共來往。相見無雜言，但道桑麻長。桑麻日已長，我土日已廣，但恐霜露至，零落同草莽。」

「種豆南山下，草盛豆苗稀。晨興理荒穢，帶月荷鋤歸。道狹草木長，夕露沾我衣，衣霑不足惜，但使願無違。」（陶潛　歸田園詩）

3. 漁父之樂

還有一種生活，也是道家所喜愛的，就是做漁夫。漁夫像農夫一樣，常在自然界裡生活著；而且在水上飄流，較比農夫的生活，還更自由。因此在詞裡，漁父成了一個調名。

「西塞山前白鷺飛，桃花流水鱖魚肥。青箬笠，綠蓑衣，斜風細雨不須歸。」（張志和 漁父）

朱敦儒曾以布衣負盛名。他作有〈漁父〉詞數首：

「搖首出紅塵，醒醉更無時節。活計綠蓑青笠，慣披霜衝雪。晚來風定鉤絲閑，上下是新月。千里水天一色，看孤鴻明滅。」

「漁父長身來，只共鈎竿相識。隨意輕船回櫂，似飛空無跡。蘆花開落任浮生，長醉是良策。昨夜一江風雨，都不曾聽得。」

「短櫂鈎船輕，江山晚煙籠碧。塞雁海鷗分路，點江天秋色。錦鱗撥剌滿籃魚，取酒價相敵。風順片帆歸去，有何人留得。」

「猛向這邊來，得個音信端的。天與一輪鈎線，領煙波千億。紅塵今古轉船頭，鷗鷺已陳跡。不受世間拘束，任東西南北。」（朱敦儒 好事近詞）

這幾首詞把漁父生活的可愛處，描寫盡致。道家愛漁父的生活，就在乎「不受世間拘束，任東西南北。」古代退隱的人，常有揀選漁夫的生涯者。南宋大詩人陸游，少有恢復中原的壯志，晚歲閒居，便也釣魚了。

「晚歲喜東歸，掃盡市朝陳跡。揀得亂山環處，釣一漂澄碧。賣魚沽酒醉還醒，心事付横笛。家在萬重雲外，有沙鷗相識。」

「溢口放船歸，薄暮散花洲宿。兩岸白蘋紅蓼，映一簑新綠。有沽酒家便是家，菱芡四時足。明日又乘風去，住江南江北。」（陸游 好事近詞）

要閒靜，若單止種田釣魚，生活不免太單調；中國的高人雅士，便找一些可以助興的事情，第一是喝酒，第二是下棋。酒與棋遂成了中國兩種高尚的遊戲品。

4. 飲酒之樂

儒家對於酒並不禁止，但定有行酒禮，防制飲酒過度。道家則把酒作為一種陶情悅性的東西，或作為暫避痛苦的忘憂物。

人在閒居時，不可悶坐，也不可專注心力於書籍；於是便獨自酌酒，賞玩自然美景，暢讀古人書籍。或是約二三良友。酌酒閒話。陶淵明不就是這樣過日子嗎？他也是中國第一位歌讚飲酒的詩人。他居在村裡，跟鄰居的人，

「過門更相呼，有酒斟酌之。農務各自歸，閒暇暫相思。相思則披衣，言笑無厭時。」（陶潛 移居詩）

淵明一飲輒醉。後代的文人雅士，也多是一飲必醉。他們認為飲醉了，可以忘卻世事，

藉消胸中的煩慮。淵明唱說：

「秋菊有佳色，挹露掇其英。汎此忘憂物，遠我遺世情。一觴雖獨進，杯盡壺自傾。月入辟動息，歸鳥趨林鳴。嘯傲東軒下，聊復得此生。」

「故人賞我趣，挈壺相與至，班荊坐松下，數酌已復醉。父老雜亂言，觴酌失行次。不覺知有我，安知物為貴。悠悠迷所留，酒中有深味。」（陶潛飲酒詩）

下棋也是一種消遣品。坐著下棋，很合於道家的無爲；而且下棋還可靜定思慮，又合於道家的靜。謝玄身爲大將軍，跟苻堅猛戰時，他安然坐著下棋，以示鎮定。後代的騷客雅士，常常以圍棋爲趣。王禹偁在黃岡竹樓裡，便是圍棋鼓琴。

「宜鼓琴，琴調和暢，宜詠詩，詩韻清絕。宜圍棋，子聲丁丁然。宜投壺，矢聲錚錚然。」（黃岡竹樓記）

鼓琴、詠詩、投壺，只能在興味來時，偶一爲之。圍棋則可整天坐對，所以爲雅士們的消遣上品。

五、流弊

1. 頹廢

道家的人生哲學，本求脫盡各種俗慾，使人的精神能夠與「道」相合。可是道家在實行絕慾時，目的爲養生。老、莊教人不可多懷貪欲；因爲多欲足以傷生。後代道家避世絕俗，如陶淵明不願以五斗米而折腰，他們所求的，是清閒之福。

可是不是一切道家人士，都知道剋慾。人心生來趨於慾樂，爲絕慾，須用剋制的工夫。那麼一些願意求閒福的人士，懶的絕慾。慾既未剋，得了閒，更加倍放縱；於是一些道家人士，更由高雅的清福，流墮到頹廢的肉樂。醇酒女人，作了他們的消遣品。唐李白就是這等人的代表人物。

「……鸕鷀杓，鸚鵡杯，百年三萬六千日，一日須飲三百杯。遙看漢水鴨頭綠，恰似蒲萄初醱醅。此江若變作春酒，壘麴便築糟邱臺。千金駿馬換小妾，醉坐雕鞍歌落梅。車傍側挂一壺酒，鳳笙龍管行相催。……」（李白 襄陽歌）

這種思想，在《列子》一書裡，已經說的很明顯；因爲這是道家思想的一個自然出路。

「恣耳之所欲聽，恣目之所欲視，恣鼻之所欲向，恣口之所欲言，恣體之所欲安，恣意之所欲行。夫耳之所欲聽者，音聲；而不得聽，謂之閼聰。目之所欲見者，美色；而不得視，謂之閼明。鼻之所欲向者，椒蘭，而不得嗅，謂之閼顫。口之所欲道者，是非；而不得言，謂之閼智。體之所欲安者，美厚；而不得從，謂之閼適。意之所欲為者，放逸；而不得行，謂之閼性。凡此諸閼，廢虐之主。去此廢虐之主，熙熙然以俟死，一日一月，一年，十年，吾所謂養。拘此廢虐之主，錄而不舍，戚戚然以致久生，百年，千年，萬年，非吾所謂養。」（列子 楊朱篇）

莊子的養生，本是無爲以長生；《列子》的養生，竟寧願享十年之肉樂，而不願享絕慾的千年或萬年之久生。何怪乎李白自稱道家呢？

2. 爲我

〈楊朱篇〉裡還另有一種思想，即是「爲我」。楊朱後來成了這種思想的代表。道家的人生觀，集中在一我字，一切都求養自己的精神。在精神方面，因道家主張絕慾無爭，雖爲我，還不大顯得自私自利。楊朱把這種爲我的精神，用到人生的各方面，於是便造成極端的自私主義。

「禽子問楊朱曰：去子體之一毛，以濟一世，汝為之乎？楊朱曰：世固非一毛之所濟。禽子曰：假濟，為之乎？楊子弗應。禽子出，語孟孫陽。孟孫陽曰：子不達夫子之心，吾請言之，有侵若肌膚獲萬金者，若為之乎？曰：為之。孟孫陽曰：有斷若一節以得一國，子為之乎？禽子默然有間。孟孫陽曰：一毛微於肌膚，肌膚微於一節，省矣。然則積一毛以成肌膚，積肌膚以成一節。一毛固一體萬分中之一物，奈何輕之乎？禽子曰：吾不能所以答子。然則以子言問老聃關尹，則子言當矣。體萬分中之一物，奈何輕之乎？禽子曰：吾不能所以答子。然則以子言問老聃關尹，則子言當矣，以吾言問大禹墨翟，則吾言當矣。孟孫陽因顧其徒說他事。」

（列子 楊朱篇）

楊朱拔一毛以利天下，也不願意做；這種思想很合乎道家的原則。他雖不主張損人以利我，然而在自私主義裡，誰能夠嚴守不損我以利人，也不損人以利我呢？道家因主張只顧自己，道家徒便有不顧旁人的。魏晉間的清淡派，就是眼中無人。爲表示輕視社會，他們祖裼裸裎。自比於禽獸。劉伶頌酒說：

「有大人先生，以天地為一朝，萬期為須臾，日月為扃牖，八荒為庭衢。行無轍跡，居無室廬，幙天席地，縱意所如。止則操卮執觚，動則挈榼提壺，惟酒是務，焉知其餘。有貴介公子，縉紳處士，聞吾風聲，議其所以，乃奮袂攘襟，怒目切齒，陳說禮法，是非鋒起。先生於是方捧甖承槽，銜杯漱醪，奮髯箕踞，枕麴藉糟，無思無慮，其樂陶陶。兀然而醉，豁然而醒。靜聽不聞雷霆之聲，熟視不見泰山之形，不覺寒暑之切肌；利欲之感情。俯觀萬物，擾擾焉若江海之載浮萍。」（劉伶 酒德頌）

這段酒頌，口氣真像《莊子》，可是莊子一定沒想到他雲遊四海的精神，卻用之於醉酒哩！

3. 求仙不死

求仙本是道教的中心思想，跟老、莊一點關係也沒有。可是道教的天師們，口口聲聲說是繼承老子。可見求仙不死的思想，也是道家學說的一種流弊。莊子的書裡，不是滿了真人至人的奇事嗎？老、莊不都是講求長生嗎？長生不死以成真人，便是道教的求仙。所以說求仙的思想，老、莊該負其咎。

「人生時稟得靈氣，精明通悟，學無滯塞，則謂之神。宅神於內，遺照於外，自然異於俗人，則謂之神仙。故神仙亦人也。在於修我靈氣；勿為世俗

所淪污，遂我自然，勿為邪見所凝滯，則成功矣。（天隱子 唐無名氏撰 神仙篇 見百子全書）

修養靈氣，遂我自然，即可成仙不死；這不是很符合莊子的口吻嗎？這等仙人，都可有乘雲駕霧的神力，水火也不能傷，跟《莊子》書裡的至人或真人，不是很相像嗎？

「按僊經云：上士舉形昇虛，謂之天僊；中士遊於名山，謂之地僊；下士先死後蛻，謂之尸解僊。」（葛洪 抱朴子 論僊）

誰聽說成仙可以不死，不想成仙呢？成仙究竟有什麼方法？葛洪大講鍊丹之術，以金丹能夠延壽。

「抱朴子曰：神農四經曰：上藥令人身安命延，昇為天神，遨遊上下，使役萬靈，體生羽毛，行廚立生。又曰：五芝及餌，丹砂，玉札，曾青，雄黃，雌黃，雲母，太乙，禹餘糧，各可單服之，皆令人飛行長生。又曰：中藥養性，下藥除病，能令毒虫不加，猛獸不犯，惡氣不行，眾妖

併辟。」（葛洪 抱朴子 僊藥）

可見鍊丹製藥，不是一切人都可辨的，且要神助。於是便有漸進延壽的方法，稱爲漸門。

「易有漸卦，道有漸門。人之修眞達性，不能頓悟，必須漸而進之，安而行之，故設漸門。觀我所入，則道可見矣。漸有五門；一曰齋戒，二曰安處，三日存想，四曰坐忘，五曰神解。何謂齋戒？曰澡身虛心。何謂安處？曰深居靜室。何謂存想？曰收心復性。何謂坐忘？曰遺形忘我。何謂神解？曰萬法通神。是故習此五漸之門者，了一則漸次至二，了二則漸次至三，了三則漸次至四，了四則漸次至五，神仙成矣。」（天隱子 唐無名氏 神仙篇）

五門之外，尚有胎息一法。胎息教人運用呼吸，使氣與神相合，人便可以重新胎生，轉老還童。

「胎從伏氣中結，氣從有胎中息。氣入身來為之主，神去離形謂之死。知神氣可以長生，固守虛無以養神氣。神行則氣行，神住則氣住。若欲長生，神氣相注，心不動念，無去無來，不出不入，自然常住。勤而行之，是眞道路。三十六咽，一咽為先。吐唯細細，納惟綿綿。坐臥亦爾，行立坦然。戒於喧雜，忌以腥羶。假名胎息，實曰內丹。非只治病，決定延年。久久行之，名列上仙。」（胎息經疏　王文祿撰　見百子全書）

葛洪也曾詳細說過胎息的呼吸法。這些成仙之術，當然跟老、莊的道家沒有關係，是後來的道士等假造出來的。可是求仙不死的哲學理論，則跟老、莊的思想有線索。所以求仙，也該認作道家思想的流弊。

第三編　佛教

緒　論

一、中國佛教的流傳

中國佛教的史書，最著名的是《高僧傳》。《高僧傳》共十四卷，作者爲南北朝時梁慧皎。唐朝時，道宣作《續高僧傳》三十卷。宋朝時贊寧作《宋高僧傳》三十卷。明朝時，明河作《補續高僧傳》二十六卷。明朝如惺又作《大明高僧傳》八卷。這些相續的《高僧傳》，可算爲佛教的正史。其餘尙有《漢法本內傳》（著者不明）、宋朝志磐的《佛祖統記》、元朝念常的《佛祖歷代通載》等史書。

但是這些佛教史書，爲作研究佛教流傳史的史料，須跟他種史書相對照；因爲佛史所說，不免有些紀錄傳聞的話，不完全可靠。

按照《漢法本內傳》所載，佛教傳入中國，始於漢明帝永平三年（西曆紀元後六十年）。明帝因夜夢金人，群臣以爲佛像，乃遣蔡愔、秦景等使天竺，求佛典。永平十一年，沙門迦葉摩騰、竺法蘭來洛陽建白馬寺。可是這段史事，於今大家都以爲不可靠。

在漢明帝以前，中國人已經聽說佛教的。《魏書・釋老志》說：「釋氏之學，聞於前漢，武帝之狩中，霍去病獲昆邪王及金人，率長丈餘。帝以爲大神，列於甘泉宮，燒香禮拜。此則佛道流通之漸也。及開西域，遣張騫使大夏，還云：身毒國有浮屠之教。」又如梁阮孝緒〈七錄序〉云：「成帝時，劉向檢校祕書，編定目錄，其中已有佛經。」劉向得見佛經的話，似乎不大可信；霍去病與張騫遇到了佛像，那是很可能的。而且在明帝以前，中國人若沒有聽說佛教的，臣下等怎樣能夠知道答應明帝，說夢中的金人是佛呢？因此蔣維喬說：「至漢法本內傳所載佛教東漸說，僅迦葉摩騰、竺法蘭二人來華事實足採。蓋自二人來後，訖桓帝世，安世高史婁迦讖來華之年，八十年間，中國史乘，無一言涉及佛教者。故雖謂中國教史，斷自安世高史婁迦讖始，亦無不可。當摩騰法蘭之來，朝廷加以寵異，後世傳說遂歧。我國人之知有佛教，爲時更古，不始於漢。迦葉摩騰等之來，僅可謂天竺人來華之始。至於確定佛教之傳來期，應自安世高史婁迦讖始。」（蔣維喬 中國佛教史 卷上 頁一

商務民二十二年版）

蔣維喬這段話，說得很平準；不過他後來引《列子》和朱士行《經錄》證明漢以前，中國人已聽到佛教，則不足憑信了；因爲所引的書文，本身不可信。

後漢的佛教，只是開始流傳時的雛形佛教，《後漢書・襄楷傳》說宮中立浮屠之寺。《後漢書・陶謙傳》則說丹陽人竺融在徐州廣陵間，大建浮屠祠。南北朝時，佛教便大行於中國了。

佛教的流傳中國，起自中國北方，漸漸南下。南北朝時，西域等國和印度的僧人，來中國者約三千人，多在北方戎狄的朝廷裡。南方佛教自晉慧遠後，逐漸流行。後來在長安與建業乃有南北兩譯經場，隋唐既統一中國，西域僧人漸漸絕跡了，中國僧人則遍天下，傳說唐初全國的僧尼約數百萬。這時中國佛教已到了全盛期。譯經的事業已完竣了，各種宗派的典籍也都寫定了。

在佛教傳入的初期，中國僧人，頗有引道家的思想以入佛教者，如僧肇的《寶藏論》，但是後代的佛教大師，則嚴守佛說，不願跟儒道相混。唐朝時，佛教經典雖已譯完，論疏也出有多種；但因佛經譯文既不容易懂，論疏的理論也很生澀。因此佛教的思想，在一般社會上，不發生影響。所影響中國社會的，乃是一些不關佛教教義的民眾信仰。佛教傳入中國後，在社會間結成一種民眾的教義，由於密宗淨土宗的信佛求靈，和輪迴地獄等說，再加以中國歷代的迷信，乃造成中國的信佛拜佛。因此佛教的思想跟佛教的宗教生活，在中國分成了兩件不相關連的事。

宋朝的佛教，已有衰敗的氣象了，各宗都在一些破碎的節目上，互相爭論。僧尼的清規，多不像以前的嚴肅。而且僧人對於佛教思想運動，已經沒有更多的貢獻了。元明清的佛教，可供述說的事很少。元朝皇帝重喇嘛教，但對各派佛教都任以自由。只是皇庭裡有一大僧正，作全國僧人的首領，使佛教能有一統。明朝皇帝，對於僧尼的數目，頗加限制，定有度牒。清朝全盛時，皇帝鼓勵刊行《大藏經》。佛教的思想運動，似有一度的活潑。

佛教自第一次傳入中國後，即繼續流傳到今，中間沒有經過嚴重的打擊。即所謂三武一宗的教難，也都是一時的挫折。「三武一宗」即北魏太武帝、北周武帝、唐武宗為「三武」，後周世宗為「一宗」。這四位皇帝都曾下過令，拆毀佛寺佛像，逼使僧尼還俗。

二、中國佛教的譯經事業

佛教在中國的宣傳，對於民間，重在民眾信仰，對於思想界，重在譯經。佛教的譯經事業（參考胡適 白話文學史 上編 佛教的翻譯）足足經過幾乎一千年，所譯的經典大約有一萬卷。再加上後代的論疏，乃成了一部汗牛充棟的《大藏經》。

迦葉摩騰、竺法蘭兩個天竺僧人，到了長安後，即從事譯經。所譯經卷載在經錄者，有《四十二章經》、《佛本行經》五卷、《十地斷結經》四卷、《二百六十四戒合異》二卷、《法海藏經》一卷、《佛本生經》一卷。但這些譯經，只有《四十二章經》保存於後代，其餘的經，都散佚了。

安世高和尙，安息人，於漢桓帝建和二年（西曆一四八年）至靈帝建寧中（約一七〇年），在洛陽譯經。建寧中安息僧人安玄，月支僧人支婁迦讖、支曜，康居僧人康巨等，也在洛陽，從事翻譯。

從安世高到第四世紀下半期的鳩摩羅什，爲佛教翻譯事業的第一期。這一期的譯經地在洛陽。同時南方的建業和武昌也有譯經的僧人，魏晉時，支謙、僧康會各譯經數十種，兩人又譯《阿彌陀經》。晉時敦煌僧竺法護（曇摩羅剎）於三世紀末譯經一百四十餘種。在這一期裡以翻譯著名的，尙有東晉的僧伽邊婆、姚秦的佛陀耶舍、劉宋的求那跋陀和佛陀什等。

第一時期從事翻譯的僧人，多來自安息、月支、康居、天竺、罽賓等國。在這些國土裡，小乘佛教佔優勝；因此中國最初所譯的經典，多屬小乘。小乘的律本如《十誦律》、《五分律》、《四分律》都在這時譯出。第一個翻譯大乘經典的有力譯者，乃是竺法護。他所譯的《光讚般若經》十五卷、《新道行經》十卷、《正法華經》十卷、《般舟三昧》兩卷、《無量壽經》兩卷。這些經典都是大乘的要典。

佛教翻譯事業的第二時期，從第四世紀末葉到第五世紀末葉，爲佛教譯經的最盛時期。在這一個時期裡，北方的譯場在長安，以西域龜茲僧人鳩摩羅什爲主譯。南方的譯場在廬山和建業，以佛馱跋陀羅（覺賢）主譯。鳩摩羅什，龜茲人，幼年出家，遍遊西域各國，前秦苻堅聽了他的大名，遣將呂光去取他。呂光滅龜茲，得羅什，歸國時，苻堅卻已敗亡了，呂光遂自立，國號後涼，留羅什居涼都姑臧。後秦姚興即位後，大崇佛法，召羅什入長安，賜西明園與逍遙園爲譯場。鳩摩羅什招收弟子八百人，共譯經典，先後翻譯經文約四百卷。所譯經典中最重要的，有《大品般若經》、《法華經》、《佛藏遺教》、《成實論》、《中論百論》、《十二門論》、《上誦律》等本。

跟羅什對立的有佛馱跋陀羅，又名覺賢。覺賢的生身地不明，由西域來中國，由海道，抵山東、青州、東萊郡。慕羅什名，入長安。但因羅什擁妻抱妾，破壞清規，於是便不相得，覺賢乃南下，登廬山，從慧遠。覺賢在廬山譯有《修行方便論》（達磨多羅禪經）。後來他往住建業道場寺，譯有《華嚴經》（晉譯華嚴），又因法顯之請，譯有《大泥洹經》、《摩訶僧祇律》等經。同時除這兩大譯師外，在北方有北涼曇無讖，譯《涅槃經》，《大集經》，《大雲經》、《佛所行讚經》等本。在南方的建業，有寶雲，譯《新無量壽經》、

《佛本行經》。

第六世紀到第八世紀，爲佛教翻譯事業第三期，譯經事業漸衰，所譯多屬小品，惟有唐朝玄奘尚可跟前期的譯經大師相並美。玄奘於唐太宗貞觀三年（西曆六二八年）出國往印度，巡遊各國寺院，凡十四年。貞觀十七年離印度繞中央亞細亞，貞觀十九年歸長安。出國前後凡十七年，所獲經本凡六百五十七部。太宗令長安弘福寺爲譯場，梁國公房玄齡任監護，玄奘自任主譯。所譯經典凡七十五部，共一千三百餘卷。玄奘於高宗麟德元年（六六四年）二月去世，年六十五歲。他的翻譯以《成唯識論》爲最著，又有《新俱舍論大般若經》，也是基本經典。

玄奘可說是佛教譯經的殿後大師，他以後的僧侶，大都致力於注疏了。

關於佛教譯經事業，有幾種史書。最早的有隋費長房的《歷代三寶記》。唐朝時，則有道宣的《大唐內典錄》（十卷），智昇的《開元釋教錄》（二十卷）、圓照的《大唐貞元續開元釋教錄》（三卷）、《貞元新定釋教目錄》（三十卷），還有靖邁的《古今譯經圖記》，和智昇的《續古今譯書圖記》。

譯經的卷數既多，後代的論疏也不少。宋太祖開寶四年（九七一），敕令在益州雕刻全部佛經，成於太宗太平興國八年（九八三），世稱蜀本《藏經》。後代翻印者凡十三種。宋朝福州東禪寺本，開元寺本（合稱閩本），南宋思溪本（浙本）、磧砂本，元朝杭州本，明朝南藏本、北藏本、武林寺萬曆本，清朝龍藏本、楊文會本、頻伽本，民國商務印書館影印續藏本。《藏經》自宋朝雕刻後，即流傳高麗、日本。日本現有《大正新修大藏經》。這本《藏經》印於一九二三年。（參考呂徵 佛教研究法 商務 民二十四年版）

《藏經》的組織，包有佛典的三藏，藏字梵語為毗荼迦（Pitaka），意義為裝花果的筐子。經字在梵語為修多羅（Sutra），原意為線。三藏則有經藏律藏論藏，三藏之外，尚有雜藏，包括中國僧侶所著的註疏和史書。

三　中國佛教的宗派

佛教在印度，已分宗派。宗派最明的為小乘佛教和大乘佛教。小乘盛行於大乘之先。按佛教史乘所說，釋迦佛去世後，五百年間，全印度所盛傳的，只有小乘佛教。佛沒後第七百年時，始有龍樹菩薩，興於南天竺，宏傳大乘，著《無畏論》、《中論》、《十二門論》、《大智度論》等教典。（參考黃懺華 佛教各宗大意 上卷 頁一四 商務 民二十三年版）

小乘大乘之分，在於「空」與「有」。小乘近於實際，由斷滅痛苦這一點，去觀察萬法，只講色、法、相皆空，特別注意煩惱的因緣。大乘則由空字出發，以萬法由於心識所造，從唯識轉入唯心，建立一個常存的真如佛性，所以空中爲有，有中爲空。大乘乃較小乘爲高深。

佛教初入中國時，所傳多屬小乘，自鳩摩羅什與覺賢翻譯大乘經典後，大乘乃盛行。兩乘佛教推行於中國後，每乘又多分宗派。佛教史上有稱爲十三宗者，有稱爲十宗者，有稱爲八宗者。所稱佛教十三宗，即成實宗、三論宗，涅槃宗、律宗、地論宗、淨土宗、禪宗、俱舍宗、攝論宗、天台宗、華嚴宗、法相宗、真言宗。（蔣維喬 中國佛教史 上冊 頁三九）這十三宗，可以說是包括中國佛教的一切支派了。但是十三宗裡，有幾宗，雖有宗之名，事實上則並不自成一宗，如地論宗、涅槃宗、攝論宗。因此普通都以中國佛教爲十宗。十宗在開始時，都是各不相下，後來有些宗義相近的，漸漸合爲一宗，如法相宗與俱舍宗相合，三論宗跟成實宗相併，於是佛教的宗派，乃縮爲八宗。若就大乘小乘的分別去看中國佛教的宗派，可以列成下頁的簡表。（梁啓超 中國古代思潮 頁一〇九頁 見飲冰室叢著第二冊 商務民五年版）

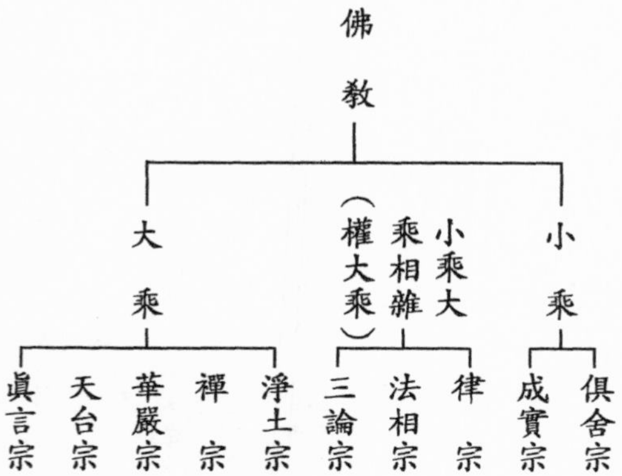

- 佛教
  - 小乘
    - 俱舍宗
    - 成實宗
  - 小乘大乘相雜（權大乘）
    - 律宗
    - 法相宗
    - 三論宗
  - 大乘
    - 淨土宗
    - 禪宗
    - 華嚴宗
    - 天台宗
    - 眞言宗

這種分宗法，研究佛教的人作的，佛教自己也有分宗法。天台、華嚴各宗，都各有各的教別論。在後面，我要談到這一點。

中國佛教宗派裡面，立宗最早的，當推禪宗。後漢安世高已譯有《禪行法想經》、《禪行三十七品經》、《五門禪要法經》。吳支謙又譯有《修行方便經》、《禪祕要經》。後來鳩摩羅什則譯有《禪祕要法經》、《坐禪三昧經》、《禪法要解經》等經典。經典既譯出，坐禪的修行法漸漸傳於佛門。南北朝時，菩提達磨入中國。《續高僧傳》所載達磨的事蹟，跟別種佛典不同。所以他入中國的年代，至今不明。有說在劉宋時，有說在梁武帝時。達磨盛傳禪學，倡直指心性不用文字的禪法，遂立禪宗。達磨傳慧可，可之學，歷傳於僧璨、道信、弘忍，這就是禪宗的五祖。禪宗的第六祖慧能，別立南方禪學，慧能的同門神秀則立北方禪學。於是乃有南禪、北禪兩派；但北禪流傳不廣，繼起無人；南禪則支流很盛，分支也很多。南禪支派最著的，爲牛頭宗，臨濟宗、雲門宗、曹洞宗、溈仰宗、法眼宗。法融創牛頭禪，不屬於南禪，因他是四祖道信的門人。但是道融的門生，則近南禪了。臨濟宗創於黃蘗的希運，成於臨濟的義玄。雲門宗始於雲門文偃。曹洞宗始於洞山的曹价，成爲曹山的本寂。溈仰宗創於溈山的靈祐，成於仰山的慧寂。法眼宗始於清涼的文益。

成實宗也算是佛教宗派裡較早的，但沒有能夠確立宗派，後即附於三論宗。成實宗的經典爲《成實論》，鳩摩羅什口譯，弟子曇影筆述，僧叡作註疏。

三論宗也是以鳩摩羅什所譯的《三論》爲基本典籍。《三論》即龍樹的《中論》、《十二門論》和提婆菩薩的《百論》，盛傳《三論》的，爲嘉祥大師。嘉祥名吉藏，陳時人，生於建康，隋兵攻建康，吉藏避往越州嘉禪寺，遂名嘉禪大師。死於唐武德六年，壽七十五。唐慈恩大師窺基，繼傳《三論》。

俱舍宗的大師爲真諦。真諦，印度人，梵名拘那羅陀，梁武帝大同十二年來華，大清二年來建康，卒於陳宣帝大建元年，年七十一。在建康時，吉藏從他受教，吉藏的名字，也是他起的。真諦弟子智顗和唐時淨慧，繼承師業。唐玄奘重譯《俱舍論》。弟子神泰普光等復興三論宗。

天台宗和華嚴宗，爲中國佛教的特色。天台宗以鳩摩羅什所譯的《法華經》爲基本經期。這宗的祖師爲慧文，次爲慧思。慧思的《大乘止觀法門》，爲天台宗的重要典籍。但是天台的創宗人，乃是智顗，號稱天台大師。慧思死於陳光大二年，年五十四。智顗於二十三歲時，從學於慧思。三十八歲時，登天台山之岡清寺。陳亡，遊於荊湘，往衡山上廬山。隋開皇十五年，返天台山，是年十一月卒，年六十歲。他的弟子千餘人，繼承衣鉢者，爲章安，世稱灌頂大師。

華嚴宗以《華嚴經》爲教典。《華嚴經》有三種譯文，以覺賢的譯文爲最完全。陳隋時，杜順禪師著《華嚴法界觀門》、《五教止觀》、《十玄章》等書，發揮《華嚴經》而立宗，爲華嚴宗的始祖，繼承者有二祖智儼、三祖法藏。法藏，字賢首，唐貞觀十七年生於長安，卒於唐睿宗先天元年，年七十歲，號稱華嚴大師。弟子澄觀，繼承衣鉢。

淨土宗始於晉時慧遠。北魏菩提流支多譯這宗的經典，傳衣鉢與曇鸞。鸞著《往生淨土論註》。隋大業中僧人道綽盛傳這宗。唐貞觀中善導和尚繼之。

律宗的典籍，有《十誦律》、《四分律》、《五分律》等。《十誦律》譯文，自鳩摩羅什盛傳於唐時。《四分律》爲劉宋佛陀耶舍所譯，南山律師道宣傳之，遂成律宗。道宣生隋開皇間，助玄奘譯書。

法相宗也稱唯識宗，爲玄奘所立，以《成唯識論》爲經典。弟子窺基、慈恩爲這宗的主要大師。

密宗在佛教思想上，沒有多大的影響；在民間的宗教生活上，則很有潛力。這一宗由唐玄宗開元時善無畏和尚傳於中國。

佛教以上各宗隋唐時已很興盛。宋時，則只有天台宗、華嚴宗、律宗和禪宗，尚見發達。元、明、清時，則僅有禪宗、律宗，流傳於佛門了。

四、中國佛教思想的大綱

在大乘、小乘、十宗、八宗的各派教理中，想要作成一個有系統的大綱，幾乎是不可能；並不是因爲佛教的思想沒有系統，卻是因爲各宗的思想都各有系統，要寫大綱，不是重複，就是失漏。我便只好採取佛教的教別論，以佛教最重要的幾宗，代表佛教思想的幾點。然後以佛教的宗旨爲線索，把這幾點連接起來，作成佛教思想的大綱。

佛教思想的中心點，爲一「苦」字。釋迦佛看到人生都是痛苦，乃設法解除人的痛苦。痛苦的緣因，是因爲人愚昧，誤以物、我，爲有。所以爲解釋佛教的思想，便從認識論開始。但在研究佛教思想以前，先該講佛教研究學術的方法，即所謂因明論。因此我第一便講因明論，第二講認識論。佛教講認識者以玄奘的法相宗《唯識論》爲主。

因著愚昧無明，人乃有苦，佛教對於苦，有四端大道，稱爲四諦：即苦、集、滅、道。佛教說人生是苦，苦由因緣所集，破滅因緣，人便入涅槃。講四諦的，以成實宗爲要。

苦既由因緣所成，因緣的主點雖是愚痴無明，其中他種因緣尚多；因此在講了四諦以後，便講佛教的因緣論。

佛教的要旨，在能破滅苦因，解脫人類。各宗的解脫法不同，我只能指出其中最重要幾種。在重要的解脫法中而爲佛教各宗都公認的，則有戒、定、慧三法。戒、定、慧爲解脫法的三級，由戒入定，由定入慧。

佛教各宗有戒律，然最重律的，乃是律宗。戒律的目的在於斷絕惡業，清淨人心。中國佛教，爲僧爲尼；僧尼的生活都受特別戒律的拘束。

佛教的定，稱爲禪定；因爲是由坐禪而入定。禪定爲佛教各宗修行法；但修禪最精的，要算禪宗。禪宗分漸進和頓悟，禪的目的，則都在叫人擺脫世物，心無牽掛。慧是跟禪相連的，坐禪到了工夫，必得慧。但佛教有專門講慧的，中國有天台、華嚴兩宗。華嚴宗講法界觀，天台宗講止觀，都以觀佛去了解性，佛性即真如，人能貫徹人心乃是真如；人即成佛，便進了涅槃。

按照上面的系統，我講佛教思想的大綱。可是佛教經典，中國所有的譯本，已經是看不勝看，何況譯文又很難講呢！因此所寫出的，必定是掛一漏萬了。加之佛教參考書，在國外很不容易找。幸而在羅馬大學圖書館找到一部日本印刷的《大藏經》。這部《藏經》即《大正新修大藏經》。因爲國內少有這種本子，所以本書引用佛經時，沒有註明《大藏經》的卷數和頁數。我希望後來找到商務印書館的影印本，在再版時把引用的的經文，都能註明《大藏經》中的出處。

第一章 因明學

一、因明

1. 因明的意義

西洋哲學的入門，爲論理學或邏輯學。論理學教給人推理的方法。哲學是推理的，因此研究哲學的人，最先便該知道論理學。中國古代哲學裡，有所謂名學，也是一種論理學；然而中國的名家，則自喜爲詭辯論，沒有正式專門研究邏輯法。儒墨各派的學者，雖都有推論的方式，不過也沒有正式提出，作成一科專門的學術。佛教印度傳入中國。佛教在印度已經有自己的論理學。傳入中國後，就把自己的論理學也傳入中國。

佛教的論理學，中國稱爲因明學；因爲玄奘、義淨翻譯佛教的論理書籍時，譯爲因明論。爲甚麼稱爲因明呢？哲理上推理，常要假設一些前提，從前提裡推出結論。前提爲因，結論爲果。那麼論理學即是以因去明果。

因明論解釋因明說：

「因明梵語名為醯都費陀。梵云醯都費陀。……醯都言因，費陀云明。」（大藏經 窺基 因明入正理論疏 卷上）

因明有甚麼意義？神泰和尚解釋說：

「初言因者，有其二種：一者生因，二者了因。……就了因中復有三種：一者義因，謂通是宗法，所作性義；二者言因，言論云者，所作性故；三者智因，諸敵論之者，及證義人，解前義因及言因。心心數法，通名為智。此之三因，並能顯照聲無常，如燈照物，故名明也。此即因是境名，明是智稱。」（大藏經 神泰 理門論述記）

神泰所說的各種因，在後面我們都要講解。神泰說以因照法，好比拿燈照物。這就是上面我們所說的由因以知果。

2. 因明學的源流

這裡所要說的因明學源流，很簡單；因爲所有的參考書有限，而且這冊書的篇幅也不容多談。

佛教的因明學分外道因明論和三支因明論。外道因明論起於佛教以前；三支因明論爲佛教大師們所改作。

外道因明學，索源於《尼夜耶經》（Myaya-Sutra）。這冊經共分五卷，爲尼夜耶派始祖足目（Akahapada），或稱喬答摩（Gatama）者所作。尼夜耶派很看重人的智識。人若求得正知，即得解脫。爲得正知，則該有有知的方法。求知的方法，爲十六諦：一、量諦，解爲正知。二、所量，爲知識的對象。三、疑，即見物不明。四、用，爲用知識去議論。五、譬喻，如見牛而知有牝牡。六、悉檀，爲斷定真理。七、語言分別，爲能分別自他之義。八、思擇，前提真，則可據來作辯論。九、決，爲義理證明。十、議論，由語言以顯實理。十一、修證義，欲以議論制勝他人，乃巧爲紛爭。十二、壞義，本不合理，欲橫相攻詰。十

三、自證，謂似是而非的議論。十四、難難，稱爲遁詞。十五、諍論，便是自相矛盾。十六、墮負，指的誤解或不了義。（謝蒙 佛學大綱 中華書局 民二十八年版 頁二—五）

尼夜耶派的正知說轉成爲初期因明學的五分論支。五分論支包含推理的五個層次，即所謂宗、因、喻、合、結。宗是所主張的命題，因是證明命題的理論，喻是證明命題的例證，合是再設實例，結是結論。例如：

宗：聲是無常，

因：所作性故，

喻：凡是所作性皆是無常，

合：譬如瓶等，

結：所以聲是無常。

佛教陳那和尚根據五分論式，作三支論式，縮短五分的五層成爲三層，即是宗因喻。把合包括到喻以內，結則不說而知。陳那的三支式：

宗：聲是無常，

因：所作性故，

喻：諸所作性，皆是無常，譬如瓶等。

五分論支的因明學，對於因，定有九句因和十四過的原則，陳那則對於宗因喻都加設規範。後來商羯羅天主和尙，再把陳那的規範加以修正，奠定了佛教的因明法式。

「因明論者，源唯佛說，文廣義散，備在衆經。……爰暨世親咸陳軌式，雖綱紀已列，而幽致未分，故賓主對揚，猶疑立破之則。有陳那菩薩，是稱命世，……覃思研精，作因明正理門論。……商羯羅主，即其門人也。……大師（玄奘）行至北印度境迦濕彌羅國法救論師寺，逢大論師僧伽耶舍此示衆持，特善薩婆多，凡因明論創從考決，便曉玄猷。後於中印度境摩揭陀國，復遇尸羅跋跎菩薩等。重討幽微，更精厥趣，披枝葉而窮其根柢，尋波瀾而究其源穴。」（大藏經　窺基　因明入正理論疏　上卷）

佛教因明學輸入中國，仗著玄奘的法相宗。玄奘譯有陳那的《理門論》，和商羯天主的《因明入正理論》。法相宗大師窺基則撰有《因明入正理論疏》。

二、宗

1. 宗的意義

宗是推論時主張命題，命題也是推論式中所該證明的結論。五分論式對於宗的主詞實詞相互的關係，解說的不甚明瞭。陳那則詳加說明，他以宗爲主詞與賓詞結合時，表達說話人的一種主張，稱之爲不顧論宗。不顧論宗是說任憑說話的人去立宗，他立了以後，當然該知道證明。窺基以爲我們普通所有的主張，可以分爲四種：第一種遍所許宗，是所說出一種主張，大家都讚許，或是所說的主張，爲一普遍的原則，隨時隨地都是真的。第二種先承稟宗，是說所有的主張，爲先聖的遺訓。第三種爲傍憑義宗，是說所有的主張，憑依大家所讚成的事理根據。第四種則爲不顧論宗，自己說出一種主張，自己拿理由去證明。

「凡宗有四：一遍所許宗，如眼見色，彼此兩宗皆共許故。二，先承稟宗，如佛弟子習諸法空，鵂鶹弟子立有實義。三，傍憑義宗，如立聲無常，憑顯無我。四，不顧論宗，隨立者情所樂便立，如佛弟子立佛，若善外宗喜立便立，不須定顧。」（大藏經 窺基 因明入正理論疏 卷上）

宗的主詞和賓詞，窺基稱爲宗依，兩詞連結而成的命題，稱爲宗體。但後來佛典又稱宗的主詞爲體，賓詞爲義。或又稱宗的主詞爲前陳，賓詞爲後陳。或再又稱宗的主詞爲所依，賓詞爲能依。從命題一語的內在關係去看，主詞則可稱爲自性，賓詞爲差別；或可稱主詞爲有法，賓詞爲法；又可稱主詞爲所別，賓詞爲能別。例如說某甲是人，人是賓詞，人是一種物性，可以稱爲法。人性使某甲別於其他物體，所以稱爲差別，或者能別。某甲爲主詞，他有人性，所以可稱爲有法，稱爲自性或所別。例如：

宗：某甲是人。

主詞	賓詞
體	義
前陳	後陳
所依	能依
自性	差別
有法	法

所別——命題

能別——宗體

2. 立宗

宗即是個命題，由主詞賓詞結合而成，宗的重要點，在乎主詞跟賓詞相互的關係，真正能如命題所說的。例如你說：人是馬，這個宗不能成立，因爲人跟馬的關係，並不是一個「是」宗。況且推論時，常假定雙方對辯。你說出一個命題，就該想是否要被敵人辯倒。不被人辯倒，你的宗纔可成立；若被人辯倒，你的宗便不成立。所宗的重要點，在乎能立。

窺基以宗的能否成立，有八種不同的境遇，他稱爲宗的八義：

「能　立：因喻具正，宗義圓成，顯似語他，故名能立。

能　破：敵申過量，善斥其非，或妙徵宗，故名能破。

似能立：三支互闕，多言有過，虛功自陷，故名似立。

似能破：敵者量滿，妄生彈詰，所申過起，故名似破。

現　量：行離動搖，明證眾境，親冥自體，故名現量。
比　量：用已極成，證非先許，共相智決，故名比量。
似現量：行有籌度，非明證境，妄謂得體，名似現量。
似比量：妄與由況，謬成邪宗，相違智起，名似比量。」

（大藏經　窺基　因明入正理論疏　卷上）

八義的大義，按照因明的內容，可概括為兩類。因明學為叫自己的命題可以站得住，又可以把對方的主張打破，要緊是所用的推論法和證據，都用的對。因明的證據，有現量比量似現量似比量。因明的方法，有能立能破似能立似能破。能立和能破，意義明顯，大家都懂。能立，是說的理由充足，方式又合法，宗便能成立。能破，是能對準敵論的弱點，指出敵方的錯誤，把敵方的法打破。似能立似能破，則是似乎能立，似乎能破。現量和比量兩個名詞，各派的解釋不同，有所謂外道兩說，小乘五說，大乘四說。（謝蒙　佛學大綱　頁四〇）然就根本上講，各家的解釋，大致相同。即是以現量為感覺知識，比量為理智智識。現量知識由五根所現，故稱現量。比量知識由意識比較感覺而生，故稱比量。似現量和似比量，則由錯誤而生，以真為假。

3. 宗之過

過，是不得其法。宗之過，即是宗不得其法，主詞與賓詞的關係，發生毛病。

五分論常說宗有十四過：（見大藏經 龍樹 因明入正理論本 玄奘譯）

一、同法相似：兩個名詞，意義相同，然稍有分別，誤而相混。

二、異法相似：兩個名詞，意義不同，錯用爲同意字。

三、分別相似：兩個名詞，爲一大類的兩分類，誤相混用。

四、無異相似：兩個名詞本不是分類名詞，強用爲分別名。

五、可能相似：可能的事，強用爲必然的事。

六、猶豫相似：猶豫不定者，誤用爲已定者。

七、義准相似：兩名詞本可互用，而誤不以爲互用。

八、至非至相似：相和爲至，不相和爲非，兩者混用，致生錯誤。

九、無因相似：兩者的理由不相同，強爲之同。

十、無說相似：不能相說的，硬以爲可說。

十一、無生相似：不存在的，強以爲有。

十二、所作相似：有果必有因，然果相同，因未必相同；誤以爲同。

十三、生過相似：因相同，果未必相同；誤以爲同。

十四、常住相似：常住的事未必常存；誤以爲存。

陳那創三支論，對於宗之過，加以修正，列爲九過：

一、現量相違：即感覺的錯誤。

二、比量相違：即結論的錯誤。

三、自教相違：是違反佛教教理。

四、世間相違：乃隨從塵俗的謬理。

五、自語相違：所說的話自相衝突。

六、能別不極成：兩事本有分別，誤以爲沒有分別。

七、所別不極成：不可分別的事，誤以爲有分別。

八、俱不極成：主詞與賓詞不能相連，因爲不能相攝。

九、相符極成：主詞與賓詞可以相符，但不相合，強以爲合。

三、因喻

1. 因

因喻都是宗的理由，宗既相當於斷案成結論，因喻便相當於前提，因即小前提，喻即大前提。因爲宗的理由，喻爲因的根基。

「因者所由，釋所立宗義之所由也。或所以義，由此所以所立義故。又建立義，能建立彼所立宗故。或順益義，由立此因，順益宗義。令宗義立，是故名因。故瑜珈云：辨因者謂為成就所立宗義，依所引喻，同類異類，現量比量，及正寂量。建立順益，道理言論。」（大藏經 窺基 因明入正理論疏 卷上）

因乃宗所以能立的理由。因分兩種：一生因，二了因。生因謂由一事能另生一事如種子生芽。了因謂由一事能明瞭另一事，如燈光照物。

「因有二種：一生，二了。如種生芽，能起用，故名為生。……如燈照物，能顯果故，故為了因。生因有三：一言生因，二智生因，三義生因。言生因者，謂立論者，立因等言，能生敵論決定解故，名曰生因。……智生因者，謂立論者，發言之智，正生他解實在多言，智能起言，言生因因，故名生因。義生因者，義有二種：一道理名義，二境界名義，道理義者，謂立論者言所詮義，生因詮故，名為生因。境界義者，謂境能生敵證者智，亦名生因。」（大藏經 窺基 因明入正理論疏 卷上）

窺基所說的三種生因，頗費解釋，簡單地說：言生因。即是所立的證據，由這種證據得一結論，能破除反對者的言論。推論式的前提，即稱爲言生因。智生因，指的是每個人發表意見時，所持的理論。所以說「智能生言」，因爲有理論，纔能有前提。義生因，指的由前提能夠引伸出來的理論。

但是在推論方面，另外有一種因的分類法。五分論式分因爲九類，稱爲九因。

「於同有及二，在異無是因；
翻此名相違，所餘皆不定。」
（大藏經　龍樹　因明正理門論本　玄奘譯）

這種分類法，是按因所舉的理論，是全部的或是局部的。九句因按上段頌裡所說，分爲三類。

一、同有異無因。
同品有，異品非有。
同品有非有，異品非有。

二、相違因。
同品非有，異品有，
同品非有，異品有非有。

三、不定因。
同品有，異品有，
同品有，異品有非有，
同品非有，異品非有，

同品有非有，異品有。

同品有非有，異品有非有。

這九種因，只有第一類「於同有及二，在異無是因」的兩因是對的。例如說「甲爲乙」，因爲「乙爲丙」；凡「丙皆爲甲」，所以「甲爲乙」。爲使這個結論不錯，「乙爲丙」這句因，至少該是凡不是乙的，一定不是丙，否則不能有結論。我們可以再舉實例來說明：

宗：某甲是有理性的動物。

因：某甲是人。

喻：凡是人都是有理性的動物，譬如某某等。

這一例裡，理性動物的同品都是人，異品則不是人。人跟理性動物，完全相等。即是「同品有，異品非有」的因。

宗：某甲能說話。

因：某甲是人，

喻：只有人能說話，譬如動物植物等都不說話。

這一例裡：能說話跟人，兩者不完全相等，因爲不是一總的人都能說話，小孩子和啞吧，便不能說話；但是除人以外，別的東西則不能說話。這就是「同品有非，異品非有」的因。

為推論，只能用上面兩因，其餘的七因都不適用；因為若用相違因，則適得其反。用不定因，則結論不定。例如：相違因：

宗：某甲能說話，

因：某甲沒有理性。

結論則應該是既沒有理性，則不能說話。又例如：不定因：

宗：某甲能說話，

因：某甲能走。

能走的東西，有的能說話，有的不能說話。結論便不能一定。

陳那和尚修改因明論時，把九句因改為三相因：

「因有三相。何等為三？謂遍是宗法性，同品定有性，異品遍無性。云何是同品異品？謂所立法，均等義品。」（大藏經 羅天王 因明入正理論 卷一 玄奘譯）

窺基作《因明論疏》，解釋這三相說：

「遍是宗法性，此列初相，顯因之體，以成宗故，必須遍是宗之法性。據所立宗，要是極成法及有法不相離性。……謂有法因法，俱極成。宗中之法，敵先不許。但得共許因在宗中有法之上，成不宗中之法；如是資益有法義成。可得因在共許中。」（大藏經 窺基 因明入正理論疏 卷上）

宗中之法，即是宗中的賓詞。例如說「聲是無常」，無常即是宗中之法。宗中之有法，則爲主詞，爲證明這一條宗，佛典說「所作性故」。對方不承認聲是無常，所以說「宗中之法，敵先不許」。但是敵方承認，凡是所作性的東西都是無常，即是「但得共許因在宗中有法之上」。因爲共許因「所作性」在宗中有法「聲」之上，所作性的範圍較比「聲」廣泛，除聲之外，還包括別的東西。既然所作性的東西都是無常，聲當然無常了。這「所作性故」之因，即遍是宗法性。

「（同品定有性，）同是相似義。品是體類義。相似體類，名為同品。」

（大藏經 窺基 因明入正理論疏 卷上）

這裡所謂相似，並不是說相彷佛，是說的類似；類似則是說同類。同品指的跟所立法爲同類的。所立法謂所立宗中之法。那麼同品定有性之因，即是凡與宗之法同類者都一定有的因，例如說：甲是人，理性動物故。凡是人，必定是理性動物。理性動物對於甲是人，便是同品定有性之因。異品遍無性，則是說凡與宗之法不同類者，必定沒有這個因，例如：某甲有理性，能說話故。沒有理性的東西，一定不能說話，這種因即異品遍無性之因。

2. 因之過

因若是用的不得其當，結論便不成立，這是因之過，陳那說因之過有十四項。這十四過，可分爲三類：即是：不成、不定、相違。這三個名詞，馬上就表明這些過失跟九句因有關係。

第一類不成之過，有四項：（1）兩俱不成。（2）隨一不成。（3）猶豫不成。（4）所依不成。

所謂兩俱不成，即是說因裡所用的媒介詞，跟宗跟喻都不相合。隨一不成，則是因的媒介詞或者跟宗或者跟喻，不能相合。猶豫不成，則是因的理由，並不確定。所依不成，即是因所依的喻，跟因不相連。這四項因過，都叫宗不能成立。

第二類不定之過，有六項：（1）共不定。（2）不共不定。（3）同品一分轉異品遍轉。（4）異品一分轉，同品遍傳。（5）俱品一分轉。（6）相違決定。

這六項不定，都是爲的因所用的媒介詞，不完全是宗的特性，同時也是宗的異品的特性。同品異品既然都有，推論的結果，當然不定了。這種不定的媒介詞，或者是共相，或者是別相。共相即共通詞，別相即特別詞。因著共相媒介詞而不定，稱爲共不定。因著特相媒介詞而不定，稱爲不共不定。在同品異品都有媒介詞的物性時，能有幾等，所以有其餘的四種不定。至於相違決定因，則是用的相違因。爲解釋不定之過，可以舉一例：

宗：我的車子很好看。

因：因爲是木製的。

「木製的」這個媒介詞跟宗的「很好看」不能完全相合；因爲木製的車有好看的，也有不好看的。而且非木製的車，也有好看的。那麼怎麼能一定說因爲是木製的，我的車子就好看呢？

第三類相違之過，有四項：（1）法自相相違因。（2）法差別相違因。（3）有法自相相違因。(4)有法差別相違因。

宗的主詞，稱爲有法；宗的賓詞，稱爲法。主詞與賓詞各有本性，各有特性。特性稱爲差別。自稱爲自相因的相違四過，便是因的媒介詞，跟宗的主詞或賓詞的自性或特性，互起衝突，因此便與宗相違，宗便不成立了。

3. 喻

喻在因明裡，是爲支持因的。因說出了一種由，喻便把這種理由，推說出去，跟宗裡所說的事連結起來，使能得出結論。喻的地位，乃是論理學的大前提；所不同的點，則是喻要學例說明。

「喻，……梵云，達利瑟致案多。達利瑟致云見，案多云邊。由此比況，令宗成立，究竟名邊。他智解起，照此宗成立之為見。故無著云：立喻者，謂以所見邊，與所未見邊，和合正說。師子覺言，所見邊者，謂已顯了分；未所見邊者，謂未顯了分。以顯了分顯未顯了分，令義平等，所有正說，是名立喻。今順方言，名之為喻。喻者，譬也，況也，曉也。由此譬況，曉明所宗，故名為喻。」（大藏經 窺基 因明入正理論疏 卷中）

這就是說拿已經知道的理論，去說明不知道的理論。例如說：

宗：聲無常，

因：所作性故。

喻：凡所作性，俱是無常，譬如瓶等。

「聲無常」算是該當證明的事。「凡所作性，俱是無常；譬如瓶等」，算是已經知道了的事。拿這事去證明「聲無常」，即是以「顯了分顯未顯了分」。但是喻跟因有什麼分別呢？

「問喻既建成宗，亦能順益，何不名因？答喻謂況，正云見邊，令其宗義見其邊際，究竟圓滿，故名見邊。雖亦順益，非是正釋宗之所以。親初建立，得此因名；喻疎後成，不得因稱。是故此因，不名見邊。說所因時，義未成故。」（大藏經 窺基 因明入正理論疏 卷上）

「因」是直接解釋「宗」的，「喻」則是間接對於「宗」有所解釋。因不能使宗的證明完全成立，喻就是使宗證明能夠圓滿。所以喻爲「究竟圓滿，故名見邊。」喻分兩種：一爲同喻，一爲異喻。同喻即是以因的「同品俱有」爲根據，異喻則根之於「異品非有」。

「喻有二種：一者同法，二者異法。同法者若於是處顯因同品決定有性。」

（大藏經　羅天主　因明入正理論　卷一　玄奘譯）

例如說：凡所作性，俱是無常；譬如瓶等。這是同喻。因爲喻指出凡是與因所說的所作性爲同品的，都是無常。若說「凡非所作性，俱不是無常。譬如道。」這便是異喻。因爲喻指出凡是跟因不同品的，都不是無常。同喻爲直證，異喻爲反證。

4. 喻之過

喻若用的不恰當。推論必定錯誤。陳那說喻有十過；即是同喻五過，異喻五過。同喻五過爲（1）能立法不成，（2）所立法不成，（3）俱不成，（4）無合，（5）倒合。異喻五過爲：（1）所立不遣，（2）能立不遣，（3）俱不遣，（4）不離，（5）倒離。所謂合與離，是說「同喻」把宗合在喻以內，「異喻」把宗或因排在喻以外。所謂「能立」，指的因和喻；所謂「所立」，指的宗。

同喻的過，例如說：

宗：某甲是有靈動物，

因：某甲有思想，

喻：凡有思想者都是有靈動物。譬如乙丙等。

這個例裡的「能立」，爲「某甲有思想」。「有思想」爲「能立」的「法」。這個例裡的「所立」爲「某甲是有靈動物」。「有靈動物」爲「所立」的「法」。在這個例裡，「喻」謂凡有思想的都是有靈動物，這句話不正確，因爲天神也是有思想，但並不是人。因此這個喻不能支持前面因中的法，也不能證明前面宗中的法，所以是能立法不成，所立法也不成了，那麼便是俱不成。

又例如說：

宗：某甲可以看物，

因：某甲有眼睛，

喻：至少有些有眼睛的人，一定可以看物，譬如乙丙等。

這個例裡的喻並不正確，所犯的過，即是「無合」，因爲喻不能包括宗。你說「至少有些有眼睛的人，一定可以看物」；你怎麼能知道某甲一定在這些有眼而能見的人數裡？喻不能合宗，即喻的詞爲別相。至於說「倒合」，則是非但喻不合宗，而是宗包括喻了。例如說：

宗：中國人都懂明，

因：懂明人會讀書，

喻：在羅馬的中國人都會讀書，譬如張某伍某等。

這個例裡的喻，既不包例裡的宗，反倒被宗所包。這便稱爲倒合。宗裡說「中國人」，喻裡說「在羅馬的中國人」，這不是倒合了嗎？當然結論不能成立。

異喻的過，即是不能把宗或因排在喻以外。例如說：

宗：某甲是人，

因：某甲有眼睛，

喻：凡沒有眼睛的都不是人；譬如桌椅等。

這一喻，大家都知道差了。喻的過，即是「所立不遣」，因爲「沒有眼睛」跟「人」，並不完全相克除；宇宙有多少瞎了眼的人哩！異喻的過，所謂「能立不遣」，即不能把因除在喻以外。所謂「俱不遣」，則是宗與因，都不被除在喻外。所謂「不離」，或「倒離」，即是異喻的辭爲別相，不能包括宗，結論不成。例如說：

宗：中國人都懂明，

因：懂明人會讀書，

喻：在羅馬的中國人沒有一個不會讀書；譬如張某陳某。

這種喻便算爲倒離了。

四、因明論式

因明論有了宗因喻，還只是有了推論的各種要素。宗因喻的三三十二過，也是關於三者的原則，爲能推論，還該有些方式，把宗因喻好好排列起來。

因明論的方式，分爲兩類：一爲表詮，二爲遮詮。兩者又各分有體無體。有體無體又各再分爲全分一分。所以總共有八式。

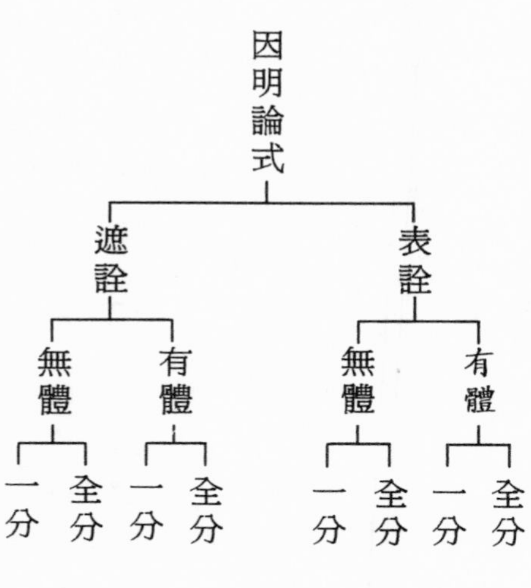

1. 表詮因明論式

表詮因明論式，特點在於用同喻，遮詮則用異喻。有體論式，論式的宗爲肯定句；無體論式，論式的宗爲否定語。全分論式，論式的宗屬於共相；一分論式，論式的宗屬於別相。以下舉例說明：

一、表詮有體全分論式

宗：凡甲皆是乙。

因：凡甲皆是丙故。

喻：凡丙皆是乙，譬如丁等。

二、表詮有體一分論式：

宗：有些甲是乙。

因：凡乙皆是丙故。

喻：有些丙是甲，譬如丁等。

三、表詮無體全分論式：

宗：凡甲都不是乙。
因：凡甲都不是丙故。
譬：凡丙都是乙，譬如丁等。

四、表詮無體一分論式：

宗：有些甲不是丙。
因：有些甲不是乙故。
喩：凡乙皆是丙，譬如丁等。

2. 遮詮因明論式

遮因明論式，特點在於用異喩，喩爲否定句。

一、遮詮有體全分論式：

宗：凡甲皆乙。
因：凡甲皆丙故。
喩：凡不是丙的都不是乙的，譬如丁等。

二、遮詮有體一分論式：

宗：有些甲是乙。

因：有些甲是丙故。

喻：沒有一個丙不是乙；譬如丁等。

三、遮詮無體全分論式：

宗：凡甲都不是乙。

因：凡甲都是丙故。

喻：凡乙都不是丙，譬如丁等。

四、遮詮無體一分論式：

宗：有些甲不是丙。

因：有些甲不是乙故。

喻：沒有一個乙不是丙的，譬如丁等。

這八種因明論式，跟西洋論理學的三式六樣推論式相彷彿。但遮詮一類，不大適用，因爲間接用反證，要繞圈兒，又容易有錯誤。

第二章 唯識論

一、唯識

1. 唯識的意義

佛教的教義跟哲學上的認識論，關連很深。佛教以人生爲苦；人所以有苦，因爲人貪心不厭。人爲甚麼貪心不厭呢？因爲人把世界本來虛無的東西，誤爲實有。那麼，人生的痛苦不是發生於一種誤解嗎？誤解屬於認識，所以佛教各宗都討論人的認識。但是詳細講解認識論的，則是法相宗和唯識宗。兩宗的重要典集，爲玄奘所譯的《成唯識論》、窺基所作的《成唯實論述記》。

唯識有什麼意義？唯識與唯心相連，佛教的禪宗與天台、華嚴等宗，注重一個心字，說萬法唯心。唯識宗則說萬法唯識，無論色法心法，都是識所造成的。佛書解釋唯識說：

「此唯識二字，先離解，次合解，先且離解，初唯後識。初唯字有三義：一者揀持之義，揀謂之揀去我法所持。持謂持取，持取依圓二性。……二者決定義，決無離心之境，定有內識之心。……三者顯勝義，謂心王勝，心所籌劣，今但顯勝，不彰於劣。……次合釋唯識者。唯為揀去，遮無外境。境無外境，境無非有。識能了別，詮有內心。心有非無，合名唯識。」（大藏經 延壽 宗鏡錄 卷四）

唯識即是說：人所謂實在有的東西，都是人因識而誤執爲實有；那麼說明這其中的所以然，叫人除去我執法執，便稱爲唯識。所以說唯爲揀持，爲決定，爲勝。唯爲揀持：揀是揀去，持是我執法執，把我執法執都除去，稱爲唯識。唯爲決定：決定心以外的東西都是空的，只有心是實的。唯爲勝；以實勝空，知道外間的東西都不起貪戀，便稱爲唯識。識字在佛教中有了別的意義。了是明了，別是分別，人對於一切事物能夠了別，便稱爲識。若能了別外間事物都是由識所變，這種識，稱爲唯識。「所言唯識者，此宗言一切色心諸法，無論爲形爲無形，皆阿賴耶等諸識所變。唯者，簡別義，遮無外境，即遮所執我法，離心而有。

識者了別義，表有內心，即表因緣法性皆不離心。華嚴經就集起義言唯心，唯識論就了別義言唯識。或唯心通因果，唯識唯在因位。如義林章云：識者心也，由心集起，綵畫爲主之根本，故經曰唯心，分別了達之根本，故論稱唯識。或往義通因果，總言唯心，唯說唯在因，但稱唯識。識了別義，在因位中，識用強故，說識爲唯，其義無二。」（黃懺華佛教各宗大意 卷上 頁五八 商務印書館 民二十三年版）

2. 識的種類——八識

佛教常說的八識，以識爲八種。前六種，跟普通哲學上的分類很相彷彿，可是後二識，就是佛教的特有物。

「八識之義，出楞伽經。故彼經中（第二章，）大慧白佛，世尊不立八識耶？佛言，建立！所言識者，乃是神知之別名也，隨義分別，識乃無量。今據一門，且論八種。八名是何？一者眼識，二者耳識，三者鼻識，四者舌識，五者身識，六者意識，七者阿陀那識，八者阿梨耶識。八中

前六，隨根受名，後之二種，就體立稱。」（大藏經 慧遠 大乘義章 卷三）

這八識前面六種「隨根受名」，即按六識的官能取名詞，故稱爲眼耳鼻舌身意。眼耳鼻舌。大家都懂，身識則是觸覺。觸覺滿身，因此稱爲身識。意識則屬於心，是人的一種判斷，表示人的一種反省，故稱意識。八識的後兩種，或稱阿陀那識和阿梨耶識，或稱爲末那識和阿賴耶識，這只是譯音的不同，在意義上，無關重要。

八識雖順次排列，總稱爲八，但按照它們的價值，普通分爲三等：第一是第八阿賴耶識，第二是第七末那識，第三是前六識。這種分等的價值在那裡？是在於識的變。所說變，是對於識的對象而言。八識中最能變的，要算阿賴耶識。第八識之變，稱爲「異熟能變」；因爲種子與果，性質不同。第二種能變，乃是末那識，稱爲「思量能變」；因爲末那識藉第八識的種子，自生思維，生我執法執。第三等能變爲前六識，稱爲「了別能變」；因爲六識能識別外間的事物。

「由假說我法，有種種相轉，
彼依識所變，此能變唯三：

謂異熟思量，及了別境識：」

（大藏經 成唯識論 卷一 玄奘譯）

八識的名目，除上面的八識以外，還有別種的藉用。一種藉用，爲解釋第七識的性質和價值，再一種藉用，則專爲解釋第八阿梨耶識的特點。

「阿陀那者，此方正翻名為無解，體是無明癡闇心故。隨義傍翻，差別有八。一無明識，體是根本無明地故。二名業識，依無明心不覺妄念忽然動故。三名轉識，因前業識，心相漸麁，轉起外相，分別起故。四名現識，所起妄境，應現自心，如明鏡中現色相故。五名智識，於前識中所現境中，分別染淨，違順法故。此乃昏妄分別名智，非是明解脫為智也。六名相續識，妄境牽心，心隨境界，攀緣不斷，復能主持善惡業果，不斷絕故。七名妄識，總前六種非眞實故。八名執識，執取我故，又執一切虛妄相故。阿梨耶者，此方正翻名為無沒，雖在生死，不失沒故，隨義傍翻，名列有八。一名藏識，以此識涵含法界恆河佛法，故名為藏。二名聖識，出生大聖之所用故。三名第一義識，以殊勝故。四名淨識，亦名無垢識，體不染故，五名眞識，體非妄故。六名眞如誠，心之體性無所破故，名之為眞，無所立故，說以為如。七名家識，亦名宅識，是虛妄法所依處故。八名本識，與虛妄心，為根本故。」（大藏經 慧遠 大乘義章 卷三）

普通所說的八識，常不指的這兩種八識，乃是指的前面所說的八種識。但佛教有時也說九識，即在八識之後，加第九淨識。

「問：心分四名，義開十種，識之名義，約有幾種？答：若約同相自門，不可分別。若約異門共相，隨義以分，名約性相有九，義包內外具有五，名有九者：一眼識，二耳識，二鼻識，四舌識，五身識，六意識。七末那識，八阿賴耶識，九淨識。」（大藏經 延壽 宗鏡錄 卷四）

唯識宗只講八識，淨識這種名詞，是大乘的華嚴宗天台宗所有的，這幾宗專講真智，講中觀，以人的最高智識，乃是淨識，前面所引慧遠的話，以阿賴耶識亦名淨識，亦名真如，是夾有大乘各宗的話，但是後來大乘各宗分的很明白了，淨識便自成一識，然而這種淨識，不能算爲簡單的認識，應該算爲佛家的智慧。

3. 識的作用——有漏無漏

佛教以人的智識，跟人的善惡，套在一環圈以內。普通哲學上以認識的過程，屬於心理學，以人的善惡行爲屬於倫理，雖說認識可以影響人的倫理，但是倫理與心理，完全判爲兩事，彼此間並沒有內在的關係。佛教則以認識爲倫理，互爲因果。人今生的認識能力，乃人前生的倫理果；人今生的認識，轉爲人今生及來生的倫理因，彼此環套相連，因果互應。

識既爲人生倫理的因，識乃分爲有漏識與無漏識。漏者是煩惱，煩惱不單指的人生痛苦，也指的人生惡行，有漏識即是使人有煩惱之識。這種識也稱爲無明，也稱爲愚癡。人因爲昏愚不明，誤以空爲實，貪戀世物，所以有苦有惡。無漏識則爲明，則爲智，使人觀看清楚，萬物俱空，一切苦痛便都消失，再不行惡，這種識稱爲無漏。

爲什麼緣故一個人的認識是有漏呢？那是因爲他有我執和法執，我執是執我以爲實有，法執是執法以爲實有。

「諸所執我略有三種：一者執我體常週遍，量同虛空，隨處造業，受苦樂故。二者執我其體雖常，而量不定，隨身大小有卷舒故。三者執我體常，至細如一極微，潛轉身中，作事業故。」（大藏經 成唯識論 卷一 玄奘譯）

我身本不有，但以我能造業，我能輪迴，便以爲有，我既爲有，我所認識的外界事物，也該爲有了。於是萬法該有人，遂有我執法執。

可是人爲什麼有這種我執法執的有漏識呢？有漏識是因爲所緣和能緣，都爲著前生的惡果，不得不生出這種錯誤。

「然有漏自體生時，皆似所緣能緣相現。彼相應法，應知亦爾，似所緣相，說明相分。似能緣相，說明見分……相見所依自體名事，即自證分。」（大藏經 成唯識論 卷二 玄奘譯）

識發生時，必能知道自己所知道的對象，那麼便有能夠知道的本能，稱爲「能緣」；又有能夠知道的對象，稱爲「所緣」。因著本能與對象相合，乃有一種物相，物相稱爲「相分」。有了物相，知道分別本能與物象，這種分別，稱爲「見分」。有了見分，自己知道自己有了認識，這種自反的認識，稱爲「自證分」。還有所謂「證自證分」，即是有了自識分的自反認識，自已知道有這種自反認識，便是「證自證分」。識的這四種作用，都受阿賴耶識所有種子的影響，因爲所藏的種子有漏，所熏出來的識也就有漏。

二、第八識阿賴耶識

1. 阿賴耶識的意義

普通講認識論，常由感覺以到靈覺，在佛教的認識論，也應該由前六識以到後二識。但是因佛教的認識論，跟前生今生的善惡互爲因果；這個因果的樞紐是第八識，則我們講佛教認識論，便該從阿賴耶識開始，把普通認識論的次序倒過來。

佛教的認識論，重在一個變字，佛教的識，本不可稱爲識，因爲這種識只是一種幻見。

幻見完全由於識所變成。第一能變是第八識，第二能變是第七識，第三能變是前六識。所以認識論的次序，便由後者而至前者。

阿賴耶識或阿梨耶爲梵語的譯音，意義爲藏，因此也稱爲藏識。藏字包含三部分：一爲「能藏」，二爲「所藏」，三爲「執藏」。「能藏」謂能藏有前七識的萬法種子，阿賴耶識好似一個倉庫，藏蓄各般識的種子。「所藏」即是藏識中所藏的各種種子。「執藏」是說第七識因著第八識的種子，熏成認識，誤有我執法執，故稱執藏。在這三種意義中。以第三義最關重要；因爲有了我執，乃生萬般煩惱，人便墮在塵裡。

「初能變識，大小乘教，名阿賴耶識，此識具有能藏所藏執藏義故，謂與雜染互為緣故，有情執為自內我故。……此是能引諸界趣生善不善業異熟果故，說名異熟。……此能執持諸法種子令不失敗，名一切種。」（大藏經 成唯識論 卷三 玄奘譯）

阿賴耶識亦名異熟識，「此是能引諸界趣生善不善業異熟果故。異熟果是前生所行善或不善。對於識所結的果報，前生行善，則今生之識爲明；前生行不善，今生之識則爲無明：

此識是能引三界五趣四生總善惡業之異熟果，故以所謂異熟爲此識之果相，即有情之總報也。因是善惡，果是無記。異名而熟，故名異熟。樞要言眞異熟具三義。一業果，二不斷，三遍三界。所謂業果者，謂前業所感果，不斷者，謂恆時常續，遍三界者。謂遍三界有。」（黃懺華 佛教各宗大意 卷上 頁六〇）第八識雖因前生善業而有眞智，然異熟兩字皆用於無明，故說爲有情者的總報應，得道成佛的人已是無情。無情人的識，不稱爲異熟果。法相宗所謂無記法也不由阿賴耶而生。無記法即虛空無爲，爲眞如無爲等法。

阿賴耶識在求佛的人，得有佛果，稱爲「阿陀那」：

「唯異熟法是正實趣生。由是如來非趣生攝，佛無異熟無記法故，亦非界攝非有漏故，世尊已捨苦樂諦故，諸戲論種已永斷故，正實趣生既唯異熟心及心所，彼心心所離第八識，理不得成，故知別有此第八識。」（大藏經 成唯識論 卷三 玄奘譯）

唯識宗論因果時，除異熟果外，尚講其它四果，因此常說五果：一異熟果，二等流果，三離繫果，四士用果，五增上果。等流果爲前生之業與今生現行所生同類之果，等謂同等，流謂同流。離繫果，離謂遠離，繫謂煩惱牽繫，因無漏道而修善無爲法，脫離煩惱，稱爲離繫果。士用果，爲士大夫作事業所生之果。增上果，除上面四果外，其餘一切果，俱稱爲增上果。第八阿賴耶識，稱爲異熟能變，因爲牠的果，屬於異熟果。

2. 種子

阿賴耶識的重要性，在於藏有萬法的種子，種子是甚麼？種子是第八識生法的能力。「百法中，除無爲法六，餘一切有漏無漏色心諸法，皆從第八阿賴耶識中間發生起，名此第八識中生果功能曰種子。即第八識自體分中，有能生色心諸法之力用，恰如草木之種子，能生芽莖，故名之曰種子。」（黃懺華 佛教各宗大意 卷上 頁六〇）種子發生了，乃有法，乃有現行，乃有果。佛教的這個法字，指的物體或事物。萬法，即指的各般事物，法相宗講百法，把宇宙的事物，劃分爲百類。除六種無爲法以外，其餘的各法，都由第八識發生。發生各法的能力，便稱爲種子。

「此中何法名為種子？謂本識中親生自果功能差別。」（大藏經 成唯識論 卷二）

種子爲能真正稱爲種子，須具有六種條件。一，刹那滅。二，果俱有。三，恆隨轉。四，性決定。五，待眾緣。六，引自果。種子乃生識的能力，既生識，種子就滅。種子不滅，識則不生，故須是「刹那滅」。種子生識，識是現行，種子和現行同時俱有。所謂同時，則是說識與種子相連續，彼此相應，同時俱有稱爲「果俱有」。種子的轉變，常繼續不斷，八識中能常現者唯有第八識，其餘各識不常現。所以種子須在第八識中，這一點稱爲「恆隨轉」。可是第八識雖常現，但種子的轉變，要緊有其餘的各緣，互相結合，纔能實現，所以有「待眾緣」。眾緣結合了乃生識果，識果的性質，跟種子的因力，該當相合，善因生善識，惡因生惡識。識果由種子決定，故稱「性決定」，既然識果由種子決定，種子所引生的果跟自己性質相同，色法種子引生色法，心法種子引生心法，因此便有「引自果」。

（見成唯識論 卷三）

「如此內外種子，不過六種。何者為六？念念滅者，此二種子（內外種子）刹那刹那滅。先生後滅無有間故，此法得成種子，何以故？常住法不成種子，一切時無差別故。是故一名念念滅。俱有者，俱有則成種子，非過去未來及非相離，是時種子有即此時果生。是故二名俱有，隨逐至治際者，治謂金剛心道，阿梨耶識於此時功能方盡，故名際。外種子至果熟及根壞時功能則盡。是故三名隨逐至治際。決定者，由此決定，不從一切，一切得生因果，並決定若是此果種子，此果得生。是故四名決定。觀因緣者。由種子觀別因緣，方復生果。是故非一切時，非一切生。是時若有因，是時因得生，是故不恆生，若不觀因而成因者，則一因為一切果因，以觀引緣成故，不漫為因，是故五名觀因緣。能引顯自果者，是自種子引生自果，若阿梨耶識能引生阿梨耶識果，如穀種子能引生穀等果，是故六名能引顯自果。」（大藏經 世觀 攝大乘釋 卷二 真諦譯）

種子是怎樣來的？關於種子的來源，有三種意見，第一種意見爲唯本有說，謂種子是人本性就有，不由熏習而成。不過因著熏習，纔能生長。

「皆本性有，不從熏習，由熏習力，但可增長。」（大藏經 成唯識論 卷二 玄奘譯）

第二種意見，爲唯新熏說，謂種子第八識因其餘七識的熏習，纔有種子。不過「所熏」

和「能熏」是人本性所有。因此也可說種子是無始成就。

「種子皆熏故生所熏能熏，皆無始有故，諸種子無始成就。」（成唯識論 卷二）

第三種意見爲折衷派，可稱爲本有始起並有說，這派以第八識中，本就帶有生起諸法的功能，這種功能爲本有種子。本有種子生起現行，現行熏習第八識又生新種子，新種子乃爲熏起種子。

「一者本有，謂無始來異熟識中法爾而有生☆處界功能差別。……二者始起，謂無始來數數現行熏習而有。」（大藏經 成唯識論 卷二 玄奘譯）

玄奘的《成唯識論》，贊成第三說，以種子即有本生者，也該經過熏習。且人生的現行，一定能生成種子

「諸聖教中雖說內種定有熏習，而不定說一切種子皆熏故生，寧全撥無本有種子，然本有種亦由熏習全其增盛，方能得果，故能內種定有熏習，……由此應知，諸法種子，各有本有始起二類。」（同上）

種子的種類，有內種子，有外種子，外種子，是外界一切生物的種子，內種子是第八識的種子。

「一外二內，外謂穀麥等，於善惡二性不明了，是有記故，內謂阿梨耶識，於善惡二性則明了。」（大藏經 世觀 攝大乘論釋 卷二 真諦譯）

但是唯識論所講的，當然是內種子。內種子普通分「有漏色心種子」，「無漏色心種子」兩種，有漏種子，爲世間諸法之因，無漏種子，爲出世間諸法之因，有漏種子之來源，乃惡業所熏成，無漏種子，乃善業所熏成。

有漏種子再分兩種：「名言種子」和「業種子」。名言種子，即由名言所熏，能引生善惡諸法之種子，名言種子又分爲「表義名言種子」、「顯境名言種子」。業種子，即造作都業所熏之種子。無漏種子又分三類：「生空無漏種子」、「法空無漏種子」、「俱空無漏種子」。又有分種子爲四類者，即「世間種子」、「出世種子」、「不清淨種子」、「清淨種子」。（黃懺華 佛教各宗大意 卷上 頁四八）

在認識論上有價值的，另有一種分類，即是種子分爲「共相」和「不共相」。共相種子，使每個人所有的識相似，例如一山一水一域，大家所有的識都相似，爲共相種子所變。不共相種子則是每人各自所有的。各人的五官有強有弱，各人的意力也有不同，這些都是不共相種子所變的。

種子的作用有兩種：第一是使所謂客觀世界的萬法。顯於人的認識前。第二是使人以這些法，認爲是實，或認爲是虛。

3. 熏習

有了有漏或無漏的種子，僅僅只有產生識果的功能。若沒有別的因緣，叫種子發長，仍舊不能成爲識。使種子長成，乃識的過程，稱爲熏習。好比把種子種在地下，必要有熱氣，種子纔能生芽。

但是熏習還有另一意義，因爲熏習不但是說種子發育成芽的緣因；並且也說種子生成的緣因。種子的生成無論是本生或始成，都要經過熏習，因此種子也稱爲習氣。所謂習氣，氣是說的氣分，習是說的熏習。由現行的熏習，而得相應的氣分，稱爲習氣，習氣便是種子。

「如是建立，因果不亂。有義種子，皆熏故生，所熏能熏俱無始有，故諸種子，無始成就。種子既是習氣異成，習氣必由熏習而有。如麻香氣，花熏故生，如契經說諸有情心，染淨諸法所熏習故，無量種子之所積集。論說內種定有熏習，外種熏習，或有或無，又名言等三種熏習。總攝一切有漏法種，彼三既由熏習而有，故有漏種子必藉熏生，無漏種生，亦由熏習。說聞熏習，聞淨法界等流正法而熏起故，是出世心種子性故。」（大藏經成唯實論 卷二 玄奘譯）

種子由熏習而生長，因是第八識藏有種子。第八識受其餘七識之熏，乃是識戎現行，這樣現行生種子，種子生現行，互爲因果。

第八識之種子，因前七識之熏而生識時，前七識稱爲「能熏」，第八識稱爲「所熏」。

「如是能熏與所熏識，俱生俱滅，熏習義成，令所熏中種子生長，如熏苣藤，故名熏習。能熏識等，從種生時，即能為因，復熏成種。三法展轉，因果同時。如炷生燄，炷生燋炷，亦如蘆束，更互相依，因果俱時，理不傾動。」（大藏經 成唯識論 卷三 玄奘譯）

「三法展轉，因果同時」，第八識之種子，與前七識相接，乃生識。識生即有現行，現行即又在第八識內留生種子。因此前種子生識，識又生新種子。前種子生識，爲受前七識之熏；識又生種子，乃受現行之熏。這樣第八識常是「所熏」，常是轉變不斷。

「阿賴耶識，為斷為常？非斷非常，以恆轉故。恆謂此識無始時來，一類相續，常無間斷，是界趣生施設本故，性堅持種令不失故。轉，謂此識無始時來，念念生滅，前後變異。因滅果生，非常一故。」（大藏經 成唯識論 卷三 玄奘譯）

黃懺華說：「能生起諸法之種子，無始時來，含藏於第八識中，前念種子，生後念種子，前滅後生，自類相續，恰如川流，晝夜不息，是名種子生種子。此種子衆緣和合時，能生起各自果法，是名種子生現行。其所生之現行中，有強勝之勢力者，於生起之剎那，再熏習各自種子於第八識中現現行種子。於此有三法二重因果。三法者，能生之舊種子。所生能熏之現行，所熏之新種子也。二重因果者，種子生現行，現行熏種子也。」（佛教各宗大意卷上 頁八四）

三法相轉，常是同類相引。有漏的舊種子，生世間的無明現行；無明現行再生有漏新種子。這類繼續不斷，人也便輪迴百世千世，再也斷不了煩惱，這一點與佛法不和；因爲佛法在教人斷煩惱，得出世法，那麼怎樣辦呢？佛教的高僧們乃說，有有漏種子的人，若因聞了佛法，發生信心，造作善業。善業便熏生無漏新種子，無漏新種子又可以生無漏善行。若有一天，有漏種子因著這個人的修行，再不熏習現行，這個人便得道成佛了。有漏種子的無明現行，其最無明的是我執。我執由於第七識熏習第八識有漏種子而成。若能除了我執，無明便可除淨。

「共相識中，佛性眞心與無明地，合為本識，名阿梨耶，依本變起阿陀那識執我之心，依本變起眼等六識及六根塵，義如上辨。如攝論說，於中曲有三門分別：一辨熏相，二明能熏所熏差別，三明受熏不受熏異，熏相若何？今此光明阿陀那識共阿梨耶相熏習義。彼阿陀那執我之心，熏於本識，成我種子。本識受彼陀那熏，已還能引起彼心中我性，生阿陀那。如是相熏，往來無窮。是則陀那望於本識，互為因果。問：此我何由而盡？由六識中聞無我教，修無我解，熏於本識成無我種。本中眞心，受彼熏已，熏於本中令無明薄，無明薄故，令無明中我種薄。我種薄故，轉生陀那，執我亦薄，如是展轉，乃至窮盡。」（大藏經　慧遠　大乘義章卷三）

種子與現行兩者間的關係，因此該由兩方面去看。在舊種子引起現行時，常是同類相引。在現行熏生新種子時，現行能夠已經有了改變。把繼續熏習的過程中斷。因爲無明的現行。能因信佛法而改爲有明的善業，同時有明的現行，也能因信外道而變爲無明的惡業，善業熏生無漏種子，惡業熏生有漏種子，這樣一個人纔能有進於善或進於惡的分別。

「復次有四種法熏習義故，染法淨法起不斷絕，云何為四？一者淨法，名為眞如。二者一切染因，名為無明。三者妄心，名為業識。四者妄境界，所謂六塵。熏習義故。如世間衣服實無於香。若人以香氣而熏習故，則有香氣。此亦如是。眞如淨法，實無於染，但以無明而熏習故，則有染相，無明染法，實無淨業，但以眞如而熏習故，則有淨用。」（大藏經 馬鳴 大乘起信論 眞諦譯）

人心本有眞如，但因無明染因的熏習，所起者乃是無明的染相。無明的染相，若有眞如的教導，也能起眞如的淨業，這即是說熏習的兩層關係。

三、第七識末那識

1. 末那識的意義

佛教唯識論的第七識，稱爲末那，也稱爲阿陀那，末那與阿陀那都是梵語的譯音，意義則爲「意」。因爲這一識是由意而生的。但是第六識稱爲意識，也由意而生。兩者的分別則是第七識爲「恆審思量」，第六識則既不是恆，也不是審思量。所以第七識也稱爲「思量能變」。爲的不與第六識相混。意識的名詞，留給第六識，第七識乃稱爲末那識。

> 「次初異熟能變識後，應辯思量能變識相。是識聖教別名末那，恆審思量，勝餘識故。」（大藏經　成唯識論　卷四　玄奘譯）

「恆審思量」，恆是說沒有間斷，審思量是說知道分別。第七末那識不是一時因故而成的認識。乃是一種判斷，常存在意中，造成了一種心理狀態。甚麼是這種心理狀態？即是「恆審思量，所執我相。」（成唯識論　卷四）所執我相，乃是第七識的判斷，因著這種判斷常存人的意中，人便常信自己爲有。

末那識在四證分中屬於「自證分」。自證分是自己知道自己有認識。在見分與相分裡，人沒有反省到自身，末那識則是反省自身，而且以自己爲有。於是「證自證分」也由第七識而生。不過，證自證分不算是識所造成的心理狀態。「自證分」則純粹是識。因此第七識從識一方面說是屬於自證分。

因著末那識引出我執，於是屬於「心所相應門」。「心所」「心王」屬於心。心王指心的本體，心所指心所生的動作。「心所應相門」，謂第七識常生煩惱，煩惱與第七識之心王相應。有第七識即有煩惱。

末那在三性（偏計所執性、依他起性、圓成實性）中，屬於「偏計所執性」；因爲偏執我爲實有。又曰「有覆無記性」；（四性門：善性、不善性、有覆無記性、無覆無記性）因爲煩惱障礙聖道，所以稱爲有覆；因爲第七識因第八識種子而生，種子爲無記，所以稱爲無記。

「末那心所何性所攝？有覆無記所攝。非餘。此意相應四煩惱等是染法故。障礙聖道，隱蔽自心，說名有覆。非善不善，故無名記。如上二界諸煩惱等，定力攝藏，是無記攝。此俱染法所依細故。任運轉故，亦無記攝。」（成唯識論 卷五）

2. 末那識的作用

末那識熏習第八識種子而生我執。它的發生以第八識爲所依，「所依」是依託的意思。末那識託阿賴耶識而生，阿賴耶識的種子是能力。末那識要靠這種能力才能生識。但是第七識不以第八識爲本體。第七識的本體是意。意依託種子的能力而有末那識。因此稱第八識爲所依，同時也稱第八識爲「所緣境」。所緣境指的認識官能的對象，第七識的對象不是在外面，而是在心內。心內的對象則是第八識種子所造，因此說第八識爲第七識的所緣境。若是把第七識的所緣境，再加分析，有謂此識緣第八識的種子，執爲我所，緣第八識的現行，執爲我。又有說此識緣第八識的見分，執爲我，緣第八識的相分，執爲我所。但據理說，第七識祇緣第八識的見分。緣著第八識的見分，乃有我執。因此謂第八識的見分，爲第七識的所緣境。

第七識既常生我執，我執乃是煩惱之根；因此末那識爲心所相應門。所相應的煩惱，分爲四項。即：我癡，我見，我慢，我愛。我癡是無明，判事常判錯，常以空爲有。我見即常見自身，執以爲有。我慢則是自以爲大，妄生倨傲。我愛爲一切貪念，這四種煩惱常跟著第七識。

「此意任運恆緣藏識，與四根本煩惱相應。其四者何？謂我癡我見并我慢我愛，是名四種。我癡者謂無明，愚於我相，迷無我理，故名我癡。我見者謂我執，於非我法，妄計為我，故名我見。我慢者謂倨傲，恃所執我，令心高舉，故名高慢。我愛者謂我貪，於所執我深生耽著，故名我愛。……此四常起擾濁內心，令外轉識恆成雜染，有情由此又生死輪迴，不能出離，故名煩惱。」（大藏經 成唯識論 卷四 玄奘譯）

煩惱與末那識相應，若想斷煩惱，則先該斷第七識的我執，怎樣斷第七識的我執呢？在於執行佛法。執行佛法到了阿羅漢位，則我執永斷；若祇是到學位，執行出世道滅定，則也可暫斷我執。阿羅漢總顯三乘的大法，凡是染意種子和現行都沒有。學位滅定出世道則尚沒有完全斷絕染法。故我執有永斷暫斷的兩路。

「此染意無始相續，何位永斷或暫斷耶？阿羅漢滅定出世道，無有。阿羅漢者總顯三乘無學果位，此位染意種及現行俱永斷滅，故說無有。學位滅定出世道中俱暫伏滅，故說無有。」（成唯識論 卷五）

四、前六識

1. 前六識的意義

唯識分八識爲三種能變，第一異熟能變爲阿賴耶識，第二思量能變爲末那識，第三了別能變爲前六識。因此前六識都屬於一類。這一類的特點，在於「了別」。了別是說能夠分別識外的事體。這六識的對象，不是在於識的自身，而是在於識以外的事物。能夠了明識以外的事物，可說真真是識；第七識和第八識雖然對於人生影響極大，但在認識一方面說，不算爲真真的認識。所以佛經上有時單單說前六識稱爲識。

「集起名心，思量名意，了別名識，是三別義。如是三義，雖通八識，而隨勝顯。第八名心，集諸法種，起諸法故。第七名意，緣藏經故。恆審思量為我等故。餘六種於六別境，麤動間斷，了別轉故。如入楞伽伽地中說：藏識名心，思量名意，能了諸境相，是說名為識。」（大藏經　成

唯識論 卷五 玄奘譯）

前六識還有一點與第七識第八識不同。第七第八兩識常不間斷；因爲這兩識所依所緣和所知的對象，都是在自身，所以可以不間斷。前六識的所依所緣和所知的對象，乃與外界事物相連。外界的事物不能常在跟前，所以常有間斷。例如眼睛不是常常看見，若是有光有色的時候才可以看見。然而在前六識中，意識則比前五識較爲常有。因爲意識的對象，雖也在於物相，這種物相則已是意中的相分。若是人願意回想時，即可以見意中的物相。所以《成唯識論》說：

「頌曰：依止根本識，五識隨緣現；或俱或不俱，如濤波依水，意識常現起，除生無想天，及無心二定，睡眠與悶絕。論曰：根本識者，阿陀那識，染淨諸識生根本故。依止者，謂前六轉識，以根本識為共親依。五識者，謂前五轉識，種類相似，故總說之，隨緣現言，顯非常起。緣謂作意，根，境等眾緣。謂五識身，內依本識，外隨作意，五根，境等眾緣和合。方得現前，由此或俱或不俱起，外緣合者有頓暫故。如水波濤，隨緣多少。此等法喻，廣說如經。由五轉識行相麤動，所藉眾緣。時多不具，故起時少，不起時多。第六意識雖亦麤動，而所藉眾緣，無時不具。由違緣故，有時不起。第七八識，行相微細，所藉眾緣，一切時有，故無緣礙，合總不行。」（卷七）

前六識的名詞，或隨根得名，或隨所依得名，隨根得名者，爲眼耳鼻舌身五識。隨所依得名者，爲意識。

2. 意識

第六識意識，所知道的對象，是我有了一種感覺時，我知道自己有了一種感覺，或是把感覺互相比較，知有分別。所以第六識是反省，反省到感覺，知道感覺乃自己所有的。第六識的所依，即第六識的器官，是意，所以稱爲意識。因爲意能反省。第六識和第七識雖同是意識，兩識彼此有不同。第七識是判斷，所以稱爲審思量：而且還是判斷所造成的執我心理狀態，所以稱爲恆審思量。第六識則只是能理會自己有了感覺，或是有所思索，所以只是了別，而且也是無恆。第六識爲能了別，所依的還有第八識的種子，因著種子，第六識才能有了別能力，才能知道反省自己的感覺，所以第八識常稱爲根本所依。

第六識的所緣，爲第五識所有的感覺和心的作用。因此意識分爲兩類：有「五俱意識」和「無俱意識」。五俱意識，是在五種感官有一感覺時，即激動意識而生識。無俱意識，不與感官俱起，而由心的作用，在外面感官不動時，也能生識。五俱意識又分「五同緣」和「不同緣」兩種。五同緣意識與五種感覺同緣一樣的境而起，不同緣意識則雖與五識俱起，卻不同緣一樣的境。無俱意識也分爲「五後意識」與「獨頭意識」兩種。五後意識，雖不與五種感覺同時俱起，但生於感覺之後。獨頭意識，則獨自而起。獨頭意識又分爲「獨散意識」、「夢中意識」、「定中意識」三種。獨散意識是獨自一人回憶已往，推想將來，或比較推度眼前事，所引起的。夢中意識，爲作夢時所生。定中意識爲得道入定後所生。（黃懺華 佛教各宗大意 卷上 頁七〇）

第六識可善可惡，通善性、惡性、無記、三性。因爲意識是單單反省自己的感覺。這種反省可善可惡。若以這種反省中的感覺爲有，則生各種煩惱，第六識便通於惡性，若以這種反省中的感覺爲不有，則起善心，避免煩惱。第六識便通於善性。若以這種反省中的感覺非有非不有，第六識便通於無記性。

「若五識中，三性俱轉，意隨偏注，與彼性同，無偏注者，便無記性，故六轉識三性容俱，得自在位唯善性攝。佛色心等道諦攝故。已永滅除戲論種故。六識與幾心所相應。頌曰：此心所偏行，別境善煩惱。隨煩惱不定，皆三變相應。」—（大藏經 成唯識論 卷五 玄奘譯）

3. 五識

前五識，即眼識、耳識、鼻識、舌識、身識。五識分根、境、塵。根是五識的機官，即眼、耳、鼻、舌、身，境是五識的對象，便是色、聲、香、味、觸。塵是五識爲能達到對象的媒介物。即是空與明等。沒有空間，五識不能感覺，沒有光明，眼睛不能見。然普通則以塵與境混用，所說五塵即是五境了。因爲色聲香味觸，乃風火水土四大所造，故稱爲塵。塵者，言是塵界的東西。

五境中每境包含若干類。色境有三類：顯色，形色，表色。顯色爲青黃赤白等色；形色爲長短方圓等形；表色爲行動坐臥各種動態。聲境有十一類：一、內緣聲，指人的語言。

二、外緣聲，指天然的聲籟。三、內外緣聲，人手擊物所發之聲。四、順心聲，可意的內外緣聲。五、不可意聲，即違心的內外緣聲。六、俱相違聲，即違背教法之聲。七、世所共成聲，謂依世間諸法所立之聲。八、成所引聲，指成佛者所立的教聲。九、徧計所執聲，謂諸外道凡夫的狂言。十、聖言所攝聲，謂依見聞說覺所起的真實語。十一，非聖言所攝聲，謂依見聞知覺所起的狂語。香境有六類：好香、惡香、平等香、和合香、俱生香、變異香。味境含有十二種味，即苦、酢、甘、辛、鹹、淡、可意、不可意、俱相違、俱生、和合、變異。觸境含有二十六種觸，謂：地、水、火、風、滑、澀、輕、重、軟、緩、急、冷、飢、渴、飽、力、劣、悶、癢、黏、病、老、死、疲、息、勇。

五識爲能夠生識，須根境相合。根境相合須五識的各緣都和在一齊，五識各緣，分內緣外緣兩類。內緣是人身內的緣，外緣是人身外的緣。內緣只有種子，外緣則包有心所，現行，染淨法，分別，空、明、根、境等緣。種子乃第八識的種子，爲五識的根本依，稱爲親因緣，心所謂心之作用。現行謂由第八識所起的現行。染淨法謂第七識所生之心理狀態。分別謂第六識的反省。根爲器官，境爲對象，空爲空間，明爲光明。這些內緣外緣都相和時才能有一完全的感覺。

佛教既以萬法爲空，那麼客觀的宇宙，何以現於感覺？這都是種子所變成的，種子有本能，使萬法現於感覺。

五識所生的識，也跟意識一樣，通於不善性，善性，和無記性，然五識的通於三性，隨意識而定。意識是主腦，領導著五識去通變。意識通於一性，五識也就通於這一性。

五、一切唯識

1. 心

唯識宗講論八識目的，並不在說明人的知識由何而來。唯識宗的目的，乃在說明世間的事件，都是人的八識所造的。實際上世界是一大空，宇宙本身也是空。凡夫等因著不淨種子，乃造出了腦中的花花世界。因此唯識宗便說一切唯識。

世間的實有體，可分爲兩大部：第一是自我，假使我不是實有，則世間各實有，於我俱沒有關係。第二是外物，即我身外一切的物，佛教稱之爲法。唯識宗說「我」及「法」都是八識所變造。然後執爲實有，所以有我執和法執。

「然諸我執，略有二種。一者俱生二者分別。俱生我執，無始時來，虛妄熏習，內因力故，恆與身俱，不待邪教及邪分別，任運而轉，故名俱生，此復二種：一常相續，在第七識，緣第八識，起自心相，執為實我。二有間斷，在第六識，緣識所變，五取蘊相，或總或別，起自心相，執為實我。此二我執，細故難斷，後修道中，數數修習，勝生空觀，方能除滅。分別我執，亦由現在外緣力故，非與身俱，要待邪教及邪分別，然後方起，故名分別，唯在第六意識中有。」（大藏經 成唯識論 卷一 玄奘譯）

對於法執說明的話，也是一樣。

「然諸法執，略有二種：一者俱生，二者分別。俱生法執，無始時來，虛妄熏習，內因力故，恆與身俱，不待邪教及邪分別，任運而轉，故名俱生。此復二種：一常相續，在第七識，緣第八識，起自心相，執為實法。二有間斷，在第六識，緣識所變，蘊處界相，或總或別，起自心相，執為實法。此二法執，細故難斷，後十地中，數數修習，勝法空觀，方能除滅。分

別法執，亦由現在外緣力故，非與身俱，要待邪教及邪分別，然後方起，故名分別，唯在第六意識中有。」（成唯識論 卷二）

所謂俱生與分別，跟種子的俱生和熏習，解釋相同。第八識中有我執和法執的種子，第七識熏習這種種子，乃有自心相，執爲實我，實法。第六識再把這種實我實法，加以分別，第六識分別實我由五蘊所有，分別實法爲蘊處界相所成，故一切都是唯識。

八識所以能變，在於有一個心，唯識宗雖不大講心，然也承認八識由心而動，所以這宗的教義裡有心法、心所法等。（心法——即心作用之主體共八即八識。心所法——即心作用之簡稱，共分編行、別境、善、煩惱、隨煩惱、不定等六類。六類共含五十一法。）

佛教講心，各宗不大相同，或者以心爲有爲法，即有漏法的根源，或者以心爲無爲法，即無漏法的根源。

「心者，性相二宗所說各異。相宗說者，或以集起為心，唯第八識集諸種子起現行故，或以緣慮為心，通於八識，俱能緣慮自分境故。然此所說，但是有為生滅，非今所喻。性宗說者，即如來藏，本源自性淨心也。」（大藏經 子璿 金剛經纂要刊定記 卷十一）

然此種爭執，祇是佛法上解脫方法的爭執，在認識論方面，兩者都承認心是認識的主體。性宗以萬法唯心，相宗以一切唯識，可是識沒有集起和緣慮兩種作用，必不能成。這兩種作用，則都屬於心。

心是人身內最靈妙的東西，人的活動都由這靈妙的東西去運行，佛教的根本思想，可以總括於有觀空觀兩項，它所講的都在人的智識上，所以心便視爲一切法的根本。

「先德云：欲知法要，心是十二部經之根本，入道要門。此心門者，三世之佛觀，唯此一事實，餘二即非眞。唯有一乘法，無二亦無三。一乘法者，一心是。但守一心，即心眞如門，一切諸去，無有欠少。一切法行，不出自心，唯心自知，更無別心。心無形色，無根無住，無生無滅，亦無覺觀可行。若有可觀行者，即是受想行識，非是本心，皆是有為功用。諸祖只是以心傳心，達者印可，更無別法。」（大藏經 延壽 宗鏡錄 卷二）

這一段話，是禪宗與天台宗的教法，然而對於心的本性，說的很好。唯識宗以集起緣慮爲心，究其實這兩項只是心的兩種作用，即受想行識等項，也是心的作用。天台、華嚴各宗，則只看心的本性，把心本性以外的作用都除去，所以這幾宗，便只集中在一心上。

「心也者，沖虛妙粹，炳炳靈明，無去無來。冥通三際，非中非外，朗徹十方，不滅不生。……又先德云：如來藏者，即一心之異名。何謂一心，謂眞妄染淨一切諸法無二之性，故名為一。此無二處，諸法中實，不同虛空，性自神解，故名為心。」（宗鏡錄　卷二）

心既是染淨諸法的一性，那麼有漏等妄法也是心，天台、華嚴則常以心爲如來真智。

「心如幻焰，但有名字，名之為心。適言其有，不見色質，適言其無，復起慮想，不可以有無思度故，故名心為妙。……心本無名，亦無無名。心名不生，亦復不滅。心即實相，初觀為因觀成為果，以觀心故，惡覺不起。」（大藏經　智顗　妙法蓮華玄義　卷一）

觀心則不起惡覺，有漏等法究竟怎樣來呢？於是有折衷之說，分心爲性相。心的本性，清淨不昧。心的相，則可有迷妄。

「然此心有性有相，相則凡聖迷悟因果染淨等異，性則靈靈不昧，了了常知。然此性相，不即不離，以相不離性故，只向同異處；性不離相故，只於異處同。性不即相故，未始有差別；相不即性故，未始不殊異。蓋緣性相一味，所以同異兩存。」（大藏經 子璿 金剛經纂要刊定記 卷十一）

性是心的本體，相是心的作用。心性昭靈不昧，無善無惡；心相則可有迷有悟，有善有惡。識是性的相，識乃有正邪。

宋明理學家以心爲人身的主宰，以心有知覺。王陽明又說人心本來昭靈不昧。這些跟佛教的心論，有些相同，但是兩家的心論，有一個最大的差別，即是理學家只以心爲人的一種器官，佛家則以心爲唯一的實有體。

佛教的唯識論，以萬法都起於識，因爲第八識的種子，有顯現外物的能力，一個人的感官所感覺的，不是外面的客體，而是種子所現於感官的形色。第七識末那，執這種形色爲有。於是便成爲實有。然而八識都起於心，故歸根還是唯心。

2. 三性

心性清淨，心相有善惡，心相善惡的發生，都依於三種傾向，這種傾向，稱爲自性。自性有三：遍計所執性，依他起性，圓成實性。

「三種自性，皆不遠離心心所法，謂心心所及所變現眾緣生故，如幻事等，非有似有，誑惑愚夫，一切皆名依他性起。愚夫於此，橫執我法，有無一異，俱不俱等，如空華等，性相都無，一切皆名偏計所執，依他起上，彼所妄執我法俱空，此空所顯識等眞性，名圓成實。是故此三不離心等。」（三藏經 成唯識論 卷八 玄奘譯）

這三種自性，爲心作用的表現，故曰皆不遠心和心所法。世間的事物，都是因識假外面的緣境而生的，凡夫橫執這等假識爲真，唯有知道空觀萬物的人，才能知道物的真性。所以人的行動，都由依他起性，偏計所執性，和圓成實性所支配。

偏計所執性，遍者周遍計者計度。偏計所執，即是說，凡是第六識及前五識所現的我與法，都加以計度執爲實有。

「論曰遍計度，故曰遍計。品類衆多，說為彼彼，謂能遍計虛妄分別。即由彼彼虛分別，遍計種種所遍計物，謂所妄執蘊處界等，若法若我，自性差別。此所妄執自性差別，總名遍計所執自性。」（大藏經 成唯識論 卷八 玄奘譯）

依他起性，依者依託，他者衆緣，起者生發。依他起，爲色法（色法——有形有象的物體，都稱為色。包括有五根，五境，與法處所攝色十一類）心法，都是依著衆緣而生。色法有色法的緣，心法有心法的緣，沒有一種是自生的。

「衆緣所生內相見分。有漏、無漏、皆依他起，依他衆緣而得起故。頌曰：分別緣所生者，應知且說染分依他，淨分依他，亦圓成故。或諸染、淨、心、心所法，皆各分別，能緣慮故，是則一切染淨依他，皆是此中依他起攝。」（成唯識論 卷八）

圓成實性，圓者圓滿，成者成就，實者真實。圓成實性，即是真如。真如遍一切法，故稱圓滿；真如常住，不生不滅，故稱成就；真如真實不妄，爲諸法的實性，故稱真實。圓成實性，跟偏計所執性，互相衝突，不能並存；但跟依他起性，並不直接衝突，祇是圓成實性，常依聖智實法而起。

「二空所顯圓滿成就。諸法實性，名圓成實。顯此遍常體非虛謬，簡自相虛空我等，無論有為離倒，究境勝用周遍，亦得此名。然今頌中，說初非後，此即於彼他起上，常遠離前遍計所執，二空所顯，眞如為性。」

（成唯識論　卷八）

3. 緣果法

世間各法，既都是識依緣而起，唯識宗乃講識所依的緣，又講由緣所生的果。緣與因，意義不同。因是原因，效果由因而生。緣是依附，效果仗著緣而起。唯識宗論緣有四種：一爲因緣，二爲等無間緣，三爲所緣緣，四爲增上緣。

因緣者，類於原因，能生自己同類的果，這一類的原因，包含能生種子和能熏現行兩種，種子能生識，由識再生現行，現行又生新種子，所以兩者都稱爲因緣，因爲因即是緣。

等無間緣者，謂前念引後念，前一心法引後一心法，中間無間隔。這一緣只用於心法，因爲祗有心法可以互相引出。

所緣緣者，心爲各法所緣，然心又要緣所對境，才能有識。故心的對境，稱爲所緣緣。例如心要有一個觀念，要緊或是有觀念所代表之物在跟前，或是有這物的物像；物像便是所緣緣。

增上緣者，謂一緣真有能力，可以助果增長，或使果毀滅，增上是說緣之能力，勝過果的能力。例如水土能使青草長大，冰霜則使青草枯乾。一切的緣，本都是增上緣；但上面三類緣，跟果有特別的關係，乃另立名目，其餘不另立名目的緣，都屬於這一緣。

「緣且有四：一、因緣，謂有為法，親辦自果。此體有二：一種子，二現行。……二、等無間緣，謂八現識及彼心所，前聚於後，自類無間，等而開導，令彼立生。……三、所緣緣，謂若有法是帶己相心或相應所慮所託。此體有二：或親，或疏，若與能緣體不相離，是見分等內所慮託，應知彼是親所緣緣。若與能緣體雖相離，為質起內所慮託，應知彼是疎所緣緣。……四、增上緣，謂若有法有勝勢用，能於餘法或順或違。雖前三緣，亦是增上，而今第四，除彼取諸，為顯諸緣差別相故。」（大藏經成唯實論 卷七 玄奘譯）

這四類緣對於識的發生，有關係；對於現行的發生，也有關係。因爲諸法都是依緣而生，有了緣才有果，果由緣而引出。果的種類分爲五類，即上面所說過的：異熟果，等流果，離繫果，士用果，增上果。

由緣而有果，果的實現乃稱爲法，法即物體事物，一切萬有總稱爲法。法由識而生，種類差別，不可勝計。然唯識宗概括萬法爲百種，故稱百法，百法總屬於五位，五位爲：心法、心所有法、色法、心不相應所法、無爲法。

心法，爲心的主要作用，爲其餘各法的根本，心法有八，即八識。

心所有法，爲心因識而起之作用，共分六位，五十一法。

「謂觸、作意、受、想、思、欲、勝解、念、三摩地（定）、慧、信、慚愧、無貪、善根無瞋，善根無礙、善根精進、輕安、不放逸、捨、不害、貪、瞋、慢、無明、見、疑、忿恨、覆、惱、嫉、慳、誑、諂、憍、害、無慚、無愧、惛沉、掉舉不信、懈怠、放逸、忘念、散亂不正知、惡作睡眠、尋伺。是諸心法，五是『偏行』，五是『別境』，十一是『善』，六是『煩惱』，餘是『隨煩惱』，四是不決定。」（世親 大藏大乘五蘊論 玄奘譯）

色法，指一切有形有象的物質，共有十一種：即眼、耳、鼻、舌、身五根，色、聲、香、味、觸五境，和法處所攝色。五根五境，前面已說過。法處所攝色，爲第六識意識所緣之境，即想像中所起的色。

心不相應行法，爲前三法所起的作用，稱爲心法，色法，心所法之分位差別，所假立的有爲法，共二十四種：得命根、眾同分、異生性、無想定、滅盡定、無想執、名身、句身、文身、生、老、住、無常、流轉、定異、相應、勢速、次第、方、時、數、和合性、不和合性。

無爲法，爲虛空無爲之法，寂寞沖虛，湛然常住，無所作爲，共有六種：虛空無爲、擇滅無爲、非擇滅無爲、不動無爲、想受滅無爲、真如無爲。

這五位法都由識生：心法爲八識，心所法八識所生，色法則是前五識的作用，不相應法爲八識所作成的假法，無爲法乃是人生的理想。五位法包括一切法，一切法便都屬於識，因此一切唯識。

第三章 四諦

一、諦

佛教無論宗派如何，都以人生的種種煩惱，是由於人的愚癡。在上面講八識時，我們已能看到識對於人生的影響。唯識宗以人生的一切都在於識上，所以爲解除煩惱，便該從識的一方面下手。別的宗派雖不把教義完全歸之於識上，多少跟識都有關連，所以我們把唯識論放在佛教思想的最前一章。討論了八識，於今我們便漸漸要進到佛教的人生觀了。第一步，我們先看佛教人生觀的大綱，這個大綱即是四諦。

1. 諦字的意義

諦字，在中國字裏有審視的意義，如普通用爲諦視，在佛教裏諦字同於義字，義是說道義，道理教義，所以諦字也有真理的意義。

釋迦佛教弟子，先教他們四諦。這四個諦即是說四端大道理，或說四項真理，而且這種真理，不是等閒的道理，乃是人生的大道，似乎是人生的樞紐。人若不懂這四端大道，就不懂得人生，懂得了這四端大道，也抓住了人生的要理。

這四端要理不僅是四種真理，同時也告訴人一種生活的方法，所以所謂諦，不單是人生大道理，也是人生的生活途徑，因此佛教大小各宗多講諦字，佛典中有四諦讚說：

「般若遍諸法，大悲攝眾生，無相說甚道，頂禮人天尊。
大聖梅延論，言略義深廣，大德佛陀密，廣說言及義。
有次第莊嚴，廣略義相稱，各理互相攝，我見兩論已。
今則捨廣略，故造中量論，利益說受者，正法得久住。
若人達四諦，四信處難動，不更視他面，永離四惡道。
八等人天識，後必至苦際，故造四諦論，不由求慢等。
緣起義多種，句味前後次，他難及救義，總別相應理。
證義及譬喻，依此說四諦，願眾生知此，得天道涅槃。」

（大藏經 婆藪跋摩 四諦論 卷一 真諦譯）

2. 諦的種類

佛教各宗的諦論，對於諦的種類，頗有出入。成實宗專談四諦，然又談兩種二諦，第一種二諦，爲真諦與俗諦。第二種二諦，爲世諦與第一義諦。

真諦指的各種方法，包有佛教的各等解脫法；俗諦，指的各種假法，凡夫等以假爲有，造作各種因緣。世諦即俗人凡夫所有的各種邪見。世諦較俗諦爲廣，包有俗諦的各假法，且包有真諦所有五陰等法。第一義則只含涅槃，可是別的宗派對於真諦世諦的解釋，又不相同。慧遠和尚說：

「言二諦者，一是世諦，二等第一義諦，然世諦者亦名俗諦，亦名等諦。……第二門中，差別為二，一分宗別，二約宗諦辨。言分宗者，宗別有四，一立性宗亦名因緣，二破性宗亦名假名，三破相宗亦名不眞，四顯實宗亦名眞宗，……四宗中前二者是其小乘，後二大乘，……約宗分者，約宗之中，事理相對，事為世諦，理為眞諦。陰界入等，彼此隔礙，是其事也。苦無常等十久聖諦，通理之法，是其理也。第二宗中，因緣假有以為世諦，無性之空以為眞諦。第三宗中，一切諸法，異相之有，以為世諦，無相之空，以為眞諦。……第四宗中，義別有二：一依持義，二緣起義，若就依持以明二者，妄相之法，以為能依，眞為所依。能依之妄，說為世諦，所依之眞，判為眞諦，……若就緣起以明二者，清潔法界，如來藏體緣起，造作生死涅槃，眞性二體，說為眞諦，緣起之用，判為俗諦。」（大藏經　慧遠　大乘義章　卷一）

天台宗不談二諦，而談三諦。三諦爲空諦、假諦、中諦。「圓融三諦者，天台教規之玄樞。三諦者，空諦、假諦中諦。諦者，審視。一切法並從緣生，緣生無主，謂之空。無主而生，謂之假。不出法性謂之中。一云眞諦，俗諦，中諦。眞即眞空，泯亡一切法；俗即世俗，建立一切法；中即中正，統攝一切法。」（黃懺華　佛教各宗大意　卷下　第三輯　頁一二）

所謂二諦和三諦，跟佛教各宗的教義成一系統，故所有意義不同。至於所謂四諦，則在各宗派裏，都有同樣的意義。

「苦集滅道，名四聖諦。逼惱名苦，聚集稱集，寂怕名滅，能通曰道。何故

名聖，而復云諦？如涅槃云，聖者所謂諸佛菩薩，一切聖人，就聖辨諦，故云聖諦。」（大藏經　慧遠　大乘義章　卷三）

苦諦，集諦，滅諦，道諦，在佛教中，可算是入門的大道，四諦講明人生的意義，表示佛教的大意。

二、苦諦

1. 苦諦的範圍

佛教對於人生的解釋，用一句話可以包括，即人生爲苦。苦者，煩惱也，人心所不好的都是苦。一個人生在世上，一生所有的，都不能順心，一生所有，都是痛苦。因此佛法的宗旨，即在能解脫人的煩惱。教人入靜寂涅槃，得享清福。

四諦爲四端人生大道。然四諦以苦諦爲主。其餘三諦與苦諦相依，集諦講苦痛的緣因，滅諦講消滅痛苦，道諦講消滅痛苦的大道。四諦以苦諦爲線索，因爲人生的問題，是在乎痛苦一個問題。

苦諦所攝的範圍很廣，凡是有情世界裏，有情生的所依處都攝在苦諦以內，因爲在這些環境裏都有苦痛。

「云何苦諦？謂有情生及生所依處。何等有情生？即有情世界謂諸有情生，在那落迦傍生餓鬼人天趣中，人謂東毗提河，西瞿阮尼南贍部洲，北俱盧洲，天謂四大王衆天三十二天……及諸那落迦所居處別，謂熱那落迦，寒那落迦，孤獨那落迦，及一份傍生餓鬼所居處乃至一日一月，周遍流光所照，方處名一世界，……如此三千大千世界，總有大輪圍山周匝繞圍；……若有情世間，若器世間，業煩惱力所生故，業煩惱增上所起故，總名苦諦。」（大藏經 無著 大乘阿毗達磨集論 卷三 玄奘譯）

除修成佛身，入涅槃者外，人生都含有苦，因些苦諦所攝，有三界，四識處，四生，四食，六道，六界，八法，五陰，十二因緣，二十二根等法。（見成實論 卷二）

三界：欲界、色界、無色界。

四識處：色、受、想、行。

四生：卵生、胎生、濕生、化生。

四食：段食、列觸食、識食、思食。

六道：上罪地獄、中罪畜生、下罪餓鬼；上善天道、中善上道、下善阿修羅道。

六界：地、水、火、風、空、識。

八德：利、衰、稱、譏、毀、譽、苦、樂。

五陰：色、想、受、行、識。

十二因緣：無明行、行識、各色、六入、觸、受、愛、取、有、生、老、死。

廿二根：眼、耳、鼻、舌、身、意、男根、女根、命根、苦、樂、憂、喜、捨、信、進、念、定、慧、未知根、無知根、知根。

2. 八種苦相

把人間各種苦痛，概括起來，可以分成八類，稱爲八種苦相，八苦即：生苦、老苦、病苦、死苦、怨憎苦、愛苦、別離苦、求不得苦。

苦所依處。

「復次，苦相差別有八，謂生苦、老苦、病苦、死苦、怨憎會苦、愛苦、別離苦、求不得苦。」（同上）

生爲苦，因爲一切苦痛，都是由生而來，不生則沒有苦。生可以說是衆生之因，也是衆

老爲苦，有老即有變壞，變壞當然是煩惱，而且人到老年，殘廢多得很，豈不是苦？

病當然是苦，人一病，覺得人身的變異，變異時，使人身痛楚。

死爲苦，因人既怕死，而且死後又該輪迴，所以死時爲苦，死後也是苦。

怨憎爲苦，人心怨憎則不安，又動怒，乃生無明業，所以是苦。

愛爲苦，愛則貪，貪爲各種無明業的根本，而且因貪才有生，絕愛則可絕生。

別離爲苦，有情人都感到，本來願意相聚，都不能常相聚，心中當然生痛苦。

求不得苦，人生多半的痛苦，都在乎這一點，欲得一物，一人，一職，卻不能得，於是心中憤怒愁怨。

又有約八相苦爲六相者，即逼迫苦，轉變苦，合會苦，別離苦，所希不果苦，麁重苦。

或有說三相苦者，苦苦、壞苦、行苦，苦苦包括生老病死怨憎等苦，壞苦包括愛、別離、求不得等苦，行苦包五蘊苦。

3. 五蘊苦

上面所說的八種苦相，按它們的根本來說，可以分爲五蘊的苦痛，五蘊是色、想、受、行、識。

色蘊的苦，爲四大和四大所造成的苦。四大爲地、水、風、火，四大所造則是色、香、味、觸，色蘊的苦，乃外面物質界，所有的苦。

「云何建立色蘊？謂諸所有色，若四大種及四大種所造。云何四大種？謂地界，水界，火界，風界。何等地界？謂堅硬性。何等水界？謂流濕性。何等火界？謂溫熱性。何等風界？謂輕等動性。云何所造色？謂眼根，耳根，鼻根，舌根，身根，色聲香味，所觸一分，及法處所攝色。」

（大藏經 無著 大乘阿毗達磨集論 卷一 玄奘譯）

受蘊的苦，是人感覺的苦，受蘊即人的感覺，稱爲受，因感官受外界世物的感觸。感官有五種，眼、耳、鼻、舌、身。可是意識因感官所起的想像，也可稱爲受，所以受蘊包括前六識的作用，故稱受蘊爲六受所成。

「云何建立受蘊？謂之受身，眼觸所生受，耳觸所生受，鼻觸所生受，舌觸所生受，身觸所生受，意觸所生受，如是六受身，或樂或苦，或不樂不苦。」（同前）

想蘊的苦，因前六識的想而有，想是什麼呢？想是六識所立的假想。

「問何法為想？答曰：取假法相，故名為想。」（大藏經　成實論　卷三　鳩摩羅什譯）

假相由前六識所造，因六識取受外面的物相，物相非有，立以假名，故有假相。因著假相，乃生出煩惱。

「云何建立想蘊，謂六想身。眼觸所生想，耳觸所生想，鼻觸所生想，舌觸所生想，身觸所生想，意觸所生想。由此想故，或了有相，或了無相，或了小，或了大，或了無量！或了無少所有無所有處。」（大藏經 無著 大乘阿毗達磨集論 卷一 玄奘譯）

識蘊的苦，由心思所造成，第七識薰第八識種子，造成我執法執，跟煩惱常不相離。

佛教稱行蘊爲思，思字，代表願欲，行蘊的苦，由識生願欲，願欲生煩惱。

「經中說：思是行陰，問曰：何等為思？答曰：願求為思。」（大藏經 成實論 卷三 鳩摩羅什譯）

行蘊所包括的各法，跟上章所說心所法五十種相合。

五蘊集合而成我，我本無有，凡夫以我爲有，我即是五蘊所成。

三、集諦

1. 業

集諦指的苦因，即是說苦痛的原因，苦痛由什麼緣故而生呢？佛教答說有兩種緣因：一種是正緣因，稱爲正集。一種是副緣因，稱爲緣集，正集爲業，緣集爲煩惱。

苦痛的緣因稱爲集，有結集的意義，因爲這種緣因爲後身的因緣，後身即來身，今生的業和煩惱，結集起來，成爲來生苦痛的緣因。

業字有什麼意思？「所言業者，成實法中，餘處生時，能有損益，名之爲業，相結之中，後起異前，名餘處生。」（黃懺華 佛教各宗大意 卷下 第二輯 頁七）在因果相繼續時，果與因不屬於同類，因便稱爲業，然爲業之因，常限於人的行動，所以凡人的行動在後生能起不同類的果者，名之爲業，業與第八識的種子有分別，第八識雖也是異熟識，種子所引出的識與種子不同類。然種子的因果，只限於識。業的因果，則廣及於人生各事。

業分爲兩類：一爲「思業」，一爲「思已業」。思業，是人作事的意向。假使一個人決意要作一惡事，這種惡意便是思業。思已業乃是意向已成爲事實，故又分身口意三業：由形色所成的事，稱爲身業；由口舌而說的語言，稱爲口業；由心意獨成的事，稱爲意業。又有分業，如善，不善，無記，三種者，善業爲善事，惡業爲惡事，無記則非善非惡，無所可記。

「何等思業？謂福業，非福業，不動業，何等思已業，謂身業，語業，意業，又此身語意。或善或不善。」（大藏經 無著 大乘毗達磨集論 卷四 玄奘譯）

成實論解釋善、不善、無記三業說：

「問曰：經中說三業，善，不善，無記，業，何等是善業？答曰：隨以何業，能與他人好事，是業名善，是善業，從布施持，戒慈等法生，非由洗浴等。問曰：何名為好？答曰：令他得樂是名為好，立名為善，亦名為福……無記業者，若業非業不善，於他眾生無益無損，是名無記，

問曰何故名無記？答曰：此是業名字，若業非善非不善者，名曰無記，

又善不善業，皆能得報，此業不能生報，故曰無記。」（成實論 卷七）

2. 煩惱

甚麼稱爲煩惱？煩惱是垢心，垢心是什麼？凡心令人輪迴不斷者，稱爲垢心。

「垢心行，名為煩惱，問曰：何謂為垢？答曰：若心能令生死相續，是名為垢。此垢心差別，為貪恚癡等。是垢名為煩惱，亦名罪法，亦名退法，亦名隱沒法，亦名熱法，亦名梅法。有如是等名，是垢心收集，則名為使，非但心垢生時名使，煩惱名貪恚癡疑憍慢及五見，此十差別有九十八使。」（大藏經 成實論 卷九 鳩摩羅什譯）

《成實論》分煩惱爲三類，即「十使」，「隨煩惱」和「十煩惱大地法」三類。十使煩惱，爲貪、恚、癡、疑、憍慢、身見、邊見、邪見、見取、戒取。前面五使煩惱：貪、恚、癡、疑、憍慢、詞意平常，後面的五使煩惱，便該加點解釋。所謂身見，謂由五蘊造成一我，執我爲有，便是身見。邊見，即所謂偏見，偏於一邊，執爲眞理，乃成邊見。邪見，是人不信四諦和佛法，自有一見，即是邪見。見取，於假名中，取以爲實事，是爲見取。戒取，則以洗浴等戒，爲無止善法，能淨人心，故名戒取。

「隨煩惱」生於煩惱，自己又能生垢心，乃稱隨煩惱。隨煩惱有廿一種：即睡、眠、掉、悔、諂、誑、無愧、無慚、放逸、詐羅波那（口悅人意）、現相（欲得一物故讚這物物相）、儌切（譽眾人以謗一人）、以利求利、單致利、不喜、頻申、初不調（不知調味）、退心、不敬肅、樂惡友。

「十煩惱大地法」，爲不信、怠懈、忘憶、散心、無明、邪方便、邪念、邪解、戲掉、放逸。（黃懺華 佛教各宗大意 卷下 第二輯 第八章）

四、滅諦

1. 滅諦的意義

滅諦謂滅盡苦因，使煩惱不生。佛教第一教人知道，人生的苦惱，能夠滅盡，以啓發人的信心，然後教人以滅苦的法門。滅苦的法門，留在道諦裏說，在滅諦裏則說苦惱怎樣可以絕滅。

佛教以滅苦，在於滅心中的欲念，心若沒有欲念，苦就不會生了。因此滅諦就專注在心的一方面。心的本體不可滅，滅心則萬法全滅，一切都沒有了，所以該滅的是心相。心相是心的動作，滅了心的動作，於是欲念不生，苦諦便也不起來了。

「所言滅者，唯心相滅，非心體滅。如風依水而有動相。若水滅者，則風相斷絕無所依止。以水不滅，風相相續，唯風滅故，動相既滅，非是水滅。無明亦爾。依心體而動。若心體滅，則眾生斷絕，無所依止。依體不滅，

心得相續。唯癡滅，故心相隨，非心智滅。」（大藏經 馬鳴 大乘起信論 真諦譯）

煩惱由心相而起，心相由無明依心體而起，爲滅煩惱，首在滅心相。爲滅心相，心體既不可滅，則只有滅無明。沒有無明，心相不起，於是煩惱便也斷了。因此對於滅諦，佛典有許多名稱，以顯滅諦的各項效果。佛典稱滅諦爲無餘永斷，永出，永吐，盡，離欲，滅，寂靜，沒，等名目。

「謂無餘，永斷，永出，永吐，盡，離欲，滅，寂靜，沒，等，何故無餘永斷？由餘句故。何故名永出？永出諸纏故。何故名永吐？永吐隨眠故。何故名盡？見道對治得離繫故。何故名離欲？修道對治得離繫故。何故名滅？當來彼果苦不生故。何故名寂靜？於現法中，彼果心苦永不行故。何故名沒？餘所有事永滅沒故。何故此滅，復名無為？離三相故。何故此滅復名難見？超過肉眼天眼境故。何故此滅復名不轉？永離諸趣差別轉故……何故此滅名無熱惱？永離一切煩惱熱故。永離一切求不得苦大熱惱故。何故此滅名無熾然？永離一切愁嘆憂苦諸惱亂故。何故此滅復名安隱？離怖畏住所依處故。何故此滅復名清涼？諸利益事所依處故。何故此滅，復名樂事？第一義樂事故。何故此滅名趣吉祥？為證得彼易修方便所依處故。何故此滅，復名無病？永離一切障礙病故。何故此滅復名無動？永離一切散動故。何故此滅，復名涅槃？無相寂滅大安樂住所依處故。何故此滅，復名無生？離續生故。何故此滅，復名無起？永離此後漸生起故。何故此滅，復名無造？永離前際諸業煩惱勢力。何故此滅，復名無作？不作現在諸業煩惱所依處故。何故此滅，復名不生？永離未來相續生故。」（大藏經　無著　大乘阿毗達磨集論　卷五　鳩摩羅什譯）

2. 滅三心

斷滅苦因，在於滅心。滅心非滅心體，乃滅心相。〈成實論〉講滅三種心相。人修行的境界，可以分成三等：第一等是凡夫愚子，他們以假為有，這等人只有假名心。第二等人已聞佛法，乃有法心。聞了佛法而修行，乃有空心，這等人是第三等。這三種心：假名心，法心，空心，可以包括一切人的境界，可以作一切苦惱的因由，所以滅諦就在滅這三心。

「滅三種心，名為滅諦。謂假名心，法心，空心。問曰云：何滅此三心？答曰：假名心或以多聞因緣智滅，或以思維因緣智滅。法心在煖等法中以空智滅。空心，入滅盡定滅，若入無餘泥洹斷相續時滅。」（大藏經 訶梨跋摩 成實論 卷十二 鳩摩羅什譯）

凡夫愚子的假名心，是在沒有實有的事物世界中，專以假名稱呼事物，執以爲有。爲斷滅這種心相，有兩種辦法，第一是聞信佛法，學習萬法該空，事物都是假名。有了這種真智，假名心便可斷滅。這稱爲以多聞因緣智滅。若不僅是聞道，而且聞了後加以思維，更加明了萬法由識所造，假名心愈加容易斷滅了。這稱爲思維因緣智斷滅。

假名心雖滅了，得了法心，並不是一下就成了佛。若單祇知道萬物原是假名，則離道仍舊很遠。因爲這等人知道色法皆空，尚不知道識也是空。因此便該以空法滅法心。空法教人知道，色是空，識也是空。五蘊不能成我，五蘊原也是空。萬物是假，我的識本也就是假。這種滅諦稱爲空智滅。

知道了色空識空，尚不算得了佛法的上乘。佛法的上乘，乃在於不講有，也不講空。講有，當然是不對，講空，也是心有所偏，不能完全無所牽掛。佛法上乘，則甚麼都不說，那一方也不偏，所以稱爲中道，稱爲圓融。融和一切，方方都圓滿。所以對於空心，還該求斷滅。斷滅之道，在心空空。空空則是說「空法」也是空，不必要。那麼人便達到滅盡定的境界。一切的法都滅了，人可入定，那時空心也斷滅了。便是所謂入滅盡定滅。入了滅盡定，然後永不再生了。永不再生，稱爲無餘涅槃。無餘涅槃是對有餘涅槃而言。雖入涅槃仍舊轉生，爲有餘涅槃。不再轉生，則入涅槃而無餘了。這就是所謂入無餘泥洹斷相續時滅。

因此滅諦，在佛法中很爲重要。滅諦也稱爲解脫，解脫人的苦痛。滅諦的作用，可以分爲四項：第一使人滅盡煩惱，第二使人心靜，第三使人由靜而入妙，第四由妙而入脫離一切的境界。

「如是滅諦總有四種行相差別：謂滅相，靜相，妙相，離相。云何滅相？煩惱離繫故。云何靜相？苦離繫故。云何妙相？樂靜事故。云何離相？常利益事故。」（大藏經　無著　大乘阿毗達磨集論　卷五　鳩摩羅什譯）

五、道 諦

1. 道諦的意義

道諦跟滅諦相通。滅諦講滅絕痛苦的因緣，且以滅苦有方法。不過滅諦所談的方法，祇在原則上講話；道諦則在細則上講斷滅苦因的方法了。雖說道諦所講方法，仍舊近於原則，因爲佛教的滅諦實行法，都在修行方面講，不過道諦所說的，較比滅諦所講的，較近於實行了。

道諦的道字跟普通的法字或方法相近，道諦即斷滅苦因的方法。上面滅諦講滅三心，似乎只要人知道空而又空的大道，便斷滅了一切的苦因。然而實際上，知道空而又空的理，完全不中用，必須要把空而又空的理見諸實行，然後才可滅苦。道諦便是教人實踏空理的方法。

道諦在具體方面說，可以分成五種：資糧道、加行道、見道、修道、究竟道。

「云何道諦？謂由此道故知苦，斷樂，證滅，修道，是略說道諦相。道有五種謂資糧道，加行道，見道，修道，究竟道。」（大藏經 無著 大乘阿毗達磨集論 卷五）

唯識宗則以五道爲五位，作爲入道的次第。資糧道者，資益己身之道，如同糧食，爲養育身體。資糧道包括有十住、十行、十迴向，各種善法。十住爲：發心住、治地住、修行住、生貴住、方便住、正心住、不退住、童真住、王子住、灌頂住。第一發心住，發菩提心，修十信行。十信行爲：信心、精進心、念心、慧心、定心、施心、戒心、獲心、願心，迴向心。

所謂十行，乃由信心而行十種善行：第一歡喜行、第二饒益行、第二無恚行、第四無盡行、第五離癡亂行、第六善現行、第七無著行、第八尊重行、第九善法行、第十真實行。

十迴向，乃修行者常迴心向菩提真智，以度眾生，第一救護眾生離眾生相迴向、第二不壞迴向、第三等諸佛迴向、第四至一切處迴向、第五無盡功德藏迴向、第六隨順一切堅固善根迴向、第七等心隨順一切眾生迴向、第八如相迴向、第九無著無縛能脫心迴向、第十法界無量迴向。

加行道，言加功修行，以進於佛法。這一道包含有四尋思，四如實智觀。尋思者，尋求思察，各種法都是假名，並非實有。四尋思是按一法的名，義，自性，差別，四項去尋求思察，故有：名尋思，事尋思，自性尋思，差別尋思。由尋思而知法假，於是遂生實智。因此有四種相應的如實智觀。「無倒，名如；無謬，名實；於所緣境稱實知故，名如實智。」（黃懺華 佛教各宗大意 卷上 頁二〇）把尋思與如實智合起來看，乃有四加行。第一爲軟法，修行人初得無漏道火，身似溫暖，故名軟法。第二爲頂法，修行人到達佛法頂極，故名頂法。第三爲忍法，「忍者，印可達悟義，發印可智，忍境識空，故名爲忍。」（黃懺華 佛教各宗大意 卷上 頁一一一）第四爲世第一法。空觀世間諸法，此法爲有漏世界最勝者，故稱爲第一法。

通達道，由世第一法，修行者通入無漏世界，入真如真智，故名通達道。因入真智，所以也稱見道。見道有兩種：「一真見道」，二「相見道」。真見道由根本智入無分別道，證真真如，故名真見道。相見道，由根本智與無分別智，起復得智，用言語陳說，以教旁人。因言語模倣真智，稱爲相見道。

修習道，由見道以求實行，一步一步向上走，稱爲修習道。修習道包括有十地，十波羅密，證十真如。所謂十地，爲：極喜地、離垢地、發光地、燄慧地、極難勝地、名現前地、遠行地、不動地、善慧地、法雲地。所謂十波羅密者，波羅密意義爲渡，度生死入涅槃。十波羅密爲：有施、戒、忍、精進、靜慮、般若、方便善巧、願、力、智。證十真如，真如本沒有差別，所謂十證，只是一種解釋法。十真如爲：偏行真如、最勝真如、勝流真如、無攝受真如、類無別真如、無染淨真如、法無別真如、無增減真如、智自在所依真如、業自在所依真如。

究竟道爲到佛法頂點的大道，除去世間的愚昧和煩惱，轉入菩提與涅槃。入涅槃後乃有佛身與佛土。一個修行者成了佛，佛法便完成了。

2. 八正道

前面一節所說的多種道諦實行法，可以說包括全部佛教的義理，後面我們談到佛教解脫論時，我們再要詳細講這些方法。因爲佛教各派在講道諦時，也都是略提一提這些方法，祇要八正道一門概括一切。所以於此我們看一看道八種正道。

「道諦者，謂八直聖道，正見乃至正定。是八聖道略說有二：一名三昧及

見，二名為智。」（大藏經 成實論 卷十二）

所謂正見乃至正定，即是：正見、正思維、正精進、正語、正業、正命、正念、正定，八種正道。「通故曰通，離邪曰正。」（黃懺華 佛教各宗大意 卷下 第二輯 頁一〇）正見，是聞了佛法，知道五陰五常，生了智慧。若再以智慧，而成思維，則稱爲正思維。既知道思維正道，於是依著正道，去除滅垢心，便有正精進。在精進於道時，當然不能妄語，不能瞋恚開罪人，因此有正語，同時離開貪瞋癡三毒，使不造惡業，乃有所謂正業。精進於道的人，爲謀求生活，凡是不良的職業也不可行。佛教最忌和藥出賣，最忌占相卜卦，又忌畫師泥塑，也忌仗恃豪富。不謀這些職業，稱爲正命。有了上面的六種正道，於是便可上登禪觀的妙境了。正念是佛教的空觀或禪觀，用真智去觀物。能夠好好禪觀，乃可入禪正，終而有正定。

八正道按《成實論》說可以略說爲二「一名三昧及見，二名智」三昧及見解爲定及定見。正定爲定，正念爲定見。以上六種正道則算爲智。

若按佛教修行三步法去分類，三步法爲戒、定、慧，那麼正語正業正命爲戒學，正念正定爲定學，正見正思維爲慧學。正精進則通於戒定慧三步法。黃懺華說：「一說此八種中，正語、正業、正命，爲戒學，正念正定爲定學，正見正思爲慧，精進常偏三學。如成實說：

出家求道，先須受戒，是故先明正語正業及與正命。由戒心住，故次明其正念正定。由定發慧，說爲正思。妙者修慧，說爲正見。精進常偏一切處行。如是一心勤修諸定，生定智慧，滅三心，入無餘涅槃。如四十四智所云：入聖道中，正智爲上。是正智果，所謂涅槃。」（同上）

〈成實論〉證八聖道說：

「八聖道分者，從聞生慧，能信五陰無常苦等，是名正見。是慧若從思生，名正思維，以正思維斷諸不善。修善諸善，發行精進。從此斷次出家受戒得三道分，正語正業正命，從此正戒成念處及諸禪定因此念定得如實智。名八道分。」（卷二）

第四章 因緣論

一、因緣

1. 因

從上面一章裏，可以知道佛教對於人生所有的意義。佛教以人生爲一連續的痛苦。唯一人生觀，便在解脫人的苦惱。爲甚麼有這些苦呢？那是因爲有苦因，苦因造業，由業而生果。佛教便很注重因果一門。

若把佛教的宇宙觀，仔細加以研究，我們也知道佛教的宇宙，無非是因緣。宇宙萬法，本無所有，能夠有，那都是因緣的關係。人若能跳出因緣的關係以外，人就入了涅槃。可以說佛教的教義，完全在因緣上旋轉。一方面解釋因緣，一方面斷絕因緣。

因緣有甚麼意義呢？上面兩章裏對因緣兩字，已經加有解釋，於今我們再說幾句。在因緣論裏有幾個相連的名詞，應該分別清楚。這幾個名詞是因、緣、業、果、報。因者，能產生效果的事物，稱爲因。因與效果有連屬的關係，效果是由因所生。佛教常講六因。

「六因之義，出毘曇論大智論中，亦廣分別。一所作因，二共有因，三自分因，四者遍因，五相應因，六者報因。……所作因者，諸法起時，除其自體，萬法不障，令其得生，名所作因。……共有因者，諸法起時，同時同法，共有之法，展轉為因，名共有因。……自分因者同類之法，藉前生後，名自分因。……言遍因者，苦樂諦下，疑見無明，能生一切染污法，故名為遍因，……相應因者，止在心法，如心起時，即有一切諸心數法，與心相應，是相應法。展轉相助，有所作為，名相應因。……言報因者，一切三界有漏善法及與不善，能生一切苦樂等報，故名報因。」（大藏經 慧遠 大乘義章 卷三）

六因即「所作因」、「共有因」、「自分因」、「遍因」、「相應因」、「報因」。所作因亦稱能作因，凡百自力能生效果者，稱爲所作因。有星即有光，只要沒有障礙物，光即可見。然而星光因無障礙而生，佛典以爲這種所作因，稱爲無力所作因，因爲光並不是由星的自力所生的，星乃是無力的所作因。麥種生麥芽，則是有力所作因；因爲麥種有生芽的能力。所以所作因分爲「有力所作因」與「無力所作因」兩種。

共有因亦稱俱有因。共有因即是數法同時互爲因果，又分爲兩種：「互爲果俱有因」，「同一果俱有因」。例如三根木杖互相依而立，彼此互爲因果，因爲缺了一根，其餘兩根就要倒。這稱爲互爲果共有因。三根木杖共支一鼎，支鼎爲三杖的同一果，就稱爲同一果互有因。

自分因亦稱同類因，同類相引，故稱同類因，一個善念引一個善念，一個惡念引一個惡念。

相應因者，謂心與心所發動時，即生相應的效果。上面曾說過心相應法，即是相應因的效果。

遍因也稱爲遍行因，乃十一種遍行。每種遍行能起相應的效果，故稱爲遍行因。十一種遍行包有苦諦的身見、邊見、邪見、見取、戒見，及疑、無明，和集諦的邪見、見取、疑、無明。

報因亦稱異熟因，稱爲異熟，乃是因與果不同類。稱爲報因，即由所生的果，乃是報應。報應與因性質不同，善因雖得善報，惡因雖得惡報，報與因仍不同類，例如上善超生於天，下惡輪於地獄。因與果乃是異類而熟。

唯識宗不講六因，但說十因。然而唯識宗的十因，完全從識的一方面去說，不免有所偏。且唯識宗重緣而輕因，把因作爲緣的依屬品。所說十因即：「隨說因」、「觀待因」、「牽引因」、「生起因」、「攝受因」、「引發因」、「定異因」、「同事因」、「相違因」、「不相違因」。隨說因是隨見聞覺知，而有言說。觀待因，是各界的眾法，彼此相待相求。牽引因，是業牽引現行。生起因，是種子生法。攝受因，是三界諸法，互有攝受。引發因，是一法引發他法。定異因，是三界諸法，自性功能互有差別。同事因，三界諸法，能相合和。相違因是一法障礙他法。不相違因即不相障礙。（黃懺華 佛教各宗大意 卷上 頁七五）

2. 緣

緣的意義，較因爲廣。所用的工具，固是緣，外面的一切必須條件，也稱爲緣。例如眼能見色，眼睛當然是因，然也稱爲緣，眼以外的光，爲見色的必須條件，也就稱爲緣。

緣有四種，上面已經講過，即：因緣，等無間緣，所緣緣，增上緣。

黃懺華說：「因之與緣，非無有異。因是親稱，緣是疏名，六因之中，五是親故，以親名同。四緣之中，三是疏故，以疏名同。然因中有疏，謂能作因。緣中有親，謂因緣也。」

（佛教各宗大意 卷上 頁一七）

3. 業

業，又是因，又是果，由業而有報應。業是一種因。業由身口意而成，業是一種果。但是業的重要性，則在於報應，所以業常稱爲因。業的特點，則是人的動作在倫理方面的價值。業有功過的意義，而且這種功過多指前生的功過。

業分爲善業，不善業，無記業三種，又分爲思業和思已業。這在上面集諦裏已經說明了。

業又分爲增長業與不增長業，增長業乃前業所留的種子而有後業繼續增長，乃稱爲增長業。如人起一惡意，惡意已是一惡業，留一惡種子，後來執行惡意而做出了惡行，前惡意義的種子由後惡行業而增長，這即是增長業，故惡種子不增長者則爲不增長業。如只有惡意而無惡行，則是不增長業。

若從果報一方面去說，業可分爲福業、非福業、不動業三種，這是看業所得果報是福或是不福，或是非福非不福。

4. 果

上面第二章也說到果字，果是由因緣所生的法。萬法都由因緣而生，萬法都可說是果。果分五種：異熟果，等流果，士用果，增上果，離繫果。若按六因來說，所作因所得果爲增上果，俱有因所得果爲士用果。自分因則得等流果，相應因又得士用果，遍因卻又得等流果，報因當然得異熟果。

5. 報

報爲果的一種，普通的效果稱爲果，報應的果稱爲報，或稱爲果報。人的行動有善惡，善惡有賞罰，賞罰即是果報。果報有三種，現世業生現世報稱爲「現報」。今生業所生來生報稱爲「生報」。今生業過一生所生報稱爲「後報」。但在生報後報之前，現生必稍受報，這種報稱爲華報。

「問曰：經中佛說三種業，現報生報後報業，何者如耶？答曰：若此身造業即此身受，是名現報，此世造業，次來世受，是名生（報）業。此世造業，過次世受，是名後報。」（大藏經 成實論 卷七）

二、因緣的作用

1. 種子因果

西洋哲學裏有以宇宙萬物只是一串因緣者，前因牽後因，無所謂實體，這派哲學，稱爲現象派。佛教觀察宇宙，雖跟這種現象派有些相同，把萬物都看爲因果的繼續，但是佛教的因果，不是單獨從客觀一方面去看，乃是從人一方面去看。客觀的事物本來沒有，所以然成了有，那是因爲人以爲有。人怎麼以爲有呢？佛教的因緣論就研究萬物所以成爲有，而以人心爲對象。

佛教各宗派對於這個問題，看法相同，答案卻多不一樣。我們卻只從因緣論的主幹上去研究，其餘一切枝節的問題，都略而不談。

假使於今我們說，世界萬物原都不存在，一個人卻以爲實實在在的有，這倒是怎樣弄的呢？

第一步，必是這個人在認識方面有了錯誤。認識方面怎樣會有了這種錯誤？佛教說這是因緣的關係。

人的知識，可分爲兩方面，一方面是單純的知識，一方面是知識的客觀實在性。例如紅玫瑰，是一單純知識，紅玫瑰確實是紅玫瑰，則是知識的客觀實在性。假使知識只是單純的知識，必定不能造成以無爲有的錯誤。錯誤是在認識的客觀實在性。

在單純的知識方面，知識的成立，由於五根緣依著五境而成觸，意藉觸而起思維。這裡面的因緣很簡單，普通心理學上都講說。可是人的知識並不是單純的知識，常帶有客觀實在性一問題。人以有了一種知識，同時就認爲這種知識存在不存在。因此佛教在根境以外，另外造出了一串認識因緣，乃有所謂第八識的種子和第七識的執取。

人的五根和意，爲認識器官，具有認識的本能。可是這種認識的本能受另一種能力的影響，這另一能力，即第八識的種子。認識器官的本能，爲認識對象；種子的能力爲造現對象並評判對象究竟存在否？這兩種能力和在一齊，纔能有知識。人的眼看見一朵紅玫瑰花，這種感覺是種子造成的，同時第八識的種子影響第七識以這朵花確實有。這就是因爲第八識的有漏種子，經過眼觸的熏，第七識馬上執取這花爲實有。所以第一種因緣論，便在乎種子熏習。

種子熏習，又該從兩方面去看，一方面是種子爲因，致生認識的果。一方面是種子爲果，由人的業所造，所以種子又是因，又是果。

種子爲因，凡是識都由種子所熏而成，因爲識的客觀實在性，由種子的能力而構成。種子既能決定知識爲有爲空，那麼種子的關係就極大了。種子分有漏無漏，有漏種子判認識爲有，無漏種子判認識爲無。

一個知識的有或空，絕不會僅僅關係知識自身，立刻會影響到知識的作用，知識的作用，即是人的行動；種子對人的行動也具有間接影響力。

從種子爲果的一方面去看，則是人的行動影響種子了。種子是人的行動所留下的遺痕。人的行動稱爲業，種子乃業所成。第八識的種子，大都爲前生的業所造。一個人再生時，從母胎帶來前生的果，即是第八識的種子。但是現生的業，也馬上造生種子；現生業的種子，也可爲第七識所熏。通常的法則，是有漏種子生無明，無明又生有漏種子，繼續相連。如打斷這種因果，則須佛法的光明。佛法的光明能替代第八識的種子，令人起真正智慧，由智慧生善業，由善業生無漏種子。

在專講唯心的佛教宗派裏，種子因緣論雖不大講，可是唯心派也以人的錯誤在於無明，誤以萬物爲有。無明乃是心的動作有了錯誤，心的錯誤由於有漏法的影響，有漏法乃人的惡業。那麼人的無明由於惡業所造，結論跟唯識論一樣。

2. 行爲因果

宇宙間的萬物，可以說是人所想像的，由於心識所迷成；人間的事故，不能說是想像的，每一樁事故，確實是人所做的。人爲甚麼作這麼事呢？其中必有緣因，在哲學上，主張人有自由的，則說因爲願意這麼做。事故的發生，以人的意志爲因。不主張人有自由的，則或說天命如此，或說自然的法則如此，或說都由於命運。佛教對於事故的發生，一部分以人的自由意志爲因，一部分以人的前業爲因。

佛教看來似乎不主張有自由，因爲佛教主張人事都串在一定的因緣律裏，一律地繼續展轉。不過在人事的業因裏，那些根本的業因，是以人自由而作的。不然則不能算爲人的業，而引起另的業因。再者佛教主張人可信從佛法，以佛法而斷因緣。這個皈依出自人的自由，所以在根本上，佛教承認人有自由。

人事的因緣，所有的第一條規律爲前念引後念，前業引後業，都是同類相引。凡是有漏法，不論是念，不論是行，常相牽引。無漏法有相牽引者，有不相牽引者。人的每個念慮，每樁行動，都由於前一個念慮，前一樁行事牽引而出。前念是因，後念是果。前行是因，後行是果。

人事因緣的第二條規律在於行爲識因，識爲行因互爲因果。上面已說過業與種子的關係，但那是由於種子一方面去看，於是我們由業一方面去看，種子可以爲業因。因爲種子被熏成識時，識成念念即爲種子的果。若念成爲行，行就間接由種子而生。而且凡夫以空爲有，他才做百般貪，求世物的行爲。這些行爲，都是受了種子的影響，所以都算爲種子的惡果。反轉來說，行，爲種子的因，惡業留惡種子，善業留善種子，而且善業還可除滅惡種子，佛教的修行，不是用善業去除無明嗎！佛法能光照人心。人藉這種光明以得智慧。便再用不著種子了！

人事因緣的第三條規律，便是說因緣可斷。佛教講滅諦講道諦目的就在斷盡一切因緣，身口意三業再不發生。凡是有漏法必生有漏法，有漏法的因緣，彼此不能斷無漏法的上乘則可斷因緣了。

再還有一條人事因緣的規律，即是因果雖相繼續，然而因中無果，果中無因。前一剎那滅，後一剎那生。雖有前後，然滅者已不存，存者非滅者。

「果不俱因，因因而果。因因而果，因不昔滅，果不俱因，因不來今。不滅不來，則不遷之致明矣。」（大藏經 僧肇 肇論）

果中雖無因，果則由因而生，因可以說是沒有完全消滅，果中既沒有因因已不存。不滅不存，這是佛教因緣的大道。

3. 報應因果

人事的發生，有一部分隨著人的自由意志，有一部分則自然而來，非人力所可抗。這自然而來的人事，並不是因爲一盲目的命運或自然法，乃是因爲人的行動該有報應。

報應所指的，是指人旳行動該有的賞罰。在別的宗教裡，賞罰操之於神靈，這位神靈按人的善惡判決賞罰的輕重。佛教本是無神的，佛教的賞罰乃繫在因果律上。每一樁行動，或善或惡，自然地牽引相應的賞罰，這種自然的賞罰，稱爲報應。好似打鐘，打一下，鐘自然回應作響。

佛典百法中的心所法，由相應於心法而起，凡五十一種。這五十一種，即爲心法的現世報應。這五十一種心所法既成業，於是又牽引苦諦八相苦的報應。這種報應都是現報，成於現世。現世報應的因緣，屬於牽引一項。業既是行爲，報應也是行爲，現報即等於行爲牽引行爲。所以惡念牽引惡念，惡行牽引惡行，惡念惡行又牽引煩惱。

普通所說的佛教報應，指的來生報和後生報。今生所行的善惡，在來生或再來生必受賞罰的報應。再生的生，本已是報應，但是這種報應是由我執牽引出來的，所以不算某種行爲的來生報。怎麼樣再生，那才是來生報應了。一個人再生，可生的好，可生的壞，好壞便是前生旳賞罰，既生了以後，這一生的遭遇，多有前生已註定的，如壽命長短，富貴貧賤，都因前生的業而定。這種報應，是人入母胎時，前生業已留下一個命運，命運隨著這一生漸漸變現。

因緣，在佛教中可以斷絕。無漏法可以不牽引後念後行。同樣無漏善行，也可以不受報應。不受報應，即是那樁善行已斷因緣，不引起相應的報應。慧遠和尚曾有一篇〈明報應論〉，他說：

「推夫四大之性，以明受形之本；則假於異物，託為同體；生若遺塵，起滅一化，此則慧觀之所入，智刃之所遊也。於是乘去來之自運，雖聚散而非我，寓群形於大夢，實處有而同無。豈復有封於所受，有係於所戀哉。……若反此而尋其運，則報應可得而明；推事而求其宗，則罪罰可得而論矣。嘗試言之，夫因緣之所感，變化之所生，豈不由其道哉？無明為惑網之淵，貪愛為眾累之府，二理俱遊，冥為神用，凶吉悔吝，惟此之動。無明掩其照，故情想凝滯於外物，貪愛流其性，故四大結而成形。形結則彼我有封，情滯則善惡有主。有封於彼我，則私其身而身不忘；有主於善惡，則戀其生而生不絕。是故得失相推，禍福相襲，惡積而天殃自至，罪成則地獄斯罰，此乃必然之數，無所容疑矣。……然而罪福之應，惟其所感，感之而然，故謂之自然。」（大藏經 弘明集 卷五）

三、佛學緣起論

1. 業感緣起

佛教以宇宙萬有爲空爲假，在實際上人人卻都認爲是有。佛教說這是因爲人「無明」，自己看爲有，實際上則是空，「無明」怎麼來的？由於業報，前生作了惡，現生乃有「無明」。前生爲什麼作惡，由於人「無明」。這種來回的因緣，不能解決有和空的問題，佛教便有大乘各宗，深入研究，講談宇宙萬有的來由，於是有〈唯識緣起論〉，〈如來藏緣起論〉，〈真如緣起論〉各宗的思想。按照這一系列的思想，也可以排列佛家的宗派。

小乘佛教主張有，即法有，宇宙萬有都有，我則爲空，即我無。「法有我無」乃爲小乘佛教的標記。

甲、法有

小乘主張法有我無，以宇宙萬物爲實有，以我爲虛假。

小乘講有，名爲一切有部，以《四阿含經》爲代表經典，後來有四次結集，乃分出部派，部派中最著者爲《阿毗達磨大毗沙論》爲代表，由《阿毗達磨》產生《俱舍論》，《俱舍論》爲世親（Vasubandhu 420–500 A.D.）所造。

《俱舍論》在本體論方面，主張「三世實有，法體恒有」，「三世實有」，過去、現在、將來，三世，從輪迴去看，一定要是實有，否則業感緣起沒有辦法可講。三世的次序，從兩方面去看：第一，從法體方面去看，先有生起的能，是爲未來；能由因緣和合而成事實，法正存在，是爲現在；因緣離異，法乃毀滅，是爲過去。第二，從因果方面去看，由過去業產生現在的果，由現在的業而產生未來的果，由過去到現在，再到未來。三世的連續，是不同性的連續，每一世的法體是實有的，實有法體每一剎那都在變，前後都相同；所以是剎那實有，是不連續的連續。

《俱舍論》以宇宙間的物體，由「微」而成，「微」稱爲「極微」，或「極細微」或「鄰虛」，爲物體的構成素。

「極微」雖是無形，然而仍是有量的色體，具有堅、濕、煖、動，四種物質特性，四種物質性的具體形，就是地、水、火、風。這四種物質，乃是宇宙萬物的四種元素。

宇宙的整體結構，以人所住的世界爲主，中央有須彌山，或譯妙高山，山四周有海，山和海次第相圍，即山外有海，海外有山，共成九山八海。在第八山和第九山間的海，方有四大洲，名爲須彌四洲。我們人所居的洲，爲南瞻部洲，名閻浮提，有日月星辰懸掛空中，洲中分小千世界、中千世界、大千世界。

有情者所住者爲器世界，分爲欲界、色界、無色界，欲界下有地獄，中有人的四洲，上有六欲天。色界則包有梵眾天等十七處。這十七處的色相最精妙，宮殿樓閣，精緻華麗。因此稱爲色界，無色界則沒有地域可言，所以稱爲無色，包有空無邊等四天。

人在輪迴時，按人的善惡業而定趣向。犯了重惡的人，則趣地獄。犯了輕惡的人，則趣傍生或餓鬼。作了上善的人，趣生於天。作了下善的人，投生爲人。

地獄，梵語爲「那落迦」，字義爲苦具，意義翻爲地獄。犯了瞋恚及上品的五逆十惡的大罪人，死後趣生地獄。

「言地獄者，如雜心釋，不可樂，故名地獄。地特中釋，增上可厭，故名泥犁。泥犁胡語，此云地獄。不樂可厭，其義一也。此之兩釋，皆對厭心以彰其惡，非是當相解其名義。若正解之，言地獄者，就處名也。地下牢獄，是其座處，故云地獄。……次辨其相，先辨地獄。地獄有二：一正地獄，二邊地獄。正地獄者，在大海下，麁分有八，細一百三十六所，☆分八者，一活地獄，二黑繩地獄，三眾和地獄，四叫喚地獄，五大叫喚地獄，六熱地獄，七大熱地獄，八阿鼻地獄。」（大藏經 慧遠 大乘義章 卷八）

慧遠在上文以下，描寫每層地獄的苦刑，一層比一層更利害，阿鼻地獄是最殘虐的刑所。真諦曾釋有〈地獄誦〉：

「過現未來世，眾生還往生，退起及輪轉，佛世尊證見。
諸業不唐捐，有果報不失，隨時處成熟，聖智者自覺。
瞿曇知此說，八種大地獄，世尊悉證見，成一切法眼。
更生及黑繩，山磕二叫喚，小大兩燒熱，及大阿毗止。
如是八地獄，佛說難可度，惡人恆充滿，各各十六鬲。
四角及四門，分分皆正等，上高百由旬，四分百由旬。
鐵城所圍遶，鐵蓋覆其上，下地皆是鐵，炎熾火遍滿。

燒惡人可畏，恆然難可近，見者必毛豎，極苦不可看。
我今當為汝，如法次等說，恭敬一心聽，如我所說言。」
（大藏經 立世阿毗曇雲 卷八）

犯了貪欲及中品的五逆十惡的人，趣生餓鬼。「言鬼者，以餘生中喜盜他物，又復多是所祀祖宗，又多希求以自存濟，又多怯劣身心輕躁，故名爲鬼。」（黃懺華 佛教各宗大意 卷上 第一輯 頁二一）若只犯了愚癡及下品的五逆十惡，則旁生爲畜生。畜類包括禽獸蟲魚四種，都可爲人所轉生。若作了五戒及中品十善，來生可以轉生爲人。若作了上品十善及禪定，則可超生天界。

但五趣，有說爲六趣或六道者，如〈大乘義章〉卷八，《四教儀集註．大毗婆沙論》卷百七十二都說六趣。說六趣者，除五趣外，加「阿脩羅」。（或「修羅」，或「阿索洛」。）「阿索洛者，此云非天，索洛者天之異名。阿之言非，行多不實，諂詐爲先，不同諸天直實行故，名曰非天。〈大論佛地論〉，說爲天趣所攝。」（黃懺華 佛教各宗大意 卷上 第一輯 頁九九）所以然要添加阿脩羅，爲的善惡都能有三報。惡分上中下三品，有地獄，餓鬼，畜牲三報，善分上中下三品，便也有三報：上品善有天報，中品善有人報，下品善有阿修羅報。

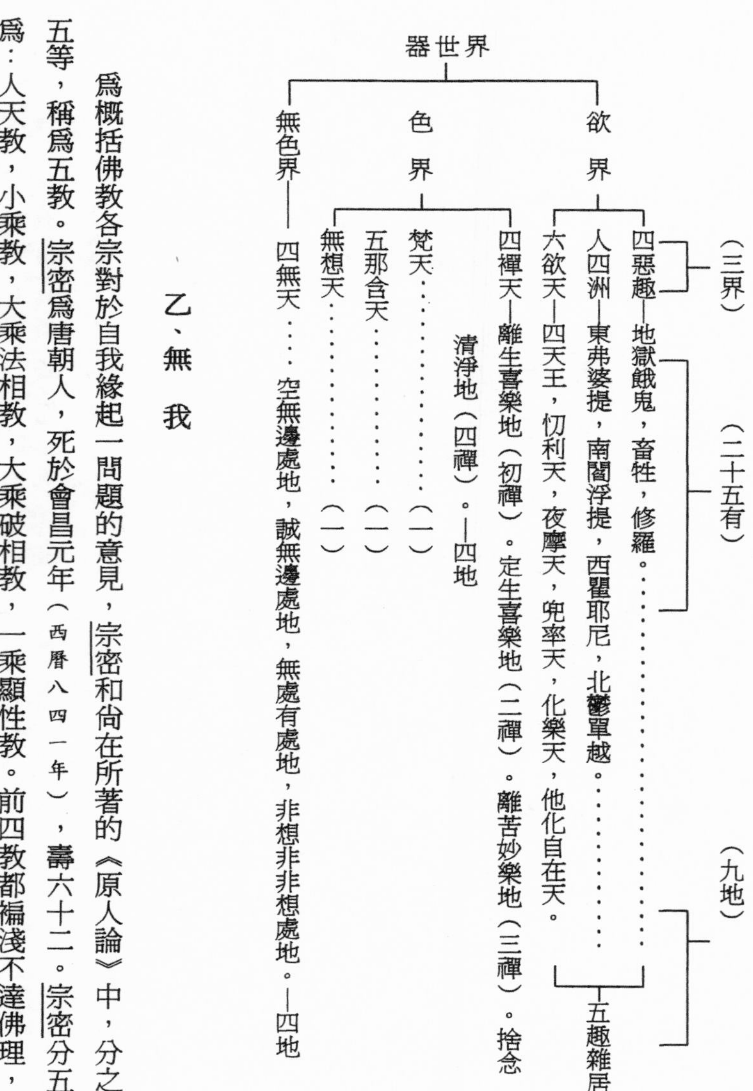

乙、無　我

爲概括佛教各宗對於自我緣起一問題的意見，宗密和尙在所著的《原人論》中，分之爲五等，稱爲五教。宗密爲唐朝人，死於會昌元年（西曆八四一年），壽六十二。宗密分五教爲：人天教，小乘教，大乘法相教，大乘破相教，一乘顯性教。前四教都偏淺不達佛理，後一教纔算了達佛法，故稱爲「佛了義眞教」。

宗密於〈斥徧淺章〉講前四教的自我緣起，他說：

「佛為初心人，且說三世業，執善惡因果，謂造上品十惡，死墮地獄，中品餓鬼，下品畜生。故佛且類世五常之教，令持五戒，得免三途，生人道中，修上品十善及施戒等，生六欲天，修四禪八定，生色界無色界天。故名人天教，據此教中，業為身本。」（大藏經 原人論 斥徧淺）

前世之業造成今生之身，怎麽樣由業而成身呢？人天教沒有講，我們也就不得答案。

「小乘教者，說形骸之色，思慮之心，從無始來，因緣立故，念念生滅，相續無窮。如水涓涓，如燈焰焰，身心假合，似一似常，凡愚不覺，執之為我。寶此我故，即起貪瞋癡等三毒。三毒繫意，發動身口，造一切業。業成難逃，故受五道苦樂等身，三界勝劣等處。於所受身，還執為我，還起貪等，造業成業。……據此宗中，以色心二法，及貪瞋癡，為根身器界之本也。」（同上）

小乘教以自我由於色心相合，而被執爲實有，既執爲實有，乃造無明業，無明業乃使色心於來生又相合，又造無明業，再輾轉受生。那麼自我究竟是什麼?自我即人意中所執的色心相合。

「大乘法相教者，說一切有情，無始已來，法爾有八種識。於中第八阿賴耶識，是其根本，頓受根身器界種子。轉生七識，皆都變現自分所緣，都無實法。……如患夢者，患夢力故，心似種種外境相現。夢時執為實有外物；寤來方知唯夢所變，我身亦爾。唯識所變迷，故執有我及諸境，由此起惑造業，生死無窮。」（同上）

這一宗即唯識宗，以人之自我，乃識所假造。人在沒有破除無明時，誤執以爲實有。那麼自我不過是第八識的有漏種子所現的一種假相。這種假相由於色想受行識，五蘊相合而成，因著業而繼續轉生。

「大乘破相教者，破前大小乘法相之執，密顯後眞性空際之理，……是知

心境皆空，亦是大乘實理。若約此原身，身元是空，空即身本。」（同上）

空即身本，這是參透佛法的人，看到自我爲空，自我既爲空，我爲什麼知道自我爲空呢？這種知識難道沒有主體？

「一乘顯性教者，說一切有情，皆有本覺眞心。無始以來，常住清淨，昭昭不昧，了了常知，亦名佛性，亦名如來藏。從無始際，妄想翳之，不自覺知，但認凡質，故躭著結業，受生死苦。」（大藏經　原人論　直顯真源）

自我的主體，即是真如。真如本來昭明不昧，所以不分你我。一個妄想黏著了真如，妄想自以爲有，乃有自我，即使知道自我爲空，妄想還沒有完全絕斷：因爲還有知我爲空之知。直到不以我爲有爲空，一切都清淨了，纔算恢復了昭昭不昧的真知。而自我也就絕滅了，人便得了佛性，入了涅槃。

那麼普通所說的自我，只是真如外面的一種妄念。妄念現爲五蘊，五蘊相連，結爲身心。所以佛教五宗的「自我」追到根基上，則大都相同。

丙、十二因緣

人的「自我」即是一個妄念，妄念所以作成人身，乃由於十二因緣。

十二因緣，講說人輪迴受生，因生而苦，因苦而再生。這些因緣爲：無明、行、識、名色、六入、觸、受、愛、取、有、生、老死。

「言無明者，癡闇之心體，無慧明故，曰無明。過去世中，煩惱非一，以何義故，偏說無明？釋有兩義：一彰通隱別，故說無明。過去世中一切煩惱，皆有闇惑迷理之義，就斯通義，故說無明。二舉強攝弱，故說無明。無明煩惱，迷於本際，集起死生，其力最強，故說無明。但說無明，當知一切餘結皆隨……

所言行者，諸業集起，名之為行，集起有二：一就業體，緣中集起，名之為行。二就功能，集起後果，故名為行。……

所言識者，分別之義，於中分別，乃有三種：一種子識，作行以後，受生以前，所有心識，為業煩惱所熏發故，能生後果，說為識支。若復通論，無明行中所有心識，亦是識支。二求生心識，在於中陰。三受生心識，名為識支，謂受生時，最初一念染污之心，於彼父母精血等等。……

言名色者，心從詮目，故說為名。身從質礙，稱之為色。……

言六入者，生識之處，名之為入，入別不同，離分六種，所謂眼、耳、鼻、舌、身、意。……

所言觸者，觸對塵境，目之為觸，若依成實，對後受支，說想為觸。觸假之初，故名為觸。若依毘曇，以心法中觸數為觸，此觸之數，依根就塵，能令根塵去相觸對，故名為觸。……

所言愛者，染境名愛，現在世中，煩惱非一，以何義故，偏名為愛？未來死生，由愛牽起，愛力功強，故偏說之。雖但說愛，餘結皆隨。……於中分別，略有二種：一愛己身，二愛所須，廣分有五：一於順情未得法中，起欲得愛，二於順情已得法中，起不先愛。三於違情違得法中，起不得愛。四於違情已得法中，起求捨愛。五於非違非順法中，起處中愛。非極違情，不生厭故。

所言取者，前愛增上，取著境界，故名為取。若具分別，取有四種：一是戒取，二是見取，三是欲取，四是我取。

所言有者，現在行業能有當果，故名為有。何不名業，乃名為有？當果未有，由業有之，故從功能說為有耳。……所言生者，來報始起，故名為生。生之體狀，於識支中受生識同。言老死者，衰變盡壞，名為老死，與前名色六入同等。」（大藏經 慧遠 大乘義章 卷四）

慧遠解釋十二因緣已很清楚，但是有些話，普通人一看，仍是不懂。一個人怎麼生成了人呢？說是因爲他前生有了無明的愚昧，不認識眞諦。因爲他無明，他便作了許多有漏的行業，即是做了許多不淸淨的事。由有漏的行業乃有有漏的種子。這種種子帶著求生的慾望，在人死時轉入另一名色中。名色即是心與身，即是另一胎兒。有了心與身，遂有六入的覺官，覺官成，便可有感觸，因著感觸，人於出生後乃有受，受者即是感覺與知識，因此便生愛慾。愛慾發而爲行，即生「取」，取爲欲的行事。欲既成事，便造業，業稱爲有。造了今生的業，乃有來生的生。來生有了生，必有老死。這十二個因緣連鎖地輾轉下去，人乃輪迴於世。

「三界虛妄，但是心作，十二緣分是皆以心。所依者何？隨事生欲心，是心

> 即是識，事是行，行誑，心故無明，識所依處名名色，名色增長名六入，三事和合有觸，觸共生名受，貪著所受名為愛，愛不捨，名為取，彼和合故名為有，有所起名為生，生變名為老，老壞名為死。
>
> 又無明有二種作：一者緣中癡，二者為行作因。行亦有二種作：一者生未來世果報，二者與識作因。識亦有二種作：一者能受生，二者與名色作因。名色亦有二種作：一者令識起相續，二者與六入作因。六入亦有二種作：一者能緣六塵，二者能與觸作因。觸亦有二種作：一者能緣所觸，二者能與受作因。受亦有二種作：一者覺增愛事，二者與愛作因。愛亦有二種作：一者於可染中生貪心，二者與取作因。取亦有二種作：一者能增長煩惱，二者與有作因。有亦有二種作：一者能於餘道中生，二者與生作因。生亦有二種作：一者能起五因，二者與老作因。老亦有二種作：一者令諸根孰，二者與死作因。死亦有二種作：一者陰五陰身，二者以不見知故，令相續不斷。又無明言諸行者，無明令行不斷。」（大藏經 大方廣佛華嚴經 卷二十五 佛馱跋陀羅譯）

《華嚴經》講明十二因緣的因緣作用，每一因緣有兩種因緣作用，第一種是本身的作用，第二種是對於下一因緣的作用。例如，無明：無明在本身方面使人癡愚，在另一方面又發動有漏諸行。這十二個因緣雖是一貫連接下去，究其實，包括有三世的因果。前二爲過去世，中八爲現在世，後二爲未來世。

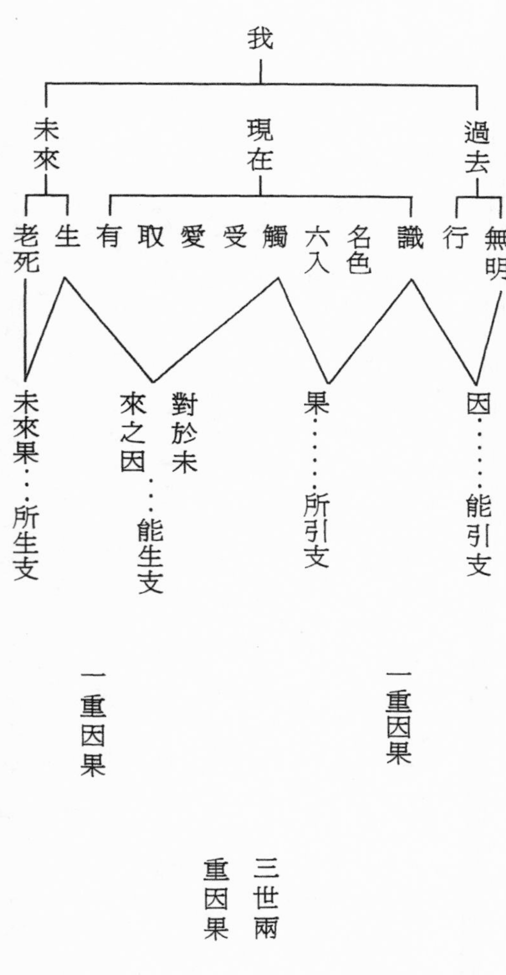

（上表見　木村泰賢　原始佛教思想論　頁二〇〇　歐陽瀚存譯　商務版）

十二因緣分爲三世因果，本屬佛教的教義，但在分別上有幾種因緣，不能確實歸之於那一世。慧遠說：

「三世分別，無明以行，是說過去。識支不定，若取因中種子心識，以為識支，是屬過去；若取最初受生心識，以為識支，是屬現在；若說求生心識，意則不定。論其體性，起在於今，判屬現在；論其功力，能有當果。以因從果，判屬未來。……生死二支，定屬未來。」（大藏經　大乘義章　卷四）

慧遠這種解釋很可代表佛教十二因緣的三世因果說，「識」處於前生與現生之間，故所屬不定，至於愛、取、有三因緣，本體都屬於現生，三者的果報則歸之於來世。

按本體一方面說，十二因緣可分攝於煩惱、業、苦三項裏。無明、愛、取三者屬於煩惱，行和有兩者屬於業。其餘七因緣，都屬於苦。由煩惱而生業，由業而生苦，苦再有煩惱，輾轉不絕。

「歸命牟尼尊，妙法比丘僧，略作因緣論，為義顯現故，
牟尼所演説，十二勝上分，因緣所生説，彼為三所攝。
煩惱業及苦，次説應當知。煩惱初八九，業二及以十。
餘七説為苦，三攝十二法。從三故生二，從二故生七。
從七復生三，是故知輪轉，一切世間法，唯因果無人，
但從諸空法，唯生於空法。誦燈即鏡響，日珠種子水。
諸法轉不轉，智者善思量。」（大藏經 十二因緣 淨意菓提流支譯）

但是按哲學上的公論說，十二因緣都是依附體，該有一個可依附的主體。例如說無明，應該是某某無明。這個可附的主體，按理說就是「自我」。佛教以「自我」爲空，這十二因緣依附於誰呢?而且在輪迴受生時，前生的某甲生爲今生的某甲，有什麼東西可以使這第二個某甲，是第一個某甲的轉生呢?按理說，肉體既不能兩生同是一個，則靈魂應該同是一個。況且惡人入地獄，肉體不同去，便應該是靈魂去。可是佛教從不講靈魂，衹以自我爲因緣的互相連續。人在轉生時，好似火從一薪傳入另一薪。今生的某甲爲前生某甲的轉生，因爲今生的某甲，完全由於前生某甲的業所造成的。至於人往地獄，佛教說爲一種再生，也不僅是肉體，也不僅是靈魂，及到一天，人把我執的妄念絕斷，——便不再輪迴了，歸寂於涅

槃。

境，境爲前五識的對象，就是普通我們所說的外物。

2. 唯識緣起

現在我們看看對唯識緣起的難題。

前面講唯識論，已經說到萬法唯識，宇宙一識都是阿賴耶識所造，阿賴耶識的種子造

〈成唯識論〉對於萬法唯識，假設九種難題。第一難題，爲唯識宗在教理上的根據，根據甚麼經典而說萬法唯識?這宗所根據的經典，有《華嚴經》、《解深密經》、《楞伽經》、《無垢稱經》、《阿毗達磨經》等。第二個難題，則真正對於識上發問。因爲若萬法唯識，爲甚麼有些識，務必受外面環境的限制呢?這些限制可以概括爲四種：地域的限制，一座山，只在這處可見，別處卻不可見。時間的限制，一樁事只發生在這個時間，不發生在別一時間。障礙物的限制，一個人眼中有翳所見便不明。醒時的限制，人生醒時夢中，能同見一物。但夢中所見，卻不發生作用。唯識論的答詞，即從夢中出發。

「如夢中雖無實境，而或有處見有村農男女等物，非一切處即於是處或時，見有村園等，非一切時。由此雖無實識實境，而處時定非不得成。……不如夢中境雖無實而有損失精血等，由此雖無離識實境，而有虛妄作用義成，如是且依別別譬喩，顯處定等四義得成。」（大藏經 唯識二十論）

第三難說：假若識外無實境，爲什麼佛世尊在《阿含經》中說有十二處呢？答詞說，佛已尊爲彼眾生的妄想，假說十二處，並非真有十二處。第四難便說萬法既都是空，那麼唯識也是空？答者說，萬法該空指的俗法，若說佛教真智，不能以爲空。

第五難再從識上發問：

「若諸色處，亦識為體，何緣乃似色相顯現，一類堅住，相續而轉？」（成唯識論 卷七）

紅的常是紅，白的常是白，這都是由於有這種種子。種子得熏習所現常相同。第六難又來了，若色法都是識所變，爲甚麼五識的對象不同？眼見色，耳聽聲，舌覺味，鼻嗅香，身有觸？唯識論謂這都是身有五識，所緣的境不同，故對象也不同，並不是真有五種不同的對象。

第七難又回到夢上，若說五識的色法，跟夢中所覺，沒有分別，都沒有實在的客觀；那麼爲什麼作了夢，知道是虛夢，白天所覺，則以爲實呢？唯識答說：誰說你於今不是在夢中？你所謂醒，在佛看來，就是一夢。等你得了真智，那時才醒，才知道萬法皆夢。第八難便說，即是外法皆虛，人心必是實。我心是實，他人的心也是實，我知道他人的心至少這種對象是實有的了。唯識者又說，他人的心，在你認識時，也是你心所造的，並不是他人的心。第九難繼續說，即使他人的心，非我所知他人的心，仍不失爲有。既有，不能說無。同樣，外界各法，可以不爲我所知，然不失爲有哩！唯識者答說，天下並非只我一人相識，別人也有識。我有心，別人也有心；然既不爲我所知，於我有甚麼關係。

3. 如來藏緣起

唯識論，稱爲大乘始教，夾在小乘和大乘之間，以「識」爲萬法的緣起，然而除上面所有難題外，根本上唯識論沒有解決萬物起源的問題。萬法唯識，識不能是最後的實體，識祇是用，不是體，識是心的作用，識的本體是心；若萬法唯識，則應該說「萬法唯心」。再者；，阿賴耶識既是萬法的起源，萬法都是虛妄，阿賴耶識便是染污識。一個凡人聽了佛法，好心信服，他怎麼可以行善呢？行由種子薰習，種子若常是污染的種子，怎麼可以產生善行？所以有轉識成智的問題。

大乘的〈攝大乘論〉，《楞伽經》和〈大乘起信論〉便往深處講解因緣，乃有如來藏緣起論。

如來藏的思想，源自大眾部的「心性本淨，而為客塵所染。」的主張，《楞伽經》認為「見一切法如實處」，一切法為虛幻，愚夫俗子妄以為實，然一切虛幻法根本有「如實處」，愚夫俗子看不見，這「如實處」就是「如來藏」，大乘以人心為假心，假心內有真心，真心為實相，實相本體應可見，沒有形相，祇能知道如同實有。「如」是「似乎」、「好像」。佛教稱佛為「如來」，佛就是實有，稱為真如，真如為唯一實有，為真心，為真性，為實相，人的假心內有真心、實相。人心內的真心或實相稱為如來藏，也就是佛性；因此說，凡有情者都有佛性。

《楞伽經》為佛家心理的基本書，主張一切唯心，心為如來佛的「應身」，稱為如來藏，即是佛性。佛有三身：法身，報身，應身。法身爲佛的本身，報身爲自用身，應身爲化身。如來藏爲自性根本清淨心，爲實際法身，不生不滅，佛性恒住。佛性隱在假心內，假心有八識，八識的第六識意識，爲分別識，第七識末那識以分別識作依據，造成我執物執。第八識阿賴耶識乃受染污，而作惡行，產生惡的有漏種子。心的作用因此有三性：遍計所執性，依他起性，圓成實性。分別識是依他起性；末那識是遍計所執性。圓成實性，則應是清淨的識。《楞伽經》主張阿賴耶識有染淨兩性，〈攝大乘論〉則主張清淨識爲第九識。

〈攝大乘論〉建立第九識，即清淨的阿賴耶識，這阿賴耶識爲出世淨心，和凡夫的世間心不同，世間心爲假心，出世淨心，不由種子熏習：

「世間心與正思維相應，出世淨心與正見相應，無時得共生共滅，是故此世心，非關淨心所薰，既無熏習，不應得成出世種子，是故若離一切種子果報應，出世淨心亦不得成。」（真諦譯 攝大乘論相品 第二）

「因此，出世心昔來未曾生熏，是故定無熏習，此出世心何因生？汝今應答最清淨法界所流正聞熏習為種子故，出世心得生。」（同上）

「此聞慧熏習為與阿黎耶識同性為不同性？若是阿黎耶識性，云何能成此識對治種子；若不同性，此聞慧種子以何法為依止？……應知此法，屬法身攝。若聲聞獨覺所得，屬解脫身攝，此聞熏習非阿黎耶識，屬法身及解脫身攝。」（同上）

最清淨界的聞慧熏習不是阿黎耶識，屬法身所攝，爲法身所流。〈攝大乘論〉在第八識阿賴耶識以外，主張有「正聞熏習」，或「聞慧熏習」，這種識稱爲第九識。

「眞諦三藏，依決定藏識，立九識義，如九識品說。言九識者，眼等六識，大同唯識論，第九阿陀那，此云執持，執持為人為我所，……第八阿黎耶識……第九阿摩羅識，此云無垢識，眞如為體，……」

「如依此義，說無常無二，如此說苦樂無二，善惡無二，空不空無二，有我無我無二……生死涅槃無二。」（同上）

這樣，斷絕一切的分別，唯有絕對的眞實。〈攝大乘論〉雖不明白地提出中論，這也就是中論。

中論的經典爲三論：〈中論〉，〈十二門論〉，〈百論〉，前兩論爲龍樹所造，後一論爲提婆所造。〈中論〉或稱〈三論宗〉由吉藏所提倡。

中論爲如來藏緣起論的修行，主張八不，破除一切執著，不肯定任何意見。八不：不生亦不滅，不常亦不斷，不一亦不異，不來亦不去。人的患在於分別，要把一切看成一樣，不加分別，不予選擇，所以要有不分別智，或平等智，對於有和空，不予肯定：

四層有空

俗—有	俗—非有	俗—非非有	俗—非非非有
真—空	真—非空	真—非非空	真—非非非空

破除因緣：四緣

因緣：緣中先非有果，非無果；如有果，已無因，如無果，因不生果。

次第緣：三世非實有，祇是相續；法無常，過去即滅，不能生果。

緣緣：爲境界緣，境爲空，不能生果。

增上緣：爲動力因，有事才有動力，事爲空，不能有動力因。

龍樹在注《大般若波羅密經》時，提倡十八空。用意在空一切，最後有一實相，爲真如，爲如來藏，乃一切事物的根由。

如來藏緣起論祇達到了唯一的絕對實相，實相是真如，是佛；但沒有講真如和萬法的關係，沒有講真如怎樣產生萬法，《大乘起信論》開始了這層研究的門徑。

《大乘起信論》是一冊不長的佛典，現存的中文譯本有兩種：一種爲陳朝真諦的譯本，不分卷章；一種爲唐朝實義難陀的譯本，分上下兩卷。兩譯都標明原來是馬鳴所著。但是直到現在雖沒有找到原文，考據者便發生問題，本書作者是不是馬鳴，許多學者主張馬鳴不是作者，而且根本這書不是翻譯，而是中國僧人所著。

本論內容的重要點：在「一心二門」，真如爲真心，有兩面的存在：真如本體爲「真如門」，不生不滅，常有不變，真如產生萬法爲「生滅門」，有生有滅。真心爲眾生的真實本體，也是萬法的真實本體，眾生的真心，常被無明所蔽，這種心成爲妄心，由妄心而有萬法，妄心因真如的薰習乃能現真如本體。

真如的薰習，爲轉識成智，把妄心的識轉成智慧。轉識成智先須有「信心」。一個凡人，先要聽到人講佛法，發信心，相信佛法。既相信，就要修行，以得「無分別智」，屬根本上無分別，說不上成熟，但能消滅阿賴耶識中給世間「有」作「因」的種子，即不淨品種子，修行要就「十地」的修行法，一地一地往上，至於十地完滿，從十地轉向「佛地」，獲得「佛果」。佛果稱爲「圓滿果」具足三德：一曰「斷德」，使一切色相不顯現，也稱爲無相；二曰「智德」，既滅一切相，清淨真如顯現；三曰「恩德」，具一切智及一切種智，利中的不淨種子，而使本識中的清淨種子增多，以至「永成本性」。

益眾生。從「見道」，即信心，到見道得佛果，所有過程，稱爲轉依，轉識成智，清除本識

「對冶起時，離本識不淨品一分，與本識淨品一分相應，名為轉依。」（攝大乘論 釋智差別勝相）

〈攝大乘論〉以三種配佛三身，法身是斷德，應身是智德，化身是恩德。〈攝大乘論〉雖已主張如來藏緣起，但內容仍舊是在識上，或說阿賴耶識有染淨兩面，或說第九識淨識。〈攝論〉接納瑜伽行派所講三自性：依他性，分別性，真實性。阿賴耶識的種子，依著所造的境，產生各種識，這是依他性；意識對所產生的各種識加以分別，這是分別性；除滅分別性，顯出各種分別都是虛妄，乃顯真如，這是真實性。轉依就是在於轉變分別性而成真實性。

《楞伽經》講阿賴耶緣起和如來藏緣起，阿賴耶有生有滅，和無明七識共俱，排除這種無明七識，則顯出不生不滅的如來藏。這種講法和〈攝論〉所講第九識，大體相同，和《大乘起信論》也十分近似。（本節多出材自任繼愈主編 中國佛教史 第三冊）

4. 眞如緣起

如來藏緣起已經講到宇宙萬法的根源是「真心」，《大乘起信論》進一步把真心作爲真如；因此，在佛教哲理上須再進一步，講論「真如」。「真如」的性質怎樣？「真如」怎樣產生萬法？佛教有《法華經》、《華嚴經》、《涅槃經》，深入地講論這些問題。

真如爲實相，乃唯一的實體，本性清淨光明，不生不滅，稱爲佛。佛遍身光明，遍照各界。佛的世界爲涅槃；涅槃境界是常樂我淨。常：不生不滅，不變不異，永恆存在。樂：無痛苦，無思慮，一心安寧。我：自我自性，唯一實在，沒分別，沒紛亂。淨：無染污，一切光明，一切平等。

甲、天台宗

天台宗的大師爲智顗，天台宗的經典爲《法華經》。智顗爲南岳慧思禪師的弟子，於陳朝宣德七年入天台山，終身修行，註釋《法華經》，作《摩訶止觀》。他的著名弟子爲章安灌頂。

天台宗的思想，主要點爲五時八教的判教論，真如實相論，三諦圓融的一心觀。

五時八教，分別排列佛教的各宗派，五時爲釋迦牟尼佛祖宣講教法的五個時期，佛祖宣教第一時，爲「華嚴時」，佛祖直接將得道後的經驗講述，弟子沒有人可以懂，太高深。佛祖乃改由漸入深的方式，第二時期爲「鹿苑時」，講小乘《阿含經》。第三時期爲「方等時」，講大乘《維摩》、《楞伽》、《楞嚴》、《三昧》、《金光明》、《勝鬘》等經。第四時期爲「般若時」，宣講《般若波羅密》，以一切爲空，否定一切差別。第五時期，爲「法華涅槃時」，宣講《法華經》和《涅槃經》，以三乘同歸一乘圓教。八教分化儀四教：頓教、漸教、祕密教、不定教，化儀爲教化的方式和步驟；化法四教：小乘三藏、通教、別教、圓教，教法爲教義。

唯一實相爲真如，真如爲真心，爲宇宙萬法的本體，不生不滅，故稱爲真，但無性無相，無有差異，乃名爲如。真如不是空，也不是有，而是中。講中，把所謂空、假、中三諦合成一諦，三諦互相圓融。

「大經云一實諦者，則無有二。無有二，故名一實諦。……一實諦，即空即假即中，無異無名，故名一實諦，」（妙法蓮華經玄義　卷第八下）

實諦即實相，實相唯一，一攝一切，但不是離開事物的絕對體，而是每一個事物，每一事物是空是假，但又是不空不假，是妙有，是如如。

《法華玄義》卷二，講十法界。十法界爲佛、菩薩、緣覺、聲聞、天、人、阿修羅、鬼、畜生、地獄。所謂十法界包括一切有情，凡是有情，都可成佛，因此十法界中祇有佛法界是實，是定，其他九法界都是權，即都能權變，即是天台宗的權用方便。

十法界相通，無所依住，然而有所本，稱爲「無住本」。

「無住即實相異名，實相即性空異名，故從無住有一切法。」（維摩詰經集註）

一切法即萬有的根本爲實相，這就是「真如緣起」，實相就是真如。天台宗主張真相本身具有染性，稱爲「性具論」。由染性現爲染性，即現象世界萬法，所現萬法和真如同體，彼此相通，互相圓融。

天台宗的修行方法，有權實兩種。權，即方便法，方便法爲普通大乘所講方法，有六度，十地，禪靜等方法。實，則是天台自己的方法，這種方法稱爲止觀，智顗著有《摩訶止觀》。止觀是心觀，心觀以明宇宙的一切，不是禪定，也是禪定，因爲要破除邪見，心安而靜，但心安而靜還不是止觀，止觀要能圓融一切，一念三千世界。

一念三千世界，三千世界的意義，天台宗主張十法界，十法界彼此相融，一法界具有十法界，便是百法界；天台宗講十如如，即每一物的相、性、體、力、行、因、緣、果、報、本末。於是百法界因著十如如而成千世界。天台宗講三界：五陰世間，衆生世間，國土世間，每一法界包括這三世間。十法界成百法界，再因十如如而成一千世界，又因三世界遂成爲三千世界，三千世界象徵宇宙的一切。

一念三千，表示一切由心所造，心的一念，造成三千世界，宇宙的一切由心所造；因心有染性，染性遇因緣而顯心便造一切。一念三千又表示止觀，心觀一切，一念觀一切，一切萬有，沒有差異，完全平等。

達到止觀的境界，便是佛。

乙、華嚴宗

華嚴宗的大師爲智儼，賢者法藏、澄觀、宗密。經典爲《大方廣佛華嚴經》。

華嚴宗思想的重要點爲：判教，法界緣起，四法界，十玄門。華嚴判教分佛教各宗派爲五類：一、小乘教，二、大乘始教，三、大乘經教，四、頓教，五、圓教。

法界緣起，以一心爲法界緣起。真如爲真心，真心具有現起意義，稱爲「性起論」。真如本體，不待他緣，依自性本具之性德，生起萬法。真如法性，順自性起，爲世間出世間一切諸法。依體起用，名爲性起。真如是本體，顯現萬法爲用，體用合一，萬法和真如合一。

法界分爲四法界：事法界、理法界、理事無礙法界、事事無礙法界。華嚴宗不從有空去看事物，而自事理去看萬物，理爲真理，事爲事物。理和事的關係，華嚴宗主張理和事合一，事和事合一，所以理事無礙，事事無礙。這就是華嚴宗的宇宙觀。

華嚴宗主張宇宙不是虛無，萬法也不是空；然而也不是實有，祇是真如法界的顯相。相有六種：總相、別相、同相、異相、成相、壞相。六相爲事物的相，沒有一相是獨立的，而是互相結合，互相融會。

華嚴宗主張萬法由真如性起，倡「性起論」，性起的意義，在於說明宇宙萬法的成立，不來自各種緣起，而是自己本性的顯現，「性起」是真如，爲萬法的本體。性起又有另一種意義，性起爲華嚴宗的觀法，由自己本心而見到自己的性，在觀法裡，直接見到真如本體，泯滅一切差別，頓然成佛。

一心，爲華嚴宗的中心點。《御製大方廣佛華嚴經序》說：「盡聞統萬法唯一理，貫萬古唯一心。心者，萬法之源，眾妙之體，靈明不昧，清淨空寂。」

心即是性，性即是自立實有，爲永恒的精神，有靈有知，就是真如，就是佛。

凡人的心是假心，假心之中有眞心。眞心爲假名所掩，假心爲眞心所現萬法，眞心爲理，假心爲事，佛家其他各宗，都把事和理分離，講空，講有，講中，華嚴宗破除理事的分界，理和事合一，法藏建立一乘圓教，理爲體，事爲用，體用合一。澄觀倡體用同爲一心，體用爲一心的體用，心性合一。宗密融合儒釋道，講元氣自然觀，以心有肉團心，緣慮心，集聚心，堅實心，堅實心乃是眞心。

華嚴宗的觀法，爲海印三昧；海印三昧，爲眞如本體，好似大海，風平浪靜，海水澄明。天上星辰，地上山林樹木，人物鳥獸，都反映在海中。海印象徵智慧如海，至明至淨，直接觀到眾生的世界。

實際上實踐海印三昧，則有三重觀和十玄門觀，三重觀爲眞空觀，理事無礙觀，周遍含容觀，十玄門分爲十門，內容和三重觀相同。

更實際的表現方式，則是：

一攝一，一入一，

一攝一切，一入一切，

一切攝一，一切入一，

一切攝一切，一切入一切，

一爲眞如，爲理，一切爲萬法，爲事。眞如和萬法相攝相入，萬事彼此相攝相一。這樣泯絕一切分別，一切相對，一切對立，一切差異，一切平等，一切融會。

華嚴宗非常主張修行，《華嚴經》詳細講十心，十信，十住，十地，十因，十迴向，又有普賢十八願。

第五章 解脫論

一、解脫的教門

1. 五時八教

佛教的教義，用四諦爲大綱；佛教各宗所說的，都可包含在這四諦以內。上面第四章所說的因緣論，即是發揮集諦。於今第五章，便要發揮滅諦。但是四諦裡，苦諦和集諦不大可別；滅諦跟道諦，界限也不清楚，所以四諦的發揮，也祇分苦因和滅苦法兩部分。上章既講了苦因，以後我們便談佛教的滅苦法了。

談到消滅痛苦的法門，佛教遂分宗分派了。於今我們先看一看宗派的分別，然後提出幾種最重要的解脫法。

在宗派的分別上，有幾種分類法；天台宗主張五時八教：

五時爲：一、華嚴時，二、阿含時，三、方等時，四、般若時，五、法華涅槃時。五時之分，按釋迦如來傳講經典的先後而分。釋迦說法時，就合聽者的心理，漸次而進，由淺入深。因此按釋迦所說的經典，就分出教義或淺或深的宗派。可是《華嚴經》的教義本很深，釋迦佛初次說法，即說《華嚴》，因他那時剛得道成佛，想別人也可隨他得道，便把佛法的深奧教理，向人說——，結果，則是大家都不懂，於是後來十二年間，於鹿野苑說《阿含》等經。說了《阿含經》後八年間，釋迦教人由小乘入大乘，講說《維摩》、《思益》、《楞伽》、《楞嚴》、《三昧》、《金光明》、《勝鬘》等經。過後二十三年間，佛則說大乘了。講《摩訶般若》諸部《般若經》。最後八年，佛說《法華經》教，入於圓寂。（黃懺華 佛教各宗大意 卷下 第三輯 頁四）

慧遠在《大乘義章》上對於五時八教述有三家的意見，跟天台宗的五時稍有出入。三家之中有劉虬的五時。劉虬爲晉人，當佛教在中國初傳的時期。

「晉武都山隱士劉虬說言：如來一化所說，無出頓漸。華嚴經是其頓教，餘名為漸，漸中有其五時七階。言五者時：一、佛經成道，為提謂等說五戒十善，人天教門。二、佛成道十二年中，宣說三乘差別，教門，求聲聞者，為說四諦；求緣覺者，為說因緣；求大乘者，為說六度，及制戒律，未說空理。三、佛成道已卅年中，宣說大空中般若、維摩、思益，三乘同觀。未說一乘破三而歸一。又未宣說，眾生有佛性。四、佛成道已四十年後，於八年中，說法華經，辨明一乘破三歸一，未說眾生同有佛性，但彰如來前過恆沙，未來倍數，不明佛常，是不了教。五、佛臨滅時，一日一夜，說大乘涅槃，明諸眾生悉有佛性，法身常住，是其了義。此是五時。言七階者，第二時終，三乘之別通餘說七。」（大藏經　大乘義章　卷一）

八教的分類，則按教義去分，分為教儀四教，教法四教。教儀根之於宣教的方法。教法則根之於教理。教儀的四教：為頓教、漸教、秘密教、不正教。教法的四教為三藏教、通教、別教、圓教。遇著鈍根的人，須逐漸導引，這種教法，稱為漸教。遇有利根的人，教以直證大乘，這種教法，稱為頓教。若大眾聽法，各人所得不同，彼此不相授受。這種教法，稱為秘密教。若大眾聽法，有的立證大乘，有的逐漸領悟，則稱為不定教。在教理方面，所謂三藏教，是專講經律，論三藏的小乘教。所謂通教，是夾在大乘小乘之間，有一部分通於三藏教，有一部分通於圓教。所謂別教，祇是為菩薩所說的教，以自別於未得道者，故稱別教。所謂圓教，則一切圓滿自在，祇用於利根最高的人。若把五時，八教列表說明，可得下表。圖如下：

（五時）	（化儀）	（化法）
華嚴	頓教	別教、圓教
鹿苑、方等、般若	漸教	藏教、別教、圓教
	祕密教	
	不定教	
法華涅槃	非頓非漸	純圓獨妙
	非祕密非不定	

在解釋上，對於五時和化儀四教，沒有多大的難處，對於化法四教，則就不容易明瞭了。我們可聽天台大師智顗、灌頂說的話：

「波羅密者，以云事究竟，亦云到彼岸。生死為此，涅槃為彼，煩惱為中流，六度為船筏，此因緣釋也。三藏實有為此，實有滅為彼，見識為中流，八正為船。通教以色為此，即空為彼，見識為中流，六度為船。別教以色空為此，空即是色為彼，無明為中流，無量行為船。圓教以色空空色，不二而二為此，二而無二為彼，無明為中流，一行無量行，無量行一行為船。」（大藏經　仁王護國般若經疏）

智顗除教法四教外，尚加有小乘的因緣論，他說五種宗派的教義說的很簡捷清晰。佛教的教義，好比是一隻渡船，把人從這一岸，渡到對岸。因此，說是超渡，或者說是解脫。人所以不能從這一岸，到那一岸，因爲中間有流水的障礙。教法四教，就在教人勝過障礙的方法。

2. 五教十宗

然而佛教高僧，判別教派的說法很多。天台宗《華嚴玄義》曾舉南方三說，北方七說。賢首大師的《五教章》，又另舉十家之說（蔣維喬 中國佛教史中冊 頁一七—一九 商務 民二十二年）但都不及天台宗的圓滿。

華嚴宗法藏的教派分類法分教派爲五教十宗。五教第一、小乘教，祇說眼耳鼻舌身意六識。第二、大乘始教，說八識，即唯識宗。第三、大乘終教，說現象與真如的關係，如《大乘起信論》、《攝論》等。第四、大乘頓教，說心境皆空，唯一真心，如《維摩經》。第五、大乘圓教，說森羅萬象，皆是一真心的顯現，即爲《華嚴經》。華嚴宗的五教法，出源於杜順的《五教止觀》。杜順判別教派爲五門：一、法有我無門（小乘）；二、生即無生門（大乘始教）；三、事理圓融門（大乘終教）；四、語觀雙絕門（大乘頓教）；五、華嚴三昧門（大乘圓教）。

華嚴宗所說十宗：一、我法俱有宗；二、法有我無宗；三、法無去來宗；四、現通假實宗；五、俗妄真實宗；六、諸法但名宗；七、一一皆空宗；八、真德不空奈；九、相想俱絕宗；十、圓明具德宗。

由佛教各宗的教派分類法，我們應該注意到一點。佛教各宗派都有一種解脫苦惱法，這些解脫法卻都有一個共同之點，即是一個空字。爲叫人脫離塵世苦惱，佛教指引人，看著萬物爲空。但是這種「空觀」，能夠有深有淺。在「空觀」的深淺上，就分別各種宗派。人生是苦，苦的因緣，在於人的無明，誤以物爲有，那麼解脫苦惱的方法，便是教人得有真智，知道萬物皆空。

不過，欲叫人以萬物爲空，不僅是思想上的空觀問題，乃是人能否，實行空觀的問題。因此佛教分人爲利根人，鈍根人。又分人爲聲聞、緣覺、菩薩，三等。每個人本都有佛性，都可成佛。可是成佛的可能多少，就在人的空觀能力多少。空觀力的多少，則看人的善惡業的種子若何。因此解脫法便在叫人加增空觀能力。爲加增空觀力，第一是不要行惡，避免加添有漏種子；所以有戒律。第二是實行空觀，實行法按人的程度而別；乃有藏通別圓各教派。

二、解脫法

上面所說的各種教派，在解脫上尚祇說到理論方面的原則。現就各宗的實行解脫法，選擇出幾種最重要的，再說一說，即「十住行」、「五門六度」、「三聖行」。

1. 十住行

唯識和華嚴宗在修行方面，有十信、十住、十行、十迴向。上面第三章講道諦時，曾說到這幾種修行法。然而裡面以十住爲修行法較重要者，《華嚴經》也稱之爲十住行。

「諸佛子，菩薩摩訶薩十住行，去來現在諸佛所說，何等為十？一名初發心，二名治地，三名修行，四名生貴，五名方便具足，六名正心，七名不退，八名童貞，九名法王子，十名灌頂。諸佛子是名菩薩十住，去來現在諸佛所說。諸佛子，何等是菩薩，摩訶薩，初發心住？此菩薩見佛三十二相，八十種好妙色具足尊重。難遇，或睹神變，或聞說法，或聽教誡，或見眾生受無量苦，或聞如來，廣說說佛說，發菩提心，求一切智……諸佛子，何等是菩薩，摩訶薩治地住？此菩薩於一切眾生發十種心。何等為十？所謂大慈心，大悲心，樂心，安住心，歡喜心，度眾生心，守護眾生心，我所心，師心，如來心……

諸佛子，何等是菩薩修行住？此菩薩十種觀一切法，何等為十？所謂觀一切無常，苦，空，無我，不自在，一切法不可樂，一切法無集散，一切法無堅固，一切虛妄，一切無法精勤和合堅固，是為十。……

諸佛子，何等是菩薩摩訶薩生貴住？此等菩薩從一切聖法，正教中生，修十種法，何等為十？所謂信佛不壞，究竟於法，寂然定意，分別眾生，分別佛剎，分別世界，分別諸業，分別果報，分別生死，分別涅槃，是為十。……

諸佛子，何等是菩薩摩訶薩具足方便住？此菩薩聞十種法應當修行，何種為十？所行善根悉為救護一切眾生，饒益一切眾生，安樂一切眾生，哀愍一切眾生，成就一切眾生，令一切眾生捨離諸難，拔除一切眾生生死苦惱，令一切眾生歡喜快樂，令一切眾生調伏，令一切眾生悉得涅槃。是為具足方便。……

諸佛子，何等是菩薩摩訶薩正心住？此菩薩聞十種法，得決定心。何等為十？所謂聞讚佛毀佛，於佛法中心定不動。聞讚法毀佛，於佛法中心定不動。聞讚毀菩薩，於佛法中心定不動，聞讚毀菩薩所行法，於佛法中心定不動。聞眾生中有量無量，於佛法中心定不動。聞眾生有垢無垢，於佛法中心定不動。聞眾生易度難度，於佛法中心定不動。聞法界有量無量，於佛法中心定不動。聞法界若成若壞，於佛法中心定不動。聞法界若有若無，於佛法中心定不動。是為十。諸佛子，彼菩薩應學十法，何等為十？所謂學一切法無相，一切法無性，一切法不可修，一切法無所有，一切法無眞實，一切法如虛空，一切法無自性，一切法如幻，一切法如夢，一切法如響。……

諸佛子，何等是菩薩摩訶薩不退轉住？此菩薩聞十種法，其心堅固而不動轉。何等為十？所謂有佛無佛。……

諸佛子，何等是菩薩摩訶薩童貞住？此菩薩於十種法，心得安立。何等為十？所謂身行清淨，口行清淨，意行清淨，隨意受生，知眾生心，知眾生種種欲樂，知眾生種種性，知眾生種種業，知世界成壞，神通自在，無有障礙，是為十。……

諸佛子，何等是菩佛摩訶薩王子住？此菩薩善解十種法，何等為十？所謂善解眾生趣，善解諸煩惱，善解諸習氣，善解方便智，善解方便無量法，善解諸威儀，善解分別諸世界，善解去來今，善解說世諦，善解說第一義諦，是為十。……

諸佛子，何等是菩薩摩訶薩灌頂住？此菩薩成就十種智住。何等為十？所謂悉能震動無量世界，悉能照明無量世界，悉能住持無量世界，悉能遍遊無量世界，悉能嚴淨無量世界，悉知無量眾生心行，悉知眾生隨意所行，悉知無量眾生諸根，悉能方便度無量眾生，悉能調伏無量眾生。是為十。……」（大藏經　大方廣佛華嚴經　卷八　佛馱跋陀羅譯）

這一大段文章，說是詳細，真可算很詳細；但是說是明瞭，則很不明瞭；讀佛經的一個大難處，就是佛經每逢一個名詞，不加解釋，馬上即分類，大類連子類，分得你常是莫名其妙。上一段《華嚴經》講十住行，只有分類，沒有解釋。十而分成了百，越分越難懂。於今我們便要用幾句簡單的話，把十住行解釋一下。十住行不是凡夫，聲聞、後覺、各等人的解脫法，乃是具有利根的菩薩所做的修行。華嚴主張成佛。普通的人，能夠聽聞《華嚴經》教義，發起信心，修成金剛種子，但今生不能成佛。這一生稱爲「見聞生」。見聞人轉到了第二生。因著前生的種子，乃能修行了。於是有十信，十住，十行等乃至十地。這一生稱爲「解行生」。由解行生轉入第三生，乃到「證人生」，能證入佛果位，而成佛了。那麼我們便可知道，菩薩摩訶薩，乃是第二生的人。這一等人，已有金剛，智的善種子，追求真智。十住行即是以真智去定心，使心不爲無明所動搖。第一、首先發信心，願求菩提智。第二、發慈心，願意提拔他人。第三、觀萬物皆空。第四、對於萬法，分別明白。第五、實行提拔他人。第六、心信佛法，靜定不動。第七、不但不動，且遇難不後退。第八、心意清靜。第九、知道講說佛法，第十乃是達到灌頂智，即是智慧的頂端，遍照無量世界。

2. 五門六度

《大乘起信論》爲華嚴宗的代表經典，《論》中講五門解脫法。這五門較比上面的十住，更切近實際。

「修五門行，能成此信，所謂施門，戒門，忍門，精進門，止觀門，云何修施門？謂若見眾生來從乞求，以己資財，隨力施與，捨自慳著，令其歡喜。若見眾生危難逼迫，方便救濟，令無怖畏。若有眾生而來求法，以己所解，隨宜為說。修行如是三種施時，不為名聞，不求利養，亦不貪著世間果報，但念自他利益安樂，迴向阿耨多羅三藐三菩提。(無上正徧知心)云何修戒門？所謂在家菩薩，當離殺生、偷盜、邪淫，妄言、兩舌、惡口、綺語、慳、貪、瞋、嫉、誑、諂、邪見。若出家者，為欲折服諸煩惱故，應離憒鬧，常依寂靜。修習止足頭陀等行。乃至小罪，心生大怖，慚愧悔責，護持如來，所制禁戒，不令見者有所譏嫌，能使眾生捨惡修善。

云何修忍門？所謂見惡不嫌，遭苦不動，常樂觀察，甚深句義。

云何修精進門？所謂修諸善行，心不懈退，當念過去無數劫來，為求世間貪欲境界，虛受一切身心大苦，畢竟無有小分滋味。為令未來遠離此苦，應勤精進，不生懈怠。……

云何修止觀門？謂息滅一切戲論境界是止義，明見因果生滅之相是觀義。初各別修，漸次增長，至於成就，任運雙行。其修止者，住寂靜處，結加趺坐，端身正意，不依氣息，不依形色，不依虛空，不依地水火風，乃至不依見聞覺知，一切分別想念皆除……，漸次得入眞如三昧，究竟折伏一切煩惱。」（大藏經　馬鳴　大乘起信論　卷下）

《起信論》的五門，相合於佛教各宗所說的六波羅密或六度，六度與五門，前五種修行都是一樣，僅止五門的止觀門，在六度裡分為思惟度與智度，因此五門變成了六度。

「六波羅密者，謂檀波羅密乃至般若波羅密。初言檀者，是外國語，此名布施，以己財事，分布與他，名之謂布。輟己惠人，目之為施。言尸羅者，此方正翻為清涼。三業炎非焚燒行人。事等如熱，戒能防息，故號清涼，復言戒者，隨義傍翻，以能防焚，故復稱戒。言羼提者，此名忍辱。他人加毀，名之為辱，於辱能安，目之為忍。毗離耶者，此名精進。練心於法，故說為精。精心務達，故稱為進。言禪那者，此名思惟修，亦名功德業叢林。上界靜法審觀，方成名思惟修。能生諸德，故名為功德叢林。言般若者，此方名慧；於法觀達，故稱為慧。此六何故名波羅密？波羅密是外國語，此翻名度，亦名到彼岸。」（大藏經　慧達　大乘義章　卷十二）

六度包有，施、戒、忍、精進、禪、慧、六種善行，每種善行又包含有多種善行。如施度中，有施財救難和施教，三種慈善等事。戒度裡，包括的戒律更多。就是忍度中，也含有忍苦忍辱兩門。六度不僅是從思想方面去修行，在實際的生活上，也指出修行的方法，教人脫離煩惱。六度的修行，由淺而深，從物質生活到理智生活。前三度教人克制情慾，不行惡業，而行善業。第四度精進，教人由克慾而入禪定。在克慾上，務要堅持到底。第五第六兩度，則教人修禪以定心，修慧以入真如三昧。

六度的解脫法，也不是一般人所能修成的，祇適用於第三乘菩薩。佛教分人爲三乘：一乘爲聲聞，二乘人爲緣覺，三乘人爲菩薩。爲聲聞人求解脫，只可以講說四諦的大道，引起他們的信心。爲緣覺人求解脫，則可講十二因緣、教他們知道惡業。爲三乘菩薩，乃教以行六度。五門六度的最後一門，跟十住行的灌頂住，意義相當，都是教人取得佛法的真智。得了真智，便可成佛。成了佛已無所謂解脫了。

3. 三聖行

所謂十住行，五門六度，這等解脫法，都是代表一些宗派的修行法。佛教修行法中，爲各宗所接受的，乃是戒定慧。佛教的教理，可以分爲前後兩部。前部分是解脫苦惱，有所謂四諦和十二因緣；後部分是解脫苦惱，便是戒定慧。在戒定慧三個名詞裡，包括佛教的各種修行方法。戒定慧爲三種修行方法，然而也是三級修行。戒爲第一級，教人克制情慾，斷絕惡行。定爲第二級，教人坐禪入定，心安無慮，脫離世物。慧爲第三級，教人有中觀空，空中觀有，以達到常樂我淨，寂靜涅槃。

智顗說：

「增三教明行者，謂戒定慧，此三是出世梯隥，佛法軌範。」（大藏經 妙法蓮華玄義 卷三下）

子璿說：

「戒是防非止惡義，定是寂靜不動義，慧是明昭揀擇義。但能防心，心即不動，心若不動，慧乃分明，世出世法，無不鑒照。其猶海中欲觀萬象，必要水清。欲求水清，無過水靜。欲得水靜，勿令起波。止波如戒，水靜如定，水清如慧，所觀萬象，如一切法。」（大藏經 金剛經纂要刊定記 卷二）

智顗解釋三聖行說：

「聖行有三，戒定慧。如經菩薩若聞大涅槃，聞已生信，作是思維，惟佛世尊，有無上道，有大正法，大眾正行，從此立行。若聞大涅槃，即是信果，亦是信滅，有無上道已去，是信顯果之行。無上道是信慧，有大正法是信定，大眾正行是信戒。……（戒）如止觀中說，因是持戒，具足根本業清淨戒，前後眷屬餘清淨戒，非諸惡覺清淨戒，迴向具足無上道戒。……定聖行者，略為三，一世間禪，二出世間禪，三上上禪，……慧聖行者，謂四種四諦慧。生滅四諦慧者，還觀九想，肯捨，依正兩果。……無生四諦慧，觀不淨色，色性即空，非色滅空，如鏡中像，無有眞實。……無量四諦者，大經云，佛說四諦若攝法盡，則不應言所不說者。……此慧遍知十法界假實差別。……無作四諦慧者，解惑因緣而成四也。……若爾則四非四，四既非四，無量亦非無量，無量既非無量，則假非假。假非假，則空非空，何但即空非空，亦即假非假，雙方正入，即寂照雙流。」（大藏經 智顗 妙法蓮華玄義 卷三下）

這一章以後，我們便分章講解戒定慧三門。佛教各宗的修行，都歸於這三門，只是不容易指定定慧兩門的界限罷了。

4. 念佛

佛教的宗派無論所說的解脫法，是小乘或大乘。都主張每人自力以求解脫，惟獨念佛淨土宗，則主張他力以求解脫。

淨土宗的宗意，主張爲生極樂淨土，須有內因外緣，內因爲求生淨土者的菩提心，外緣爲阿彌陀佛的願力。人若僅靠自己的力量，決不能脫離苦惱，恰好阿彌陀佛大發慈悲，願拯救一切人，人發菩提心，願依佛力，即可得救。菩提心或說爲阿耨多羅三藐三菩提心，譯言無上徧知正心，即是願作佛之心。有了這種心，再有依靠阿彌陀佛的宏願，乃能超生極樂國。

「佛告阿難，十方世界諸天人民，其有志心願生彼國，凡有三輩。其上輩者，捨家棄欲而作沙門，發菩提心，一向專念無量壽佛，修諸功德，願生彼國，此等眾生，臨壽終時，無量壽佛與諸大眾，現其人前，即隨彼佛往生其國，使於七寶華中自然化生，住不退轉，智慧勇猛，神通自在。……其中輩者，十方世界諸天人民，其有至心，願生彼國，雖不能行作沙門，大修功德，當發無上菩提之心，一向專念無量壽佛，多少修善，奉持齋戒，起立塔像，飯食沙門，懸繒然燈，散華燒香，以此迴向願生彼國，其人臨終，無量壽佛，化現其身，光明相好，具如眾佛，與其大眾現其人前，即隨化佛，往生其國，住不退轉，功德智慧，次如上輩者也。其下輩者十方世界，諸天人民，其有至心，欲生彼國，假使不能作諸功德，當發無上菩提之心，一向專意乃至十念，念無量壽佛，願生彼國，若聞深法，歡喜信樂，不生疑惑，乃至一念念於彼佛，以至滅心，願生其國，此人臨終，乃見彼夢，亦得往生，功德智慧，次如中輩者也。」（大藏經　無量壽經　卷下　康僧鎧譯）

為得生淨土，功德雖可助人，然最重要者，在於誠心信無量壽佛，這種信心的表現，乃在於念佛。念佛有三種意思，一說口念佛名，二說坐觀佛的功德，三說觀佛法身的實相。但普通說念佛則專指口念阿彌陀佛。阿彌陀佛究竟是誰？

「爾時世有大國王，王聞佛經道，心即歡喜開解，便棄國捐王，行作沙門，字曇迦摩，作菩薩道，為人高才，智慧勇猛，與世人絕異：……便結得是二十四願經，則奉行之，精進勇猛，勤苦求索，如是無央數劫，所師事供養，諸已過去佛，亦無央數，其曇摩迦菩薩至其然後，自致得作佛，名阿彌陀佛，最尊智慧勇猛，光明無比，今現在所居國土甚快樂。」（大藏經 阿彌陀三耶三佛薩樓佛檀過度人道經 卷上）

阿彌陀佛跟別的佛菩薩不相同點，是他發了二十四願或四十八願，願超度群生，他一生的修行，常在奉行二十四願經。因此成佛後，入西天樂國，凡誠心信他的人，也能蒙他提入樂國去。

西天樂國，稱爲淨土，在理論上，淨土即爲佛心所證之真如本體，又淨爲心，土爲境，淨土者，心境不二之別名也。「淨土有四種：一、凡聖同居土；二、方便有餘土；三、實報無障礙土；四、常寂光土是也。」（蔣維喬 佛教概說 頁七七）

「問曰：淨土攝機誠乎其廣大矣，愚不敢復議矣，然亦嘗聞有惟心淨土本性彌陀之說，愚竊喜之。及觀淨土經論，十萬億土外之極樂也，所謂彌陀者，極樂國中之教主也。是我彼我條然，遠在惟心本性之外矣，果何謂耶？答曰：汝言局矣，不識汝心之廣大明妙者矣。楞嚴云：色身外泊山河虛空大地，咸是妙明眞心中物。又云：諸法所生，惟心所現，安有佛土而不在吾心者哉。當知淨土惟心，心外無土，如大海之現群漚，無一漚能外海也。惟心淨土，土外無心，猶衆塵之依大地，無一塵不名地也。又當知先聖有云，心具四種土；一曰凡聖同居，二曰方便有餘，三曰實報無障礙，四曰常寂光。」（大藏經　袾宏編　淨土或問）

所謂心外無淨土，若按普通心理學講，淨土只是一種幻想。按著佛教的哲理，心解爲眞心，萬物皆其心所現，淨土當然也是眞心所現。若說萬物皆空，惟其心爲實有，那麼淨土便也是空了。淨土雖是樂土，並非佛教最高的理想地，佛教所想望的乃是寂靜涅槃，至若淨土的第四土名常寂光，相當於涅槃，但爲入常寂光土，該已是成佛了。

爲普通修佛法而願入淨土者，該修持許多善事，念佛一事，很爲主要。

「每日早晨合掌向西頂禮念南摩阿彌陀佛，南摩觀世音菩薩，南摩大勢至菩薩，南摩一切菩薩，聲聞諸上善人各十聲，復頂禮念大慈菩薩，讚佛懺罪，迴向發願，全偈一遍云：『十方三世佛，阿彌陀佛一，九品受眾生，威德無窮極，我今大歸依，懺悔三業罪。凡有諸福善，至心用迴向，願同念佛人，感應隨時現。臨終西方境，分明在目前，見聞皆精進，共生極樂國。見佛了生死，如佛度一切』復頂禮而退，此偈有大威力，能滅一切罪，長一切福。凡頂禮時，燒香作佛尤佳，每日如是，必中品生，如教人念此偈，得大福報。」（大藏經　王日休　龍舒增廣淨土文　卷四）

這種修行，代表大部分中國的佛教宗教生活，不單是僧尼，一般的佛教居士或信徒，為宗教生活，即是常齋念佛。

第六章 戒律

一、戒律的意義

1. 戒律的意義

佛教的經典，統分三大類：經論律，經爲釋迦佛的教言，論爲佛教大師等的論述，律則則爲一切戒律。

律字在梵文裏，有三種說法：一曰「毗尼」，二曰「尸羅」，三曰「波羅提木義」。這這三個名詞在意義上稍有不同。「毗尼」普通翻爲律，律言律法，以判別罪惡的輕重。「尼羅」翻爲戒，戒爲戒絕，教人不做不應做的言行。「波羅提木義」翻爲別解脫，即是分別解脫身口意的各種過失。在普通應用上，常以戒律合用，至於「波羅提木義」則爲戒律的果。

（黃懺華 佛教各宗大意 上冊 頁一二五）

戒律爲佛教修行的第一步，佛教修行的三綱目：戒、定、慧，乃修行的三個步驟，由淺而深，雖說佛教的各宗，不都主張這三步修行法。有僅主張定者，有僅主張慧者，然在實行上都免不了這三項。

從前面所說的佛教教義，已經可以推論出戒律在修行上的意義。佛教的宗旨，在於教人脫苦而享真樂。這種宗旨包括兩方面：一方面是脫苦，一方面是享樂。苦與樂雖互相連繫。少一分苦，可多一分享樂。但是這種比例不是絕對的，因爲樂並不是僅僅沒有苦，真正的樂，乃是在沒有苦的境遇上，還加有樂的成分。佛教說人的苦由於貪戀，貪戀起於無明。那麼爲免苦，第一便該剋除貪戀，第二便該改正無明。爲剋除貪戀，最有效的辦法，即是戒律，戒律不是把人該禁剋的事件都條陳出來嗎？按照這戒律去做，一個人就可剋制貪慾。爲改正人的無明，雖該信服佛法，看破各種因緣，然而就是因爲這種因緣，一個人爲改正無明，便該遵守戒律。佛教以人的無明，起於有漏種子。有漏種子，起於有漏業。所謂戒律，即在禁人做有漏業，免的生有漏種子。同時，遵守戒律乃是行善，行善便積無漏業，生無漏種子。因此可見戒律在佛教修行裏，爲脫苦的最要修行法。

> 「第二正明戒之體相者，有二種教門不同，若小乘辨戒是無作善法，受戒因

緣具足，得無作戒，爾後睡眠入定。此善任運而生，不須身口意造作，以無作正為戒體。……苦大乘教門中，說戒從心起；即以善心為戒體。」（大藏經 釋禪波羅密次第法門 卷二）

從另一方面說。佛教的眞樂，由定、慧而得。戒對於定、慧也有直接的助力。定與慧的要素，在於心淨，心淨由戒律而得固定，所以禪宗、華嚴、天台各宗，在教義上講定、慧時，在實行上，都守戒律。四分經說戒的功用：

「一攝取於僧，二令僧歡喜，三令僧安樂，四令未信者信，五已信者令增長，六難調者令調順，七慚愧者得安樂，八斷現在有漏，九斷未來有漏，十正法得久住。」（大藏經 四分律 卷一 佛陀耶舍譯）

2. 止作二持

戒律在作用方面說，分爲「止持戒」、「作持戒」兩種。止持戒的作用爲制止人不作惡業，對於身口，加以防制。

「言止持者，方便正念，護本所受，禁防身口，不造諸惡；目之曰止。止而無違，戒體光潔，順本所受，稱之曰持，持由止成，號止持戒。」（大藏經 道宣行事鈔）

律宗所有的五戒，八戒，十戒，以及具正戒等都屬於止持戒。作持戒的作用，爲策勵信者精進於善。

「作持者，作者造作，策勵三業，造作衆善曰作。安居說戒懺悔禮拜等是也。由作任持戒體，曰作持。」（同上）

在四分律裏有所謂二十犍度。犍度爲梵語，意義即章篇。二十犍度所說，即屬於作持戒。

律宗談戒律時，尙談戒律四科。四科爲戒法，戒體，戒行，戒相。戒法即戒律的條文，戒體乃受戒時，所發的守戒誠心。戒行便是守戒的行爲。戒相乃守戒而成的善德，足爲人的表率。

在四科裏，以戒體爲最重要；因爲戒體不僅是守戒的誠心，而且包括發這誠心的理由。律宗重律，並不是不重佛教他宗的理論。所以，律宗也有所謂的三教；性空教，相空教，唯識圓教。戒體即是這三教的理論而發的守戒誠心。誠心在心，成一法體，有防止諸惡的功能，而在主張唯識圓教的南山律宗，則以法體爲守戒善心，所熏成的善種子。

二、戒律

1. 通戒

佛教分信徒爲普通信徒與僧尼兩大類，僧尼以終身修行爲目的。他們所有的戒律當然較比普通信徒爲多。所以講佛教戒律便常分通戒與別戒兩部分。通戒爲一般信者所該守者，別戒則爲僧尼的戒律。

但佛典普通講通戒，則指的是實用較廣，較爲理論化的戒律。有似於戒律的綱領，稱之爲「三聚淨戒」。三聚淨戒本是大乘的戒律。但是大乘以《梵網戒本》爲本。小乘以《四分律》與《十誦律》爲本。道宣律師破小乘而入大乘。則也講三聚淨戒。

三聚淨戒包有：攝律儀戒、攝善法戒、攝眾生戒，稱爲三聚淨戒。聚爲結集，淨爲淨心，三類淨心的戒律，結集而成三聚淨戒。第一攝律儀戒，包括止持戒，防止造惡。第二攝善法戒，包括作持戒，策勵爲善。第三攝眾生戒，也稱饒益有情戒，指的使有情眾生（即是普通凡夫），能得益處的戒律。

爲學者適用方面，通戒可認作普通信眾的戒律。佛典說普通信眾的戒律，有多有少，概括之可爲五類四位。四亮包括有五戒八戒十戒具足戒，五類則除四位外尚有六法。五類四位中的具足戒爲僧尼的別戒。其餘都是信眾的通戒。

五戒爲：不殺生、不偷盜、不邪淫、不妄語、不飲酒。

八戒爲：不殺生、不偷盜、不邪淫、不妄語、不飲酒、不花鬘瓔珞（香油塗身）、不歌舞觀聽、不高廣大床。

十戒爲：不殺生、不偷盜、不邪淫、不妄語、不飲酒、不花鬘瓔珞、不歌舞觀聽、不高廣大床、不非時食、不捉金銀。

六法爲：不殺畜生、不盜三錢、不摩觸、不小妄語、不飲酒、不非時食。

普通信眾在作持方面，有兩椿最重要的戒律，即是布施和持齋。布施的對象，重在救助僧侶。持齋，是在淨心。中國通常說齋戒：齋字跟戒字以往是連而不分的。佛教的齋，本包括在戒律以內，五戒只包有戒，八戒十戒則包有齋。持齋分普通齋和長齋，普通齋每月於一定日期持行，長齋則終生每天持行，持齋日所戒者：一、一定的時間外不間食。二、不觀聽歌舞戲劇，不用華鬘香料。三、不處高床大座。四、不食葷。

2. 別戒

別戒或解爲戒律的詳細節目，或解爲僧尼的特別戒律，然都指的僧尼戒，僧尼在出家入寺時，有受戒的禮儀，他們特別許下謹受戒律；犯者必受處罰。

在僧尼裏，僧教包括有七種人，所謂七眾：七眾爲比丘、比丘尼、式叉摩那、沙彌、沙彌尼、優婆塞、優婆夷。比丘、比丘尼爲正式的僧尼，意謂乞士、乞士女；因爲他們乞食爲生。式叉摩那解爲學法女，對於六法，誠守有誠，乃受具足戒，兩年無犯，便稱爲學法女。沙彌、沙彌尼解爲勤策男、勤策女，指的是出家男女，修行尚未成熟者。優婆塞、優婆夷解爲近事男、近事女，指的是願出家而尚未出家的男女；開始事奉佛法，故曰近事。

僧尼的別戒，第一部分包括有通戒的五戒、八戒、十戒之法。第二部分則爲具足戒，具足戒有僧戒二百五十，尼戒三百六十四。這些戒律俱載在《四分律》上。

《四分律》分僧戒爲八段，婆羅夷、僧殘、不定、捨墮、單墮、提舍尼、眾學、滅諍。

「婆羅夷」解爲斷頭，言犯這類戒律的，應該爲斷頭的死人，即是僧人犯了這類戒律，就不能跟別的僧人同住，視爲已死的人。「婆羅夷」含有四戒：一淫，二盜，三勸死，四妄語自得佛法。

「僧殘」梵語爲僧迦婆尸沙，意謂犯這類戒律的僧人，好似被人砍去了手足，雖沒死然已殘廢，這類戒律共有十三項：

「若比丘，故弄陰出精者。

若比丘，淫欲意與女人身相觸者，若捉手，若捉髮，若觸一一身分者。

若比丘，淫欲意，與女人〃惡淫欲語。

若比丘，淫欲意，於女人前自嘆身言。

若比丘，往來彼此謀嫁。

若比丘，自求作屋，不將餘比丘指授處所。

若比丘，自作大屋，不將餘比丘指授處所。

若比丘，瞋恚所覆故，毀餘比丘。

若比丘，以瞋恚故，於異分事中取片，毀比丘。

若比丘，欲壞和合僧，方便受壞和合僧法。

若比丘，有餘伴黨。

若比丘，依聚落若城色住，污他家行惡行。

若比丘，惡性不受人語。」（四分律 比丘戒本 佛陀耶舍譯）

「不定」的戒律，可重可輕，犯者可以犯罪很輕，也可犯罪很重，因此說是不定。這類戒律有兩項，第一、屏處與女人坐。第二、與女人露地坐。在這兩種情形可能作惡，也可能不作惡，所以說屏處不定，或露處不定。

「捨墮」梵語為尼薩耆波、逸提，謂受戒者當將其財捨於寺中，不然必墮地獄中。這類戒律都是禁止僧人亂用財物，凡三十戒，如長衣戒。禁止僧人畜長衣過十日限。乞衣戒，禁止僧人向非親里居士或居士歸乞衣。長缽戒，禁止畜長缽，過十日限，等。

「單墮」謂犯這類戒律者，當行懺悔，不然必墮地獄，共有九十戒。如妄語戒，兩舌語戒，說比丘麤罪戒，妄教人代己掘地戒，妄教人以蟲物澆草戒等。

「提捨尼」意謂向眾懺悔。犯這類戒律者，應向眾懺悔，自認所作罪，共有四戒，如學家受食蘭若，受食等。

「眾學」意謂戒多易犯，常須學習。這類戒律共一百條，都屬輕微事故，如齊整著衣，蹲坐白衣舍，戲笑跳行等。

「滅諍」戒律，爲滅除諍論，共七戒，梵語爲七毗尼法，如現行毗尼，憶念毗尼等。

僧人的戒律，總於前面的八段，尼姑的戒律，跟僧人的戒律相彷彿。《四分律》分之爲六段：即八條波羅夷戒，二十七條僧殘戒，三十條捨墮戒，一百七十八條單墮戒，八條提捨尼戒，百條眾學戒，共三百四十一戒。

上面的僧尼戒律都歸於止持戒，《四分律》自三十一卷至五十三卷。有作持戒一門，作持戒共分爲二十犍度，犍度意聚法爲篇，二十犍度即爲二十篇章，或有譯爲二十品或二十聚。

二十犍度包括有，說戒、受戒、安居、自恣、皮革、衣、藥、迦絺衣、拘睒彌（比丘鬥諍）、瞻波（待遇客比丘）、呵責、人（懺悔受戒之人數）、覆藏、遮（犯罪者不得爲僧）、破僧、滅諍、尼、法、房舍、雜。

「受戒」在寺院裏爲入學的儀式，佛典中有所謂羯磨，羯磨譯爲作法辦事，實際作爲受戒之儀文。僧尼受別戒時，應有三師七證，舉行羯磨法。三師爲戒師、羯磨師、教師。七證爲七個僧尼作證，羯磨作法，爲羯磨師四讀羯磨文，在堂眾僧都沒有異論，受戒的人纔算正式受戒，得入山門。

至於佛教七眾，除比丘、比丘尼有正式以外，式叉摩那（學法女）應該受六法。沙彌與沙彌尼應該受十戒。優婆塞、優婆夷應該守八戒。如律部雜羯磨度沙彌云：

「大德僧聽此某甲，欲求某甲剃髮，若僧時到僧忍聽，與某甲剃髮白如是：大德僧聽，此某甲，從某甲，求出家，若僧時到僧忍聽與某甲出家，白如是：我某甲盡形壽，歸依佛，歸依法，歸依僧，隨佛出家。某甲為和上，如來至眞等正覺，是我世尊。我某甲，歸依佛，歸依法，歸依僧，隨佛出家竟。某甲為和上，如來至眞等正覺，是我世尊。」

「盡形壽不得殺生，是沙彌戒，能持不？（答能）

盡形壽不得盜，是沙彌戒，能持不？（答能）

盡形壽不得淫，是沙彌戒，能持不？（答能）

盡形壽不得妄語，是沙彌戒，能持不？（答能）

盡形壽不得飲酒，是沙彌戒，能持不？（答能）

盡形壽不得著華髮，香油塗身，是沙彌戒，能持不？（答能）

盡形壽不得歌舞倡伎，及往觀聽，是沙彌戒，能持不？（答能）

盡形壽不得高大床上坐，是沙彌戒，能持不？（答能）

盡形壽不得非時食，是沙彌戒，能持不？（答能）

盡形壽不得捉持生象嚴飾寶物，是沙彌戒，能持不？（答能）

此是沙彌十戒盡形壽不得犯。汝已受戒竟。當供養三寶，佛寶、法寶、比丘僧寶。勤儉三業坐禪，誦經，勸佐眾事。」（大藏經　康僧鎧　曇無德律部雜羯磨）

第七章 定（禪）

一、定

1. 定的意義

佛教的修行階梯，第一步爲戒律，第二步爲定。戒律在於絕慾，在於改正無明。既能絕慾，又能明佛法，進一步便是定了。定在於定心，使人心靜寂，人心既定，知道世物該空，不爲所擾，便常作無漏業，使可不再輪迴。

佛教的各宗都講定，因爲由定才能得真智。俱舍宗講定謂之爲心一境性，心一境是說心專注一緣，不多散動。

定的分類，佛典所說不同，俱舍宗分定爲「生得定」、「修得定」二類。生得定乃人生來帶有善業種子，自力生定。修得定則是今生拿信行取得的心定。

俱舍宗又分定爲四無色定：「空無邊處定」、「識無邊處定」、「無所有處定」、「非想非非想定」。「謂修定前起加行位，厭色境故，思無邊空，加行成時，名空無邊處。又於加行中，厭無邊空，起勝解想，思無邊識，加行成時，名識無邊處。又於加行中，厭無邊識，起勝解想，捨諸所有，寂然而住，加行成時，名無所有處。有頂地無下地明慧勝想，得非想名。有味劣想，名非非想。前三無色，約加行立名，第四非想，約當體立。」（黃懺華 佛教各宗大意 上冊 頁二三）這四種定順序而進，第一以萬法爲空，以求心定；第二以萬法唯識，以求心定，第三以識也是無有，以求心定；第四以有非有都是一樣，以求心定。

但是佛教的定，通常跟禪相合，禪爲求定的必要途徑，所以說禪定。

2. 心定

爲講定，則必講心，心乃定的主體。小乘不大講心，故也不大講定。大乘講定，也就講心，而且在戒定慧三種修行中，定慧是專以心爲主的，所以禪宗、華嚴宗、天台宗都特別重在心字。禪宗延壽禪師所著的《宗鏡錄》，對於心字發揮甚多。

「問：一心之法，云何盡能周偏含容；出生圓具一切法耶？答：夫心者，神妙無方，至理玄邈，三際求而罔得，二諦推而莫知。無像無名，不可以測其深廣，無依無住，不可以察其指蹤，細入無間之中，不可以言其小；大包乾象之外，不可以語其深。至道虛玄，孰能令有？幽靈不墜，孰而令無？迹分法界而非多，性合眞空而非一，休凝一道而非靜，用周萬物而匪勞。如如意珠，天上勝寶，狀如芥粟，有大功能。淨妙五欲，七宗琳瑯。非內畜，非外入，不謀前後，不擇多少，不作麤妙。稱意豐儉，降雨讓讓，不添不盡，利濟無窮。蓋是色法，尚能如是。豈況心神靈妙，寧不具一切法耶？」（大藏經 延壽 宗鏡錄 卷十二）

佛教的目的，在教人脫離苦腦。在感覺方面，沒有脫離的方法；那麼就只有由心一方面去下手。而且我們人只有肉體和心靈兩部分。肉體歸於感覺；心靈歸於心。肉體有了苦痛，感覺不能不感到。可是人能以心去勝過感覺。佛教的修行法，完全在拿心去克勝感官。

心能克勝感官，因爲感官，受心的支配；而且世間萬法，莫不由心。人若是知道用修行的工夫，把心修練到超出世物以上的境地，完全不爲世物所動，人心進於常定常靜，人便可脫離苦惱了。而且不但脫離苦惱，人心且可安樂。人既能無憂無惱，不悲不喜，人心當然安樂了。佛教的禪定即在教人達到這種心如止水的境地。

心所以得定，在於心對一緣，對一緣的境地。開始是只有一念，後來進而到沒有思念，心便可寂靜了。

3. 無念

「念不起空無所有，名正定。能見念，空無所有名為正惠（慧）。」（神念語錄 神念遺集 頁一二八 亞東書局印）

無念即念不起。念不起，心乃空無所有，於是心定。但是佛教禪師對於無念，尚有他種解釋，《六祖壇經》有云：

「我此法門，從上已來，先立無念為宗，無相為體，無住為本。無相者，於相而離相。無念者，於念而無念。無住者，人之本性，於世間善惡好醜，乃至冤之與親，言語觸刺欺爭之時，並將為空，不思酬害。念念之中，不思前境。若前念今念後念，念念相續不斷，名為繫縛；於諸法上念念不住，即無縛也；此是以無住為本。善知識，外離一切相，名為無相。能離於相，即法體清淨；此是以無相為體。善知識，於諸境上，心不染曰無念。於自念上常離諸境，不於境上生心。若只存物不思，念盡除卻，一念絕即死別處受生，是為大錯。」（大藏經 六祖壇經）

《六祖壇經》舊說爲慧能所說，弟子法海所記。慧能以無念，不能是完全不思念、因爲心想不思念，心已就被不思念這一個念頭所束縛。無念乃是心不留意於任何思念。任憑思念來，任憑思念去，心絕不留意。這樣心能自由，心乃定。所以說：「於諸境上心不染曰無念」。可是這一種解釋，在心理上並不能較比前一說高明。我們的心任其自然，不能絕對不留意於一念，除非是經過一種修養不可。既要修養，心便被「不染」所束縛了。而且任憑念來念去不留意，較比念不起更難。慧能乃有另一種解釋。

「故此法門，立無念為宗。善知識，無者無何事，念者念何事？無者無二

相，無諸塵勞之心；念者念眞如本性。眞如即是念之體，念即是眞如之用。」（同上）

無念兩字分開來解釋：無是沒有塵勞的雜念；念是念真如，那麼心一境性，便是心對真如。佛教的禪觀和大乘止觀等，都傾向這種解釋。人心擺脫一切思念，集中心思去觀佛。佛爲真如爲自心。所以真如爲念之體，念爲真如之用。

4. 禪 定

佛教爲求定，普通都是以禪法去求。談定即談禪定。禪定在梵語爲三摩地，意義是心見自性，即所謂明心見性。慧能說：

「善知識，何名坐禪？此法門中，無障無礙，外於一切善惡境界。心念不起，名為坐；內見自性，名為禪。善知識，何名禪定？外離相為禪，內不亂為定。外若著相，內心即亂，外若離相，心即不亂。本性自淨自定，只為

見境思境即亂。若見諸境心不亂者，是眞定也。善知識，外離相即禪，內不亂即定。外禪內定，是為禪定。」（大藏經 六祖壇經）

禪爲求定的法門，在佛教各宗內都講；但所講的方式，則各有不同。且有專以講禪而成宗的，即是禪宗。我們暫時且不談禪的方式，只談禪與定的關係。佛教修禪以求定，有頓漸兩派。頓是馬上就成，漸是漸次而進，可是頓漸，不是用之於禪，而是用於悟道，所以說頓悟漸悟。頓悟在突然開明，領悟一切佛理，面面都通，漸悟則是漸漸領悟。但因爲佛教的識，常含有業，識與行互爲因果，頓漸雖用於悟道，也就用之於禪定。若是主張頓悟，那便只有等待頓悟之一刻；若是主張漸悟，則應勉力修行。

主張漸悟的佛家，以禪定分有若干階段，修行者由漸而進。禪定的階段，有四禪、五禪、八禪各種；但其中最通用的爲四禪。

「初禪者，如經中說：行者離諸欲諸惡不善法，有覺有觀，離生喜樂入初禪。……內淨一心，無覺無觀，定生喜樂，入第二禪。……離喜行捨憶念安慧受身樂，是樂聖人亦說，亦捨憶念行樂，入第三禪。……除斷苦樂，先滅憂喜，不苦不樂，捨念清淨，入第四禪。」（大藏經 成

實論 卷十三 鳩摩羅什譯）

四禪的分別，微妙不易說，初禪有覺有觀，是說雖不貪不戀，但仍感覺喜樂。第二禪無覺無觀，已除去感覺方面的喜樂，但是心裏尚以適意事爲喜。第三禪無喜有樂，除去了心中的喜，而只有精神方面的和樂。第四禪無喜無樂，除去一切牽縛，心乃歸於本然寂靜。

「修行禪人得一心相……此覺觀二事亂禪定心，如水澄靜，波蕩則濁。行者如是，內已一心，覺觀所惱，如極得息，如睡得安。是時次第無覺無觀，生清淨定。內淨喜樂得入二禪，心靜默然，本所不得，今得此喜。是時心觀以喜為患，如上覺觀行無喜法，乃離喜地得賢聖所說樂，一心諦知護得入三禪，已喜故諦知憶念樂護。聖人言樂護，餘人難捨樂中第一，過此以往，無復樂也。是故一切聖人，於一切淨地中，說慈為第一樂。樂則是患，所以何者？第一禪中心不動轉，有轉則有苦，是故第一三禪以樂為患，復以善妙捨此苦樂，先捨憂苦，後除樂意，護念清淨，得入四禪。護清淨念一心。……是故四禪除滅苦樂，名不動處。」（大藏經 坐禪三昧經 卷下 鳩摩羅什譯）

先治感覺，後再治心，四禪循序而進，外面的感覺不安定，內面的心中不能定，除了感覺喜惡，再除心中的喜惡，於是乃得禪定。

「問曰：得初禪云何？答曰：如先以正念呵止五欲，未得到地，身心快樂，柔和輕軟，身有光明，得初禪相，轉復增勝。……既得初禪念，本所習修行道門，或有異緣，所謂念佛三昧，或念不淨慈心觀等。所以者何？是行思力令得禪定轉復深入，本觀倍增清淨明了，行者得初禪，已進求二禪。若有漏道，於二禪邊地厭惡覺觀，欲界五欲五蓋，令心散亂，初禪覺觀惱亂定心，亦復如是。……

問曰：云何是二禪相？答曰：經中說言，滅諸覺觀，若善若無記，以無覺觀故內心清淨，如水澄清，無有風波，星月諸山，悉皆照見。如是內心清淨故，名賢聖默然。……初禪喜樂，從離欲出，此中喜樂從初禪定生。……行者既得二禪，更求深定。二禪定有煩惱覆心，所謂愛慢邪見疑等，壞破定心，是二禪賊遮三禪門，是故當求斷滅此患，以求三禪。……云何三禪相滅喜？捨此妙喜，心不悔念，知喜為害。……第三禪身受樂，世間最樂無有過者，聖所經由，能受能捨，無喜之樂，以巧念慧身，則遍受入於三禪。……問曰：喜樂無喜樂；有所差別？答曰：……譬如熱極得冷水，持洗手面，是名為喜。入大涼池，與全身沐浴，是名為樂。行者如是。初禪覺觀，故樂不遍身；二禪大喜驚，故不能遍身；三禪無障礙。故樂遍身，是名差別。……

問：云何是第四禪相？答曰：如佛說四禪相，若比丘斷樂斷苦；先滅憂喜，不苦不樂；護念清淨，入第四禪。問曰：斷三禪樂應爾。離欲時已斷苦，今何故復念斷苦？答曰：……以三禪樂無常相故，則能生苦，故說斷苦。又如佛說，樂受時，當觀是苦。於三禪樂生時，住時為樂，滅時為苦，以是言斷樂斷苦。先滅憂喜者，欲界中憂，初二禪喜者。……

問曰：上三禪中不說清淨，此中何以獨說？答曰：初禪覺觀亂故，明不普照。二禪中雖一識攝，以喜大發故。定心散亂，是故不名念清淨，三禪中著樂心多此禪定。故不說念清淨。四禪中都無此事，故言念清淨。」（大藏經 禪法要解 卷上）

四禪都是修行以求心定。初禪在定慾念，二禪在定感覺，三禪在定精神，四禪則一切都定。可是這四禪的境地難說得明白；四禪修行法，在佛教各宗裏，各有不同。漸悟的禪法，典，主張禪觀以求斷悟。祖師禪爲達摩所傳，不用文字，直傳心印，以求頓悟。如來禪崇尚經則說禪觀，頓悟的禪法，則說參禪。第一種稱爲如來禪，第二種稱爲祖師禪。如來禪崇尚經

二、禪觀

修行禪法的人要知道怎樣斷欲斷喜，由初禪進於四禪。禪定雖說是無念，無念或是念不起，或是念真如，都不是剛入門的人就可做到的。因此佛教有所謂禪觀。禪觀即是在修禪時，心該想什麼事。禪觀有兩種作用：第一是令人專想一事，使能收心；第二是所想的事乃佛法中的一種道理，可以開明人心，因而知道斷欲斷喜。不過禪觀的法門很多！「全體佛教自一面觀之，皆爲禪宗，始自小乘教之四諦十二因緣觀，終迄天台之一心三觀，華嚴之法界觀，無不由禪。唯禪之內容，解釋在有差異耳。禪之形勢爲佛教之通則，而在實際方面爲唯一之修行法。」（蔣維喬 中國佛教史 卷二 頁六十七）

1. 十禪觀

《大藏經・思惟略要法》一書，講坐禪時思惟的要法，書中列舉思惟法十種：十種禪觀：即「四無量法」、「不淨觀法」、「白骨觀法」、「觀佛三昧法」、「生身觀法」、「法身觀法」、「十方諸佛觀法」、「觀無量壽佛法」、「諸法實相觀法」、「法華三昧觀」。前面六種可算做修行初禪的人該作的，後面各種可隨修禪人選擇，最後一種則爲修習禪法已深的人所習行的！

「凡求初禪，先習諸觀，或行四無量，或觀不淨，或觀因緣，或念佛三昧，或安那般那，然後得入初禪易。」（大藏經 思惟略要法 鳩摩羅什譯）

「四無量觀法」觀四無量心，即慈心、悲心、喜心、捨心這四種心能力無量，可以救拔眾生。

「不淨觀法」 觀看人身完全不淨，人一死身體便腐爛不堪，一切都是污穢，所以決不可看重人身貪求肉樂。

「白骨觀法」觀人身盡是白骨，瞑目想人身脫了皮肉，僅只有一骨架，所以人死後只能有朽骨，那末人體還有什麼可貴呢？

「觀佛三昧法」念佛去惡，常得見佛，想著佛法的能力，乃可一心皈依。

「生身觀法」觀想佛的生身，就是想如來佛坐在菩提樹下說法，願意誠心信服。

「法身觀法」觀想佛的法身，十力大無畏，大慈大悲無量善業，佛典《地經論》第三卷說，三身佛：法身佛，教身佛，應身佛。法身佛即無始的法性，爲衆生的體實。每個人心中都有這種法性，所以每個人都能成佛。教身爲因果的報應。應身爲感應的德力。

「十方諸佛觀法」想像各方都是佛，眼見十方百千萬個如來佛。

「觀無量壽佛法」想見自己一身光明，一身各體都放白光，白光中有無量壽佛。

「諸法實相觀法」觀想諸法從因緣起，故爲空相，只有假名，假名大有不說，不有亦不爲無，非有非無，是爲實相。

「法華三昧觀」觀想惟一大乘，無二無二，一切諸法，一門一相，所謂無生無滅，畢竟空門。

2. 三十禪觀

《大藏經・禪祕要法》一書裡，詳細描畫三十種禪觀法。這三十種禪觀，在大體上跟上面的十種禪觀相同；因爲兩書的譯者，都是鳩摩羅什。只是《禪祕要法》分析得更細。但這種細膩的分類，有些地方竟辨不出兩種觀法的分別了。於今我們光列舉三十禪觀的名目，然後再將相同的觀法合成一類，加以簡單的解釋。

三十觀爲(1)指節觀。(2)白骨觀。(3)津膩慚愧觀。(4)膖脹膿白及易想觀。(5)薄皮觀(6)厚皮觀。(7)極赤游泥濁水洗水雜想觀。(8)新死想觀。(9)具身想觀。(10)節節觀。(11)白骨流光觀。(12)地水火風觀。(13)結使根本觀。(14)易觀法。(15)四大觀。(16)四大補想觀。(17)身念處觀。(18)一門觀。(19)觀佛三昧。(20)數息觀。(21)暖法觀。(22)觀頂法。(23)助頂法觀。(24)火大觀。(25)火大無我觀。(26)正觀。(27)真無我觀。(28)水大觀。(29)火地大觀。(30)風大觀。

把這三十禪觀分起門類來，可成五類，第一類是自身觀，坐禪的人，觀想自己的身體，或想像自身爲骨節或爲白骨，或爲皮囊，或爲膿血；所以有指節觀、白骨觀、津膩慚愧觀、薄皮觀、厚皮觀、極赤游泥濁水洗水雜想觀、新死想觀、具身想觀、節節觀。第二類是觀自身有佛，想像自身頭頂或骨節發光，光中可見佛；於是有白骨流光觀、觀頂法、助頂法觀。第三類則觀看人身之成，成於風火地水四大；所以有地水風火觀、結使根本觀、易觀法、四大觀、四大補想觀、火大觀、火大無我觀、水大觀、火地觀。第四類進而觀萬法談空，佛法獨善；這樣便有身念處觀、一門觀、觀佛三昧、正觀、真無我觀。第五類卻什麼也不想，數數氣息；若能作到頭頂發暖，最爲上乘；這一類有數息觀、暖法觀。

怎樣修行這些禪觀呢？

「佛告迦絺邏難陀，汝受我語，愼莫忘失，汝從今日修沙門法，沙門法者應當靜處敷尼師壇，結跏趺坐，齊整衣服，正身端坐偏袒右肩，左手著右手上，閉目以舌拄腭定心住，不使分散，先當繫念著左脚大指上諦觀指平節，……觀一節已次二觀。……」（大藏經 禪祕要法 卷上 鳩摩羅什譯）

所謂觀腳指半節、一節、二節即是指節觀，在行禪觀時先應靜坐。靜坐的方式就是後面要說的「坐禪」。

在禪觀的方式裏最普通，而爲僧尼所習行的要算觀佛。僧人坐禪閉目即見上下各方都是佛。這種方式既能促進僧尼敬重佛法，又能使僧尼明白自身有佛性，漸漸跟佛相融洽，便有一天也成佛。

3. 觀　佛

「未念佛三昧者教令一心觀佛。若觀佛時當至心觀佛相好，了了分明諦了已，然後閉目憶念在心，若不明了者還開目視極心明了，然後還坐。正身正意繫念在前如對眞佛明了無異。即從座起跪曰師言，我房中係念見佛無異。師言汝還本座，係念額上，一心見佛。爾時額上，有佛像現，從一至十乃至無量，若行人所見，多從額上出者。若去身不遠而還者，教師當知，此是求聲聞人。若小遠而還者求辟大佛人，若遠而還者是大乘人。三種所出佛還近身，作地金色。此諸佛盡入於地，地平如掌，明淨如鏡。自觀己身明淨如地，此名得念佛三昧境界，得是境界已，白師。師言，是好境界，此名初門觀也。師復教係念在心，然後觀佛，即見佛從心而出，手執玻璃杖，杖兩頭出三乘人，光焰有大小，如是出已，末後一佛執杖在心，正立而住。未後住佛迴身還入，先去諸佛盡來隨入，若小乘人入盡則止，若大乘人入盡已，悉從身毛孔出滿於四海，上至有頂，下至風際。如是照已，還來入身如淨琉璃。所以光明還來入身者，欲示勇猛健疾境界相好。如是已。即往白師，師言，此名一切念處，以能生諸定，故名為念處。

師復更數言，汝今捨前二觀，係心在齊（臍）。即受師教，一心觀齊，觀齊不久，覺臍有動，相諦視而不亂。見臍有物，猶如鷹卵，其色鮮白。即往白師，師言，汝更視在處，如師所教，觀已有蓮花，琉璃為莖，黃金為台，臺上有佛，如跏趺坐。第一佛臍中復有蓮花出，上復有佛結跏趺坐，如是輾轉相出，乃至大海，海邊末後第一佛，還入第二佛臍，第二佛還入第三佛臍，如是輾轉還入。乃至人齊佛令為一一佛入行人齊中已。行人自身諸毛孔，遍出蓮花，滿虛空中猶如垂寶瓔珞，如是出生，見諸蓮花盡入臍。行人爾時身體柔軟輕悅。自現己身明淨如雜寶色。即以所見白師。師言大善，汝好用心觀此身，成定相也。如師教言，更觀臍中，即如教觀見現有五色光燄。見已，白師，師言，更觀五光有五瑞相。如教觀已見有一佛，在光明中結跏趺坐。更觀五光中佛有何瑞相。即見佛口中種蓮花出，出已遍大地。更令觀五光中佛，一見佛齊中有五師子出。師子出已，食所出諸花已，還入五光佛臍中。師子入已，五光及佛即從頂入。此名師子奮迅三昧定相也。

行人復觀光入佛身已，行人身坐金色，見金色已，見齊中有物，圓如日月，白而明淨。見已白師，師言更觀。即見佛出滿腋下及腰中有佛出。凡四佛出。四佛出已，見四佛身。一一佛出無量日光，日光甚明淨。因諸日光，見四天下色，上至有頂，下至風際，悉皆明了，如見掌中無所罣礙。此名白淨解脫境界也。見如此已，還見四佛隨出外還入。四佛入已，復見白焰諸光前入後出，後入前出，左入右出，右入左出，如是四種出入竟，見自身明淨，及水四邊圓滿淨光，此名為明淨境界。見此光也，名成念佛三昧，在四禪中。」（大藏經 佛陀密多 五門禪經要用法 曇摩密多譯）

這種觀佛法，各段的描寫，都有象徵的意義。第一是腦中想著佛，第二是心中念有佛，第三是自身爲佛，佛從臍出，然後身成金剛，再不毀壞，大放光明。

三、參禪

1. 不立文字

中國佛教禪宗，宗於達摩祖師。因此稱祖師禪。祖師禪排除一切經典，不以文字相傳，而直指心性。故稱爲不立文字，教外別傳，直傳佛祖心印，臨濟慧照禪師教僧人莫讀經：

「王常佳一日訪師，臨濟慧照禪師，同於堂前看，乃問：這一堂僧還看經否？師云：不看經。侍云，還學禪否？師云：不學禪，侍云：經又不看，禪又不學，畢竟作箇什麼？師云：總教伊成佛作祖去，侍云：金屑雖貴，落眼成翳，又作磨生？師云：將為爾是箇俗漢。」（大藏經 鎮州臨濟慧照禪師語錄慧照集）

慧照禪師解釋不讀經的理由，因爲文字在外，佛性在內。不向心內求佛，而向外面的書本求佛，總求不得。

「師云：人時求學佛法者，且要求眞正見解，若得眞正見解，生死不染，去往自由，不要求殊勝，殊勝自至。道流，祇如自古先德，皆有出人底路，如山僧指示人處，祇要爾不受人惑，要用便用，更莫遲疑。如今學者不得病在甚處？病在不自信處，爾若自信不及，即便忙忙地徇一切境轉。被他萬境回換，不得自由，爾若能歇得念念馳求心，便與佛祖不別。爾欲識得佛祖否？祇爾面前聽法底，是學人心不及，便向外馳求，設求得者皆是文字勝相，終不得他活祖意……你要與佛祖不別，但莫外求，爾一念心上清淨光，是爾屋裏法身佛。爾一念心上無分別光，是爾屋裏報身佛，爾一念心上無差別光，是爾屋裏化身佛，此三種身是爾即今日前聽法底人，祇不向外求有此功用。……

師云：道流，切要求取眞正見解，向天橫行，免被這一般精魅惑亂。無事是貴人，但莫造作，祇是平常，爾擬向外傍家求過覓脚手錯了也。祇擬求佛，佛是名句。爾還識馳求底麼。三世千萬佛祖出來，也祇為求法，如今參學道，也祇為求法，得法始了。未得依前輪迴五道，云何是法？法者是

心法。心法無形，貫通十方目前現用。人信不及，便乃認名認話，向文字中求意度佛法，天地懸殊。」（同上）

沒有自信的人不敢只向內心求佛。還要向外馳求，所求得的是文字，而不是佛法。爲什麼要向內心求佛，禪師們都以一切人，皆有天真佛性。一旦悟了這個佛性，便可立地成佛。

2. 正法眼藏涅槃妙心

人心中的天真佛性，稱爲正法眼藏涅槃妙心：「正法眼藏者，佛心之德名也，涅槃妙心者，佛心之本性也，靈根獨耀，迴脫根塵。如摩尼珠，面面皆圓。如寶絲網，重重交映。外境相空，內尋伺絕，心行處滅，言語道斷。寂照同時，心境不二，生佛不二，其恰好處，心亦不可得，妙亦不可得，不得兩字亦不可得，乃至不可得亦不可得。非心非不心，非妙非不妙，故立以妙心之名，此正宗門所傳之根本。」（黃懺華　佛教各宗大意　下冊　頁二六）

人心的佛性，或稱爲正法眼藏，因爲是正法眼，清淨光照，看透一切法理，或稱爲涅槃妙心，因爲是平等圓滿，不一不二，人心裏原來都有這種高妙的佛性。可是人不自知，用一切的慾望把佛性包裹了起來，於是自入無明，生氣輪迴。禪宗便直指人心，教人認識自有的佛性使能成佛，這便是所謂見性成佛。黃懺華說：「所謂見性見佛者，謂一切眾生，皆有天真佛性，而以不悟此心當體是佛，背覺合塵，故全圓覺而成無明。迷而不返，苟微見此萬劫輪迴而不得之佛性，即立地成佛。」（黃懺華　佛教各宗大意　下冊　頁二六）

「此心即是自性清淨心，又名眞如，亦名佛性，一一眾生心體，一一諸佛心體，本具二性，而無差別之相。一味平等，古今不懷，但以染業熏染性故，即生死之相顯矣。淨業熏淨性故，即涅槃之用顯矣。」（大藏經　大乘止觀法門　卷一）

這是天台宗的話，以眾生有佛的淨性，轉染爲淨，立即成佛。禪家以人心爲佛，破染見佛，修行便算成功了。

「是以信心是佛，罕遇其機，乃諸佛出世之本懷，祖師西來之正意。自古先德以聞，即心是佛之言。疑根頓盡，或欲燈傳後嗣，便坐道場或渠灰息遊，心往深蘭若。其障濃信薄，唯思向外馳求，隨他意，似鸚鵡之徒，借徒服如水母之屬，纔生不信，便起謗心。今則廣行偏搜，探微撮要，所冀燈成後學，決定無疑，頓悟自心，成佛妙軌。」（大藏經　延壽　宗鏡錄　卷八十一）

信自己的心就是佛，佛解爲覺。心可自覺，自覺是明了自性，明了自性，即得正覺。即是成佛。

「問曰：云何名此心為佛性？答曰：佛名為覺，心名為性。以此淨心之體，非為不覺，故說為覺心也。」（大藏經　慧思　大乘止觀法門　卷一）

3. 參話頭

人心即佛性，然常爲無名所因。好比真珠被污泥所染，光明不顯。佛教禪宗便教人怎樣去把佛性從無明裏洗滌出來，祖師禪以爲念佛守戒，都不足開悟人心，唯一的辦法，在於參禪。

參禪的方式，禪宗各派都不相同，但最要的是參話頭。話頭爲經語或祖師語，或諸方老宿語，這些話語，都沒有意義。參禪的人，不就語意上去思維穿鑿。只單單地參究思索一下，看這話在自己心上發生若何影響，務必要達到，自己因一句沒意義的話，心上突然光明，照見萬法唯有一心。這種光明不僅是理智的認識而是自己誠心相信，自己完全照著去作。所謂一通則神通無礙，事事方便。達到了這種境界，則是成佛正覺。——若沒有因一句話頭而得領悟，便該耐心去參究。把一句話頭看成一顆鐵丸，拼命去嚼。嚼破了鐵丸的話頭，即可迴光返照，立地成佛。仰山禪師說：

「汝等諸人各自迴光返照，莫記吾言，汝無始劫來，背明投暗，妄想根深。辛難頓拔，所以假設方便，奪汝麁識。……如今且要識心達本，但得其本，不愁其末，他時後日，自具去在。」（大藏經　袁州仰山慧寂禪師語錄）

可是參語頭，究竟不是容易事，普通一句沒意義的話怎樣會參出迴光來呢？禪師們於是用突然使心理起變化的各種手段，這些手段，禪家稱爲棒喝。一個徒弟來問話，禪師不但答些沒意義的話，而且多是開口大喝，然後才唱一句偈。再不然就是當頭一棒。棒喝乃成爲禪師的家法。臨濟大師最是主張棒喝的。

「上堂僧問：如何是佛法大意？師豎起拂子，僧便喝。師便打。又僧問：如何是佛法大意，師亦豎起拂子，僧便喝，師亦喝。僧擬議，師便打。師乃云：大眾，夫為法者不避喪身失命。我二十年至黃蘗先師處，三度問佛法大意。三次蒙他賜杖，如蒿枝拂著相似，如今更思得一頓棒喫，誰人為我行得？時有僧出眾云：某甲行得。師拈棒與他，其僧擬接，師便打。」

（大藏經　鎮州臨濟慧照禪師語錄）

「上堂，有僧出禮拜，師便喝。僧云：老和尚莫探頭好。師云，而道落在什麼處？僧便喝。又有僧問？如何是佛法大意。師便喝。僧禮拜，師云：爾道好喝也無？僧云：草賊大敗。師云：過在什麼處？僧云：再犯不容，師便喝。是日兩堂首座相見，同時下喝。僧問師：還有賓主也無。師云：賓主歷然。師云：大眾要會臨濟賓主句，問取堂中二首座，便下座。」（同

上）

這種一問便喝，而且有時滿堂大喝，確是臨濟禪家的特色。但是雲門禪師也是重機鋒的。

「上堂云：我看汝諸人，二三機中尚不能搆得。空披衲衣何益！爾還會麼？我為汝注破。久後到諸方，若見老宿舉一指，豎一拂子，云是禪是道，拽柱杖打破頭便行。若不如此，盡落天魔眷屬，壞滅吾宗。汝若實不會，且向葛藤社裏看。我尋常向汝道，微塵利土中，三世諸佛，西天二十八祖，唐土六祖，盡在柱杖頭說法，神通變現。聲應十方，一任縱橫，而不會麼？」（大藏經　雲門匡真禪師語錄　卷上）

然而禪宗裏也有主張不參話頭，而僅默坐自證者。這一派禪稱爲默照禪，曹洞宗爲這一派的代表。曹洞宗，本主修養，尙宛轉，不像臨濟宗的棒喝鋒利。後來這宗的大師宏智正覺禪師就主張默照禪，著有〈默照銘〉和〈坐禪箴〉。所謂默照在於靜坐。默默忘言，自觀自心，到徹底明瞭了自性，沒有絲毫的塵垢，那時便得了正覺。

「默默忘言，昭昭現前，鑒時廓爾，體處靈然，靈然獨照，照中還玅。」（大藏經 默照銘）

「佛佛要機，祖祖機要，不觸事而知，不對緣而照，不觸事而知，其知自微，不對緣而照，其照自玅。」（大藏經 坐禪箴）

禪宗各派的分別，大都在參禪這一點上。有主張急進的，有主張緩和的。有主張鋒利的，有主張默照的。其後各宗復分派，支離破碎，學者更難明其真相了。

4. 坐禪

參禪的方式雖多，但在各式的參禪裏，都行坐禪。坐禪一事，不僅是禪宗舉行，佛教各宗都舉行。主張鋒利急進的禪宗，雖以參話頭爲要，但一時參不出，則也只有坐坐禪。

坐禪是一種靜坐的方法，叫學禪者能清心靜慮，然後可以習行禪觀，或參究話頭。爲能靜心，坐禪乃有許多方式。一方面使坐禪者，身不亂動，一方面使坐禪者，意念不散。爲使坐禪者身體靜止，便有坐禪的禮節。

「當於一處，繩床西向。易觀想故，表正向故。跏趺端坐，項脊相對不昂，不傴。調和氣息，定住其心，然所修觀門，經論甚多。」（大藏經 往生淨土懺願儀 第十坐禪法）

「初至繩床，即先須安坐處，每令安穩，久久無妨。次當正腳，若半跏坐，以左腳置右腳上，牽來近身。令左腳脂，與右髀齊，右腳指與左髀齊，若欲全跏，即正右腳置左腳上，次解寬衣帶周正，不令坐時脫落。次當安手，以左手掌置右手上，重累手相對，頓置左腳上，牽來近身，當心而安。次當正身，先當挺動其身，幷諸支節，作七八反，如按摩法。勿令手足差異，如是已則端直，令脊骨勿曲勿聳，次正頭頸，令鼻與臍相對。不偏不斜，不低不昂，平面正位，次當口吐濁氣。吐氣之法，開口放氣，不可令麁急，以之綿綿，恣氣而出，想身分中百脈不通處，放息隨氣而出。閉口鼻納清氣，如是至三，若身息調和，但一亦足。次當閉口、唇、齒才相柱著，舌向上齶。次當閉眼，才令斷外光而已。當端身正坐，猶如奠石，無

得身首四肢。切爾搖動，是為切入禪定調身之法。」（大藏經 修習止觀坐禪法要 第四 調和）

外面的身子調和了。便該調和身內的氣息。使思念不亂動，禪家乃有調息和調心。

「初入禪調息法者，息有四種，一風，二喘，三氣，四息。前三為不調相，後一為調相，云何為風相？則坐時鼻中息出入覺有聲，是風也，云何喘相？坐時息雖無聲，而出入結滯不通，是喘相也。云何氣相？坐時息雖無聲，亦不結滯，而出入不細，是氣相也。云何息相？不聲不結不麁，出入綿綿，若存若亡。資神安穩，情抱悅豫；此是息相也。守風則散，守喘則結，守氣則勞，守息則定。坐時有風喘氣三相，是名不調而用心者。復為心患，心亦難定。若欲調之，當依三法：一者下著安心，二者寬放身體，三者想氣遍毛口出入，通口無障，若細其心令息微然。息調則眾患不生，其心易定。是名行者初入定時調息方法。」（同上）

「師言息有四種，應當選擇。……守息則定，溫師一家繫念在已臍中央，如豆瓣云。解衣諦觀，取其相。然後閉目合口開齒舉舌向齶，令息調均。一心諦觀，若有外念，攝之令還，若念不見，復解衣看之。熟取其相，還復如前。問何故念臍，答其息從臍出，入至臍滅。臍是氣之出滅所由，為知所常，所以念臍。又臍是腸胃根源。從源尋路，自然見不淨，若見不淨，便止貪慾，……問何故數息時，忽然忘數但知息？答心稍稍細，應於一心，是以失數。向者息是一，數是一，境與二俱，所以麁。問何故復不知息，但知境？答行者麁觀已除，息漸微，所以不見。有人言，毛空盡開處皆出故，所以無耳。師言息微微不見。此言毛孔散出者，既許出那得鼻門獨不出也。言微而不見者，據繫念為語，毛孔散出者，據通暢為語。」

（大藏經　天公智者大師禪門口訣）

坐禪者，能夠修到息微不見，毛空皆通便可行定心法。心定然後行禪觀。

「初入定時調心者，有三義：一入，二住，三出。初入有二意：一者調伏亂想，不令越逸。二者當令沈浮，寬急得所。何者為沈相？若坐時心中昏暗，無所記錄，頭好低垂，是為沈相。爾時常繫念鼻端，令心住在緣中，無分散意，此可治沈。何等為浮相？若坐時，心好飄動，身亦不安，念外異緣，此是浮相。爾時宜安心向下，繫緣臍中。制諸亂念，心即定住，則心易安靜。舉要言之，不沈不浮，是心調相……二住坐中。調三事者，行人當於一坐之時。隨時長短，十二時或往一時，或至二三時。攝念用心，是中應須善識心意，心三事，調不調相，……三出時調三相者，行人若坐禪將竟，欲出定時，應前放異緣，開口放氣，想從百脈，隨意而散，然後微微動身。次動肩髆及手頭頸，次動二足，悉令柔軟。次以手遍摩諸毛孔，次摩手令暖，以揜兩眼，然後開之，待身暖稍歇，方可隨意出入。若不爾者，坐或住得心，出既頓足，則細法未散，住在身中，令人頭痛節彊，猶如風勞，於後坐中煩燥不安。是故心欲出定，每須在焉。」（修習止觀坐禪法要 同上）

上面所引的，雖屬天台宗的話。但其他各宗，雖有不同點，大致則都是這樣，坐禪的幾種要件。第一是跏趺正坐，第二是細數氣息，愈微愈好。第三是收心不散，第四則是禪觀。中國社會上有許多不是佛門弟子的，也習行坐禪，例如道家習行坐禪，用爲養氣。宋明儒家，習行坐禪，用爲收心。他們雖不說坐禪，因爲不行禪觀。然而實行的方法，則都是佛教的坐禪法。

坐禪入定，定的程度，高低不齊。由初禪至四禪，或是因參悟話頭頓時開悟，所以禪學在佛教裏，爲各宗所重。尤其在中國及日本的佛教裏，最爲發達。

四、禪的哲學

禪宗的派別很多，各派的主張不同。但是各派不同的主張，都在指示禪觀的途徑，各派對於禪觀的根本哲理，則都大同小異。上面各節，簡略地談了這種重要的禪觀。在這一章的結尾時，我們要談一談禪的哲學思想。

禪的哲學思想，基本是每人具有佛性，佛性即是人心。人若識破自心的佛性，便可以立地成佛。人成爲佛，他的心便至虛至實，至深至淺，無眞無假，無有無空，一切圓滿。

1. 人人有佛性

《黃檗山斷際禪師傳心法要》第一篇〈鐘陵錄〉說：

「此心即是佛，佛即是眾生。為眾生時，此心不減；為諸佛時，此心不添。及至六度萬行，河沙功德，本自具足，不假休添。遇緣即施，施息即寂。若不決定，信此是佛，而欲著相修行，以求功用，皆是妄想，與道相乖。此心即是佛，更無別佛，亦無別心。此心明淨，猶如虛空無一點相貌。舉心動念，即乖法體，即為著相。」（見禪學大成 第五冊）

人人心中都有佛性，中國佛教的天台宗和華嚴宗都有這樣主張。真如或真心即是佛，真如為唯一實體，萬法皆是真如的幻相，人也是幻相之一種，人的實體乃是真如，真如在人以內，佛性便在人以內。

不單單是人人有佛性，眾生也都有佛性，甚至於萬法都有佛性。這一點有似於道家所主張的道在萬物。可是，不是一切的萬法都能識破自己的佛性，惟獨人有虛靈之心，纔能夠識破自己的佛性。理學家說萬物同有一理；但只在人心裡，理纔能顯明出來。因爲萬物之氣很濁，人心之氣則明。這是理學家採取佛教的哲學思想而加以變化的。

禪觀的基本在於人人心中有佛性，假使人心中沒有佛性，禪觀就不能成立。禪觀也假定每個人都可以成佛，不分次第。

「修六度萬行，欲求成佛，即是次第。無始已來，無次第佛。但悟一心，更無少法可得。此即眾佛。佛與眾生一心無異。」（同上）

佛與眾生一心無異，這是禪宗的特別主張。禪宗以人心即是佛，佛即是人心。

「師（希運禪師）謂休（裴休）曰：諸佛與眾生，唯是一心，更無別法。此心無始已來，不曾生，不曾滅，不青不黃，無形無相，不屬有無，不計新舊非長非短，非大非小，超過一切限量名言蹤跡對待，當體便是。」（同上）

人心是佛，心便不是人心，而只是心了，華嚴宗稱爲眞心，眞心是人心的靈明處；每人所有的心相同，每人便沒有我，也沒有人了。

2. 心法

佛既人心，人心既是佛，人爲成佛，便在於識破自己的心。

《鎭州臨濟慧照禪師語錄》云：

「師云眾云：道流切要求取眞正見解，向天下橫行，免被這一般精魅惑亂，無事是貴人，但莫造作，祇是平常，儞擬向外傍家求過，覓脚手，錯了也。祇擬求佛，佛是名句。儞還識馳求底麼。三世十方佛祖出來，也祇為求法。如今參學道流，得法始了，未得依前輪迴五道。云何是法？法者是心法。心法無形，通貫十方，目前現用。」（見禪學大成　第二冊頁六—七）

心法是觀心。心在人以內，求佛便不能向外面去求，便應該自觀自心。陸象山和王陽明的「心外無理，心外無物。」來自禪宗。

這種向內追求的精神生活，預先假定人心是佛，又預先假定人心有惡障，惡障蒙蔽了佛性。心法就是除去惡障之法。

禪宗的心法，和其他佛教派別不同的，在於否定一切修行的價值。律宗所持的戒律，和其他各宗所講的修行，禪宗都與以否決，因爲這些戒律和修行，都是只能達到人心以外的各部門，禪宗主張直接指心。一切的工夫，都要以心爲直接對象，而要直接達到心上。「但悟一心，更無少法可得。」「若不決定信此是佛，而欲著相修行，以求功用，皆是妄想。」

東吳淨善的《禪門寶訓集》云：

「遠公謂演首座曰：心為一身之主，萬行之本，心不妙悟，妄情自生，妄情既生，見理不明。見理不明，是非謬亂。所以治心，須求妙悟。悟則神和，氣靜容敬，色莊，妄想皆融為眞心矣。以此治心，心自靈妙，然後導物指迷孰不從化。」（禪學大成 第二冊 浮山寶錄）

怎麼樣可以直指人性呢？

道家對於人的智識，曾以心知爲最高智識，曾以凝神物化爲人生的樂境。心知是以心直接和對象相接，不用感官，也不用思慮。凝神，按莊子的話，是以天合天，乃是以人心的天真，去神會外物的天性，物化則人和萬物同化，人就是宇宙，宇宙就是人。宇宙好比是大海的水，人好似水中之魚，魚水相合相化。這種道家的凝神和佛教的禪觀有些相像。佛教的禪觀，是以人心直觀佛心。人心素爲感覺、思慮和外物所包圍，人爲能夠成佛，要排除一切的感覺智識、思慮智識，和一切的慾念，使自己的心可以直接看到自心的佛性。

現代西洋哲學常講人心的直覺或直觀，柏格森和存在論的海德格都主張人除感覺和思慮以外，有一種直觀，不看而見，不思而知。這種直觀，是人的最高智識，佛教的佛觀，即是人心的直觀。所以禪觀的心法，雖來自佛教的坐禪，內容則源自道家的凝神物化。

3. 禪的精神

禪的精神，不是完全消極精神，避世逃世，以萬法爲虛空，使形體如槁木，禪的精神是追求光慧以解脫愚昧。

禪的精神是內向精神。禪觀使人觀自己的心，由自己的心取得光明，在自心光明裡，看到佛性。

禪的精神是絕對的精神。佛在大悟大徹時，心與佛相同化。佛爲絕對的實體，佛心也就是絕對的了。世界萬法皆是相對的，相對的萬法在絕對的實體裡，失掉意義，有無大小，互相融合。

日本《圓通大應國師語錄》有云：

「明中有暗，暗中有明，明暗兩忘。動靜俱泥，生死夢破，凡聖路絕。非男女相越尼總持，便恁麼去。一點靈光輝，天鑑地，雖然如是，末後一句，重提掇，擲下火把云，火裏紅蓮香拂拂。」（禪學大成　第六冊　明靜大師下火）

禪的精神，又極其平凡。道家說道在糞土中，禪宗也以佛在諸事裏。「禪的立場，卻不認定著經驗外的任何實在。經驗即是實在，實事即是真理。日常茶飯皆是禪通的境界。不離現實，不偏現實，最高的真理，即是最平凡的事象，趙州和尚的喝一杯茶，能夠應用三次而無不中，這是靠著智慧的直觀所流露出來的自然作用。要體會這個根本境界是禪的根本認識，這可以叫做根本體驗說。從這個地方所發出來的認識，能夠包含一切經驗、思惟、論理、信仰等等而無礙，因爲，這個認識觀有徹底性，有根本性，有絕對性的關係。這是佛教認識論的特色。」（中國佛教史論集 第一冊 李世傑 中國大乘佛教哲學的精要 頁九三）

禪的精神，是自由自在。有了大徹大悟的心，看透一切，以一切爲真，一切爲假。行事言談，自由自在，「運水搬柴，飢來吃，睏來眠，放去收來，神通妙用，差別平等相即。世界的萬象，都能夠做著我們自由的機用。由於雲門的這三句話，可以發揮透徹天地的大行爲。」（同上 頁九四）

第八章 慧

佛教的起點，在於人的無明；佛教的終點，在於人的正覺。人因無明而有苦，人因正覺而得樂。求正覺即是佛教的修行，修行的目的，在於明，在於正覺，在於慧。戒是求慧的預備，禪是求慧的方法。修禪而到了慧的境界，便成佛入涅槃。

慧究竟是甚麼呢？慧是明，是正覺。然而明、或正覺究竟是甚麼？這個問題的答案，便代表佛教小乘、大乘的各種宗派。大致來說，可以拿三乘來作代表。小乘的答案，以慧在於明十二因緣，知道萬法唯識。大乘的答案，則以慧在於明萬法唯心，心乃真如。三乘圓教的答案，則以慧在於知道萬法圓融，不有不非有。再簡單一點說，小乘以慧在一有字，或是法有或是我有。大乘以慧在一空字，法我俱空。圓乘則以慧在一圓字，不有不空。這種圓教，可以代表中國佛教的最上乘。我們講佛教的慧，便只談圓教的慧。因小乘大乘的慧，前面都已講過了。圓教的慧在中國佛教中以華嚴和天台兩宗的思想爲代表。

一、華嚴宗法界觀

1. 三觀

既是講慧，慧屬於理智，那麼便是講「觀」了。禪觀是爲定心的，慧觀則在求正覺。所以慧觀高於禪觀，爲佛教理智的最高點。

華嚴宗的觀法，以法界觀爲總樞。法界爲萬法的共通名詞。法界觀，則以心去觀萬法，因爲萬法起於心，心包萬有，所以積爲一心法界。那麼法界的實在意義，「法者軌持爲義，界有性分二義。今取性義，以能爲諸法之性，一切諸法皆由性起故。清涼於大疏抄中，依五教略明一心。初，小乘諸教實有外境，假立一心，由心造業所感異故，是曰假立一心。二，大乘始教，以異熟賴耶爲一心，遮無外境，是曰異熟賴耶一心。三，大乘終教以如來藏性具諸功德，故說一心是曰如來藏性一心。四，大乘頓教以泯絕無寄，故說一心是曰泯絕無寄一心。五，大乘圓教，總該萬有事事無礙，故說一心是曰總該萬有一心。」（黃懺華 佛教各宗大意 下冊 頁三二）

由心去觀法界，華嚴宗分有三重觀法，一是真空觀，二是理事無礙觀，三是周偏含容觀。這便是華嚴三觀。

華嚴分法界爲三：理法界、事法界、圓明清淨界。理法界爲各種事物的本體，事法界爲外面的現象，圓明清淨界爲心之自性。從這三界去觀，便可有上面所說的三重觀。華嚴宗對於事法界所謂外面現象不加考究，因爲沒有考究的價值。第一、觀理法界萬法的本體，原都爲空，但華嚴的空不是說斷滅了的空，也不是色相之空。這種空，雖說空而不說空，不以空爲相，所以沒有空相，稱爲真空觀。把萬法的本體，跟真如之心放在一齊，觀察兩者的關係，便可見萬法與真如互相融洽。所以稱爲理事無礙觀。若把真如與萬物去一齊觀察，則可見真如偏包萬法，萬法互相融洽，因此便有周偏含容觀。這便是圓明清淨界。

「即是如來藏中法性之體，從本已來性自滿足處染不垢，修治不淨，故云自性清淨，性體偏照，無幽不燭，故曰圓明。」（大藏經　修華嚴奧旨妄盡還原觀顯一體門）

到了圓明清淨界便算到了慧境。這種正慧，即在於觀察心之本體，清淨圓明，與萬法相融又使萬法互融，心之本體，稱爲真如。

2. 十玄門

把三觀再詳細分析一下，便有華嚴的十玄門。十玄門乃十種觀法觀察萬法相融的境界，每一門爲一境界，一門一門地把圓融無礙的意義剖解出來。

十玄門的名稱：一、同時具足相應門；二、一多相容不同門；三、諸法相即自在門；四、因陀羅網境界門；五、微細相容安立門；六、秘密隱顯俱成門；七、諸藏純雜具德門；八、十世隔法異成門；九、唯心迴轉善成門；十、託事顯法生解門。這十玄是《華嚴經》所立的。後來賢首和尚把十玄的名稱稍加更改，稱爲新十玄。新十玄所改的，是把第七玄門，改爲廣狹自在無礙門，把第九玄門，改爲主伴圓明具德門。

一、同時具足相應門：同時是說三世同時，沒有先後；具足是說彼此相包，無所遺漏；相應是說彼此相關，沒有障礙。同時具足相應門，以三世十方的萬法，同時相包相融。

二、一多相容不同門：謂一法跟多法雖相分別，彼此不同，然能互相融合，例如室中懸掛的幾盞燈，一燈的光融合其餘的光中，又如室中立著好幾面鏡子，一面鏡子的像，再照在其餘的鏡子裏，同時在一面鏡子裡，也有其餘鏡子的像。

三、諸法相即自在門：較比第二門更進一步，這一門說，諸法相即，一是多，多是一，萬法相同，例如乳和水相融，乳是水，水是乳。

四、因陀羅網境界門：陀羅網梵語，謂天帝殿的珠網，珠網有千萬明珠，每一明珠，有一天帝殿，明珠中的天帝殿，又有一珠網，這顆珠內的天網，又有每一珠內的天帝殿。這樣輾轉相重，再沒有窮盡，所以華嚴宗說一毛孔裏，有無量佛剎。

五、細微相容安定門：謂萬法雖相容相即，一爲多，多爲一，但是萬法各保自相，並不毀滅。

六、秘密隱顯俱成門：在萬法相融相即時，常有一法爲主，其餘諸法跟它相融相即；或是萬法爲主，這一法跟它相融相即，主在爲顯，相融相即者爲隱，隱顯互相俱成。

七、諸藏純雜具德門：在萬法相即相融時，主者爲純，相即相融者爲雜。例如一法融於萬法，一爲純，萬爲雜。萬法融於一法時，萬爲純，一爲雜。然都具有萬法的德性。

八、十世隔法異成門：十世謂過去，現在未來三世，每世再有過去現在未來三世，合爲九世，九世合爲一念，於是有十世。十世各法，雖爲異世，然可成於一念中，故稱十世隔法異成門。

九、唯心迴轉善成門：世間萬法都由一心所轉，這心稱爲如來藏真如。

十、托事顯法生解門：萬法不但在理法界相融相即，就是在事法界也是互爲緣起，一事爲他一事之緣，在一事中便可顯他事，故稱爲託事顯法生解門。（黃懺華 佛教各宗大意 卷下 頁三三—三五）

這十玄門所說的總括起來，即是萬法唯心。心爲真如，在真如裏萬法相融，圓明無礙。

華嚴宗大師法藏拿金師子作例解釋十玄說：

「一、金與師子，同時成立，圓滿具足；名同時具足相應門。二、若師子眼收師子盡，則一切純是眼，若耳收師子盡則一切純是耳。諸根同時相收，悉皆具足，則一一皆雜，一一皆純，為圓滿藏；名諸藏純雜具德門。三、金與師子，相容成立一多無礙，於中理事，各各不同，或一或多，各住各位；名一多相容不同門。四、師子諸根，一一毛頭皆以金收師子盡，一一徹徧師子眼，眼即耳，耳即鼻，鼻即舌，舌即身。自在成立，無障無礙，名諸法相即自在門。五、若看師子，唯師子無金，即師子顯金隱，若看金，即金顯師子隱。若兩處看，俱隱俱顯，隱則秘密，顯則顯著，名秘密隱顯俱成門。六、金與師子或隱或顯或一或多，定純定雜，有力無力，即此即彼，主伴交輝，理事齊現，皆悉相容，不礙安立微細成辨，名微細相容安立門。七、師子眼耳與節一一毛處，各有金師子，一一毛處師子，同時頓入一毛孔中，一一毛中皆有無邊師子，又復一一毛帶此無邊師子，還入一毛孔中，如是重重無盡，猶天帝網珠；名因陀羅網境界門。八、說此師子，以表無明；語其金體具彰其性；理事合論，次阿賴識，令生正解，名託事顯法生解門。九、師子是有為之法，念念生滅，剎那之間，分為三際謂過去現在未來。此三際，各有過去現在未來，總有三三之位，以立九世，即束為一段。法門雖則九世各各有隔，相由成立，融通無礙，同為一念；名十世隔法異成門。十、金與師子，或隱或顯，或一或多，各無自性，由心迴轉，說事說理，有成有立；名唯心迴轉善成門。」（大藏經　金師子章）

十玄門的特點，不是在萬法唯心。佛教的宗派，大多數都是主張這一點的。華嚴十玄的特點，在於萬法相融，一即一切，一切即一。「現象世界中，每一事物皆是真心全體所現，真心包羅一切事物，故現象世界中每一事物，亦包羅一切事物。此一事物，不但包羅一切事物，並且將每一事物所包羅之一切事物，亦包羅之。彼每一事物中，所包羅之一切事物，亦各各包羅一切事物。所謂一一毛孔中，皆有無邊師子，又復一一毛，帶此無邊師子，還入一

毛孔中。」（馮友蘭 中國哲學史 卷下 頁七四五）

毛孔的說法並不起從法藏金師子，《華嚴經》裏面，已經就說毛孔，一毛孔中有無量數佛刹，無量數佛刹又互相入。

「一一毛孔中無量諸佛刹，菩薩摩訶薩，一切皆悉見。穢濁或清淨，種種妙莊嚴，隨彼諸行業，皆悉分別知。一一微塵中，一切諸佛刹。諸佛及菩薩，佛子皆悉見，諸刹不積聚，不亂不迫迮，一切入一刹，而亦無所入。十入諸國土，虛空法界等，能於一毛孔，是足分別知。普見十方界，一切諸最勝，微妙淨莊嚴，一切諸佛刹，一切諸如來，及彼嚴淨國。於一毛孔中，慧者皆悉見。三世差別相，一一諸法界，時節歲相續，分別得解脫。如是眞佛子，具足無所畏，是名人中雄，明達智慧者。」（大藏經 大方廣佛華嚴經 卷第九 佛陀跋陀羅譯）

毛孔有時說爲微塵，都是代表極細微的東西。明達智慧者，知道在一微塵或毛孔般的小東西裏，看到天下的一切東西。一切東西都是真心所現，都等於真如，所以彼此互相等，互相包容。

3. 眞心

華嚴宗和天台宗爲中國佛教思想的代表。印度佛教思想重在一空字，以萬法皆空。中國佛教在空字上，加一實字。萬法皆空，空中而有一實，實即爲心。但這個實，不是小乘所謂的事法界的實，也不是唯識所謂純粹主觀的實，這眞心的實有，超出有無之上。有無是對待名詞，眞心則爲絕對的。眞心爲人的心，然而並不因爲是人心，所以能包容萬物，乃是因爲心是超過一切人心的眞如；因此爲有，因此包容萬物。人心即是人性，人性即是佛性。佛性常存不滅。佛性只有一個，萬法的眞如也只有一個，人們的心，也共同只有一個，這一個心便是眞心。天下的萬法爲空，但有一個實有，這個實有就是眞心。不單是人有佛性，萬物也都有佛性。即是說，人的本體是實有，萬物的本體也是實有；因爲人和萬物的本體，同是一個眞如，眞如即是眞心。因此心能包容萬物，萬物互相融合。

法藏爲解釋這層理論，拿金師子作譬喻。他以金師子的金爲本體，師子只是金的現相，現相稱爲色相，色相爲空。金爲本體，常存不滅。所以他在《金師子章》十門裏有辨色空，顯無相，說無生等門。

「謂師子相虛，唯是眞金。師子不有，金體不無，故名色空，又復空無自相，約色以明。不礙幻有，名為色空。」

「謂以金收師子盡，金外更無師子相可得，故名無相。」

「謂正見師子生時，但是金生，金外更無一切。師子雖有生滅，金體本無增減，故曰無生。」（大藏經 金師子章）

金體爲眞心，爲眞如，爲佛性；師子爲萬法。萬法爲色空，爲無相，有生滅。眞心則無增減，常存不壞。

馮友蘭說：「觀以上所述，則可知法藏立一常恆不變之眞心，爲一切現相之根本。其說爲一客觀的唯心論，比於主觀的唯心論，客觀的唯心論爲近於實在論，因依此說，客觀的世界，可離主觀而存在也。且客觀的世界中，每一事物皆是眞心全體之所現，則其爲眞，較常識之所以爲眞者，似又過之。玄奘與法藏所說「圓成實性」之意義，各不相同，已如上述。就此點觀之，亦可見法藏所說之空，不如玄奘所說之空空也。又依法藏所說「事」，亦係當然應有者，此亦係中國人之思想傾向也。」（馮友蘭 中國哲學史 下冊 頁七四九）

所謂客觀的唯心論，在名詞方面本有語病，既是唯心，就沒有客觀。不過在找不到另一個相當的名詞時，用用也不妨。華嚴宗以萬法唯心，這一點跟唯識宗相同。但是華嚴的心，爲一真心，爲一實有體。這個實有體，爲萬法的本體。可是萬法不能明心見性，只有人能夠知道自己的本體。知道自己的本體，即是慧，也就是成佛。

既然萬法有本體，和色相兩方面，慧者觀看萬法時，也就有兩種看法。從色相方面去看，萬法爲空，從本體方面去看，萬法非空。於是空與非空，相隔而不相反，乃得所謂圓教。

「菩薩摩訶薩，悉知諸法無有名字，知一切法悉無有性，知一切法無來無去，知一切法無異，知一切法無別異，知一切法不二非不二，知一切法無我，知一切法無比，知一切法不生，知一切法不滅，知一切法無所從生，去生所生，知一切法無壞，知一切法不實，知一切法非不實，知一切法一相無相，知一切法非有，知一切法非無，知一切法非法，知一切法非非法，知一切法非語言，知一切法非非語言，知一切法非業，知一切法非非業，知一切法非報，知一切法非無報，知一切法非作，知一切法非不作；知一切法非第一義，知一切法非出，知一切法非不出，知一切法非量，知一切法非無量，知一切法非世間，知一切法不離世間，知一切法非因生，知一切法非無因生，知一切法非定色，知一切法非不定色，知一切法不具足色，知一切法非不具足色，知一切法不生不死，知一切法非不生不死，知一切法非虛妄，知一切法非不虛妄，知一切法非方便，非不方便，菩薩摩訶薩，知如是諸法，故不著世諦。」（大藏經 大方廣佛華嚴經 卷二十八）

《華嚴經》這一段文字，本來就不大容易解釋；但有了法藏的〈金師子章〉便好明白了。

二、天台宗止觀

1. 止　觀

華嚴經講真心，講萬法相融；天台宗講真如，講萬法互攝，兩宗都以人心為根據，以心為實有；但兩宗所宗的經典不同，華嚴宗宗《華嚴經》，天台宗宗《妙法蓮華經》；所以天台宗較比華嚴宗更爲深入，更爲徹底。

天台宗的大師爲智顗，他以止觀爲求慧。智顗著有《摩訶止觀》；但爲研究天台止觀，則以慧思和尚著的《大乘止觀法門》爲最方便。

甚麼叫做止觀？

「所言止者，謂知一切諸法，從本已來，性自非有，不生不滅；但以虛妄因緣故，非有而有。然彼有法，有即非有，唯是一心無分別。作是觀者，能令妄心不流，故名為止。所言觀者，雖知本不生今不滅，而以心性緣起不無虛妄也用，猶如幻夢非有而有故名為觀。」（大藏經　大乘止觀法門　卷一）

單看上面止觀的意義，則天台所說，跟小乘大乘各宗所說沒有另外高明處。天台宗的高明處，則在心字的解釋，天台說一切法爲心所起；心是甚麼呢？心是眞如。

「問曰：（此心）云何名為眞如？答曰：一切諸法依此心有，以為體，望於諸法，法悉虛妄，有即非有，對此虛偽法，故目之為眞，又復諸法，雖實非有，但以虛妄因緣而有生滅之相；然彼諸法生時，此心不生，諸法滅時，此心不滅；不生故不增，不滅故不滅；以不生不滅，不增不滅，故名之為眞。三世諸佛及以眾生，同此一淨心為體，凡聖諸法，自有差別異相，而此眞心無異無相，故名之為如。又眞如者以一切法，眞實如是，唯是一心，故各此一心，以為眞如。（大乘止觀法門　卷一）

這個眞如也就是眾生佛性；所以也名爲佛性。

「問曰：云何名此心以為佛性？答曰：佛名為覺，性名為心。如此淨心之體，非是不覺。故說為覺心也。問曰：云何知此心非是不覺？答曰：不覺是無名住地。若此淨心是無明者，眾生成佛，無明滅時，應無其心。何以故？以心為無明故，既是無明自滅，淨心自在，故名淨心，非是不覺。」（同上）

一切萬法，由於虛妄因緣，依著人心而起，人心則爲不死不滅的眞如，而且有覺性。人能以心的覺性，觀心的本體，所謂自證眞如，便得止慧。

「念即自息，名證眞如。並無異法作證。但如息波止水，名此眞如為大寂靜止門。」（大乘止觀法門 卷三）

「寂靜名止」這是智顗的學說。止觀是在能除滅心中的妄念，自己只觀真如。

「天台傳南岳（南岳，南岳禪，即慧思）三種止觀：一漸次，二不定，三圓頓，大乘。……法性寂然名止，寂而常照名觀，雖言初二，無二無別，是名圓頓止觀……今依經更名圓頓，如了達甚深。妙德賢首曰：菩薩生死最初發心時，一向求菩提，堅固不可動。彼一念功德深廣無崖際，初來分別窮劫，不能盡，此菩薩聞圓法，起圓信，立圓行，住圓位，以圓功德而自莊嚴。以圓力用建立眾生。云何聞圓法？聞，生死即法身，煩惱即般若，法業即解脫……聞一切法亦如是，皆具佛性，無所滅少；是名聞圓法。云何圓信？信一切法即空即假即中，無一二三而一二三，無一二三是遮一二三，而一二三是照一二三。無遮無照，皆究竟法淨自在，聞深不怖，聞廣不疑，聞非深非廣意而有勇，是名圓信。

云何圓行？一向專求無上菩提，即邊而中不餘趣向，三諦圓修，不為無邊所寂，有邊所動。不動不寂，直入中道，是名圓行。云何入圓位？入初住時一位一切位，一切究竟，一切法淨，一切自在，是名圓位。云何圓自在莊嚴？……祇於一根一塵，即入即出，即雙入出，即不入出，於正報中，一一自在，於依報中亦如是；是名圓自在莊嚴。……云何圓建立眾生？或放一光能令眾生得即空即假即中益。……而令獲種種益，得種種用；是名圓力用建立眾生。」（大藏經 智顗 摩訶止觀 卷一上）

這一段話，是說止觀在各方面的表現；但是話中常說的，則是空假中三諦。這三諦可以說是止觀的實行。

止觀能夠實行，便可以三無性除三有性。三性乃唯識宗所講，天台宗也用著。三有性爲計所執性，依他起性，圓成實性。三無性爲相無性，生無性，性無性。人的知識，依他緣因而起；人卻妄執這種智識爲有，於是有世間萬法，破除這種妄識，顯明智識的真性，便是圓成實性。唯識宗的圓成實性爲識的空性，天台宗則以爲真如。從真如方面去解釋三無性，萬法雖無相，無生，無性；但都融於其真如裏，便空而不空了。

「當知觀門，即能成立三性，緣起為有；止門，即能除滅三性，入三無性。入三無性者，除分別性，入無相性；除依他性，入無生性；除眞實性，入無性性，……譬如手巾本來無兔；眞實性法，亦復如是；唯一淨心，自性離相也。加以幻力，巾是兔現；依他性法，亦復如是，妄熏眞性，現六道相也。遇小無知，謂兔為實；分別性法，亦復如是，意識迷妄，執虛為實，是故經言，一切法如幻。比喻三性觀門也。若知此兔依巾似有，惟虛無實；無相性智，亦須如是；能知諸法，依心似有，唯是虛狀，無實相性也。若知虛兔之當，惟是手巾，巾上之兔，有即非有，本來不生；無生性智，亦復如是。能知虛相，惟是眞心，心所現相，有即非有，自性無生也。若知手巾，本來是有，不將無兔，以為手巾；無性相智亦復如是。能知淨心，本性自有，不以二性之無，為眞實性。此即喻三無性止門也。」（大乘止觀法門　卷三）

三無性的性無性，或無性性，相等於圓融中諦，乃是止觀的最終點。

2. 圓融三諦

天台宗分佛教的觀法爲三級，第一級爲空觀，第二級爲假觀，第三級爲中觀。就三觀的分法，然後設三諦：真諦，俗諦，中諦。

空觀，以萬法爲空，稱爲真諦。佛教所說的真理，即在於以萬法都屬虛有。可是凡夫以萬法實有，因爲他們拿八識所轉變的萬法爲實，這種實有乃是假有；所以稱爲假觀，稱爲俗諦。破除假有便是空；然而空仍舊叫人傾於一面，那麼便該破除空而有中觀。以空而不空，不空而空，以萬法爲真如妙體所現，萬法相融，便是中道圓融。

圓融中諦爲融和空與假。「一切之現象，自一方面見之則爲平等；自一方面見之則有差別。平等曰空，自其差別之處見之，則曰假。假即差別的存在條件，此存在之意，非實有實在之意，乃假有假在之謂也。此空與假，在萬有之二面，畢竟不離；言空言假，所觀不同；言空，則所謂假者即含於裡面；言假則假之外，別無所謂空。空即假，假即空；不可偏於空，不可偏於假，名之曰中道。中道即中之謂。所謂但中非天台圓教之中道，空之外，假之外別無中道。空也假也中也畢竟爲一體。三即一，一即三，呼之曰三體圓融。」（蔣維喬中國佛教史 中冊 頁十五）可是所以然使平等和差別，同爲一體的兩面，則不是僅僅以中道觀之，就可成功。假使若是物體爲真空，既都是空，當然是平等，在空之上，而有各種差別，差別也是空，差別與平等既同是空，本可相融，但是這種相融，本身也是空，不足成爲中道。所以天台的中道，是假定萬法的本體爲一，一又爲實，於是所謂空與假，所謂平等與差別，都能相融於本體，萬法的本體即爲真如。

因爲萬法的本體爲真如，天台宗乃有所謂一念三千。一念三千之說，談起來頗煩雜。天台分萬法爲十界：地獄、餓鬼、畜生、修羅、人、天、耳聞、緣觀、菩薩、佛。十界中，每一界含有其他九界之法性；因爲各界之法，都含有真如，於是十界遂爲百界。百界的每一界又含有十如，十如即爲如是相、如是性、如是體、如是力、如是作、如是因、如是緣、如是果、如是教、如是本末究竟。那麼百界便變成了千界，千界又分爲，非情世界的國土世間，有情世界的眾生世間，心界的五蘊世界，因此千界又成了三千界，三千界都是真如，真如即人心，人心一念乃真如的一念，因此一念就包攝三千世界。這種很複雜渺茫的講說，歸括來即是萬法互相攝，一念包攝萬法；因爲萬法同一真如。

關於萬法互攝，天台宗說的很明瞭：一毛孔中含有萬物，萬物有千萬毛孔。一毛孔不爲少，千萬毛孔不爲多。

「又復如舉一毛孔事，即攝一切世出世事。如舉一毛孔即攝一切事。舉其餘世間出世間中一切所有，隨一一事，亦復如是，即攝一切世出世間事。何以故？謂以一切世間出世間事，即以彼世間出世間性為體故。是故世間出世間性，體融相攝故。世間出世間事，亦即因融無礙也。……

沙門曰：『汝當閉目，憶想身上一小毛孔，即能見不？』外人憶想一小毛孔已，報曰：『我已了了見也。』沙門曰：『汝當閉目憶作一大城，廣數十里，即能見不？』外人想作城已，報曰：『我於心中了了見也。』沙門曰：『毛孔與城大小異不？』外人曰：『異』。沙門曰：『向者毛孔與城但是心作不？』外人曰：『是心作。』沙門曰：『汝心有大小否？』外人曰：『心無形象焉可見有大小？』沙門曰：『汝想作毛孔時，為減小汝心作，為全用一心作耶？』外人曰：『心無形段，焉可減小許用之？是故我全用一念想作毛孔也。』沙門曰：『汝想作大城時，為只用自家一念作，為更別得他人心神共作耶？』外人曰：『唯用自心作城更無他人心也。』沙門曰：『然作一全心體，唯作一毛孔，復全體能作大城。心既是一無大小，故毛孔與城：俱全用一心為體。當知毛孔與城，體融平等也。』以是義故，舉小收大，無大而非小；舉大攝小，無小而非大，無小而非大，故大入小而不減；無大而非小，故小容大而不增。……若以心體平等之義

望彼，即大小之相本來非有，不生不滅，唯一眞心也。」（大乘止觀法門卷二）

毛孔不比一城小，城不比毛孔大，而且毛孔可攝一城，一城可入毛孔；因爲毛孔和城，都是一心所想的，若僅照這樣說，則爲絕對唯心論。但天台宗以心爲真，真心即真如。那麼說：「毛孔與城俱全用一心爲體」；即全用真如爲體，真如平等，因此萬法平等。

「問曰：如來之藏（真心）具如是等無量法性之時，為有差別，為無差別？答曰：藏體平等，實無差別，即是空如來藏；然此藏體，復有不可思議用，故具足一切法性，有其差別，即是不空如來藏。此蓋無差別之差別也。……是故如來之藏，全體是一眾生一毛孔性，全體是一眾生一切毛孔性……是舉一眾生一毛孔性，即攝一切眾生所有世間法性，及攝一切諸佛所有出世間性。」（大乘止觀法門 卷二）

世間與出世間的萬法，都能相入，相攝，互相平等，沒有差別；天台宗也就說一念可以攝三世，這種說法跟一念三千理論相同。

「問曰：我今一念即與三世等耶？所見一塵即共十方界乎？答曰：非但一念與三世等，初可一亦即是十方塵界。何以世，以一切法唯一心故，是以別無自別，別是一心，心具眾用，一心是別，常同常異法界法耳。」（大乘止觀法門 卷二）

一念，爲真心爲萬法，萬法所以等於一念。這一點，從唯心論方面也可以解釋；可是一塵相等於十方世界的萬法，這就該從客觀的真如才可解釋。——萬法都是真如，微塵也是真如；真如只有一個，那麼萬法的本體都是同一的，微塵便等於十方世界的萬法了。

3. 眞 如

華嚴宗講真心，講真如，天台宗亦講真心講真如。華嚴宗的真如近於唯心論，天台宗的真如則近於實在論。「華嚴宗認爲一一事物皆是真心全體所現。大乘止觀法門亦如此說；且又謂每一事物所以有者，皆因如來藏中，已具有其性。如來藏中具足一切法之性；而一切法之性，一一皆是如來藏全體，常恆如此，不可變改。由是言及，則每一事物較華嚴宗所說尤爲實在。蓋關於空有之問題，大乘止觀法門可謂極力持有者矣。」（馮友蘭 中國哲學史 下冊 頁七六九）

真如究竟爲客觀實體呢？天台宗說的也不很明顯。《大乘止觀法門》曾以手巾繡有兔子作譬喻說：「手巾本來有，不將無兔以無手巾。」（卷二）手巾代表物的本性，兔子代表色相；萬物的色相都是虛空，本性則是有，本性常有，色相可生可滅。照這樣說，真如既是物的本性，真如則爲常存物體。但是萬物的生滅，都在於一心，真如所以是人心。拿人心作唯一的實體，這個實體的客觀性，就不大明瞭了。

這一點就是中國佛教跟印度佛教不相同的一點。印度佛教主張唯心，以萬法真空，中國人的傾向，不適於主張唯心，華嚴天台乃主張心爲實有，稱爲真如。

真如的實有，按天台宗的中論，應該是一種超過有無的有；因爲說「有」，就是無的對待名詞，「有」便成了相對的。天台以爲真如沒有有無，也沒有空不空，真如超出有無，空與不空以上，爲一個絕對的實有，我們可以把真如去比老子的道，道駕在有無以上，不能說爲有，寧可說爲無，所以真如也更好說爲空，可是真如的空，卻具有萬法的法性；萬法所以成，都因著真如所俱的法性而成。所以說真如無差別中有差別，真如的空便不空了。

「眞心能與一切凡聖為體，心體具一切法性，如即時世間出世間事得成之者，皆由心性，有此道理也，若無道理終不可成。」（大乘止觀門 卷二）

既說是心，心則在我以內。那麼真如便又成主觀的了。但天台宗以萬法都有真如，唯獨人心能覺，因此說真如即是人心，那麼真如爲人心，跟真如爲萬法的法性一樣，真如有客觀的實體性。然而真如的客觀實體性，在萬法裡不能表現，因爲萬法不覺，常是生滅無常。即是在凡夫俗人裡，真如的實體性也不能現，凡夫俗人輪迴生死。只有得有正覺的人，自己的真如才現，因此能夠不輪迴不生死了。從這裡乃可看出天台宗所以以主觀的人心爲真如，即是因爲客觀的真如在主觀的真心裡纔可表現。所以真心即是真如了。

三、心的哲學

1. 心——自覺意識

在佛教的哲學中，無論天台宗、華嚴宗或禪宗，都是以「心」爲中心思想，脫開心就沒有佛學可以講了。

心在佛教唯識論裡爲第六識稱爲意識。但是佛教也以第八識阿賴耶識稱爲心識。《佛學大辭典》解釋心字引《唯識論三》曰：「雜染清淨，諸法種子之所集起，故名爲心。……彼心即是此第八識。」又引《唯識述記三末》曰：「梵云質多，此云心也。……集起義是心義。以能集生多種子故或能熏種。此識中既積果已後起諸法，故說此心名爲心。」

心在佛教哲學的重要位置，不像在儒家哲學裡是神明之舍，一身之主宰，乃是因爲心能生萬法，因此說萬法惟心。

心的本體爲空、爲虛，所謂空虛，不是消極的無，而是積極的無，即是沒有萬法的分別相，有萬法的真性，真性是如如。一切相同，一心即一切。

心的空，具有六種特性：絕對性、太虛性、靈覺性、主體性、自由性、能造性。這六種特性，表示心的本體雖然是空，實際上則是虛靈自由，能夠認識萬法，在認識萬法時，心造萬法，心便是絕等的實有，包括一切萬法，與萬法平等。（中國佛教史論集　第一冊　李世傑　中國大乘佛教哲學的精要　頁八七—八九）

心在認識時，是心之一念，用現代哲學方法來講佛教哲學的人，稱這個一念爲自覺的意識。

心的本體爲真實的真如，原來是空是虛，對自己有一念時，便有自覺的意識。這種意識，是心的動作，就是我。我不是實有的，只是現前的幻相，是由於因緣的薰習和臨事和合的其他因緣而成的。自覺的意識絕對不是完全靜止的，意識的本體是靜的，意識則是動作。自覺意識的本體是空，意識便是非常自由的。自覺意識的本體是虛，意識則能創造萬法。

心的本體是真如，或稱中，或稱中心，或稱真心。真如永遠存在，永遠不滅。真如有了自覺的意識，便有萬法，便有生命。自覺的意識，週流不斷，繼續前進，生命便繼續不止。生命的繼續，是常在變化之中。變化萬千的生命，而能有統一的性相，這就是自覺意識。

2. 心之一念

心的動作，稱爲自覺意識；自覺意識乃是心之一念。在這一念中，不僅有自我，而且也有萬法。

心有自覺意識，便把精神立體和客體之物相合，主客相合，是把主體的精神，投映於外界，外界乃有物相，「所以十法界的各界，皆是一念心的現象。但是所謂生命、物力、心力等等存在，並不是另外有一個實體的東西，那只是對於實相的種種看法而已。我們進到不能反省的實相界之時，就會變成實相界之一部分。……一念之心，稍有所動，三千世界，即刻內在。這一念所動的地方，叫做無明，靠著修養的效果所現出的結果，叫做常樂我淨之佛。山的一念現出山的世界，河的一念現出河的世界，分別的一念現出各種分別的世界，……一念心裡面，具有全體性和特殊性。部分即是全體，全體即是部分。天台宗的一念三千論，有具足性，亦有擇一性，相即相入，異而不異，不異而異，結果形成了實相性的萬有。」（同上 頁四一—四二）

可是佛教不承認自己的哲學是唯心哲學，同時當然也否認佛教哲學是唯物哲學，佛教以自己的哲學是中道的哲學。佛教哲學不唯物論，因爲佛教以物質爲假，一切萬象，都是生住壞滅的因緣和合而成，都是種種假相，都是不存在的。佛教哲學也不是唯心論，因爲佛教以爲心也不存在，人的心是由於現行的薰習時時在變動，心也是空，也是假，心不能創造宇宙。

然而佛教怎麼解釋中道的哲學呢？佛教說心的體，本來是空是假，心的究竟，則是唯一實體真如的表現，真如的表現乃是心，心如大海，能印現萬物。萬象在心裡，互相融會。心起念時，像海中起風，海水生波，波浪互不相同，海水便生分別。心起念時，念中生物相，物相各不相同。互有差別；人便迷惘了。人心若能絕對靜明，只有自覺意識之一念，這一念和心不相分別，乃能印現萬象。因此心之一念，是空又是有，便是「空有一如」；是動又是靜，便是「動靜一如」；是別又是同，便是「如如本相」。

3. 一即一切，實相圓融

佛教的哲學不是唯物論，乃是唯心論。所謂唯心論不是相對的唯心論，而是絕對的唯心論。一切雖說由心所造，然而心的究竟乃是唯一實體真如。真如爲一絕對精神，心是絕對精神的自現，在自現時反映出宇宙萬象。宇宙不是真有，心也不是真有，真有只是唯一真如。

俗人以爲萬法爲有，佛教以爲萬法爲空。然而空，不過是佛教哲學的一諦。空諦之上有假諦，假諦教導人以萬法爲假。假諦之上再有中諦。中諦指點人以有空互融，真假互融，一即一切。萬法本是空是假，然而究竟又是有是真。

宇宙的萬象可以稱爲實相。萬象之能成爲實，在於人的主觀之心和物相合，主觀忘記了主觀，而成了客觀。主觀越能夠忘記了主觀，則愈能和更多的客觀物相相合。主觀的智情意，若常保存主觀的色彩 便不能有客觀的普遍性。人的偉大，就是在於他的智情意能夠有最客觀的普遍性。

心包智情意，智情意的作用，即是一念，一念是人的生命。生命繼續不停，通過宇宙的一切，反映宇宙的一切，而成爲普遍的生命，普遍的生命乃是精神，在精神內，一切圓融，物我相合，一即一切。

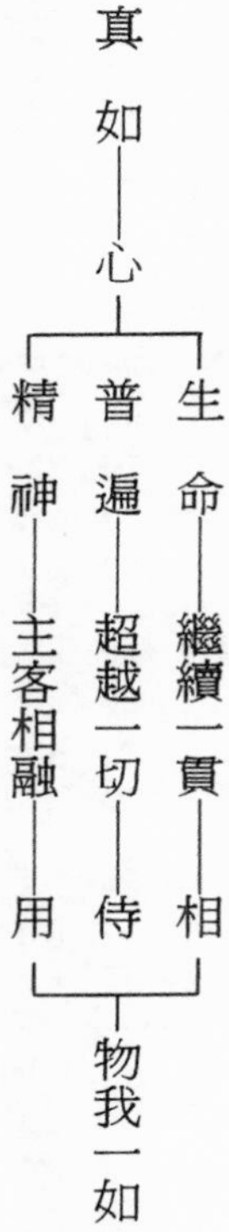

真如——心——生命——繼續一貫——相——物我一如
　　　　　　普遍——超越一切——待
　　　　　　精神——主客相融——用

一即一切，稱爲全體性，萬法平等，相入相攝。唯一的實體是真如，萬法是真如的幻象。萬法爲空爲假，真如爲有爲真。萬法的分別既是空是假，萬法的根本是真如，真如是唯一的，萬法的根本性便是同一的，無分別的。因此，一即一切，萬法平等。

在佛教各宗裡，「天台哲學的結論，是一念心的哲學。華嚴哲學的結論，也是一心的哲學。天台的一心是三諦圓融的一心。華嚴的一心是一即一切，一真法界的一心。前者是一實相的一心，後者是法界緣起的一心。雙方的說法，雖然不相同，究竟的一心是一樣的，都是從佛定中所表現出來的一心。這個一心，是物我一如，動靜一如，空有相即的一心。（同上 頁八五）

四、涅 槃

1. 涅槃的意義

佛教的最後目的，在於涅槃。人若得了正覺，得了正慧，即入涅槃。但因爲佛教的宗派很多，每派都教人入涅槃，那麼涅槃的意義，也就有許多種。慧遠和尚說：

「涅槃者乃是諸佛圓寂妙果。體窮眞性，義充法界。體窮眞性，故妙絕於名相，義充法界，故德備於塵算。塵算之德。難以定論，是以經中或云，一二乃至眾多，言其一者，統而攝之，一大涅槃，體含眾義，備苞萬物，或說為二，二有三門：一者有餘無餘相對說二，二性淨方便相對說二，三眞應不同相對說二。」（大藏經　慧遠　大乘義章　卷十八）

慧遠總括涅槃的意義，可以分成二種：第一種以涅槃爲一，稱爲大涅槃，第二種以涅槃分成兩個，兩兩相對，這種兩兩相對的涅槃，又分成三對，即是有餘涅槃和無餘涅槃。性淨涅槃和方便涅槃。真應涅槃和不同涅槃。

可是涅槃這句話，從字義上去解釋，有甚麼意義？涅槃或說泥洹，是梵語的譯音。意義翻爲滅。若照佛教各宗的推引，意義便多了。

「涅槃是其天竺人語，依段具名言為摩訶般涅槃。那摩訶名大。……若正相翻，名之為相滅，隨義停翻，名別種種，或言不生，或言不出，或謂無作，或謂無起，或稱寂滅，或云安穩，或名解脫，或示彼岸，如是種種，

悉如往說。」（大藏經 慧遠 大乘義章 卷十八）

「涅槃者亦名無生，亦名無出，亦名無作，亦名無為，亦名歸依，亦名窟宅，亦名解脫，亦名光明，亦名燈明，亦名彼岸，亦名無畏，亦名無退，亦名安處，亦名寂靜，亦名無相，亦名無二，亦名一行，亦名清涼，亦名無闇，亦名無礙，亦名無諍，亦名無濁，亦名廣大，亦名甘露，亦名吉祥。」（大藏經 延壽 宗鏡錄 卷十二）

可見涅槃的意義並不簡單。但是上面這一些名稱，都是涅槃的效果，傍伸出來的。涅槃的本身意義。則是人到了解脫苦惱斷滅輪迴的境界，所以說爲滅。

「云何得知，是滅非德？今此且以四義驗之。（一）如來昔於餘契經中每常宣說煩惱，滅無，身亡智喪，以為涅槃，今日涅槃，名不異昔，何忽是德？（二）據終以驗，如來垂滅，大音普告，今日如來，將欲涅槃。時諸生聞佛涅槃，咸皆悲惱，詣佛請住，若使涅槃名含萬德，是則宜唱萬德示人，眾生應喜，何故悲惱，詣佛請住？聞佛涅槃悲惱請住，明知涅槃是滅非德。（三）准定方言，外國之人，見人死滅，咸皆稱某甲涅槃，世人死滅，何德可總亦稱涅槃？世人死滅，名涅槃，故明知涅槃是滅非德。（四）取文為證，如涅槃經中佛嘆純陀善哉善哉，能知如來，示同術生，方便涅槃，世界眾生，何曾有彼萬德涅槃？如來示同此，說如來同世盡滅。名曰涅槃，明知涅槃是滅非德，又法華說：日月燈佛說法華竟，於後夜分入於涅槃。下文重頌佛此夜滅度，如薪盡火滅，長行之中云言涅槃，偈言滅度，明知涅槃是滅非德。」（大藏經 慧遠 大乘章義 卷十八）

所以涅槃的通常意義，稱爲滅度。人入涅槃，乃在人死的時候。死而稱爲滅，度到彼岸再不輪迴，乃稱滅度。

2. 性質

佛教各宗，雖都以滅度爲涅槃，但對於滅字的解釋，各宗不同，因此涅槃的性質，也就不同了。

對於涅槃的性質，可以用空有二字來作代表，佛教宗派裡有主張涅槃爲空者，有主張爲有者，有空之中，又有深淺的程度。

成實宗主張以滅諦爲涅槃。這一宗特別講述四諦，把滅諦作爲涅槃的境界，因爲人若能斷滅煩惱，即是入涅槃。人斷了煩惱，究竟怎樣，斷了煩惱，即斷了五陰。斷五陰即滅了自體。滅了自體，人便寂靜。再不輪迴，可是這種寂靜的境界，是空是有，當然是空，是長寂靜，這就等於死滅了。

但俱舍宗也特別注重以無我爲涅槃，這一宗主張，破物我二執，人能達到無我的境界，便入涅槃，這種涅槃，也是一種空的境界。

這些主張涅槃爲滅爲空，不含德性的，都是小乘。

三論宗的涅槃，介之於小乘大乘之間，可作爲小乘涅槃和大乘涅槃的聯絡線，《中論》裡以涅槃不斷亦不常，不生亦不滅，稱爲圓寂。

大乘從唯識宗起，就主張涅槃不是真空，涅槃雖爲滅，但具有德性。唯識宗以人能絕斷了有漏果，因著無漏果，便入涅槃，得有正覺。涅槃具有德性，稱爲常安樂。「常者，真涅槃無生無滅，性無變易，故說爲常。大菩提所依真如常故，又所化有情無盡期故，無斷無

盡，亦說爲常。安樂者，清淨法界，眾相寂靜。故各安樂。」（黃懺華 佛教各宗大意 上冊頁一一七）

唯識宗，又分涅槃爲四種：第一「本來自性清淨涅槃」；即是人本性的本來法性，清淨圓明。第二種「有餘依涅槃」；這種涅槃境界，沒有斷絕異熟果，尚不完全安定。第三種「無餘依涅槃」；即斷絕了各種煩惱，自證真如。第四種「無住處涅槃」；在這種涅槃境界的人，不以住涅槃爲足，常願有利眾生，大慈大悲。

上面慧遠所說的有餘、無餘、清淨、方便、真應不同，等種涅槃。都包括在唯識的四種涅槃裡。清淨涅槃，即本來性清淨涅槃。方便涅槃乃入涅槃後得有各種神通方便。真應涅槃，即顯真如自性的涅槃。不同涅槃，即由分別智所證而知各理不同的涅槃。

唯識宗的原理，在於萬物唯識，那麼涅槃也不能出於識。第八識的種子，俱爲無漏，於是轉識成智，入「究竟住」。即說是達到最後的境界，明知自身的佛身，入於涅槃。佛身即人心的法性，本來清淨。轉識成智，乃可自見。

不過唯識宗盡在識上轉，完全主張唯心，所談的真如，也不過是識所現的。因此唯識宗的涅槃。不能是一客觀的境界，只是心識對佛身所造的一種境界。

華嚴宗、天台宗都研究《大涅槃經》，二宗後來雖似超過涅槃而講觀法。然大涅槃的思想，則融合在二宗的思想以內。

《大涅槃經》以涅槃爲「常樂我淨」，乃佛性或真如的自證，不是一種空虛的境界。

3. 常樂我淨

佛教經典裡，對涅槃性質解釋較詳細，要推《大涅槃經》，而且也較爲確當。別的經典裡多把涅槃說爲空不空，說爲有不有。慧遠曾說：

「涅槃體性，其理定爾。有人宣說，一苦滅諦，顯成涅槃，若滅唯空，顯此空理，以成涅槃。是故涅槃，一向唯向，無色無心，此外道空，不應受持。……勝鬘說：一苦滅諦，是如來佛，如來藏是過一切恆沙佛法，名不空藏，何得唯空？若言涅槃，一向空者，經說涅槃，常樂我淨，眞實善有，那得言空？……有人復言，如來藏性色心是體，都無空義，復言空者，無相名空，藏性既爾，顯成涅槃，涅槃唯有，一向不空，說言空者，空無萬相，不空涅槃，此亦是外道云有，不應受之。……若言涅槃，實有不空，是義不然，如經中說，涅槃非有，隨世說有，涅槃非有，云何不空？又地經說：自體本空，名為性淨，同相涅槃，云何不空？又經中說：菩提涅槃，一切皆空云何實有？」（大藏經 大乘義章 卷十八）

說是空也不成說是有也不成，涅槃到底怎樣？《大涅槃經》以涅槃爲有。不過所謂有又含有空，我們慢慢地來看一看。

第一、涅槃即是佛性的自證。或稱爲自證真如，眾生都有佛性，不過人性中有淨濁二性，濁性常蒙蔽佛性，淨性則顯佛性，人心能顯明佛性，便是入涅槃。

「佛言，善男子，我所宣說涅槃因者，所謂佛性，佛性之性，不生涅槃；是故我言，涅槃無因，能破煩惱，故名大果，不從道生，故名無果，是故涅槃無因無果。」（大藏經 大涅槃經 卷二十九 曇無識譯）

涅槃不由佛性而生，因爲涅槃即是佛性，佛性不由別的因緣而生，也不再生別種緣果。因此涅槃無因無果，佛性是甚麼？佛性即眾生的本性，即是真如，即唯一的絕對實體。

第二、涅槃爲常，普通既以滅度爲涅槃，有滅則不常，那麼涅槃怎麼稱爲常？涅槃爲常，就因爲有滅，滅而後常，所謂滅是滅煩惱滅五陰，所謂有者，是法身常存，法身即佛性，法身佛性要滅了五陰纔能顯；因爲有五陰，則有輪迴，有輪迴即有生滅，便是不常，滅了五陰法身乃常住。

「如佛所言滅諸煩惱，名為涅槃，猶如火滅，悉無所有，滅諸煩惱，亦復如是，名涅槃法。云何如來為常住法，不變易耶？如佛言曰：離諸有者，乃名涅槃，是涅槃中無有諸有，云何如來為常住法不變易耶？如衣壞盡，不名為物，涅槃亦爾，滅諸煩惱，不名為物。云何如來為常住法不變易耶？離欲寂滅，名曰涅槃，如人斬首，則無有首，離欲寂滅，亦復如是。空無所有，故名涅槃。云何如來為常住法不變易耶？……葉迦若有人作是難者，名為邪難。……譬如男女燃燈之時，燈爐大小，悉滿中油，隨有油在，其明猶存。若油盡已，明亦俱盡，其明滅者，喻煩惱滅，明雖滅盡，燈爐猶存，如來亦爾。煩惱雖滅，法身常存。」（大藏經 大般涅槃經 卷四）

煩惱可斷，五陰可滅，法身則常存。釋迦佛的法身，稱爲如來真身，也稱爲金剛身，因爲身跟金剛一樣，永不毀壞，普通一切衆生，亦有這種金剛法身，法身便是涅槃的本體。

「（佛言）迦葉，諸善男子常當修此二字，佛是「常住」。三若有修，有如是二字為滅相者，當知如來則於其人為般涅槃。善男子，涅槃義者即諸佛之法性也。……爾時世尊告迦葉，善男子：如來身者是常住身不可壞，金剛之身。非雜食身，即是法身。」（大般涅槃經 卷三）

人能悟到自己的法身，便入涅槃。那時一切色相都盡，乃見真真的自我。自我即是法身，即是真如。

第三、人入涅槃，乃知真我。我字在佛教裡，若用之於通常的意義，指著我這個人稱，佛教說是一種我執，即是愚癡。「我」本來沒有，凡夫錯以「我」爲有。但若用之於眾生的自性，則爲實有，指的法身，即是如來藏。法身如來藏，在涅槃中完全顯明。

「佛言：善男子，我者即是如來藏義。一切眾生，悉有佛性，即是我義。如是我義，從本以來，常為無量煩惱所覆。是故眾生不能得見。……我今普示一切眾生所有佛性，為諸煩惱云所覆蔽，如彼貧人，有其金藏，不能得見。」（大般涅槃經 卷七）

佛教的最高意義便在這一點。佛教以眾生都有不滅的法性，但因爲人性無明，法性叫煩惱覆蔽，人便繼續輪迴。受盡苦痛。一天，這個人信了佛法，修行滅慾，覺悟了自己的法性，於是滅了外面的肉軀，僅存法性。法性乃是自我，所以稱爲法身，稱爲真如。人到這時，再不輪迴了，再不有妄念的擾亂，自靜自寂，他不知有物了，也不知有我，也不知有真如。因爲他自己同於真如。所以華嚴宗法藏的〈金師子章〉說是到了金銀師子都不見時，人便入涅槃。

「見師子與金，二相俱盡。煩惱不生，好醜現前，心安如海，妄想都盡，無諸逼迫，出纏離障，永捨苦源，名入涅槃。」（大藏經 金師子章）

第四、涅槃爲一種境界，並不是一處樂地；但在這種境界裡，自我有樂。佛教在理論上，並沒有所謂天堂樂境，因爲佛教的解脫，乃是一種寂靜，在於人的忘我忘物。忘我忘物，則沒有意識，便不能享受快樂。涅槃所以只是一個人覺悟自我的法性真如，而自同於真如的境界，並不是一處天堂樂境。不過在真如明顯的境界裡，人乃斷了一切苦樂，超出苦樂的境界以上；因此便稱爲大樂。

「（佛言）復次善男子，有大樂，故名大涅槃，以四樂故，名大涅槃，何等為四？一者斷諸樂故，不斷樂，則名為苦，若有苦者，不名大樂。以斷樂故，則無有苦。無苦無樂，乃名大樂。涅槃之性，無苦無樂。……二者，大寂靜，故名大樂。涅槃之性，是大寂靜。何以故？遠離一切憒鬧法故，以大寂靜，故名大涅槃。三者，一切知故，名為大樂。非一切知，不名為大樂。諸佛如來一切知，故名為大樂。以大樂故，名大涅槃。四者，身不壞故，名大涅槃。身若可壞，則不名樂。如來之身，金剛無壞。非煩惱法無常之身，故名大樂。故名大涅槃。」（大般涅槃經 卷二十二）

所謂大樂在於超出苦樂以上，不覺得有樂，人入涅槃，知道了真知，乃有一切知；然而一切知就是無知，無知乃能超出苦樂，乃能遠離妄念煩惱，清靜自寂，然後再不輪迴而自存，這種境界，很有點像道家所說的合於道的境界，無知無樂，乃是大樂。

法性既顯，本來的清靜也具是顯明。法性本來是淨的；凡夫把這種淨性用煩惱濁污掩蔽了，人入涅槃，濁污完全洗去，法性的清淨乃顯，所以說涅槃是常樂我淨。

「(佛言)我者,即是佛義,常者是法身義,樂者是涅槃,淨者是法義。」

(大般涅槃經 卷二)

爲收束這一章,也可以說爲收束全部佛教思想,我們可以引用道朗和尚在大般涅槃經序文裡解釋常樂我淨的話。

「夫法性以至極為體,至極則歸於無變,所以生滅不能遷其常,生滅不能遷其常,故其常不動。非樂,不能虧其樂,故其樂無窮。或我生於謬想,非我起因假,因假存於名數。故至我越名數而非無,故能居自在之聖位,而非我不能變。非淨生於虛淨,故眞淨水鏡於萬法;水鏡於萬法,故非淨不能榆。」(大藏經 大般涅槃經序)

4. 佛土

這一段，乃是全文收束後的餘話，入涅槃以後的佛，本是寂靜了；但是佛們都有大慈大悲，不願常住涅槃，所以在得正覺時，馬上發大慈大悲，於是不入涅槃，而入佛土，爲能超度多數的聲聞緣覺的凡夫人等。佛土不是涅槃，而是成佛以後，入涅槃以前的樂土。佛在佛土裡，不受煩惱的擾亂，又保全自我的意識。這種佛土，在佛經裡，所有的講說很多，每部經所說不同。《華嚴》所說更是玄妙。所謂蓮華世界，光明莊嚴，變化無窮。天台宗則說四種佛土，即同居、方便、實報、寂光，四佛土。同居佛土，凡聖同居，不算真正的佛土，方便佛土，爲三乘求道的人所居，也是假名佛土，實報佛土，爲菩薩等所居。菩薩得道，高深不同，所居佛土也不是純淨的佛土，寂光佛土，纔是法身的佛土。寂靜光明。「諸佛如來所游居處真常究竟，極爲淨土。」——（黄懺華　佛教各宗大意　下冊　頁一一六）

民國四十年聖誕節晚全書脫稿

附錄一　墨家思想大綱

一、墨家的名學

《墨子》一冊書，在考據方面，問題很多。這是因爲墨學失傳，後代少有人研究這冊書；因此篇章失落者也有，字句在抄寫上錯誤者更多。於今書裡竟有好幾篇不能句讀。清代經學發達，《墨子》一書，纔得有人整理。畢沅作《墨子註》於前，孫詒讓作《墨子閒詁》於後。與畢沅同時的，有盧抱經、翁覃谿也研究《墨子》，與孫詒讓同時的，有俞樾，也曾考訂《墨子》。清朝學者，如汪中、王念孫等，也做有《墨子》考據的工作，故《墨子》一書，現在總算整理得有頭緒了。

研究墨學的人，都以現在尚不能完全句讀的幾篇，爲《墨子》一書裡最可靠的文章。這幾篇爲〈經〉上下，〈經說〉上下，〈大取〉〈小取〉；大家認爲可視爲墨子自己的作品。那麼這幾篇，便該爲墨學裡最重要的部分。然而這幾篇所講的，則爲名學，《晉書·魯勝傳》，載魯勝《墨辯註敘》就以這幾篇爲墨家辯說的根本。近代梁啓超和胡適也都闡說了墨家的名學。名學即是墨家治學的方法。

1. 知識

甲、種類

墨家分人的知識爲三類，《墨經》說：

「知：聞、說、親。」（經上）「知：傳受之，聞也；方不瘴，說也；身觀焉，親也。」（經說上）

人的知識，從知識的來路說，可以分爲三類。第一類爲聞知，聞知是由於聽人傳說而傳來的。第二類爲說知，說知是不爲所知事情的範圍所限制，而能推論出來的知識，故曰：方不瘴，《注疏》說不爲方土所阻。第三類是親知，親知是由人親自的經歷而得的知識。

但是這三類知識的分別，是從知識的來路去分類。若是從知識本身上去看，三類可以變成兩類；因爲第一類跟第三類併成一類，第二類則自成一類。所以《墨經》對於聞，就有這種解釋：

「聞：傳、親。」（經上）「或告之，傳也。身觀焉，親也。」（經說上）

「傳」與「親」兩種知識，屬於見聞之知；說知乃推論之知，則屬於心知了。墨家稱爲第一種知識爲知，第二種知識爲恕。

乙、知

「知，材也。」（經上）「知材：知也者，所以知也，而（不）必知，若明。」（經說上）

「知，接也。」（經上）「知，知也者，以其知過物而能貌之，若見。」（經說上）

上面兩條，《墨經》用來解釋見聞之知。第一、見聞之知，應該有官能，官能即是材。然有了官能不必就知道，因爲見聞之知，要官能與物相接，纔有知。所以，見聞之知，第

二、應該有「接」。接字的意思，「過物而能貌之」，即是人的知識官能，與物相接時，能夠有一個物像。例如眼睛看見一件東西，便有這件東西的形象。

人的知識官能，共有五個，《墨經》稱爲五路。

「知而不以五路，說在久。」（經下）

丙、

在五路以外，人另有一種較高的知識。即如上文所說：「知而不以五路，說在久。」〈經說〉解釋這句話：

「智以目見，而目以火見，而火不見，惟以五路智。久，不當以目見（火）。若以火見火，謂火熱也，非以火之熱。」（經說下）

這段文字，雖不容易懂，但他的意思是說，人的知識，若僅靠著感覺，如以目視火，則只能在感覺與物相接時有知識。在感覺沒有接觸外物時，則不能用感覺了，必定該用推理，譬如見火不是火，但覺得有熱，便也知道有火了。

這種推理之知，稱爲㣻，即是心知。《墨經》說：

「㣻，明也。」（經上）「㣻，㣻也者，以其知論物而其知之也。著若明。」（經說上）

㣻，爲心之知。心高於感覺，心靈敏，知道論說物之所以然。這種知識纔算人的真正知識。

「聞，耳之聰也。循所聞而得其意，心之察也。言，口之利也。執所言而意得見心之辯也。」（經上）

感覺止能得有一個物象，心則能知道物象的意義。而且又能以所知道的推到所不知道的，而得新知識。

「聞所不知若所知，則兩知之。」（經下）「聞，在外者，所不知也。或曰：『在室之色，若是其色』是所不智若所智也。猶白若（或）黑也，誰勝是？若其色也若白者，必白。今也智其色之若白也，故智其白也，夫名，以所明正所不智，不以所不智疑所明，若以尺度所不智長。」（經說下）

站在屋外的人，不知道屋子裡的人，顏色若何。有人說：屋裡的人的顏色。跟這個人一樣。於是可以從這個人的顏色，推知屋裡人的顏色。若是這個人是白色，屋裡的人也就該是白色了。這個知稱爲恕。

2. 名

甲、名

有了知識，然後有名。名是代表人的知識的。墨子說：

> 「名以舉實。」（小取）
>
> 「舉，擬實也。」（經上）「舉，告，以之名舉彼實也。」（經說上）

名詞是代表物的，所以說舉實。這個舉字又有擬的意思。擬是根據物的形象，再倣寫一番。即是說按照一個的觀念，取一個代表名詞。

墨家分名爲三類：曰達、類、私。

> 「名：達、類、私。」（經上）「名，物，達也。有實必待文多也。命之馬，類也。若實也者，必以是名也。命之臧，私也。是名也，止於是實也。」（經說上）

名詞有三類。第一類是達名。達名是一個最普通的名詞，譬如「物」字，有物性的實（對象）都可稱爲「物」。「馬」字則爲類名，這是名的第二類。類名則用於一切的同類物，若是馬，就必稱爲馬。「若實也者，必以是名也。」第三類名詞爲私名，私名，只能用於一個物體，「止於是實也」。譬如臧。臧是奴隸的名字，只能用於這個奴隸，不能用於另一個人。

積起名詞來，然後可以成句，句即是墨子所稱的辭。

乙、辭

「以辭抒意。」（小取）

抒意並不是積起一些不相連屬的名詞，乃是按一定規則，綴結名詞去達自己的思想，在抒意時，雖說辭是單句，其中也含有是或不是的意見。所以在辭裡便有同異。

甚麼是同？「同，異而俱於一也。」（經上）

甚麼是異？「二必異。」（經說上）

凡是兩件物體，就稱爲異。兩件以上，當然也是異。異而能俱合於一，則稱爲同。這樣在一句辭裡，主詞跟賓詞能夠俱合於一，則爲同；不然則仍爲異。

墨家分同異爲好幾種。《墨經》說：

「二名一實，重同也。不外於兼，體同也。俱處於室，合同也。有以同。類同也。二必異。二也，不連屬，不體也。不同所，不合也。不有同，不類也。」（經說上）

同有重同，體同，合同，類同。兩個名詞，同指一物體，稱爲重同。兩件物體，互相連屬，互相兼併，稱爲體同。兩件物體，同在一個空間以內，稱爲合同。兩件物體在本體上有相同之點，稱爲類同。

一句辭裡，主詞賓詞的同異，就按這種道理去定。

3. 辯

甲、辯

有了辭，然後就有辯。

「辯，爭彼也。辯勝，當也。」（經上）「辯，或謂之牛，或謂之非牛，是爭彼也。是不俱當。不俱當，必或不當。不當若犬。」（經說上）

每個人既能達意，達意時不能常常相同，於彼此相爭。相爭論，即是辯。一個人說這件東西是牛，一個人說不是牛。兩個人所說的不能都對，是牛決定不是牛。假使不是牛而是隻狗，當然不是牛了。

「辯也者，或謂之是，或謂之非。當者，勝也。」（經說下）

辯時，必定有是非兩端，互相爭執。說得適當於事實的人，則算勝了。

爲甚麼要辯呢？

「夫辯，將以明是非之分，審治亂之紀，明異同之處，察名實之理，處利害，決嫌疑焉。摹略萬物之然，論求群言之比，以名舉實，以辭抒意，以免

說出故；以類取，以類予；有諸己，不非諸人；無諸己，不求諸人。」（小取）

辯是以明是非，審治亂，明同異，察名實，處利害，決嫌疑。怎樣去辯呢？用名用辭，按物的類別去相比，然後說出其故。「故」是物的理由，是物的所以然。說出了物的所以然，爭辯就易白了。

乙、故的七法

辯論所該注意的是「故」。

「故，所得而後成也。」（經上）

「故」是一事的所以成的理由，辯論就在說明這個理由。爲說明一事的理由，有好些說法。說得對，就當；說得不好，就不當。所以爲辯論應該知道辯論法。

墨子以「法」爲法則。法是一種規度，照著這個規度去作，就是作事有法。

「法，所若而然也。」（經上）「意、規、員三也，俱可以為法。」（經說上）

按著一種模形去作，稱爲按法而作。辯論法，便是辯論時該守的法則。這種法則，能夠教人說理說得當。

《墨子・小取篇》講解辯論有七法。

「或也者，不盡也。假也者，今不然也。效也者，為之法也。所效者，所以為之法也。故中效，則是也；不中效，則非也，此效也。辟也者，舉也物而以明之也。侔也者，比辭而俱行也。援也者，曰：子然，我奚獨不可以然也，推也者，以其所不取之同於其所取者，予之也。是猶謂也者同也，吾豈謂也者異也。」

「或」，用「或」，爲指一切的物體，不盡是一樣，有的是，有的不是；所以說：「不盡也」。

「假」，用假，爲指一事能有，能不有，在眼前還不能決定。《墨子》說：「今不然也」。

「效」，《墨子》說：「所以爲法也。」梁啓超解爲「三段論式之格。」（梁啓超 墨學微 見飲冰室叢著 第一冊 商務 民五年版）胡適之解爲「演繹法的論證。」（胡適 中國哲學史大綱 上冊 頁二〇九）我以爲效該解爲論理上的原則。原則乃一種學理的定律，合於定律者爲是，不合者爲非。「故中效，則是也；不中效，則非也。」

「辟」，是作譬喻，拿較易知的物，去解釋難知的知。「舉也物而以明之也。」

「侔」，是互相比較，兩辭並行。故說「比辭而俱行也。」

「援」，是援例，在同樣情形下，能使用同一原則，故說：「子然，我奚獨不然。」西洋論理學裡還有類推（Analogy）也跟「援」同類。

「推」，是推論，以所知道的，推到所不知道的。墨子所說的話，很不好懂，大意則是：以其所不知的同於所知的，這便是推抽出的結論。既謂那個同於這個，當然不能說那個不同於這個了。

丙、辯證方式

在引用證據上，墨子定有三表法。

「言必有三表。何謂三表？……有本之者，有原之者，有用之者。於何本之？上本之於古者聖王之事。於何原之？下原察百姓耳目之實。於何用之？發以為刑政，觀其中國家人民之利。此謂言有三表也。」（非命上）

墨子爲證明一種主張對不對，從三方面去拿證據，第一、看是不是在古聖先王裡找到例子；第二、看合不合於日常民眾所有的經驗；第三、看是不是能夠有利於人民。《墨子》裡的非命、非攻、節用、兼愛、天志、明鬼各種主張，都用這種三表法去證明。因此《墨子》一書，說理很有頭緒，可是他的弱點，也就在三表法的不完全。

在辯證方式一面，墨子沒有舉出一定的方式，就書中所有的，可以概舉以下的幾種。

「故：小故，有之不必然，無之必不然，體也，若有端，大故，有之必然，無之必不然。若見之同見也。」（經說上）

理由裡面有所謂緣因，緣因有普遍的和部分的。普遍的緣因，可以包括一切；局部的緣因，則不能包括一切。例如說：沒有理智的則不能思想。這種故是大故，因爲一切沒有理智的物，都不能思想。若說：沒有腳不能走，則是小故，因爲不是一切沒有腳的物體就不能走；也不是一切有腳的物就可以走。

「彼正名者，彼，此，彼此可。彼彼止於彼，此此止於此，彼此不可。彼此止於彼此，若是而彼彼也，則彼亦宜此此也。」（經說下）

這是說，彼等於此，則彼此可以互換，「彼此可也」。若彼只等於這個彼，此只等於這個此，則彼此不能互換了。「彼此不可」。若是這個彼等於這個此，則這個彼此相互相換。「則彼亦且此此也」。墨子自己舉例曰：

「白馬，馬也；乘白馬，乘馬也。驪馬，馬也；乘驪馬，乘馬也。獲人也；愛獲，愛人也。臧人也；愛臧，愛人也。獲之親，人也；獲事其親，非事人也。其弟，美人也；愛弟，非愛美人也。車，木也，乘車，非乘木也。船，木也；乘船，非乘木也。盜，人也；多盜，非多人也。無盜

，非無人也。」（小取）

這一段舉例，本來都不能有結論，因爲有些例反對西洋論理學上八條公例的第三條。條文說：媒詞在兩前提中，最少必有一處爲普遍名詞。前面的例中，媒詞都是特殊名詞。有些例反對第一條公例，這公例說：三段論文由三個名詞組織而成，不能多，不能少。

「以牛有齒，馬有尾，說牛之為馬非馬也不可。」（經說下）

這一例也跟上面的例一樣，違反三詞命題之公例。

二、墨家的為利主義

1. 利爲人生的目的

儒家的思想，最重義利之分。儒家爲義不爲利。墨家則最重利。有利才有義，求義即在求利。墨家以人生的目的，在於求利。凡是人在各方面的生活，都是看著一個利字。所以梁啟超說：「利也者，墨子所不諱言也。非直不諱言，且旦夕稱說不去口，質而言之，則利之一字，實墨子學說全體之綱領也。」（梁啟超 墨子微 頁四八）

甲、人所求的在於利

墨子說人生性所求的，在於福祿，福祿乃是利，生性所惡的是禍。

「我為天之所欲，天亦為我所欲，我欲福祿而惡禍祟」（天志上）

乙、聖人爲政以求民利

「子墨子言曰：仁人之事者，必務求興天下之利，除天下之害。」（兼愛下）

這種主張跟儒家的主張也相同，興利除害，當然爲人君之事；不過墨子把利放在一切政務以上，這一點便跟儒家不同了。墨家所有的政治主張，如尙同、尙賢、非攻、節葬，以致兼愛、敬天、明鬼，都是爲求利。

2. 利的意義

墨家既以利爲中心思想，爲研究墨學，則對於利字的意義不能不多加注意。大家都知道墨子不是一個自私自利的人，也不是一個求物質享受的人；那麼他的爲利，必有不同於普通人的爲利。梁啓超以墨子的利在於利他。胡適之則以爲墨子的利等於用，用即是實用，實用即是力行，我想他們兩位所說的，都不能說透墨家的利字。

甲、利爲善

在西洋哲學裡利與善常兼用一個名詞（bonum, goood, bien）。人的意志所求的，常求一種能夠補自己不足的，真正能夠補我不足的，必是一種完善的事物。人之趨於惡，並不是求惡，而是以惡爲善而去求。所以人所求的都是有利於己的，而有利於己者，都是善的。因此利和善常兼用一個名詞，但是人求利時，若是實際上求著假善，這種利便另有一個名詞了，叫做私利。

墨子的利字與善字相通，真正有利於人的，纔爲善；確實能利於人的必是善。墨子說：

> 「義，利也。」（經上）「孝，利親也。」（經上）

義跟利互相通用，孝道解爲有利於親，可見墨子以利爲善了。墨子又說：

> 「利所得而喜也，害所得而惡也。」（經上）

這就跟西洋哲學所說，利是人的意志所求的。人所求的是爲補足自己的，因此所求的都是善。但是西洋哲學的利善相通的主張，是在於本體論方面。在倫理學一方面，則利害不能夠常通用了。因爲人有私慾的蒙蔽，不能常常辨別善惡，不是人所喜的，常是善，所惡的常是惡，善惡的分別另有倫理標準。墨子的善惡相通，卻特別注重在倫理方面，有利的則爲善，不利的便爲惡。在理論上說。人所求的在倫理方面也該是善。但是在實際，人因情慾的蒙蔽，所求的不常是善。儒家所以分義利爲二，西洋哲學也把善與利分成兩事。

乙、人的福祿謂之利

墨子以爲凡是真正稱爲善者，必能利民。墨子主張兼愛，因爲交相愛則能交相利。

「夫愛人者，人必從而愛之，利人者，人必從而利之。」（兼愛中）

這種交相利，在於彼此在生活上的互助。墨子主張天志，因爲尊重天志，則可得福，是以有利於民。

「今天下之君子中，實將欲遵道利民，本察仁義之本，天之意不可不愼也。」（天志中）

至於節葬、非攻、節用等主張，都在於求利於民，而所利者。都是求人民生活的享受。墨子的利，當然也包括人民的精神利益，不過他的精神利益，常視爲物質享受的工具。據墨子看來，人民沒有仁義道德。則不能有物質的財富。因爲人民沒有仁義，則彼此相爭，用財不得其道，那麼就不能有財富的享受。

但是墨子主張爲利，不是爲私，而且他最攻擊私利。他主張爲利，是在求天下的人都能有利，並且爲求天下的人能享福，寧願犧牲自己的福利。所以史書多說墨子突而不黔，席不暇暖，爲他人去奔走。梁啓超和胡適因此都稱墨子有宗教家的精神。

3. 利的根本

墨家主張以求利爲人生目的；那麼該怎樣去求利呢？《墨子》一書，除〈經〉與〈經說明。

說〉和〈大小取〉等篇以外，其餘各篇都是論求利之道。我們把各篇的大意理成系統，略加說明。

第一我們講墨家求利，以何者爲根本。墨子講學最講方法，最有層次。那麼在求利上那一點是根本呢？墨子求利的根本在於天鬼。

甲、天有意志

學者對於儒家的「天」常有懷疑。因爲儒家有時講上帝之天，有時講義理之天。有時講形色之天。但是大家對於墨子的「天」都沒有疑惑。都知道他說天即是說主宰的上帝。

《墨子》書中有〈天志〉上、中、下三篇，講天志爲人生幸福的根本。天志即是說天的意志。天既有意志，則天該爲一有位格者。有意志便有自由，有自由應該有理智；有理智意志者不能是一個茫茫的龐然巨物而沒有自立的位稱。

乙、天無所不知

墨子以天監臨萬物，無所不知。世人行善行惡都不能逃避。

「語言有之曰：焉而晏日而知得罪，將惡避逃之？曰：無所逃避之，夫天不

可為林谷幽閒無人，明必見之。」（天志上）

丙、天至高至貴

墨子以天高於一切，貴於一切。世上所高所貴的莫過於帝王。帝王次於天。因爲帝王須向天求福。故天至高至貴。

「故昔三代聖王禹湯文武……莫不犓牛羊豢犬彘，潔為粢盛酒醴，以祭祀上帝鬼神，而求祈福於天，我未嘗聞天下之所祈福於天子者也。」（天志上）

「子墨子曰：吾所以知天之貴且知於天子者，有矣。」（天志中）

還有一點，可以證明天爲至高至貴。天兼有天下，帝王則只有一國、因此得罪於人君。可以出國逃避，獲罪於天則無處可以逃避。

「今天兼天下而食焉，我以此知其兼愛天下之人也。」（天志下）

「今人皆處天下而事天。得罪於天，將無所以避逃之者矣。」（天志下）

天既兼有天下，則天下只能有一主宰之天。墨子所敬的天乃唯一至上之神。

丁、天操賞罰之權

天兼有天下，監臨萬民，操有賞罰之權，順行天意的則受賞；不順行天意的則受罰。

「故昔也三代之聖王，堯舜禹湯文武之兼愛天下也，從而利之。移其百姓之意焉，率以敬上帝山川鬼神，天以為從其所愛而愛之，從其所利而利之；於是加其賞焉。使之處上位，立為天子以法也，名之曰聖人，以此知其賞善之證。是故昔也三代之暴王，桀紂幽厲之兼惡天下也，從而賊之，移其百姓之意焉，率以詬侮上帝山川鬼神，天以為不從其所愛而惡之，不從其所利而賊之，於是加其罰焉，使之父子離散國家滅亡，抎失社稷，憂以及其身，是以天下之庶民屬而毀之，業萬世子孫，繼嗣毀之賁不之廢也，名

之曰失王，以此知其罰暴之證也。」（天志下）

因此天志爲福之本。人君既求利民，便不能不知道遵行天志。

戊、天欲義而惡不義

人君既行天志，就該知道天志究竟何在？墨子說天的意志在於行義，義是利民，天志便欲人民得利。

「然則天亦何欲何惡？天欲義而惡不義。然則率天下之百姓，以從事於義，則我乃為天之所欲也。我為天所欲，天亦為我所欲。然則我何欲何惡？我欲福祿而惡禍祟。若我不為天之所欲，而為天之所不欲，然則我率天下之百姓，以從事於禍祟中也。然則何以知天之欲義而惡不義？曰：天下有義則生，無義則死；有義則富，無義則貧；有義則治，無義則亂。然則天欲其生而惡其死；欲其富而惡其貧；欲其治而惡其亂：此我所以知天欲義而惡不義也。」（天志上）

天意欲義，仁義便以天意爲根本。因爲天高於一切，貴於一切，天意便也高於一切。天既欲義，一切的人就該奉行這種仁義。

「子墨子曰：今天下之君王之欲為仁義者，則不可不察義之所從出。既曰不可不察義之所從出，然則義從何出？子墨子曰，義不從愚且賤者出，必自貴且智者出。何以知義之不從愚且賤者出，而必自貴且智者出也？曰：義者，善政也。何以知義之為善政也？曰：天下有義則治，無義則亂，是以知義之為善政也，夫愚且賤者，不能為政乎貴且智者。（貴且智者）然後得為政乎愚且賤者。此吾所以知義之不從愚且賤者出，而必自貴且智者出也。然則孰為貴；孰為智？曰：天為貴，天為知而已矣。然則義果自天出矣。今天下之人曰：當若天子之貴諸侯，諸侯之貴大夫，高明知之。然吾未知天之貴且知於天子也。子墨子曰：吾所以知天之貴且知於天子者有矣。曰：天子為善，天能賞之，天子為暴，天能罰之；天子有疾病禍祟，必齋戒沐浴，潔為酒醴粢盛以祭祀天鬼，則天能除去之，然吾未知天之祈福於天子也。此吾所以知天之貴且知於天子者不止此而已矣。又以先王之書，訓天明不解之道也知之。曰：明哲維天，照君下土。則此語天之貴且知

於天子。不知亦有貴知夫天者乎。曰：天為貴，天為知而已矣。然則義果自天出矣。」（天志中）

「天之志者，義之經也。」（天志下）

義字在孟子的思想裡。很爲重要。在墨子的思想裡也有相當的價值，墨子雖以利爲目的，然爲得利則須有義。《墨子》書上說：

「萬事莫貴於義。」（貴義）

「夫義天之大器也；何以視人必強為之。」（公孟）

究竟甚麼是義呢？孟子以爲「義者宜也」。一個人自己該做的事稱爲義，墨子的義則重在利人。

「子之所謂義，亦有力以勞人，有財以分人乎！……我之義……鈞之

以愛，揣之以恭。」（魯問）

墨子以一事能利於人者爲義，利人愈多，則義之價值愈高，若能兼善天下之人，則義最高矣。

己、天爲行政之本

墨子以天貴於天子，智於天子，而且仁義之所出，那麼天子在行政上，便該完全遵從天意。

墨子的政治學以尙同爲主要政綱。尙同是臣下完全遵從人君的意見，人君則該遵從天意。

「凡國之萬民，上同乎天子，而不敢下比。天子之所是，必亦是之；天子之所非，必亦非之。去而不善言。學天子之善言；去而不善行，學天子之善行。天子者固天下之仁人也。擧天下之萬民以法天子，夫天下何說而不治哉。察天子之所以治天下者，何故之以也？曰：唯以其能一同天下之義，是以天下治。夫旣尙同乎天子，而未尙同乎天者。則天菑將猶未止也。故當若天降寒熱不節，雪霜雨露不時，五穀不熟，六畜不遂，疾菑戾疫，飄風苦雨，荐臻而至者，此天之降罰也。。將以罰下人之不尚同乎天者也。故古者聖王明天鬼之所欲，而辟天鬼之所憎，以求除天下之害，是以率天下之萬民，齋戒沐浴，潔為酒醴粢盛以祭祀天鬼。」（尚同中）

墨子政治學的第二大政綱，在於兼愛。兼愛的根本也是在於遵行天道。

「今天下之士君子之欲為義者，則不可不順天之意矣。曰：順天之意何若？曰：兼愛天下之人。何以兼愛天下之人也？以兼而食之也。……苟兼而食焉，必兼而愛之。……今天兼天下而食焉，我以此知其兼愛天下之人也。」（天志下）

天既兼愛天下之人，人欲行天道，也該愛天下之人了。

庚、天以下有鬼神

《墨子》一書裡本有〈明鬼〉上中下三篇。現在只存有〈明鬼下〉一篇；然而墨子敬鬼的思想，已可見到。

墨子攻擊當時的儒家不教人敬鬼神。儒家敬鬼在《六經》裡表現得很明白；孔、孟則是「敬鬼神而遠之。」不大好談鬼神。墨子以敬鬼神爲利民的一種很重要的大事。盡力提倡民衆的信仰。

在〈明鬼下〉一篇裡，墨子引古聖王的言行，證明真有鬼神。他結論說：

「故古聖王治天下也。必先鬼神而後人者，此也。故曰：官府選劾，必先祭器祭服，畢藏於府，祝宗有司，畢立於朝，犧牲不與昔聚群。故古者聖王之為政若此，古者聖王必以鬼神為（有），其務鬼神厚矣。又恐後世子孫不能知也，故書之竹帛，傳遺後世子孫……故先王之書，聖人一尺之帛，一篇之書，語數鬼神之有也，重又重之。」

墨子又根據他的三表法。從人民所共見共聞去證明鬼神一定有。因爲人民常見鬼神。

「子墨子曰：是與天下之所以察知有與無之道者，必以衆之耳目之實知有與亡為儀者也。請惑聞之見之，則必以為有，莫聞莫見，則必以為無。若是，何不嘗入一鄉一里而問之，自古及今，生民以來者，亦有嘗見鬼神之物，聞鬼神之聲，則鬼神何謂無乎！」

鬼神究竟是誰呢？墨子沒有詳說。但他所指的鬼神，有天鬼有山水鬼神，有人死而爲鬼。他所引證的事實，都選自《書經》《左傳》等書；可見他所謂的鬼神，也就是儒家傳統所說的鬼神。墨子跟儒家所不同的一點，則他主張敬鬼神而求福。

敬鬼神能致福。這是墨子敬鬼神的根本思想。他說：

「子墨子曰：逮至昔三代聖王既歿，天下失義，諸侯力征……是以天下大亂，此其故何以然也？則皆疑惑鬼神之有與無之別，不明乎鬼神之能賞賢而罰暴也。今若使天下之人。偕若信鬼神之能賞賢與罰暴也，則夫天下豈亂哉。……子墨子曰：嘗若鬼神之能賞賢與罰暴也，蓋本施之國家，施之萬民，實所以治國家利萬民之道也。若以為不然，是以吏治府之不絜廉，男女之為無別者，鬼神見之。民之為淫暴寇亂盜賊，以兵刃毒藥水火，迓無罪人乎道路。奪人車馬衣裘以自利者，有鬼神見之。

是以吏治官府不敢不絜廉，見善不敢不賞，見暴不敢不罪，民之為淫暴寇亂盜賊，以兵刃毒藥水火迓無罪人乎道路，奪車馬衣裘以自利者，由是此。（是以莫放幽閒，擬乎鬼神之明顯。明有一人，畏止誅罰。）是以天下治。是故鬼神之明，不可為幽閒廣澤，山林深谷，鬼神之明必知之；鬼神之罰。不可為富貴眾強，勇力強武，堅甲利兵，鬼神之罰，必勝之。」（明鬼下）

鬼神明達，絲毫不錯；因爲鬼神雖在天帝以下，卻是在君王聖人以上。

「巫馬子謂子墨子曰：鬼神孰與聖人明智？子墨子曰：鬼神之明智於聖人，猶聰耳明目之與聾瞽也。」（耕柱子）

爲能兼利天下須要敬天敬鬼。天爲仁義的根本，爲最高的賞罰者，鬼神雖是次於天，但能爲人禍福。

墨子因敬天信鬼，便很攻擊信命的思想。人既信命不可移，人便不能有工作的精神。墨子以爲人的禍福由於自造；因爲天鬼賞善罰惡，人若行善，自然得福。

近代研究中國思想者，多以墨子爲宗教家，或以墨子的天跟儒家的天其意義不同。或者有謂墨子的思想不是中國固有的思想。實則墨子的敬天事鬼，跟《詩經》《書經》《左傳》的敬天信鬼，一點也沒有特別處。墨子所說的，儒家的古書上都有了。

4. 求利之道

甲、兼愛

墨子的學說，重在利民。利民之道，第一是兼愛。兼愛的思想，爲墨子學說裡最重要的一點。而且歷代學者爲標舉墨子的特點。就常說墨子的兼愛。

A、甚麼是兼愛

儒家主張法天地之仁，泛愛天下之人，以天下之人爲兄弟。然而儒家重一「推」字，儒家主張推己及人，由近及遠。墨子主張愛人，所重則在一「兼」字。兼字與別字相對，「別」是說有分別，有等差。兼字便是說兼包一切，不加分別，雖然墨子一書裡沒有明明說兼愛不分親疏；但是歷代學者都以墨子的兼愛，是主張一視同仁，愛人如愛自己的親人，愛自己的父母如愛眾人。因此孟子罵墨子是無父。墨子說：

「使其一士者執別，使其一士者執兼。是故別士之言曰：吾豈能為吾友之身，若為吾身，為吾友之親，若為吾親。是故退睹其友，飢即不食，寒即不衣，疾病不侍養，死喪不葬埋。別士之言若此，行若此。兼士之言不然，行亦不然。曰：吾聞為高士於天下者，必為其友之身，若為其身，為其友之親，若為其親，然後可以為高士於天下。是故退睹其友，飢則食之，寒則衣之，疾病侍養之，死喪葬埋之，兼士之言若此，行若此。」（兼愛下）

B、為甚麼要兼愛

墨子主張兼愛，目的是兼利天下之人。爲甚麼兼愛即能兼利天下之人呢？第一、因爲天兼愛天下之人；因此兼愛乃是天意。人遵行天意便得天賞，不遵行天意則得天罰。天賞是利，天罰是禍。爲求利而免禍，人便該兼愛。

「順天之意何若？曰：兼愛天下之人。」（天志下）

第二、兼愛人即是利己；因為你愛人，人也愛你。你愛人的父母，人也愛你的父母。

「子墨子曰：姑嘗本原之，孝子之為親度者，吾不識孝子之為親度者，亦欲人愛利其親與，意欲人之惡賊其親與？以說觀之，即欲人之愛利其親也。然則吾惡先從事，即得此？若我先從事乎愛利人之親，然後人報我愛利吾親乎？意我先從事乎惡人之親然後人報我以愛利吾親乎？即必先從事乎愛利之親，然後人報我以愛利吾親也。……即此言愛人者必見愛也，而惡人者必先見惡也。」（兼愛下）

第三、兼愛則不爭。不爭，則天下治。天下治，則人民有利。天下之大禍，在於戰爭。戰爭不起，人民安樂。

「兼者，處大國不攻小國，處大家不亂小家，強不劫弱，眾不暴寡，詐不欺愚，貴不傲賤。觀其事，下利乎天。中利乎鬼，下利乎人。三利無所不利，是謂天德。聚斂天下之美名而加之焉。曰此仁也義也。」（天志中）

因爲兼愛的人，愛人同自己一樣；而且愛別人的父母，如同自己的父母；愛別人的家庭，如同自己的家庭；愛別人的國家，如同自己的國家。那麼豈有害人攻人的罪過嗎？

「若使天下兼相愛，愛人若愛其身，猶有不孝者乎？視父母與君若其身，惡施不孝？猶有不慈者乎？視弟子與臣若其身，惡施不慈？故不孝不慈亡有，猶有盜賊乎？故視人之室若其室，誰竊？視人身若其身，誰賊？……視人國若其國，誰攻？故大夫之相亂家，諸侯之相攻國，亡有。若使天下兼相愛，國與國不相攻，家與家不相亂，盜賊無有，君臣父子皆能孝慈，若此則天下治。」（兼愛上）

第四、兼愛不但能免除紛爭，且能使天下的人互相爲利；因爲既是愛人身如己身，愛人家如己家，人誰不求利自己一身，利自己一家？那麼便也同樣利人之身，利人之家。天下的人，若能彼此互利，彼此便有幸福。

「吾聞為明君於天下者，必先萬民之身，後為其身，然後可為明君於天下。是故退睹其萬民，飢即食之，寒即衣之，疾病侍養之，死喪葬埋之。兼君之言若此，行若此。」（兼愛下）

墨子自己便實行這種主張，一生奔波，爲利人救急救難。史傳常稱墨子席不煖，食不飽，突而不黔，完全爲人家去奔走，教門徒也是如此。

「故使學者，以裘褐為衣，以屐屩為服，日夜不休，以自苦為極。曰：不能如此，非禹之道也，不足謂墨。」（莊子　天下篇）

乙、善　政

墨子主張兼愛天下的人，願天下的人都得利。爲利天下的人，最有效的方法便是善政。政治的對象是天下，政治善良則天下的人受其利；政治不良，天下的人受其害。墨子也同孔子孟子一樣，常求實行自己的主張，使人君行善政。

墨子的善政，在《墨子》一書裡條舉了大綱，我們便簡單地說一說。

A、尚　同

墨子的人治主義，較比儒家還要嚴格。他常假想人君是聖人，天下的人都該以人君爲法則。思想行動上，全國的人，都該與人君一致。全國的思想行爲都一致了，國內就不會有爭亂。

「古者天之始生民，未有正長也。百姓為人。若苟百姓為人，是一人一義，十人十義，百人百義，千人千義。逮至人之眾。不可勝計也。則其所謂義者，亦不可勝計。此皆是其義，而非人之義。是以厚者有鬥，而薄者有爭。是故天下之欲同一天下之義也，是故選擇賢者，立為天子。……天子亦為發憲布令於天下之眾，曰：若見愛利天下者，必以告；若見惡賊天下者，必以告。若見愛利以告者，亦猶愛利天下者也。上得則賞之，眾聞則譽之。若見惡賊天下不以告者，亦猶惡賊天下者也。上得則罰之，眾聞則非之；是以遍天下之人，皆欲得其上之賞譽，避其毀罰。是以見善不善者告之，天子得善人而賞之，得暴人而罰之。善人賞而暴人罰，天下必治矣。然計天下之所以治者，何也？唯而以尚同一義為政故也。」（尚同下）

尚同的政策，是里正同於鄉長，鄉長同於國君，國民同於天子，天子同於天，這樣上下一致，社會便得安寧。

「里長既同其里之義，率其里之萬民，以尚同乎鄉長。……鄉長治其鄉，而鄉既已治矣，有率其鄉萬民，以尚同乎國君。……國君之所是，必亦是之，國君之所非，必亦非之。去不善言，學國君之善言；去不善行，學國君之善行，國君固國之賢者也，舉國人以法國君，夫國何說不治哉。……國君治其國，而國既已治矣，有率其國之萬民，以尚同乎天子，……天子之所是，必亦是之，天子之所非，必亦非之。去不善言，學天子之善言，去不善行，學天子之善行。天子者，固天下之仁人也。舉天下之萬民，以法天子，夫天下何說而不治哉。……夫既尚同乎天子，而未上同乎天者。則天菑將猶未止也。」（尚同中）

B、尚　賢

國君治國，天子治天下，決不能憑自己一個人的才力，必定當用臣下。臣下若是賢良，人君靠他們便可修治國之效。若使臣下不是賢良的人，國家一定不能治。墨子因此說：

「入國而不存其士，則亡國矣。見賢而不急，則緩其君矣，非賢無急，非士無與慮國，緩賢忘士，而能以其國存者，未曾有也。」（親士）

「是故國有賢良之士衆，則國家之治厚；賢良之士寡，則國家之治薄。故大人之務，將在於衆賢而已。」（尚賢上）

既是要有賢人去治國，國君將怎樣可以招致賢人呢？招致的方式很簡單。人情都是好富貴的；若是人君遇到賢士，就富之貴之，國內賢人必都往赴國君，為國君所用了。

「然則衆賢之術，將奈何哉？子墨子言曰：譬若欲衆其國之善射御之士者，必將富之貴之，敬之譽之，然後國之善射御之士，將可得而衆也。況又有賢良之士，厚乎德行，辯乎言談，博乎道術者乎？此固國家之珍，而社稷之佐也，亦必且富之貴之，敬之譽之，然後國之良士，亦將可得而衆也。」（尚賢上）

C、儉

墨子的學說，重在一個利字。爲使人民都能富利，墨子主張節儉，他以爲儒家繁文縟禮，喜歡外面的排場，花費許多無用的錢，他便主張節用節葬，以保殖民利。

「是故聖王作為宮室，便於生，不以為觀樂也。作為衣服帶履，便於身，不以為辟怪也。故節於身，誨於民；是以天下之民可得而治，財用可得而定。當今之主，其為宮室，則與此異矣。必厚作斂於百姓，暴奪民衣食之財，以為宮室，臺榭曲直之望，青黃刻鏤之飾。為宮室若此，故左右皆法象之，是以其財不足，以待凶饑，振孤寡，故國貧而難治也。」（辭過）

國君知道節儉，人民也就跟著節儉，上上都知道節儉，國家的財富，可以倍增。

「聖人為政一國，一國可倍也。大之為政天下，天下可倍也。其倍之，非外取地也，因其國家去其無用之費，足以倍之。」（節用上）

墨子看到當時的國君，都是窮奢極慾，凡是宮殿衣服飲食，都講求華麗。他便主張節用，效法夏禹的樸素。在當時社會上，民間最費錢的事，就是喪葬，棺槨與殯禮，消耗很大。墨子乃極力主張節葬。以葬能致哀就夠了，決不用花費太多的錢。而且儒家主張守喪，喪期裡不能從事職業。墨子說這是驅天下之民，惰隳四肢無所生利。

「故子墨子言曰：然則姑嘗稽之，今雖毋法執厚葬久喪者言，以為事乎國家，此存乎王公大人有喪者，曰：棺槨必重，葬埋必厚，衣衾必多，文繡必繁，丑隴必巨。存乎匹夫賤人有死者，殆竭家室。（存）乎諸侯死者，虛車府，然後金玉珠璣比乎身，綸組節約，車馬藏乎壙，又必多為屋幕，鼎鼓几梴壺濫，戈劍羽旄齒革，寢而埋之，滿意。若送從，曰：天子殺殉，眾者數百，寡者數十。將軍大夫殺殉，眾者數十，寡者數人。處葬之法將奈何哉？曰：哭泣不秩聲嗌，縗絰，垂涕，處倚廬，寢苫枕由，又相率強不食而為飢，薄衣而為寒，使面目陷陬，顏色黧黑，耳目不聰明，手足不強勁，不可用也。又曰：上士之操喪也，必扶而能起，杖而能行，以此共三年。若法若言，行若道，使王公大人行此，則必不能蚤朝。（士大夫行此，則必不能治。）五官六府，辟草木，實倉廩。使農夫行此，則必不能蚤出夜入，耕稼樹藝。使百工行此，則必不能修舟車為器皿矣。使婦人為此，則必不能夙興夜寐，紡績織維。（細）記厚葬，為多埋賦（之）財者也。計久喪，為久禁從事者也。財以成者，扶而埋之，後生得者，久而禁之。以此求富，此譬猶禁耕而求穫者也。」（節葬下）

墨子不但非葬，他也主張非樂；因爲好樂，也是糜費太多，也是不利於民，而且好樂，即不好生產，不好生產，國家必貧。

「是故子墨子之所以非樂者，非以大鍾鳴鼓琴瑟竽笙之聲，以為不樂也。非以刻鏤（華）文章之色，以為不美也。非以犓豢煎炙之味，以為不甘也。非以高臺厚榭邃野之居，以為不安也。雖身知其安也，口知其甘也，目知其美也，耳知其樂也；然上考之，不中聖王之事，下度之，不中萬民之利，是故子墨子曰：為樂非也。……今王公大人，唯毋處高臺厚榭之上而視之，鐘猶是延鼎也，弗撞擊，將何樂得焉哉。其說將必撞擊之，惟勿撞擊，將必不使老與遲者。老與遲者，耳目不聰明，股肱不畢強，聲不和調，明不轉朴。將必使當年，因其耳目之聰明，股肱之畢強，聲之和調，眉不轉朴（抃）。使丈夫為之，廢丈夫耕稼樹藝之時。使婦人為之，廢婦人紡績織紝之事。今王公大人，唯毋為樂，虧奪民衣食之財，以拊樂如此多也。是故子墨子曰：為樂非也。今大鐘鳴鼓琴瑟竽笙之聲，既已具矣，大人鏽然奏然而獨聽之，將何樂得焉哉？其說將不與賤人，必與君子。與君子聽之，廢君子聽治，與賤人聽之，廢賤人之從事，今王公大人，惟毋為樂，虧奪民之衣食之財以拊樂如此多也。是故子墨子曰：為樂非也。」

（非樂上）

D、非戰

戰爭在墨子看來，是最不義的事件。打仗就是殺人，殺人是最不利於人的，不利於人，就是不義。最不利於人，便是最不義。

「今有一人，入人園圃，竊其桃李，眾聞則非之，上為政者則罰之，此何也？以虧人自利也。至攘人犬豕雞豚者，其不義，又甚入人園圃竊桃李，是何故也？以虧人愈多，其不仁茲甚，罪益厚。至入人欄廄，取人馬牛者，其不仁義，又甚攘人犬豕雞豚。此何故也？以其虧人愈多，其不仁茲甚，罪益厚。至殺不辜人也，持其衣裘，取戈劍者，其不仁又甚入人欄廄，取人馬牛，此何故也？以其虧人愈多。苟虧人愈多。其不仁茲甚矣，罪益厚。當此天下之君子，皆知而非之，謂之不義。今至大為攻國則弗知非，從而譽之，謂之義。此可謂知義與不義之別乎！殺一人，謂之不義，必有一死罪矣。若以此說，往殺十人，十重不義，必有十死罪矣。殺百人，百重不義，必有百死罪矣。當此天下之君子，皆知而非之，謂之不義，今至大為不義，攻國，則弗知非，從而譽之，謂之義！」（非攻上）

戰爭不單是殺人，不利於人，而且對於自己的國家，也是不利。因爲戰爭，耽誤人民的事業，叫他們不能生產。

「子墨子曰：古者有語，謀而不得，則以往知來，以見知隱，謀若此，則可得而知矣。今師徒唯毋興起，冬行恐寒，夏行恐暑，此不可以冬夏為者也。春則廢民耕稼樹藝，秋則廢民穫斂，今唯毋廢一時，則百姓飢寒凍餒而死者，不可勝數。今嘗計軍上（出。）竹箭羽旄幄幕，甲盾撥刦，往而靡弊腑冷不反者，不可勝數，又與矛戟戈劍乘車，其列住碎折靡弊而不反者，不可勝數。與其牛馬，肥而往，瘠而返，往，死亡而不反者，不可勝數。與其涂道之脩遠，糧食輟絕而不繼，百姓死者，不可勝數。與其居處之不安，食飯之不時，飢飽之不節，百姓之遭疾病而死者，不可勝數，喪師多不可勝數，喪師盡不可勝計。則是鬼神之喪其主后，亦不可勝數。國家發政，奪民之用，廢民之利，若此之眾，然則何為為之！」（非攻中）

墨子為貫徹非戰的主張，各處奔走，勸說當時的人君，不要互相攻伐。公輸般為楚造雲梯，將以攻宋，墨子在魯國聽說這事，趕急動身，走了七日七夜，到了郢地，見公輸般，勸他不要攻宋，而且跟他鬥攻守之法，終於說服了楚王和公輸般，不加兵於宋。魯陽文君欲攻鄭，墨子又勸他不要動兵。齊將伐魯，墨子往說齊將項子牛，謂大國之攻小國，是賊害仁義。墨子爲加強自己非戰的主張，乃教給弟子們守城之法，使能抵禦敵國。《墨子》書中所有〈備城門〉、〈備梯〉、〈備水〉、〈備穴〉、〈備蛾傅雜守〉等篇，即弟子們談論守城法的文章。這即是近日歐美所說的「欲避戰，則備戰。」你有了武備，敵人便不敢來攻打了。

附錄二　法家思想大綱

一、法治主義

《漢書・藝文志》列有法家。所謂法家，有管仲、申不害、商鞅、慎到、尸文、尸佼、韓非等人。他們的書有《管子》、《申子》、《商君書》、《慎子》、《尹子》、《韓非子》。其中《慎子》、《尹子》、《尸子》等書多不傳，其他各書也多有僞雜的文字。法家之所以稱爲法家，並不是因爲他們是法律專家，像古羅馬的法學家一樣。只是因爲他們主張法治，很看重法，對於法有些解釋，有些說明。

中國各家思想，對於法的見解，都以他們的政治思想爲根據。道家主張無爲而治，任民自然；老、莊所以認禮法爲人造的僞物，賤賊人性，應該廢除。儒家主張德治，教民爲善；孔孟所以重禮法。法家主張法治，便極看重法。

1. 任法

法治主義的特點，在治國行政一切任法。法律爲至上，人君人臣人民，都該事事以法爲依歸。儒家的政治，重在得人；有了賢才，乃是國家的大幸。法家雖也重視賢才，但認爲即使賢才治國而憑私智，國家必亂。因此凡是賢愚，都該以法爲準則。

「凡事皆歸於一，百度皆準於法。」（尹文子）

「故明主愼法制，言不中法者，不聽也，行不中法者，不高也；事不中法者，不為也。言中法，則辯之；行中法，則高之；事中法，則為之，故國治而地廣，兵強而主尊。此治之至也。」（商君書 君臣）

孔子曾說：「非禮勿視，非禮勿聽，非禮勿言，非禮勿動。」（論語 顏淵）商鞅則說言不中法，不聽；行不中法，不貴；事不中法，不爲。儒法兩家的分別，在這一點上，顯的很分明。孔子講仁，故以禮爲標準；法家講富國強兵，故以法爲標準。

「明主之道，一法而不求智，固術而不慕信；故法不敗而辟官無姦詐矣。」（韓非子 五蠹）

「明主之治國也，眾其守而重其罪，使民以法禁之，而不以廉止。……法之為道，前苦而長利；仁之為道，偷樂而後窮。」（韓非子 六反）

孔子所以鄙棄法治，就是因爲法治使「民免而無恥」。法家則以爲若等民有廉恥而後治，國必不治，因爲人民常趨於作惡。

2. 嚴刑峻法

桓範在《世要論》曾罵法家說：「夫商鞅荀韓之徒，其能也貴尚譎詐，務行苛刻，廢禮義之教，任刑名之數，不師古始，敗俗傷化，此伊尹周召之罪人也。」後代學者詆毀法家，大概都反對他們的嚴刑峻法。法家既主張任法，他們認爲若法不嚴，刑不信，有法仍舊等於沒有法。

「明主之所導制其臣者，二柄而已矣。二柄者：刑德也。何謂刑德，殺戮之謂刑，慶賞之謂德。為人臣者，畏誅罰而利慶賞。故人主自用其刑德，則群民畏其威而歸其利矣。」（韓非子 二柄篇）

刑賞既立，執行必嚴，以表信用。人君最重要的行政方針，是在叫臣下人都知道，有罪必罰，有功必賞。

「令未布而民或為之，而賞從之，則是上妄予也。……令未布而罰及之，則是上妄誅也。……令已布而賞不從，則是使民不勸勉。……令已布而罰不及，則是教民不聽。……號令必著明，賞罰必和密，此正民之經也。」（管子 法法篇）

爲表樹威信，人君不該輕易開赦。

「凡赦者，小利而大害者也，故久而不勝其禍；毋赦者，小害而大利者也，故久而不勝其福。」（管子 重令篇）

因爲開赦，當時可以使遇赦的人感恩服德；但是因此人民可以養成儌幸心理，希望犯罪遇赦，便鋌而走險了。人民若知道一犯罪，必定有罰，決沒有遇赦的希望，那麼也就死心蹋地，從公守法了

刑賞既信，還該公平。無論誰犯了法，不分貴賤親疏，一律照法處理，則民眾守法的心必定增高。

「不知親疏遠近，貴賤美惡，以度量斷之，其殺戮人者不怨也，其賞賜人者不德也。以法制行之，如天地之無私也。」（管子 任法篇）

「法不阿貴，繩不撓曲。……刑過不避大臣，賞善不遺匹夫。」（韓非子 有度篇）

刑賞既信又公平，人民也就心服；而且也可避免臣下官吏們的舞弊作奸。後來中國法律上的議親議貴，那不是採取法家的主張，乃是採取儒家的主張。

3. 法治與術治、權治、勢治

法家既主法治，法治的精神，在於確守法律的條文，不能任意曲解。所以管仲韓非都反對「私意」。因為有了法，人君若用私意，那就是根本破壞法律。

「有道之君，善明設法，而不以私防者也，而無道之君，既已設法，則舍法而行私者也。為人上者，釋法而行私意，則為人臣者，援私以為公。」（管子　君臣篇上）

「為人君者，倍道棄法而行私，謂之亂。」（管子　君臣篇下）

「立法者，以廢私也。法令行，而私道廢矣。」（韓非子　詭使）

而且法治的好處，就在於人君不用私意而行法，無論人君智否愚否，國家都可以治。

「若使遭賢則治，遭愚則亂，則治亂續於賢愚，不係於禮樂。是聖人之術，與聖主而俱沒；治世之法，逮世而莫用；則亂多而治寡。」（尹文子）

「君之智，未必最賢王於眾也；以未最賢而欲盡善被下，則不贍矣。若使君之智最賢，以一君而盡贍下，則勞，勞則有倦。倦則衰，衰則復反於，不贍之道也。」（慎子）

賢者不常有，即使有賢君，他一人的精力有限，不能兼顧天下的事。有了法，大家都按照去做，人君既安閒，天下也容易治。

「君臣上下貴賤，皆從法，此之謂大治。」（管子 任法篇）

可是桓範批評法家，卻罵他們：「其能也貴尙譎詐」，似乎說的很不對。其實後代人對於法家，大都以爲他們尙權變，用詐術；這是因爲法家中有人主張在法以外，兼用術、權、勢。

「道不足以治，則用法；法，不足以治，則用術；術不足以治，則用權；權不足以治，則用勢。勢用則反權，權用則反術，術用則反道。道用則無為而治。」（尹文子 大道下）

術是智巧，權是權變，勢是勢力。法不足治人時，人君用智巧去誘使他們，使他們就範圍。智巧尚不足以治人時，便用一時權且的方法，去驅使他們，若是尚不成，那就拿威力去強迫他們。

「術者，人君之所密用也，群下不可妄窺。勢者，制法之利器，群下不可妄為。人君有術。而使群下得窺，非術之奧者。有勢，使群下得為，非勢之重者。大要在乎先正名分，使不相侵雜，然後術可密，勢可專。」（尹文子 大道上）

尹文不單說術說勢，而且說術要祕密，勢力要獨專；難怪後人罵法家尚譎詐了。

慎到主張人君要重勢，然後纔可重法；因爲威勢不大，法令的力量便不高。《管子・明法解》篇裡引慎子的話說：「明主在上位，有必治之勢，則群臣不敢爲非。是故群臣之不敢欺主者，非愛主也，以畏主之威勢也。百姓之爭用，非以愛主也，以畏主之法令也。」法家一般都重君權，也就因爲沒有威勢，號令不行。

慎到似乎也重術，他曾把法跟術，連在一齊。把兩者都看爲人君治國的要具。他說：

「棄法術，舍度量，以求一人之識；識天下，誰子之識能之焉？」（慎子）

但重術的，要算申不害。《韓非子・定法篇》說：「今申不害言術，而公孫鞅言法。術者，因任而授官，循名而責實，操殺生之柄，課群臣之能者也。此人主之所執也。法者，憲令著於官府，……此臣之所師也。君無術，則弊於上；臣無法，則亂於下。此不可一無，皆帝王之具也。」可見韓非子自己也主張用術。究其實法跟術權勢三者，在實行上並不相衝突。法是國政，術權勢則是執行國政的手段。手段高的人，執法也更有效。

二、法的觀念

1. 法爲一國人民的行動規律

法家的法治，在於重法，我們就問法是甚麼？

法字在中國古代有模形，有標準的意思。爲模形，因法與古刑字同意。爲標準，因法的古字爲灋。但是法家的法，已不是簡單的字義；法家的法，涵義已很複雜。

在法家的思想中，法的第一意義，是一國人民的行動規律。法家所以任法，是以國家無法則亂。所謂亂，即是沒有秩序。人民沒有秩序，是因爲人民沒有規律。法即是給人民一種規律；而且這種規律，全國都一致。慎到的佚文有說：

「法者，所以齊天下之動，至公大家之制也。」（見馬繡 繹史 卷一一九）

天下的人民既眾，若是他們的行動，沒有一致的規律，叫他們都整齊劃一，天下必亂。

管仲說：

「明主者，一度量，立表儀，而堅守之；故令下而民從。法者，天下之程式也，萬事之儀表也。」（管子 明法解篇）

法，爲天下之程式，天下的人，在行動時，都看著法，把法當作模型，照著去做。現在官場裡，有所謂公文程式，各類公文的方式都是一定的，作公文時，照類套上去就是了。法即是天下人行動的程式，人在行動時，便該照樣套上這種程式。法又爲萬事的儀表。儀表是一件事物的外形，法即是社會上一切事件的外形，一切事都該有這種儀表。尹文子所以說：「百度皆準於法」。

2. 法爲國家公佈的法令

欲使全國人民，在行動上，都守一致的程式。在做事上，都有一律的儀表，則不是一兩個私人所立的規律，所能做到的。所以法，乃是國家公佈的法令。韓非子說：

「法者，憲令著於官府，刑罰必於民心，賞存乎愼法，而罰加乎姦令者也。」（韓非子 定法篇）

又說：

「法者，編著之圖籍，設於官府，而布之於百姓者也。」（韓非子 難三篇）

在未公佈以前的規律，不能稱爲法。即使人君偶然一兩次按著一種標準定刑賞，這種標準，既未制成法，而公佈之，不足成法。管仲說：

「令未布而民或爲之，而賞從之，則是上妄予也；令未布而罰及之，則是上妄誅也。」（管子 法法篇）

人君一時所用的權術，爲應付一時的環境，這種術，決不能稱爲法；而且術與法的分別，即是術乃人君任意所想的施政手段，既不是成文的，又不是常久的；法則是憲令著於官府，且布之於百姓的。所以法家的法，必是成文的，且是國家公佈的。

法該是成文而公布的法令，一方面免的人君和官吏，任意定刑賞，另一方面，使人民容易知道法令的條文，可以遵守。

「立法令者，以廢私也。法令行，而私道廢矣。」（韓非子　詭使）

法公佈了以後，便假定人民都知道了。犯者必罰，罰不赦，以昭信用。所以法家只說法在公佈以後纔成法。但不說法要人民知道纔有效；因爲法既公布了，人民便該知道。

3. 法是定分的

爲甚麼緣故，務必要一種天下一致的規律呢？因爲天下的人，都有求生的慾望。爲求生，則必求所以得生存的物件，那麼便該有種規律，規定一個物件屬於誰；即是誰對於這一個物件有名份。再者，天下的人，既然同居共處，則不能像牲畜一樣沒有次序。爲定次序，則該每人有一定的位置，有了位置，每個人便知道自己該怎樣自處了。自己知道怎樣自處，即是知道自己的名分。

儒家重禮，用禮去正名定分。法家重法，用法去正名定分。慎到說：

「今一兔走，百人逐之，非一兔，足為百人分也，由未定也。由未定，堯且屈力，而況眾人乎！積兔於市，行者不顧，非不欲兔也，分已定矣。分已定，人雖鄙不爭。故治天下及國，在爭定分而已矣。」（慎子）

分不定，則以力，雖有堯、舜也必爲力所屈。分既定，野鄙之人，也不力爭了。怎樣去定分呢？定分以法。

「法之所加，各以其分。」（慎子）

「分」的意思，跟「名」相連。名是根本，分是效果。有這個名，纔有這個分。名與分，常相應和。分不從名，即是名不正；名不正，便是法不行。

「名宜屬彼，分宜屬我。我愛白而憎黑，韻商而舍徵，好羶而惡焦，嗜甘而逆苦。白黑商徵羶焦甘苦，彼之名也：愛憎韻舍好惡嗜逆，我之分也。定此名分，則萬事不亂也。」（尹文子 大道上）

名，代表客觀的事物；分，代表我對於客觀萬物的態度。名分用之於法治，即是對於每種名義，每個人按法該持一種相合的態度。這種相合的態度，即是一個人從一個名義所有的權利義務。

名與分之外，還有形與實。名是一客觀事物的代表，名所代表的事物稱爲實，名的意義則稱爲形。名與實不一定相符，名與形則常相應。尹文子說：

「名者，名形者也。形者，應名者也。然形非正名也，名非正形也；則形之與名，居然別矣，不可相亂，亦不可相無。無名故大道無稱，有名故名以正形。今萬物具在，不以名正之，則亂。萬名具例，不以形應之，則乖。故形名者，不可不正也。……今即聖賢仁智之名，以求聖賢仁智之實，未之或盡也。即頑嚚凶愚之名，以求頑嚚凶愚之實，亦未之或

盡也。使善惡劃然有分，雖未能盡物之實，猶不患其差也。故曰：名不可不辯也。」（尹文子 大道上）

胡適之以「形即是實」。（胡適 中國哲學史大綱 上冊 頁三五二）我以爲形乃名的意義；不過這種意義普通與客觀的事物相連，故形與實多相通用。但有時名實不相符，在客觀的事件裡，並沒有名所代表的意義，則形與實便不相同了。例如賢，是個善名。這個善名指的一個人有善德，這便是形。我說一個人是賢人，若這個人真是賢人，形與實則相同；若這個人並不是賢人，形與實便相別了。可是因爲形本來該與實相同，故法學家常說名與實，以求名實相符。

有名，則有分，分是法所定的。所以最重要的，是名得其實，然後分纔不錯。因此法家也講正名。法家的正名，跟儒家的正名，互有分別；儒家正名以禮，法家正名以法；儒家正名以正分，使君有君的分，臣有臣的分，法家正名以求實，使名實相符，執法不誤。管子說：

「修名而督實，按實而定名。名實相生，反相為情。名實當則治，不當則

亂。」（管子 入國篇）

韓非子說：

「用一之道，以名為首，名正物定，名倚物徙。故聖人執一以靜，使名自命，令事自定。……不知其名，復修其形。形名參同，用其所生。二者誠信，下乃貢情。……君操其名，臣效其形。形名參同，上下和調也。」（韓非子 揚權篇）

法按名以定分，但若名不得其實，分也就失其當，天下便不治了。所以「名正物定」。名實相符爲正，分與物相當則定。

4. 法有刑罰

儒家以禮正名分，不守禮者爲不義，不義稱爲小人。法家以法定分，不守法者爲犯法，犯法則有刑。所以法常帶有刑賞。法治之道，在於驅民避惡。驅民，則非逼民不可。逼民，則該有刑賞。管仲說：

「為國者，反民性，然後可以與民威。民欲逸而教以勞，民欲生而教以死。勞教定而國富，死教定而威行。」（管子 侈靡篇）

反民之性，驅使他們好勞不畏死；「法」若沒有刑賞，則跟禮一樣只有道德制裁力，必不能叫人民服從。

「明王知其性，故必誅而不赦，必賞而不遷者，非喜予而樂其殺也，所以為人致利除害也。」（管子 禁藏篇）

法令必有刑賞，然後制裁力纔強。制裁力強，人民然後纔肯避惡就善。所以法有刑賞，乃是為民致利除害。孔子本也以法有刑賞，他就因為刑賞便反對法。孔子主張德治，重在教民為善，他所用的是禮。用禮，則人民知道行惡可恥，自動的不作惡，「有恥且格」。用刑，人民只知道犯法有罰，不敢作惡，並不是不想作惡，「民免而無恥。」（論語　為政）法家則以爲有恥的人，一百人中可以有一兩個，等待人民有恥而後治，天下再也不會治了。以法治人，人雖無恥，但不敢作惡，天下至少是平治了。韓非子說：

「明王之治國也，衆其受而重其罪，使民以法禁，而不以廉止。」（韓非子　六反）

管仲解釋不以廉止而以法禁的理由，多數人不能以廉去止他們作惡。

「夫聖人之治國也，不恃人之為吾善也，而用其不得為非也。恃人之為吾善也，境內不什數；用人不得為非，一國可使齊而治也。」（管子　顯學篇）

法治的精神，是在使人不能爲惡，爲惡則受刑。管仲說：

「故形勢不得為非，則奸邪之人愨厚，禁罰威嚴，則簡慢之人整齊。」（

管子 八觀）

因此法便常帶有刑罰。

三、法的性質

1. 法由人君而立

前面講法的觀念，已經連帶說了一些關於法的性質的話，於今再分析法的性質，簡略地說一說。

儒家謂聖人制禮，法家則以法出自人君；因爲法是具有刑賞的法令，應該出自國家的統治者，統治者乃人君，故法家常說明主治國，必定製法。管子說：

「夫生法者，君也；守法者，臣也；法於法者，民也。」（管子 任法篇）

「有道之君，善明設法，而不以私防者也。」（管子 君臣上）

韓非子說：

「明主之道，一法而不求智。」（韓非子 五蠹）

商鞅說：

「故明主愼法制。」（商君書 書君臣）

人君既有立法權，也具有變法權。反轉來說，人君有變法權，也就有立法權。

「以道變法者，君長也。」（愼子）

法由人君，這是法的根本，因法乃一國之憲令，在君主政制時，立法權都在君主手裡。

所以立法者，只有人君一人。

2. 法合於理又合於人心

人君制法，並不是任意立法，他應該有所根據。儒家謂聖人仿天理去製禮。法家也主張人君按天理立法。

「聖人者，自己出也。聖法者，自理出也。理出於己，己非理也。己能出理，理非己也。故聖人之治，獨治者也。聖法之治，則無不治矣。」（尹文子）

法不出自人，出自理。理不隨人而變，理乃客觀的道理。若理隨人而變，則便不成爲理。所以法也不隨人而變。

理既不隨人而變，理的根本在於天理。管子說：

「根天地之氣，寒暑之和，水土之性，人民鳥獸草木之生物，雖不甚多，皆均有焉而未嘗變也，謂之則。……不明於則，而欲出號令，猶立朝夕於運均之上，檐竿而欲定其末。」（管子 七法篇）

「均」是做陶器的輪，朝夕爲分辨東西。若把朝夕定在均輪上，輪既常轉，則東西不能定了。人君若不以天地之則去立法，則法不定。檐，爲擧，既擧竿，又想竿的末尾不動，那是不可能。同樣，若把天則亂動，則法也必亂。因此人君制法，應以天則的物理爲標準。天則的物理初應之於人事，能有多種的應用法，人君便該選擇合於民心者製成法規。

「法非從天下，非從地出，發於人間，合乎人心而已。」（愼子）

「政之所興，王順民心；政之所廢，在逆民意。」（管子 牧民）

「先王善牧之於民者也。夫民，別而聽之則愚，合而聽之則聖。雖有湯武之德，復合於市人之言。是以明君順人心安性情，而發以衆心之所聚。」（

（管子 君臣上）

人君立法，該察民心，求能適合民意；但這並不是說不合民心，則法不成。因此管子反對人家主張「令出自上，而論可與不可者在下。」（重令篇）因法的成因，是在人君，並不在人民。

3. 法有一致性

法，不是爲一二人而立的規律，法是爲人民立的。爲人民而立法，是求人民的行動能夠一致，那麼法便該是一致的，不分親疏，不分貴賤。

「不知親疏遠近，貴賤美惡，以度量斷之，其殺戮人者不怨，其賞賜人者不德也。以法制行之，如天地之無私也。是以官無私論，士無私議，民無私說，皆虛其胸以聽於上。上以公正論，以法制斷，故任天下而不重也。」

（管子 任法篇）

法的效力，跟它的一致性很相關連。法若失去一致性，也就失去大半的效力；因爲法既不平，人心不服，法便難於實行了。管仲說：

「法不一，則有國者不祥。」（管子 任法篇）

在立法時，人君便該以大多數的人民作標準，知道大多數都能守法，纔制法，不然法令既出，有能守者，有不能守者，法便不成法了。

「智者知之，愚者不知，不可以教民。巧者能之，拙者不能，不可以使民，非一令而民服之也，不可以為大善。非夫人能之也，不可以為大功。」（管子 乘馬篇）

法令一致，執行時還該公平，人君不應以私意去執行。不然，法的一致性便遭破壞，法也就喪失自己的效率。

「君人者，舍法而以身治，則誅賞予奪，從君心出。……則同功殊賞，

同罪殊罰矣，怨之所由生也。」（慎子）

有了法，則該按照法去行，然後天下可以平治。

4. 法有常性

《爾雅・訓詁》說：「法，常也。律，常也。」法有常性。法若不常，時時變更，民便不知所適從了，那還成甚麼規律呢？而且法，乃天下人民的規律。必定是一法既出，便不該變更。管仲說：

「號令已出又易之，禮義已行又止之，度量已制又遷之，刑法已錯又移之；如是，則慶賞雖重，民不勸也；殺戮雖繁，民不畏也。故曰：上無固植，下有疑心，國無常經，民力必竭。」（管子 法法篇）

人君若每月每年，變更法令，則法令必繁，民不能知了；而且法令既一月一年就變，人民對於法令失去信任心。管仲因此主張法在人君以上。人君立法，但法既立了，則高於人君，人君也該守法，不能任意變法，他說：

「不為君欲變其令；令尊於君。」（管子　法法篇）

法家任法，以法爲最上，好比儒家重禮，以禮高於人君，人君也該守禮。

5. 法隨時代而變

但是法雖有常時，並不是一成不變！法家最反對儒家的守古，他們主張應隨時代去變法。商鞅勸秦孝公變法說：

「反古者，未必可非，循禮者未足多焉。」（商君書　更法）

又說：

「知者作法，而愚者制焉。賢者更禮，而不肖者拘焉。拘禮之人，不足與言事。制法之人，不足與論變。」（同上）

韓非子解釋法應隨時說：

「今有構木鑽燧，於夏后之世者，必為鯀禹笑矣。有決瀆於殷周之世者，必為湯武笑矣。然則今有美堯舜湯武禹之道於當今之世者，必為新聖笑矣。是以聖人不期修古。不法常可，論世之事，因為之備。」（韓非子 五蠹）

又說：

「不知治者，必曰毋變古，毋易常。變與不變，聖人不聽。正治而已。然則古之毋變，常之毋易，在常古之可與不可，伊尹毋變殷，太公毋變周，則

湯武不王矣。」（韓非子　南面）

無所謂古不古，無所謂常不常。一種法既不合時宜，便該代以新法。所以法有常，又有變。常是法不可輕易變更，變是法不是一成而不可變。法不合時，則失效力。

四、法的效力

1. 法為禁惡

禮與法的分別，在效力方面也很明顯，禮是教民為善，法是禁民作惡。《大戴禮記》說：「禮者，禁於將然之前，而法者，禁於已然之後。」將然之前，是教民不作惡；已然之後，是叫民知道若犯某罪必有某罰。

法家所以主張任法，他們的哲學根基，是以人性為惡。法家並不是不承認德治高於法治，但是認為德治的效力不及法治，因為社會的人心，不適於德治。人心既惡，不是教導力所能治的，只能用刑賞的方法去驅使，纔能有治。尹文、慎到都說：

「道行於世；則貧賤者不怨，富貴者不驕，愚弱者不懾，智強者不陵，定於分也。法行於世；則貧賤者不敢怨富貴，富貴者不敢陵貧賤，愚弱者不敢冀智勇，智勇者不敢鄙愚弱，此法之不及道也。」（同見於尹文子與慎子）

貧賤不怨，富貴不驕，這是孔子的德教，當然是理想中很高的政治思想。貧賤者不敢怨富貴，富貴者不敢陵貧賤；這是法家的法治。人本想作惡，法家使他不敢作惡，人便受治了。

法家主張性惡，是從日常經驗而得的結論。韓非子說：

「父母之於子也，產男則相賀，產女則殺之。此俱出於父母之懷☆；然男子受賀，女子殺之者，慮其後便，計之長利也。故父母之於子也，猶計算之心以相待也，而況無父子之澤乎？」（韓非子 五蠹）

天下的人親莫過於父子，父子之間，尚且計算利便，天下的人，誰不以計算利便相待呢？計算利便的人，僅僅勸他們「何必曰利，亦有仁義而已矣！」（孟子 梁惠王）那就等之於耳旁風。唯一的辦法，便是告訴他們，那種物件不可以拿，那樁事不可做。不遵守的人，必受刑罰。人雖性惡不願受德教，但是刑罰則必定怕。然後不致因利相爭了。商鞅說：

「法令者，民之命也，治之本也，所以備民也。」（商君書 定分）

法爲備民，不爲教民，備民是防民作惡。因民的性趨惡，則只有備民。韓非子說：

「夫嚴家無悍勇，而慈母有敗子。吾以此知威勢之可以禁暴，而德厚之不足以止亂也。夫聖人之治國，不恃人之為吾善也，而用其不得為非也。恃人之為吾善也，境內不什數。用人不得非，一國可使齊。為治國者用眾而舍寡，故不務德而務法。」（韓非子 顯學篇）

法的效力，即在使不爲善不避惡的人，都要趨善避惡。法家的政治，目的爲富國強兵。想富國，則必驅民勞動；要強兵，則應驅民不怕死。商鞅認爲只有任法，可以達到這個目的。

「民之外事，莫難於戰，故輕法不可使之。……故欲戰其民者，必以重法。……民之內事，莫苦於農，故輕法不可以使之。」（商君書 外內）

管仲也說：

「為國者，反民性，然後可以與民戚。民欲逸而教以勞，民欲生而教以死；勞教定而國富，死教定而威行。」（管子 侈靡篇）

因此法的效力，在消極方面，是禁民爲惡，在積極方面，是驅使服務。法既嚴刑賞，效力常能較比禮教高。

2. 任法則可無爲而治

法家中，大都跟道家有關係，也主張無爲治。但他們兩家所以達到無爲之道。則不相同。道家認爲人性善。任性而廢禮法，則無爲而治。法家以人性爲惡，嚴刑峻法去威嚇他們，人都畏懼刑罰而不敢犯法，於是有法等於無法，天下便可無爲而治。

法家中的韓非子，更好黃老之術，常把老子的思想去解釋自己的法律思想。他說：

「民犯法令之謂民傷上，上刑戮民之謂上傷民。民不犯法上亦不行刑，上不行刑之謂上不傷人。……民不敢犯法，則上內不用刑罰，而外不事利其產業，……則民蕃息。民番息而蓄積盛，民蕃息而蓄積盛之謂有德。」（韓非子 解老）

管仲也說：

「黃帝之治天下也，其民不引而來，不推而往，不使而成，不禁而止；故

黃帝之治也，置法而不變，使民安其法者也。」（管子 心術篇）

老莊的思想，則不是黃帝置法而不變，乃是黃帝不用法，民不知法，自然就合於道。管仲則把老莊的無法，解爲有刑而不得用；等於無法。民既然守法，刑罰不用，人君可以無爲，這是法的效力可到的最高程度。若說這種程度不易到，但最低的程度，有了法，則人君不必一個人用盡心力去治人，他只要指使臣下，按法行政，國家可治，他可以減省精力。慎到說：

「君臣之道，臣有事而君無事也。君逸樂而民任勞，臣盡智力以善其事，而君無與也，仰成而已，事無不治，治之正道然也。」（愼子）

管仲也說：

「聖君任法而不任智，故身佚而天下治。」（管子 任法篇）

法家跟道家，從兩個相反的極端，結果卻走到同一的目的。可是因爲兩家的思想都出自極端，跟中國的民族性不相合，所以中國的政治思想和中國的法律思想，不從道家，也不從法家，只從儒家。

附錄三　中國著名哲學家生卒年表

一、儒家

孔　子　生於周靈王二十一年（西曆紀元前五五一年）；卒於周敬王四十一年（西曆紀元前四七九年）。

孟　子　生於周烈王四年（西曆紀元前三七二年）；卒於周赧王二十六年（西曆紀元前二八九年），但生卒年都不定。

荀　子　大約生於周赧王初年（西曆紀元前三一〇年左右）；大約卒於秦始皇二十六年左右（西曆紀元前二三〇年左右）。

董仲舒　大約生於漢文帝元年（西曆紀元前一七九年）；卒於漢武帝太初元年（西曆紀元前一〇四年），生卒年都不定。

揚　雄　生於漢宣帝甘露三年（西曆紀元前五三年）；卒於新莽天鳳五年（西曆紀元後一八年）。

王　充　生於漢光武建元三年（西曆二七年）；卒於漢和帝永元十年左右（西曆一百年左右）。

韓　愈　生於唐代宗大曆三年（西曆七六八）；卒於唐穆宗長慶四年（西曆八二四年）。

李　翺　生卒年不可考，《新唐書》本傳說他從韓愈學爲文。

周濂溪　生於宋真宗天禧元年（西曆一〇一七年）；卒於宋神宗熙寧六年（西曆一〇七三年）。

邵　雍　生於宋真宗大中祥符二年（西曆一〇〇九年）；卒於宋神宗熙寧十年（西曆一〇七七年）。

張　載　生於宋神宗明道元年（西曆一〇三二年）；卒於宋神宗元豐八年（西曆一〇八六年）。

程　顥　生於宋真宗天禧四年（西曆一〇二〇年）；卒於宋神宗熙寧十年（西曆一〇七七年）。

程　頤　生於宋神宗明道二年（西曆一〇三三年）；卒於宋徽宗大觀二年（西曆一一〇八年）。

朱　熹　生於宋高宗建炎四年（西曆一一三〇年）；卒於宋寧宗慶元六年（西曆一二〇〇

陸象山　生於宋高宗紹興九年（西曆一一三九年）；卒於宋光宗紹熙三年（西曆一一九二年）。

王陽明　生於明憲宗成化八年（西曆一四七二年）；卒於明世宗嘉靖七年（西曆一五二八年）。

王夫之　生於明神宗萬曆四十七年（西曆一六一九年）；卒於清聖祖康熙三十一年（西曆一六九二年）。

顏　元　生於明思宗崇禎八年（西曆一六三五年）；卒於清聖祖康熙四十三年（西曆一七〇四年）。

戴　震　生於清世宗雍正元年（西曆一七二三年）；卒於清高宗乾隆四十二年（西曆一七七七年）。

二、道家

老子 生於周靈王初年（西曆紀元前五七〇年左右），卒年不可考。

莊子 生年不可考，卒年大約在周赧王四十年左右（西曆紀元前二七五年左右）。

列子 生卒年都不可考。

郭象 生年不可考，卒於晉懷帝永嘉末年（西曆三一〇年左右）。

王弼 生於魏文帝黃初七年（西曆二二六年）；卒於魏廢帝正始十年（西曆二四九年）

三、墨家

墨子 大約生於周敬王二十年左右（西曆紀元前五〇〇年左右）；卒於周威烈王初年（西曆紀元前四二五年左右）。

惠施 生卒年不可考，大約在周烈王周顯王時（西曆紀元前三八〇年到四〇〇年）。

四、法家

管仲　生年不可考，卒於齊桓公時，即周襄王七年（西曆紀元前六四五年）。

商鞅　生年不可考，死於秦惠王時，即周顯王三十一年（西曆紀元前三三八年）。

慎到　生卒年不可考，大約在西曆紀元前第三世紀時。

尹文　生卒年不可考，大約在西曆紀元前三五〇年至二七〇年。

韓非　生年不可考，卒於秦始皇十五年（西曆紀元前二三三年）。

五、佛教

鳩摩羅什　生年約在晉愍帝建興二年（西曆三一四年），於姚興弘始三年至長安（西曆四〇一年）；卒於晉孝武帝太元十年（西曆三八五年）。

佛陀跋陀羅　生年不可考，卒於宋文帝元嘉六年（西曆四二九年）。

慧遠　生卒年不可考，與佛陀跋陀羅同時。

道生　生年不詳，卒於宋文帝元嘉十一年（西曆四三四年）。

僧肇 生於晉孝武帝太元九年（西曆三八四年）；卒於晉安帝義熙十年（西曆四一四年）。

吉藏 生於梁武帝太清三年（西曆五四九年）；卒於唐高祖武德六年（西曆六二三年）。

慧文 生於梁武帝天監十二年（西曆五一三年）；卒於陳宣帝太建六年（西曆五七六年）。

智顗 生於梁武帝大同二年（西曆五三六年）；卒於隋文帝開皇十五年（西曆五九五年）。

玄奘 生於隋文帝開皇二十年（西曆六〇〇年）；卒於唐高宗麟德元年（西曆六六四年）。

法藏 生於唐太宗貞觀十七年（西曆六四三年）；卒於唐睿宗先天元年（西曆七一二年）。

義淨 生於唐太宗貞觀九年（西曆六三五年）；卒於唐睿宗先天二年（西曆七一三年）。

慧能 生於唐太宗貞觀十二年（西曆六三八年）；卒於唐睿宗先天二年（西曆七一三年）。

神秀 卒於唐睿宗神龍二年（西曆七〇六年）。

神會　卒於唐肅宗上元元年（西曆七六〇年）。

荊溪　生於唐睿宗景雲二年（西曆七一一年）；卒於唐德宗建中三年（西曆七八二年）。

宗密　生於唐德宗建中元年（西曆七八〇年）；卒於唐武宗會昌元年（西曆八四一年）。